侦查分流机制研究

马 啸/著

法律出版社
LAW PRESS·CHINA
北京

图书在版编目(CIP)数据

侦查分流机制研究 / 马啸著. -- 北京 : 法律出版社, 2022
ISBN 978-7-5197-6816-4

Ⅰ. ①侦… Ⅱ. ①马… Ⅲ. ①刑事侦查-研究-中国 Ⅳ. ①D918

中国版本图书馆 CIP 数据核字(2022)第 109136 号

侦查分流机制研究
ZHENCHA FENLIU JIZHI YANJIU

马 啸 著

策划编辑 肖 越
责任编辑 肖 越
装帧设计 汪奇峰

出版发行 法律出版社
编辑统筹 法商出版分社
责任校对 杨锦华
责任印制 胡晓雅
经　　销 新华书店

开本 710 毫米×1000 毫米 1/16
印张 21　　字数 287 千
版本 2022 年 8 月第 1 版
印次 2022 年 8 月第 1 次印刷
印刷 唐山玺诚印务有限公司

地址:北京市丰台区莲花池西里 7 号(100073)
网址:www.lawpress.com.cn
投稿邮箱:info@lawpress.com.cn
举报盗版邮箱:jbwq@lawpress.com.cn
销售电话:010-83938349
客服电话:010-83938350
咨询电话:010-63939796

书号:ISBN 978-7-5197-6816-4
定价:78.00 元
凡购买本社图书,如有印装错误,我社负责退换。电话:010-83938349

序

改革开放加速了中国社会由传统向现代的转型，一方面，随着价值多元化、利益多样化、矛盾复杂化，刑事犯罪率经过持续增长仍在高位徘徊；另一方面，随着经济快速发展、生活不断改善、法治持续推进，人民群众的人权意识觉醒并不断增强。为回应人民群众不断增长的安全、秩序和公平、正义要求，自改革开放以来，我国刑事诉讼制度开启了长达数十年，并仍在继续的普通程序正当化和分流程序多元化改革。在普通程序日益复杂、精细，能更好地兼顾打击犯罪和保障人权的同时，从起诉阶段的检控分流到审判阶段的繁简分流，我国刑事案件的分流渠道也越来越多。然而，不论是表现为相对不起诉、附条件不起诉的检控分流，还是表现为简易程序、速裁程序的审判分流，虽然它们在客观上起到了节省司法资源的作用，即为了公平正义优化配置司法资源，但司法的“灵魂”只有一个，那就是公平正义，因此，分流程序的多元化本质上还是为了满足人民群众更高要求的公平正义。

侦查处于刑事诉讼流程的最前端，侦查机关虽然对其侦查的哪怕是轻微刑事案件都不享有进行实体或程序处理的自由裁量权力，但无论是立案还是不立案、撤销案件还是移送起诉等，侦查机关事实上对刑事案件的分流起着极其重要的作用。相对于不计其数的检控分流和繁简分流研究成果，侦查分流研究成果可谓寥寥无几。侦查分流研究少有人涉及的一个重要原因，就是侦查实践与侦查理论难以很好地结合。马啸同学在博士论文选题时，正是刑事速裁程序改革试点的关键期，繁简分流是当时学界研究的热点。开题时，他选择了《刑事案件分流机制研究》，考虑到该题目比较宏大，包含侦查分流机制、检控分流机制、审判分流机制等内容，不宜把握，且极易陷入泛泛而谈、重点不明的境地，于是，我建议他选择"侦查分流机制"作为博士论文的最终选题。马啸同学毕业于中国人民大学法学院诉讼法学专业和首届职务犯罪侦查方向硕士研究生班，毕业后一直从事公安执法监督和刑事执法指导工作，并多次参加大要案办理，既有扎实的刑事侦查、刑事诉讼理论功底，又积累了丰富的刑事侦查实践经验。作为他的导师，我期待他能理论联系实际，在刑事侦查分流机制研究方面取得新进展。

《侦查分流机制研究》一书由马啸同学的博士论文修改而成，他认为，我国刑事执法司法实践中存在的三对矛盾，即"部分刑事案件办理效果与公众对公平正义新需求的错位"、"检法机关刑事案件数量增长与司法资源有限性的矛盾"以及"犯罪黑数现象与公安受案立案制度改革要求的背离"，本质上依然是公正价值与效率价值如何平衡、打击犯罪目的与保障人权目的如何协调、制约公权力与保障私权利如何同步的问题。为了解决这些问题，不同诉讼阶段采取了不同的解决方案。公安机关在刑事立案审查和侦查阶段也进行了较多探索，其中，侦查分流机制就是相关探索的产物。该机制脱胎于效率需求，但也融入公正精神，其已然确立于我国刑事诉讼法律中，并在实践中产生了积极效果，即一定程度上实现了公平与效率的平衡，缓解了"案多人少"的老大难问题。但也要看到，该机制在分流主体之间的互动、决定（建议）主体的实践倾向以及侦查分流程序、分流程序结果、分流效果的真实表现等方面还存在诸多问题，导致该机制设置初衷与实际效果发生偏差。这主要是因为，相关制度在设计时没有贯彻系统思维，强调"对症下药"却又陷入了"头疼医头、脚疼医脚”,以及“治标不治本”的窠臼。为此,需要采用概念性体系将“侦查分流机制”提炼出来,从内涵外延、存在根据、制度状况、实践状况、存在问题等角度加以研究,并结合刑事和解程序、认罪认罚从宽制度、刑事速裁程序、简易程序等最新司法改革成果进行探讨。

作为为数不多的专门研究侦查分流机制的著作,本书较好地实现了理论与实践的有机结合。尽管书中对境外相关机制的研究仍待深入,比较与借鉴可以更加具有针对性,特别是对法定证明标准差异化等问题的研究,其科学性与可操作性仍需进一步论述与验证。但本书在逻辑证成、研究方法、切入角度、建议举措等方面均有一定的创新,相信它的出版能够起到抛砖引玉的作用。

作为一名在职公安干警,加班加点本是常事,看书学习、论文撰写只能利用夜深人静的“业余时间”。“衣带渐宽终不悔,为伊消得人憔悴”,为了自己的兴趣,更是为了练就警察执法的本领,马啸同学的付出终于收获了通过答辩、取得博士学位的喜悦。现经他进一步修改的博士论文,即将付梓出版,作为他的老师着实为他高兴！并由衷地祝愿他在以后的工作和研究道路上一切顺利,越走越好。希望他继续保持思考习惯,将刑事诉讼理论融入刑事执法实践,做出更多具有较强科学性和可操作性、能够真正推动实践发展的成果。

是为序。

狄小华

2021 年 12 月 15 日于长阳寓所

自　序

生命中真正重要的不是你遭遇了什么，而是你记住了哪些事，又是如何铭记的。

——[哥伦比亚]加西亚·马尔克斯《百年孤独》

要是你爱上了某颗星星上的一朵花，那么，当你在夜间仰望星空的时候，你就会感到甜蜜愉快，满天的星星都开遍了鲜花。

——[法]安东尼·德·圣－埃克苏佩里《小王子》

本书选择将侦查分流机制作为研究对象，与我国刑事执法司法实践状况密不可分。当前，我国在刑事执法司法领域进行了比较完善的制度设计，并开展了很多改革，有不少改革举措已上升为立法制度，可谓颇有成效。但同时，该领域仍然存在不少问题，公安司法人员刑事执法办案任务繁重、部分刑事案件质效不佳的情况仍然存在。出现如此情形，笔者认为，原因在于没有解决好当前我国执法刑事司法实践中存在的三对矛盾，即部分刑事案件办理效果与公众对公平正义新需求的错位、检法刑事案件数量增长与司法资源有限性的矛盾，以及犯罪黑数现象与刑事受案立案制度改革要求的背离。综观现有的刑事制度设计和执法司法改革,围绕解决这三对矛盾中部分矛盾的甚多,通盘考虑解决这三对矛盾的甚少,因此相关制度设计和执法司法改革缺乏系统整体的考虑和建构,呈现零散状况且效果难达预期。

但是,并不是说相关刑事制度设计和执法司法改革内容无法被纳入同一研究视域进行认识和阐述。部分内容,如不予立案、终止侦查、撤销案件、移送审查起诉并提出分流建议等,再如立案审查程序、刑事和解程序、轻案快办机制、认罪认罚从宽制度、撤案(终止侦查)审查程序等,有着相似的特征,即主要关乎在刑事立案审查阶段和侦查阶段根据一定条件对案件进行分类并将其纳入相应程序轨道、产生相应程序结果。对于这部分内容,其实可以将其归结为一类内容,纳入同一体系进行认识和阐述。笔者将这部分内容(连同其他必要的构成内容)统称为“侦查分流机制”,并将立案审查程序、刑事和解程序、轻案快办机制、认罪认罚从宽制度、撤案(终止侦查)审查程序等称为“侦查分流程序”,将不予立案、终止侦查、撤销案件、移送审查起诉并提出分流建议等称为“侦查分流程序结果”。换言之,上述内容尽管没有被“官宣”为同一个体系,但实际上却能够被归入同一体系,也真算是“无心插柳”了。同时需要指出的是,国内既有研究虽对“侦查分流”“侦查阶段的程序分流”等进行了研究,但并未上升到同一体系或者说是“机制”的高度,未认识到侦查分流与侦查分流机制存在区别以及有何区别,也较少根据我国刑事诉讼制度设计和执法司法改革内容,指明侦查分流与侦查分流机制各自包括哪些内容。因此可以说,我国学界和实务界实际上缺乏对侦查分流机制相关内容开展系统研究和进行整体建构的自觉性和内发性。

总体来看,侦查分流机制与侦查分流并非等同概念,其是一种包含静态与动态内容的机制,存在多种类型,由多种要素构成。从机制整体层面看,该机制是在解决前述三对矛盾的尝试与探索中诞生的,其已然确立于我国刑事诉讼中,但在实践中,该机制暴露出了这样和那样的问题,一定程度上已影响其效能的充分发挥。加之目前学界和实务界对该机制的理解存在深度浅、系统性弱、混用侦查分流与侦查分流机制、将程序分流等同于侦查分流、脱离我国侦查分流实践、未能结合最新司法改革成果、共识性少等问题,加强对该机制的研究很有必要。

本书分为绪论、第一至五章及结论七个部分。

其一,关于本书对侦查分流机制的研究准备及计划。绪论介绍了将侦查分流机制确定为研究选题的缘由,列举了深入研究该机制的理论意义和实践意义,并对当前境内外研究作出了述评;同时,明确了研究思路,并计划运用系统论、实证研究法、比较分析法等研究方法,对侦查分流机制的内涵外延、存在根据、具体状况、问题及成因、完善路径等问题进行深入探讨,以在证成逻辑、研究方法、切入角度、完善举措等方面有所创新。此外,还指出了所做研究可能在相关数据使用、外文资料掌握、部分问题探讨等方面存在不足。

其二,关于侦查分流机制的内涵外延。第一章从定义、与关联概念的辨别、分类等角度着手,厘清侦查分流的内涵外延,并在此基础上,从语义、类型、要素三个层次对侦查分流机制展开探讨,进一步澄清该机制的内涵外延,并形成相应要素分析框架。同时,撇去具体、直接的法条或者规范性文件依据,该机制与刑法总则、刑事诉讼法总则有关条款既可能存在渊源关系,也可能存在形式上的抵触关系;对前者的梳理,可以对该机制形成正向论证,对后者的解释,则可以形成反向论证,有助于理顺该机制与形式抵触条款之间的关系。

其三,关于侦查分流机制的存在与运行根据。第二章从理论基础、实践价值两个方面,对侦查分流机制赖以存在并据以运行的根据进行了梳理,从而为下一步的根据证成、状况分析、问题检视、机制完善提供有力支撑。具体而言,一方面,和合文化、刑罚一体化理论、功利主义对该机制有着深刻影响,三者共同构成了该机制的理论基础;另一方面,该机制已存在于刑事诉讼实践中,并发挥了一定的积极作用,这与其自身具有的实践价值密切相关,即该机制能够实现刑事案件中公正与效率的价值平衡,实现双方当事人间的利益均衡,实现侦查工作的全面改善,实现社会治理模式的提档升级。

其四,关于侦查分流机制的具体状况。第三章以五种侦查分流程序和四种侦查分流程序结果为重点,首先从立法解读层面对我国侦查分流机制的制度状况做了分析，着重介绍了一种超规范的侦查分流程序结果——撤回移送审查起诉；其次，以部分地区为例，并结合相关数据，对我国侦查分流机制的实践状况进行了考察分析，如实展现了该机制在侦查实践中的适用流程与适用状况，反映了该机制的真实运行状况，为更深入的问题探寻和成因剖析奠定了基础；最后，对我国各侦查分流程序以及各侦查分流程序结果进行横向比较，进一步加深了对不同侦查分流程序、不同侦查分流程序结果的认识，廓清了我国侦查分流机制的内部关系与运行脉络。

其五，关于侦查分流机制存在的问题及其成因。我国侦查分流机制并非完美无缺，还存在很多不足。第四章借由前述对我国侦查分流机制的实践考察，指出该机制还存在不少问题，具体表现为分流主体之间互动不足、决定（建议）主体存在两类极端倾向、侦查分流程序及程序结果在实践中有所异化、侦查分流效果未达预期。在此基础上，本书进一步剖析问题成因，提出这些问题的出现与分流主体存在理念偏差、分流规定留有模糊甚至空白之处、分流案件证明标准缺乏差异性、分流程序间关系尚未理顺且缺乏健全的配套保障机制，以及分流程序结果偏少且缺乏评价机制息息相关。

其六，关于侦查分流机制的完善路径。本书认为，要有效解决前述问题，就应对现有侦查分流机制加以整合，查弱查漏、补强补缺，不断完善优化。因此，第五章结合对有关问题的成因分析以及境内外侦查分流机制所存异同，借鉴两大法系国家有益经验，尝试对侦查分流机制的未来发展图景作出设计。具体来说，在整体层面上，应将“公正与效率的动态平衡”作为导向，将“侦查分流权的规范优化”作为关键，将“当事人的深度参与”作为基础，将“现有机制的‘留’与‘改’”作为思路；在具体层面上，可以考虑从分流主体、分流案件、分流程序及结果三个角度，对侦查分流机制加以完善优化，即强化决定（建议）主体、参与主体、监督主体等分流主体之间的互动，从证明标准、指引、方法和案件快速获处机制等角度不断改善分流案件的减负提速效果，通过改造分流程序、消除选择适用程序的模糊、明确处理方式及幅度的取舍、完善本地实施细则、对分流程序结果做“加减法”来优化分流程序和程序结果。

其七，本书以三个结论来结尾。第一个结论是，对侦查分流机制的系统整合与全面完善，已经是大势所趋，成为我国刑事诉讼制度迈向现代化、民主化、科学化、集约化的必由之路；第二个结论是，该机制是对司法理念和刑罚观念的深刻变革，是对有限诉讼资源的优化配置，涉及公、检、法、司等多个部门，需要各个部门更新思想、各司其职、精诚协作；第三个结论是，要充分考虑我国侦查权力封闭集中、侦查人员能力素质参差不齐，以及社会公众对侦查权加强约束的呼声较高这一现状，绝不能将重点放在扩大侦查分流权上，而应采取稳妥、审慎的策略，紧紧围绕实践中存在的问题，对侦查分流权加以规范优化。

因笔者水平有限，本书出现错漏在所难免，敬请读者不吝指正。

马 啸

2021 年 12 月 1 日于北京出差途中

目　录

绪　论

近年来,尽管公安司法人员的数量不断增加、素质不断提升,相关执法司法改革持续深入,但刑事执法办案任务繁重、质效不佳的声音仍然不绝于耳。由于公安机关还肩负行政管理、社会治安维护之重责,其所受困扰尤甚。一方面,公安执法改革开展得如火如荼;另一方面,相关老问题却如此周而复始、根深蒂固,这不仅让人心生困惑,那就是:现行状况为何始终未能获得明显改善?问题的症结在哪里?公安机关应当采取何种治本之策?

第一节　研究缘起及意义

本书将“侦查分流机制”确定为研究选题,是充分考察侦查实践后作出的慎重选择。该选题涉及公平、效率、和谐、功利等多种价值取向对侦查实践的现实指导,有着积极的研究意义。

一、选题的提出

刑事执法办案任务繁重、质效不佳,实际上反映的是当前执法司法实践中存在的三对矛盾，即部分刑事案件办理效果与公众对公平正义新需求的错位，检法刑事案件数量增长与司法资源有限性的矛盾，以及犯罪黑数现象与公安受案立案制度改革要求的背离。这三对矛盾对公安机关实现公平与效率的平衡、解决“案多人少”的“老大难”问题产生了负面影响，故有必要加强对这三对矛盾的研究，真正找出能够解决这三对矛盾，进而实现控辩双方乃至社会整体共赢、确保诸效果有机统一的应然路径。侦查分流机制正是在解决上述三对矛盾的尝试与探索中诞生的产物，其已然确立于我国刑事诉讼制度中。

总体上看，设置该机制的直接原因是为了提高诉讼效率、合理配置司法资源、更好地打击犯罪，亦即其以效率为直接价值取向，但其并未忽视公正价值，而是在效率中求公正，将公正作为间接价值。并且，该机制也确实能够满足上述设置初衷，其或者对适格案件不启动侦查程序而将其从源头处就隔离在刑事诉讼程序之外，或者对适格案件终止诉讼而将其排除出刑事诉讼程序，或者将适格案件导入较之普通程序相对简化、快捷的刑事诉讼程序轨道，并将由此节约下来的司法资源合理配置给需要耗费大量资源才能实现公正的案件，实现了刑事诉讼效率和公正在个案和整体层面上的平衡。可以说，对于公安机关而言，该机制就是解决上述三对矛盾的治本之策。但是，在实践运行中，由于种种原因，该机制暴露出了这样和那样的问题，一定程度上已影响其效能的充分发挥。加之目前学界和实务界对该机制的理解有的较为肤浅和片面，有的较为零散、不成系统，有的尚未达成一致意见，因此有必要对该机制的内涵外延、存在根据、具体状况、问题及成因等加以研究，并借此提出完善建议，以进一步发挥该机制在解决上述三对矛盾中的关键作用。

二、研究的意义

对侦查分流机制进行深入研究具有较强的理论意义和实践意义。

（一）理论意义

加强对侦查分流机制的研究，具有三个层面的理论意义：

一是进一步厘清侦查分流以及侦查分流机制各自的内涵外延。当前，国内研究主要以审查起诉、审判环节的诉讼分流机制为对象，针对侦查分流机制的专门性研究较少，即使涉及也较为粗浅；而且，没有对侦查分流与侦查分流机制、侦查分流与程序分流这两对概念加以区分，基本是混用侦查分流与侦查分流机制，并且将程序分流作为侦查分流（对于侦查机关而言）、案件分流、诉讼分流的同义词使用。加大对这两对概念的研究力度，能够解决学界和实务界对两对概念认识不清、存在混淆，甚至进行混用、误用的问题，为后续开展深入研究打造清晰的逻辑起点。

二是整理归纳侦查分流机制的存在和运行根据。该机制虽然已经存在于我国刑事诉讼中，但其存在的必要性和可行性并未得到全面系统的证成。从理论基础、实践价值等角度，尝试对侦查分流机制的存在和运行根据进行证成，再结合对刑法总则与刑事诉讼法总则中该机制渊源条款的梳理，以及对形式抵触条款的解释，有助于进一步消除针对该机制必要性和可行性的质疑，明确该机制运行、完善的指导思想。

三是为问题分析、路径完善提供体系化的分析框架。当前，我国学界和实务界没有从"机制"的高度对侦查分流机制开展系统性研究，这导致有关研究在剖析该机制存在问题、背后原因以及提出完善建议时，往往陷入一个误区，就是追求事无巨细、面面俱到，而不作体系化分析。殊不知，这反而会导致归纳提出的问题、原因、建议存在零落散乱、归类不准、交叉重复，甚至偏离要害、脱离主题的弊端。而厘清侦查分流以及侦查分流机制各自的内涵外延，特别是分析侦查分流机制的构成要素，能够提供体系化的要素分析框架，在加深对侦查分流"机制"认识的同时，既能使相应分析更具针对性和条理性，又能清晰地展现完善建议。

（二）实践意义

深入研究侦查分流机制具有的实践意义主要表现在以下三个方面：

一是如实反映我国侦查分流机制在侦查实践中的运行状况。当前，国内研究缺乏对我国现有侦查分流机制的提炼总结，脱离我国侦查分流实践，盲目照搬国外经验，贸然建议扩大公安机关侦查分流权，并且研究的基本是 2012 年以前的内容，未与刑事和解程序、认罪认罚从宽制度、刑事速裁程序、简易程序等最新司法改革成果相结合。为克服以上弊端，除采取静态的制度分析和横向的比较分析外,本书对我国侦查分流机制还开展了动态的实证研究,即对我国部分地区侦查分流机制的实践状况进行考察,归纳总结我国侦查分流机制的适用流程,同时选取有关数据进行全量分析(抽取目标地区的整体数据而非是局部数据甚至是样本数据进行分析,如抽取目标地区所有类型犯罪而非单单抽取盗窃罪的刑事受案数、立案数、移送审查起诉数),深入探究我国侦查分流机制的适用状况,从而全面呈现我国侦查分流机制真实的运行状况。

二是提升机制问题剖析、原因分析、完善建议的针对性和科学性。我国侦查分流机制真实运行状况的全面展现,为将问题意识贯穿全书、真正找出问题并揭示出背后的原因提供可能、打下基础。也正是有赖于问题意识的加强,侦查分流机制存在的问题得以真正暴露,问题背后的原因得以逐渐明了。针对这些问题及其背后成因,借助前述理论分析中建构的体系化分析框架,结合当前执法司法改革内容,提出的完善建议势必更具可操作性。

三是进一步规范完善侦查工作并将积极影响辐射至更深层次领域。加强侦查分流机制研究,有助于及时查找和完善现有机制的薄弱环节,并充分发挥其效能,进而缓解检法刑事案件数量增长与司法资源有限性的矛盾,实现打击犯罪与保障人权的“目的平衡”、公正与效率的“价值平衡”以及辩方与控方的“利益平衡”。以上种种,均为侦查工作的规范有序奠定了坚实基础,最终必将带来法律公信力的显著提升和社会治理模式的提档升级。

第二节　境内外研究述评

当前,围绕侦查分流机制,境内外均有所研究和尝试,形成了一定成果和经验。两相比较,境外研究开展时间长、探讨领域广,能够为我国侦查分流机制的完善升级提供有益借鉴;境内研究还比较粗疏,不成体系,但也为我国实务探索与理论研究打下了初步基础。

一、境外研究动态

从两大法系代表国家和地区来看,在审前实行诉讼分流是一项普遍性的司法实践,且在侦查环节设置侦查分流机制亦是通常做法。[①] 因此,对于侦查分流机制的必要性和可行性问题,两大法系主要国家和地区均持肯定态度。实践中,有关国家,如美国、英国、德国、法国、日本、意大利、俄罗斯、荷兰以及部分地区,如我国台湾地区,都因地制宜地创设并发展了本国、本地区的侦查分流机制,联合国刑事司法准则也规定有侦查分流机制的相关内容。由于上述国家或地区的诉讼模式存在当事人主义、职权主义、混合制之分,导致其所设置的侦查分流机制既有相类似的机制,也有名称相近但内容差异较大的机制,还有具有鲜明地域特色的独有机制。其中,美国的"审前(捕前)分流"、英国的"警察警告"、德国的"隐性转移"(或称"微罪不举""策略权衡")以及日本的"微罪处分"[②]等制度机制值得重点关注。

总体上看,两大法系国家或地区对可以适用侦查分流机制的案件均有明确规定,只是在具体类别和类案范围上存在一定差异,但大体可以分为四类案件:(1)轻微扰乱社会秩序的案件;[③](2)轻微犯罪案件;(3)强奸、抢劫和企图谋杀等严重犯罪案件;(4)特殊类型案件,如未成年人、精神病人和毒品犯罪案件等。[④] 除上述情形外,是否还需要其他情形(如要求被追诉人履行一定附随义务,包括与被害人和解、对被害人进行补偿、为被害社区提供义务服务、参加治疗机构的治疗等)作为适用条件,各国理论和实践上都存在不小差异。

---

① 参见张小玲:《刑事诉讼中的"程序分流"》,载《政法论坛》2003 年第 2 期。

② 具体介绍可参见张小玲:《刑事诉讼中的"程序分流"》,载《政法论坛》2003 年第 2 期;黄豹:《论"程序分流"在我国侦查程序中的构建》,载《福建公安高等专科学校学报》2005 年第 1 期;辛素、秦文超:《日本微罪处分制度及其借鉴意义》,载《预防青少年犯罪研究》2012 年第 2 期;郑丽萍:《侦查阶段实体性处分制度之构建》,载《清华法学》2012 年第 5 期。

③ 与我国特有的违法与犯罪两分法有所不同,国外将我国称为违法的行为也纳入犯罪一体处理。

④ 参见张小玲:《论侦查阶段的程序分流》,载《中国人民公安大学学报(社会科学版)》2007 年第 3 期。

同时，基于多种原因，两大法系国家的侦查分流机制主要存在以下三方面的差异（对于产生差异的原因或者说是深层司法背景，下文对境外研究动态进行评述时将予以详细探讨）：

其一，从出现时间来看，英美法系国家比大陆法系国家更早考虑推行侦查分流机制。英美法系主要国家在较早时间就开始推行刑事诉讼分流机制，且已深入涉足审前诉讼分流机制（含侦查分流机制），并在近些年对刑事诉讼分流机制又进行了制度化、规范化的发展完善；[①]而大陆法系主要国家在较晚时间才推行刑事诉讼分流机制，[②]且对审判阶段的诉讼分流更加重视，[③]但随着两大法系不断融合，其也开始涉足审前诉讼分流机制。[④]

其二，从机制主导模式来看，境外侦查分流机制可被归纳为三种模式，即英美法系国家的警察分流模式、德国的检察分流模式以及日本的警察在检察官指导下进行分流的模式。[⑤] 具体而言，英美法系国家的警察机关享有完全的案件调查权力，检察机关仅负责对案件材料进行审查以决定是否提起公诉，因此该法系下的警察机关相对独立于检察机关，能够自主决定是否适用侦查分流机制；德国的侦查由检察机关依法领导和指挥，警察机关只起辅助作用，因此是否适用侦查分流机制的最终决定权属于检察机关，警察机关所作分流决定必须借助于检察机关撤销案件或者不起诉的权力才能产生实际效力；日本的检察机关对警察机关拥有一般指示权和一般指挥权，具体到侦查分流上来，就是指侦查分流的适用案件范围应当根据检察官的一般指示确定，且警察必须每月将侦查分流案件向检察机关集中汇报/报告/报送一次，因此该国警察机关在侦查分流方面拥有一定的独立权力，但也受到检察机关严格约束，必须在其指导和监督下进行分流。

---

① 参见张小玲：《刑事诉讼中的"程序分流"》，载《政法论坛》2003 年第 2 期。

② 参见吴茜：《浅析"侦查分流"》，载《吉林公安高等专科学校学报》2005 年第 6 期。

③ 参见叶肖华：《刑事审判程序分流研究》，中国政法大学 2008 年博士学位论文，第 7 页。

④ 参见吴茜：《浅析"侦查分流"》，载《吉林公安高等专科学校学报》2005 年第 6 期。

⑤ 参见张小玲：《论侦查阶段的程序分流》，载《中国人民公安大学学报（社会科学版）》2007 年第 3 期；苟丽娜：《侦查阶段的程序分流机制比较研究》，载《山西煤炭管理干部学院学报》2008 年第 3 期。

其三,从适用案件范围来看,对犯罪主体、犯罪情节、犯罪类型等划分依据的不同选择,导致了各国适用案件范围有所区别。如前所述,两大法系主要国家可以适用侦查分流机制的案件大体包括四类。对该四类案件做进一步精细划分,可以将其精简为三类,即对未成年人、精神病人等特殊主体实施的犯罪案件,轻微扰乱社会秩序案件、轻微犯罪案件以及强奸、抢劫、企图谋杀等严重犯罪案件,以及毒品犯罪等特定犯罪类型的案件。这表明境外侦查分流机制的适用案件范围其实是通过犯罪主体、犯罪情节、犯罪类型来划分的,但这并不意味着境外侦查分流机制的适用案件范围就完全相同。相反,不同国家对犯罪主体、犯罪情节、犯罪类型这些划分依据采纳与否、采纳哪个、采纳多少、采纳到何种程度存在部分差异,决定了不同国家侦查分流机制的适用案件范围不尽相同。例如,尽管大多数国家将侦查分流机制的适用案件范围限定在轻罪案件,但仍然有少数国家将重罪案件一并纳入。[①]

二、境内研究动态

根据现有文献资料,可以将当前国内学界对侦查分流机制的研究归纳为机制必要性与可行性、机制范畴辨析、现有机制适用形式与存在问题、完善举措四个方面:

(一)机制的必要性与可行性研究

关于侦查分流机制是否必要和可行,实务界因"天下苦诉累久矣",普遍持赞同意见,但理论界还存在一定分歧。大部分观点持赞同意见,主要有七方面的理由:其一,在非犯罪化、非刑罚化、轻刑化潮流的影响下,侦查分流机制在西方国家被广泛运用,为我国推行和完善该机制提供了可借鉴经验;[②]其二,侦查分流现象存在于我国实践中,且刑事立法已有

① 参见吴茜:《论侦查阶段的"诉讼分流"制度》,载《湖南公安高等专科学校学报》2005 年第 6 期。

② 参见姜涛:《刑事程序分流研究》,中国政法大学 2004 年博士学位论文,第 1 ~ 2 页;付立忠:《论刑事警察的除罪权》,载《北京警察学院学报》2016 年第 6 期。

相应规定,与其否认其存在,不如想办法对其加以规范;[①]其三,我国传统文化如“以和为贵”思想仍然具有较深的民意基础;[②]其四,现阶段我国的法治发展水平和治理环境为设立侦查分流机制提供了良好的外部条件;[③]其五,设立侦查分流机制,是贯彻宽严相济刑事政策的具体体现,能够兼顾各方利益,保障当事人人权,促进矛盾纠纷解决,维护社会和谐;[④]其六,基于我国公安机关办案压力大与司法资源匮乏的现实,适用侦查分流机制能够节约并合理调配司法资源,降低诉讼成本,提高诉讼效率,实现司法效益的整体提升;[⑤]其七,设立侦查分流机制,符合刑事法的目的观,能够实现刑事侦查的应然功能,实现对犯罪现象更好的法律控制,实现司法公信力的提升,实现政治、法律、社会三效果的统一。[⑥]

但也有部分观点认为,基于以下四方面原因,推行侦查分流机制并不可行:首先,我国刑事实体法客观上起到了分流作用。这是因为我国犯罪圈小于域外犯罪圈,许多域外刑法规定的轻微犯罪在我国仅为违反治安管理行为,而且与域外刑法犯罪概念只定性不定量有所不同,我国《刑法》第13条所规定的犯罪概念采取了“定性+定量”模式,对犯罪的刑事违法性和社会危害性均作出要求,标准较高,再与有关刑事案件立案追诉标准相结合,能够将一部分行为剔除在刑事诉讼程序之外,客观上起到了一定分流效果。[⑦] 其次,我国侦查过程缺乏有效的审查、控制和约束,侦

---

① 参见董邦俊、李希慧:《侦查阶段刑事和解适用研究》,载《中国人民公安大学学报(社会科学版)》2012年第6期。

② 参见亢晶晶:《我国侦查程序分流的制度化构建》,载《上海公安高等专科学校学报》2013年第2期。

③ 参见贾治辉、倪春乐:《侦查程序分流机制研究》,载《贵州警官职业学院学报》2007年第5期。

④ 参见吴茜:《浅析“侦查分流”》,载《吉林公安高等专科学校学报》2005年第6期;张小玲:《论侦查阶段的程序分流》,载《中国人民公安大学学报(社会科学版)》2007年第3期;叶肖华:《刑事审判程序分流研究》,中国政法大学2008年博士学位论文,第14~16、26~29页;亢晶晶:《我国侦查程序分流的制度化构建》,载《上海公安高等专科学校学报》2013年第2期。

⑤ 参见张小玲:《论侦查阶段的程序分流》,载《中国人民公安大学学报(社会科学版)》2007年第3期;郑丽萍:《侦查阶段实体性处分制度之构建》,载《清华法学》2012年第5期。

⑥ 参见黄豹:《论“程序分流”在我国侦查程序中的构建》,载《福建公安高等专科学校学报》2005年第1期;吴茜:《论侦查阶段的“诉讼分流”制度》,载《湖南公安高等专科学校学报》2005年第6期;亢晶晶:《我国侦查程序分流的制度化构建》,载《上海公安高等专科学校学报》2013年第2期。

⑦ 参见吴茜:《论侦查阶段的“诉讼分流”制度》,载《湖南公安高等专科学校学报》2005年第6期。

查分流机制被滥用的风险极大。[1] 再次,过早适用侦查分流机制,可能使公安机关怠于调查事实或故意隐瞒事实,进而侵害被害人利益,造成司法不公。[2] 最后,刑事争端的严重性、价值判断的复杂性以及法律适用的技术性,决定了刑事司法程序的启动、推进与终结只适宜由受过专门法律训练的法官而非由侦查人员进行,[3]故公安机关一旦拥有侦查分流权,势必与控审分离、司法最终裁决等原则相悖。

(二)机制的范畴辨析

1. 对不构成犯罪的案件能否适用侦查分流机制?

大部分观点认为侦查分流机制针对的是构成犯罪的案件。[4] 如有观点指出,将误被纳入刑事诉讼程序的不构罪案件以无罪处理的方式排除出刑事诉讼程序,不是适用侦查分流机制而是实行刑事案件过滤;[5]有观点将不构罪情形细化为不存在犯罪事实、犯罪实施者另有其人与证据不足三种情形,认为依据该三种情形撤销案件,不属于适用侦查分流机制,原因是此时的诉讼终止缘于诉讼条件的不齐备,而不是缘于侦查分流机制的预先设计和适格实施。[6] 但是,也有观点认为对不构成犯罪的案件可以适用侦查分流机制。如有观点提出侦查分流机制适用情形应包含确无犯罪事实、有行为事实但不构成犯罪的情形,并进一步明确为自杀、迷信犯、意外事件等不存在犯罪事实,以及犯罪行为不是涉案人所为、犯罪已过追诉时效期限、经特赦令免除刑罚、被追诉人死亡等情形。[7]

2. 公安机关刑事立案后因部门管辖、地域管辖、层级管辖、协商管辖、指定管辖等原因,将案件移送给主管机关、其他公安机关(包括上级公安

---

① 参见朱巧红:《侦查程序分流功能可行性之研究》,载《法制与经济》2008 年第 4 期。

② 参见董邦俊、李希慧:《侦查阶段刑事和解适用研究》,载《中国人民公安大学学报(社会科学版)》2012 年第 6 期。

③ 参见张能全:《论以审判为中心的刑事程序改革与刑事司法职权优化配置》,载《现代法学》2017 年第 4 期。

④ 如有观点认为,侦查分流类似于检察机关的酌定不起诉,其以侦查机关认定被追诉人行为已构成犯罪为前提。参见张小玲:《论侦查阶段的程序分流》,载《中国人民公安大学学报(社会科学版)》2007 年第 3 期。

⑤ 参见吴茜:《浅析"侦查分流"》,载《吉林公安高等专科学校学报》2005 年第 6 期。

⑥ 参见张小玲:《刑事诉讼中的"程序分流"》,载《政法论坛》2003 年第 2 期。

⑦ 参见付立忠:《论刑事警察的除罪权》,载《北京警察学院学报》2016 年第 6 期。

机关、下级公安机关),是否属于适用侦查分流机制?

有观点认为,将犯罪按照层次差异交由不同层级办案部门管辖,属于适用侦查分流机制;[①]但也有观点认为,立案后将不同性质的案件移送其他公安机关处理的做法,不属于适用侦查分流机制,因为其并未发挥分流的基本功能,仅是在启动刑事诉讼程序后按照管辖范围对案件进行处理的某种做法而已。[②]

(三)现有机制的适用形式与存在的问题

1. 现有机制的适用形式

在侦查实践中存在一定的非正式的超规范分流,一定程度上给司法实践带来了不良影响。但是,学界对我国是否存在正式的侦查分流机制还存在不同意见。持否定态度的意见认为,我国现行刑事诉讼法律制度对侦查环节未规定有弹性内容,未赋予公安机关任何自由裁量权力,[③]故我国没有所谓的侦查分流机制,这与两大法系主要国家显著不同。[④] 而持肯定态度的意见中,有的提出侦查分流机制在通常情况下是指公安机关撤销刑事案件这一机制,[⑤]有的将公安机关撤回提请批准逮捕、撤销刑事案件以及检察机关不予批准逮捕、督促撤销刑事案件[⑥]均归入正式侦查分流机制范畴。

2. 现有机制存在的问题及其原因

综合各方对我国侦查分流实践的考察情况,现有侦查分流机制尚存以下问题:一是经由实体性处分进行侦查分流的渠道几乎不存在,处理方

---

① 参见王永茜:《刑事案件速裁程序的刑法基础》,载《北京理工大学学报(社会科学版)》2016 年第 5 期。

② 参见吴茜:《浅析"侦查分流"》,载《吉林公安高等专科学校学报》2005 年第 6 期。

③ 参见黄豹:《论"程序分流"在我国侦查程序中的构建》,载《福建公安高等专科学校学报》2005 年第 1 期。

④ 参见张小玲:《论侦查阶段的程序分流》,载《中国人民公安大学学报(社会科学版)》2007 年第 3 期;崔更国、高彦梅:《我国侦查阶段刑事程序分流的思考》,载《石家庄铁路职业技术学院学报》2012 年第 3 期。

⑤ 参见付立忠:《论刑事警察的除罪权》,载《北京警察学院学报》2016 年第 6 期。

⑥ 参见王禄生:《我国刑事错案成因分析——基于案件过滤的视角》,载《湖北社会科学》2014 年第 10 期。

式较为单一;[①]二是公安机关运用正式分流手段的积极性不高;[②]三是配套措施、制度缺失或者不健全;[③]四是缺乏与律师必要的互动,律师对侦查分流活动的影响微乎其微;[④]五是未吸纳社会保障力量。[⑤] 产生上述问题的原因:一是深受报应刑法观、有罪必究思想的影响,过于强调打击犯罪和纠正错误,忽视了效率、宽宥;[⑥]二是我国侦查程序相对封闭,且监督制约不足,造成侦查权力过大;[⑦]三是绩效考核评议指标不够科学,相关制度发生异化。[⑧] 另有观点认为,相关问题的存在还与我国刑事诉讼法独立设置立案程序有关,不仅造成立案门槛较高,客观上形成较大犯罪黑数,而且为个别公安机关无序分流大开方便之门,甚至还可能会引发强制性侦查措施的滥用。[⑨]

(四)机制的完善举措

目前,国内学界认为可以从以下方面着手完善我国的侦查分流机制:

1. 将侦查分流机制纳入中国刑事诉讼分流机制,并从国家追诉政策的观念性转变、诉讼分流的时序分布、诉讼分流的参与主体、诉讼分流的具体方式等角度进行整体完善。[⑩]

---

① 参见郑丽萍:《侦查阶段实体性处分制度之构建》,载《清华法学》2012 年第 5 期。

② 参见周新:《公安机关办理认罪认罚案件的实证审思——以 G 市、S 市为考察样本》,载《现代法学》2019 年第 5 期。

③ 参见樊崇义、常铮:《认罪认罚从宽制度的司法逻辑与图景》,载《华南师范大学学报(社会科学版)》2020 年第 1 期。

④ 参见王禄生:《美国刑事诉讼案件过滤机制及其启示——以地方重罪案件为实证样本》,载《现代法学》2015 年第 4 期。

⑤ 参见吴茜:《论侦查阶段的"诉讼分流"制度》,载《湖南公安高等专科学校学报》2005 年第 6 期。

⑥ 参见吴茜:《浅析"侦查分流"》,载《吉林公安高等专科学校学报》2005 年第 6 期;亢晶晶:《我国侦查程序分流的制度化构建》,载《上海公安高等专科学校学报》2013 年第 2 期;王禄生:《美国刑事诉讼案件过滤机制及其启示——以地方重罪案件为实证样本》,载《现代法学》2015 年第 4 期。

⑦ 参见亢晶晶:《我国侦查程序分流的制度化构建》,载《上海公安高等专科学校学报》2013 年第 2 期;王禄生:《美国刑事诉讼案件过滤机制及其启示——以地方重罪案件为实证样本》,载《现代法学》2015 年第 4 期。

⑧ 参见亢晶晶:《我国侦查程序分流的制度化构建》,载《上海公安高等专科学校学报》2013 年第 2 期。

⑨ 参见郑丽萍:《侦查阶段实体性处分制度之构建》,载《清华法学》2012 年第 5 期。

⑩ 参见姜涛:《刑事程序分流研究》,中国政法大学 2004 年博士学位论文,第 110 ~ 114 页。

2. 采取立案登记制度，以取代独立设置的立案程序。[①]

3. 明确含糊的专有名词。应当尽快在立法上明确轻微犯罪、轻罪、重罪范围，以准确区分各类侦查分流机制的适用范围。[②]

4. 界定适用侦查分流机制的构罪案件的具体范围。

在构罪案件的具体范围方面，学界将其大致分为两类，一类是应追究刑事责任但依法不需要判处刑罚或免除刑罚的案件，[③]另一类是犯罪行为人自身存在特殊性而有必要对其加以特殊权衡的案件。[④] 具体来说：

(1)根据主流观点，前者是指轻微犯罪案件[⑤]，即检察机关依法可以作出酌定不起诉决定的案件，亦即因犯罪情节轻微而依法不需要判处刑罚或免除刑罚的案件；[⑥]更有观点认为原则上应仅限此类案件，而不宜包括其他严重犯罪案件；[⑦]另有观点认为还应纳入依法可以通过和解方式解决而不追究刑事责任的轻微犯罪案件；[⑧]但也有观点认为，前者的范围更为广泛，应当包括所有具有刑法规定的可以或者应当从轻、减轻、免除处罚，可以或者应当减轻、免除处罚，以及可以或者应当免除处罚等情节的案件。[⑨]

(2)对于后者，有观点对其作了刑罚方面的限定，如限定为可能判处3年有期徒刑以下主刑或者独立适用附加刑，[⑩]或者限定为可能判处缓刑

---

① 参见郑丽萍：《侦查阶段实体性处分制度之构建》，载《清华法学》2012年第5期。

② 参见王永茜：《刑事案件速裁程序的刑法基础》，载《北京理工大学学报（社会科学版）》2016年第5期。

③ 参见吴茜：《浅析"侦查分流"》，载《吉林公安高等专科学校学报》2005年第6期。

④ 参见董邦俊、李希慧：《侦查阶段刑事和解适用研究》，载《中国人民公安大学学报（社会科学版）》2012年第6期。

⑤ 如有观点提出，应按照美国刑事诉讼案件过滤机制相关做法，重罪案件由检察官、法官履行分流职责，公安侦查阶段只负责分流轻微刑事案件。参见王禄生：《美国刑事诉讼案件过滤机制及其启示——以地方重罪案件为实证样本》，载《现代法学》2015年第4期。

⑥ 参见黄豹：《论"程序分流"在我国侦查程序中的构建》，载《福建公安高等专科学校学报》2005年第1期；贾治辉、倪春乐：《侦查程序分流机制研究》，载《贵州警官职业学院学报》2007年第5期；李影：《侦查阶段程序分流机制的构建》，载《辽东学院学报（社会科学版）》2009年第1期。

⑦ 参见张小玲：《论侦查阶段的程序分流》，载《中国人民公安大学学报（社会科学版）》2007年第3期；陈晓辉：《刑事侦查中的程序分流制度研究》，载《政法学刊》2005年第1期。

⑧ 参见付立忠：《论刑事警察的除罪权》，载《北京警察学院学报》2016年第6期。

⑨ 参见吴茜：《浅析"侦查分流"》，载《吉林公安高等专科学校学报》2005年第6期。

⑩ 参见吴茜：《浅析"侦查分流"》，载《吉林公安高等专科学校学报》2005年第6期。

或者1年有期徒刑以下主刑;[①]对于侦查分流机制能够适用于未成年被追诉人,大部分观点表示赞同,只是不同观点分别作出了可能判处3年有期徒刑以下主刑或者单处罚金,[②]可能判处5年以下有期徒刑,[③]可能判处5年有期徒刑以下主刑或者单处罚金,[④]最高法定刑在3年有期徒刑以下,[⑤]被追诉人未致严重后果且确有悔改表现,[⑥]或者犯罪轻微[⑦]的限定;同时,部分观点还提出侦查分流机制可以适用于老年被追诉人,只是不同观点分别作出了已达或已超70周岁[⑧]、可能判处5年以下有期徒刑[⑨]、犯罪轻微[⑩]的限定;并且,大部分观点认可初犯、偶犯和过失犯属于侦查分流机制的适用对象,但有观点对该3类对象作了限定,如提出偶犯应犯罪情节显著轻微,初犯应对犯罪后果采取了弥补或悔改措施,过失犯应因一时激愤或受到挑衅犯罪而主观恶性不大;[⑪]此外,还有观点提出对于防卫过当犯[⑫]、残疾犯罪者[⑬]、胁从犯[⑭],以及适用"暂缓移送起诉"能够促其改正、助其恢复"正常人"状态的被追诉人,[⑮]也可以适用侦查分流机制。

---

① 参见亢晶晶:《我国侦查程序分流的制度化构建》,载《上海公安高等专科学校学报》2013年第2期。

② 参见李影:《侦查阶段程序分流机制的构建》,载《辽东学院学报(社会科学版)》2009年第1期。

③ 参见亢晶晶:《我国侦查程序分流的制度化构建》,载《上海公安高等专科学校学报》2013年第2期。

④ 参见吴茜:《浅析"侦查分流"》,载《吉林公安高等专科学校学报》2005年第6期;张小玲:《论侦查阶段的程序分流》,载《中国人民公安大学学报(社会科学版)》2007年第3期。

⑤ 参见郑丽萍:《侦查阶段实体性处分制度之构建》,载《清华法学》2012年第5期。

⑥ 参见黄豹:《论"程序分流"在我国侦查程序中的构建》,载《福建公安高等专科学校学报》2005年第1期。

⑦ 参见吴茜:《浅析"侦查分流"》,载《吉林公安高等专科学校学报》2005年第6期。

⑧ 参见郑丽萍:《侦查阶段实体性处分制度之构建》,载《清华法学》2012年第5期。

⑨ 参见亢晶晶:《我国侦查程序分流的制度化构建》,载《上海公安高等专科学校学报》2013年第2期。

⑩ 参见吴茜:《浅析"侦查分流"》,载《吉林公安高等专科学校学报》2005年第6期。

⑪ 参见吴茜:《浅析"侦查分流"》,载《吉林公安高等专科学校学报》2005年第6期。

⑫ 参见张小玲:《刑事诉讼中的"程序分流"》,载《政法论坛》2003年第2期。

⑬ 参见贾治辉、倪春乐:《侦查程序分流机制研究》,载《贵州警官职业学院学报》2007年第5期。

⑭ 参见董邦俊、李希慧:《侦查阶段刑事和解适用研究》,载《中国人民公安大学学报(社会科学版)》2012年第6期。

⑮ 参见吴茜:《浅析"侦查分流"》,载《吉林公安高等专科学校学报》2005年第6期。

5. 设置侦查分流机制的积极适用条件。

学界将侦查分流机制的适用条件区分为积极适用条件和消极适用条件。前者从正面明确了适用该机制应当具备的条件,后者从反面规定了禁止适用和停止适用的相关情形。对于积极适用条件,综合各方观点,大致可将其归结为自愿性条件、证据条件、无人身危险性条件以及公共利益条件。具体而言:

(1)自愿性条件方面,学界一致认为自愿平等原则应当贯穿侦查分流全过程,包括程序的启动、过程和协议的达成,并提出侦查分流机制应当以被追诉人自愿坦白认罪为适用前提,但对其他方面的自愿性要求不尽相同。如有观点认为,被追诉人除坦白认罪外还应当真诚悔改,[①]有观点则在被追诉人自愿真诚悔改基础上,要求其愿意赔偿或者补偿其犯罪给他人或社会造成的损失,[②]有观点额外要求被追诉人取得被害人谅解,[③]有观点在前述基础上进一步要求被害人自愿放弃对被追诉人的追究,[④]还有观点要求公安机关向被追诉人充分告知分流行为的法律性质和后果,确保其明知接受侦查分流处理的后果并自愿接受处理。[⑤]

(2)证据条件方面,学界目前并无统一意见,主要存在三种观点,具体如下:

观点一认为,不必查明全部案件事实。比如有的提出对于轻微刑事案件,即使犯罪事实尚未全部查明,警察仍可在征询当事人意见、确信案件不存在重大纷争的基础上作出分流决定;[⑥]有的提出对于刑事和解案件,达到“基本事实清楚,基本证据确实、充分”,即查证属实的证据足以

---

① 参见张小玲:《刑事诉讼中的“程序分流”》,载《政法论坛》2003 年第 2 期;吴茜:《论侦查阶段的“诉讼分流”制度》,载《湖南公安高等专科学校学报》2005 年第 6 期。

② 参见贾治辉、倪春乐:《侦查程序分流机制研究》,载《贵州警官职业学院学报》2007 年第 5 期;亢晶晶:《我国侦查程序分流的制度化构建》,载《上海公安高等专科学校学报》2013 年第 2 期。

③ 参见崔更国、高彦梅:《我国侦查阶段刑事程序分流的思考》,载《石家庄铁路职业技术学院学报》2012 年第 3 期。

④ 参见李影:《侦查阶段程序分流机制的构建》,载《辽东学院学报(社会科学版)》2009 年第 1 期。

⑤ 参见张小玲:《论侦查阶段的程序分流》,载《中国人民公安大学学报(社会科学版)》2007 年第 3 期;郑丽萍:《侦查阶段实体性处分制度之构建》,载《清华法学》2012 年第 5 期。

⑥ 参见姜涛:《刑事程序分流研究》,中国政法大学 2004 年博士学位论文,第 135 页。

证明犯罪的发生，而且实施被追诉犯罪的行为人就是被追诉人即可，并不一定要达到“主要事实清楚”程度，不一定要查清案件的所有细枝末节；[①]还有的提出对于事实清楚但证据不足，客观上丧失查办可能的案件，经过慎重考虑，可以采取“疑罪从无”模式进行处理。[②]

观点二从公安机关查明真相职责和体现程序正义的角度出发，并考虑到公安机关实体性处分作为国家对被追诉人行为的一种否定评价，会给被追诉人带来一定的负面影响和不良后果，认为必须坚持“事实清楚，证据确实、充分”的证明标准（以下简称“法定证明标准”）；[③]只不过有观点还从降低证明难度的角度出发，提出对案件事实的查证只需达到法定证明标准即可，无须反复查证、多方印证。[④]

观点三认为应当对不同类型案件的法定证明标准作不同把握，即对于应当判处 3 年以上有期徒刑的案件，即使被追诉人认罪认罚，仍应坚持法定证明标准，而对于应当判处 3 年以下有期徒刑的简易程序或者速裁程序案件，要按照以下两点把握法定证明标准：一是具有足够的、能够相互印证且能够支撑有罪事实的证据构造的基本证据；二是司法人员对有罪认定确立心证并“排除合理怀疑”。[⑤]

（3）无人身危险性条件方面，学界一致认同将被追诉人隔离在刑事诉讼程序之外或者排除出刑事诉讼程序，必须以其不会有再次危害社会的危险性为前提。

（4）公共利益条件方面，相关分歧主要在于需要依据的判断因素内容。有观点提出，对于轻罪案件，应当依据被追诉人的个人情况和被追诉

---

① 参见杨明：《程序法出罪功能研究》，吉林大学 2010 年博士学位论文，第 123 页；董邦俊、李希慧：《侦查阶段刑事和解适用研究》，载《中国人民公安大学学报（社会科学版）》2012 年第 6 期。

② 参见付立忠：《论刑事警察的除罪权》，载《北京警察学院学报》2016 年第 6 期。

③ 参见张小玲：《论侦查阶段的程序分流》，载《中国人民公安大学学报（社会科学版）》2007 年第 3 期；付立忠：《论刑事警察的除罪权》，载《北京警察学院学报》2016 年第 6 期；郑丽萍：《侦查阶段实体性处分制度之构建》，载《清华法学》2012 年第 5 期。

④ 参见李小东：《认罪认罚从宽制度证明标准差异化的实证研究》，载《中国刑事法杂志》2019 年第 3 期。

⑤ 参见龙宗智：《完善认罪认罚从宽制度的关键是控辩平衡》，载《环球法律评论》2020 年第 2 期。

人在犯罪后的表现等公共利益构成要素进行判断;[①]有观点则不局限于轻罪案件,提出判断是否应当对被追诉人适用侦查分流机制,应当综合犯罪的性质、情节、危害后果,被追诉人的性别、年龄、身体和精神状况、犯罪后的表现,以及被害人的态度与社会影响等三方面,来对公共利益进行衡量;[②]更有观点提出“合理而相称的义务”的概念,试图对分流结果进行全面评价,根据其观点,“合理”是指案件的处理结果要与情理相符,亦即该结果属于既相对符合双方当事人利益又有助于增进社会和谐的最佳选择,而“相称”则是指案件的处理结果既要与犯罪行为的危害程度相称,又要与被追诉人的赔偿能力相称,还要与多元化的弥合机制要求相称。[③]

(5)其他条件方面,有观点提出对于符合法定证明标准,但由于特定原因不能或不必移送检察机关审查起诉,又不符合撤案条件的案件,可以适用侦查分流机制,并将特定原因明确为:立案标准低于起诉标准且与撤案条件不衔接;不具有强烈追诉利益;付出侦查成本远超可能挽回损失;被追诉人因患病或其他原因丧失诉讼能力;被追诉人长期潜逃,采取有效追捕措施仍不能缉拿归案;被追诉人下落不明,经多方查找仍无下落;犯罪嫌疑对象不明。[④]

6. 明确侦查分流机制的消极适用条件。

部分观点还对侦查分流机制的消极适用条件进行了探讨。如有观点明确提出为避免放纵犯罪、削弱刑法预防功能、影响受损社会关系恢复和社会和谐稳定,重刑犯罪(主要是指爆炸、投毒、杀人、多次抢劫等严重犯罪,危害国家安全、危害公共安全等公害犯罪,以及国家工作人员职务犯罪)不得适用侦查分流机制;[⑤]有观点认为,我国没有必要对西方国家的

---

① 参见钱云灿:《检察机关公诉案件程序分流机制探析》,载《法学杂志》2012 年第 10 期。

② 参见张小玲:《论侦查阶段的程序分流》,载《中国人民公安大学学报(社会科学版)》2007 年第 3 期。

③ 参见董邦俊、李希慧:《侦查阶段刑事和解适用研究》,载《中国人民公安大学学报(社会科学版)》2012 年第 6 期。

④ 参见吴茜:《浅析“侦查分流”》,载《吉林公安高等专科学校学报》2005 年第 6 期。

⑤ 参见李影:《侦查阶段程序分流机制的构建》,载《辽东学院学报(社会科学版)》2009 年第 1 期;张小玲:《论侦查阶段的程序分流》,载《中国人民公安大学学报(社会科学版)》2007 年第 3 期。

“轻微扰乱社会秩序的案件”“精神病人犯罪的案件”适用侦查分流机制;[①]有观点认为,侦查分流机制不适用于前科人员、涉嫌数罪被追诉人以及累犯;[②]还有观点认为,除累犯外,对惯犯也不能适用侦查分流机制。[③]

7. 完善分流机制适用程序。

学界普遍认为,应当围绕参与主体、程序启动、权利告知、程序主导、程序变更等内容,并通过设置新程序,对分流机制适用程序进行完善。具体而言:

(1)关于参与主体,学界基本赞同不应当仅限于公安机关和双方当事人,还应当纳入当事人所属单位、社区或者学校等,但也有观点提出不宜效仿境外采取家庭小组会议、量刑小组、社区恢复委员会[④]等形式。

(2)关于程序启动,有观点认为被追诉人有权选择适用或者不适用侦查分流程序,[⑤]有观点认为应当由当事人共同启动,[⑥]还有观点提供了依据嫌疑人或其近亲属提交的书面申请启动和由侦查机关依职权决定启动两种思路。[⑦]

(3)关于权利告知,学界基本赞同由公安机关告知双方当事人侦查分流阶段享有的各项诉讼权利以及分流产生的法律后果。

(4)关于程序主导,主要存在四种观点,具体如下:

观点一认为应当由当事人发挥主导作用,这主要是针对侦查阶段的和解模式而言,即公安机关不实质性介入和解过程,在其中仅发挥告知权利、为和解提供便利、审查和解协议和确认协议有效的作用。[⑧]

---

① 参见张小玲:《论侦查阶段的程序分流》,载《中国人民公安大学学报(社会科学版)》2007 年第 3 期。

② 参见吴茜:《论侦查阶段的“诉讼分流”制度》,载《湖南公安高等专科学校学报》2005 年第 6 期。

③ 参见贾治辉、倪春乐:《侦查程序分流机制研究》,载《贵州警官职业学院学报》2007 年第 5 期。

④ 参见贾治辉、倪春乐:《侦查程序分流机制研究》,载《贵州警官职业学院学报》2007 年第 5 期。

⑤ 参见吴茜:《浅析“侦查分流”》,载《吉林公安高等专科学校学报》2005 年第 6 期。

⑥ 参见董邦俊、李希慧:《侦查阶段刑事和解适用研究》,载《中国人民公安大学学报(社会科学版)》2012 年第 6 期。

⑦ 参见贾治辉、倪春乐:《侦查程序分流机制研究》,载《贵州警官职业学院学报》2007 年第 5 期。

⑧ 参见董邦俊、李希慧:《侦查阶段刑事和解适用研究》,载《中国人民公安大学学报(社会科学版)》2012 年第 6 期。

观点二认为侦查分流活动应由侦查机关主导，且为确保该主导地位，在侦查分流决定作出后，双方当事人需以保证书形式同意侦查机关作出的处理，未成年人的家长还需出具担保书以及与侦查机关签订帮教协议书。[①] 但这并非说侦查机关主导就等同于侦查机关决定一切，对此有观点提出应让双方当事人甚至检察官、法官、有关行政机关官员、社区、相关社会团体、民间组织参与进来，[②]甚至有观点从保护刑事被害人利益出发，建议赋予其类似参考人的地位，而不一定赋予其“诉讼主体”“当事人”的地位。[③]

观点三认为侦查分流决定不应当由公安机关单独作出，而应通过所谓的“共决型”机制，借助公安司法机关之间以及机关内部部门正式或非正式的沟通，在充分协作的基础上作出；[④]甚至有必要组建由侦查机关、检察机关以及社区的代表组成的听证委员会，由其依据被追诉人申请或者侦查机关主动提请启动听证程序，并根据听证情况决定是否适用侦查分流机制。[⑤]

观点四认为侦查机关应当在检察机关指导下进行分流，并在举行由自己主持、检察机关在场监督的类似听证程序以听取当事人双方对分流程序的意见后最终决定是否分流。[⑥]

(5)关于程序变更，主要涉及公安机关是否应当接受当事人将已启动的分流程序变更为普通程序的申请，以及公安机关主动变更为普通程序时是否需要征求当事人意见等两大问题。鉴于当前学界对公安机关、当事人在侦查分流过程中的角色定位并不明朗，同时结合相关文献资料

---

① 参见吴茜：《浅析“侦查分流”》，载《吉林公安高等专科学校学报》2005 年第 6 期。

② 参见黄豹：《论“程序分流”在我国侦查程序中的构建》，载《福建公安高等专科学校学报》2005 年第 1 期；姜涛：《刑事程序分流研究》，中国政法大学 2004 年博士学位论文，第 112 页；吴茜：《浅析“侦查分流”》，载《吉林公安高等专科学校学报》2005 年第 6 期。

③ 参见姜涛：《刑事程序分流研究》，中国政法大学 2004 年博士学位论文，第 127 页。

④ 参见王禄生：《美国刑事诉讼案件过滤机制及其启示——以地方重罪案件为实证样本》，载《现代法学》2015 年第 4 期。

⑤ 参见亢晶晶：《我国侦查程序分流的制度化构建》，载《上海公安高等专科学校学报》2013 年第 2 期。

⑥ 参见贾治辉、倪春乐：《侦查程序分流机制研究》，载《贵州警官职业学院学报》2007 年第 5 期。

内容，基本可以认为，学界对上述两个问题尚未形成统一意见，全部赞成、部分赞成以及全部否定的观点均有支持者。

(6)关于新增程序，有观点提出，可以参考未成年人附条件不起诉制度，对未造成严重后果、被追诉人确有悔改表现的未成年人犯罪案件适用分流；①更有观点将该做法进一步明确为暂缓移送起诉制度，即对于可能判处3年有期徒刑以下主刑或者独立适用附加刑，且经公安机关整体权衡决定适用暂缓移送起诉的案件，可以在明确一定的附随义务和考验期限后先暂缓移送起诉，待考验期满，如果嫌疑人遵守考验期规定、履行附随义务便不再追究；反之则立即启动普通程序进行追诉。②

8. 完善配套保障机制。

有观点提出应完善公安机关级别管辖分工，明确侦查分流权归属县市两级公安机关，派出所等内设或派出机构无权行使，省级公安机关和公安部可以进行监督和业务指导，同时在公安机关内部指定专门部门或者组建新部门，配置职业化队伍负责侦查分流事务的办理；③有观点提出在公安机关看守所内建立被追诉人心理矫治机制，④并建立人身危险性的科学预测制度，以借助专门调查综合多方面因素，全面评估被追诉人的人身危险性或者说是再犯可能性；⑤还有观点提出设置犯罪人人格调查、刑事被害人补偿等制度；⑥尤其是建立针对未成年犯罪人的人格调查制度；⑦另有观点认为在案件过滤中应充分发挥辩护律师作用，以在逮捕和起诉前听取律师意见为起点，构建捕前和诉前与律师沟通交流的制度

---

① 参见黄豹：《论"程序分流"在我国侦查程序中的构建》，载《福建公安高等专科学校学报》2005年第1期。

② 参见吴茜：《浅析"侦查分流"》，载《吉林公安高等专科学校学报》2005年第6期；吴茜：《论侦查阶段的"诉讼分流"制度》，载《湖南公安高等专科学校学报》2005年第6期。

③ 参见付立忠：《论刑事警察的除罪权》，载《北京警察学院学报》2016年第6期。

④ 参见雷小政：《刑事和解配套制度的实证分析与立法完善》，载《法学杂志》2009年第7期。

⑤ 参见亢晶晶：《我国侦查程序分流的制度化构建》，载《上海公安高等专科学校学报》2013年第2期。

⑥ 参见姜涛：《刑事程序分流研究》，中国政法大学2004年博士学位论文，第116～118、127页。

⑦ 参见郑丽萍：《侦查阶段实体性处分制度之构建》，载《清华法学》2012年第5期。

机制。[①]

9. 建构侦查分流监督救济机制。

有观点提出将监督救济机制划分为“操作上的监督”和“救济上的监督”，并认为“操作上的监督”是指严格审查和监督鉴定过程和所出意见、规范侦查分流流程、落实办案责任制等；[②]而根据另一观点，“救济上的监督”可被分为公安机关的内部把关、检察机关的监督、被害人的监督、社会的监督等；[③]此外，有观点认为被追诉人的监督也属于“救济上的监督”范畴。[④] 对于社会的监督，有观点认为是指将分流的案件的具体情况、分流原因、处理结果定期在一定范围向社会公开，但不得公开侦查过程以及侦查手段中采用的涉密性信息；[⑤]也有观点认为还包括提升社会公众的参与度，并将其吸纳为本地侦查机关分流实绩的直接评价主体；[⑥]另有观点认为应当给予人民监督员对不当逮捕和起诉进行监督的权力。[⑦]

10. 明确侦查分流机制的附随义务。

学界对于适用侦查分流机制时可以视情规定一定的附随义务并无太大分歧，只是论述程度的详略与列举具体义务的多寡不同而已。总体上看，有观点将侦查分流机制的附随义务划分为社会性、行政性、民事法律、纪律制裁四类义务，[⑧]基本能够涵盖学界论及的义务范围。具体而言，社会性义务包括接受戒毒治疗、精神病治疗或者技能培训，对被害人或其家庭承担经常看望或者陪护义务，以及对无被害人案件向社区承担提供一定时间的社会公益服务等；行政性义务包括公告谴责、训诫、警告、责令具

① 参见王禄生：《美国刑事诉讼案件过滤机制及其启示——以地方重罪案件为实证样本》，载《现代法学》2015 年第 4 期。

② 参见董邦俊、李希慧：《侦查阶段刑事和解适用研究》，载《中国人民公安大学学报（社会科学版）》2012 年第 6 期。

③ 参见吴茜：《浅析“侦查分流”》，载《吉林公安高等专科学校学报》2005 年第 6 期。

④ 参见贾治辉、倪春乐：《侦查程序分流机制研究》，载《贵州警官职业学院学报》2007 年第 5 期；亢晶晶：《我国侦查程序分流的制度化构建》，载《上海公安高等专科学校学报》2013 年第 2 期。

⑤ 参见吴茜：《浅析“侦查分流”》，载《吉林公安高等专科学校学报》2005 年第 6 期。

⑥ 参见姜涛：《刑事程序分流研究》，中国政法大学 2004 年博士学位论文，第 136 页。

⑦ 参见王禄生：《美国刑事诉讼案件过滤机制及其启示——以地方重罪案件为实证样本》，载《现代法学》2015 年第 4 期。

⑧ 参见吴茜：《浅析“侦查分流”》，载《吉林公安高等专科学校学报》2005 年第 6 期。

结悔过、停止营业、禁止从事特定职业等;民事法律义务包括赔礼道歉、恢复名誉、消除影响、给予相应经济赔偿,以及对无被害人案件向国家交纳款项等;纪律制裁义务则针对的是被侦查分流的实施普通犯罪的国家工作人员,具体内容散见于《监察法》《公务员法》《中国共产党纪律处分条例》《公职人员政务处分暂行规定》《行政机关公务员处分条例》等。此外,有观点提出应完善社区矫正等制度,以彻底矫正被追诉人;[①]还有观点提出不宜借鉴德国的"企业司法"途径解决,而应在有条件地保护被追诉人现有工作机会的同时,规定其在工作之余进行必要的社区公益劳动。[②]

三、研究动态评述

前述境外和境内研究所取得的成果,有相当可取之处,为本书开展进一步研究打下了坚实基础。与此同时,相关研究并非完美,还存在一定缺憾,这是本书需要注意并改善的地方。

(一)对境外研究动态的评述

从本课题目前搜集到的文献资料来看,在不少国家和地区,诉讼分流已经从审判阶段拓展至审前阶段,甚至发展延伸至侦查阶段。可以说,在这些国家和地区,侦查分流机制的运用已经非常普遍,在分流权力配置、适用案件范围、适用条件、适用程序等方面基本形成了一整套制度机制,足以为我国提供有益借鉴。但是也应当看到,由于历史文化传统的不同,不同国家和地区的刑事诉讼模式[③]、检警关系存在着显著差异,这是形成前文所述境外侦查分流机制三种模式的深层司法背景,再加上不同国家和地区的犯罪定义、犯罪构成和刑事责任承担方式等可能存在区别,因此,境外各侦查分流机制在适用案件范围、适用条件、有关部门裁量权限、

① 参见亢晶晶:《我国侦查程序分流的制度化构建》,载《上海公安高等专科学校学报》2013 年第 2 期。

② 参见黄豹:《论"程序分流"在我国侦查程序中的构建》,载《福建公安高等专科学校学报》2005 年第 1 期;贾治辉、倪春乐:《侦查程序分流机制研究》,载《贵州警官职业学院学报》2007 年第 5 期。

③ 需要指出的是,尽管当前不同刑事诉讼模式之间呈现相互融合的趋势,但其各自赖以存在和运行的基石并未出现根本性动摇。因此,当事人主义模式、职权主义模式、混合式诉讼模式的传统划分方法仍然可以采用。

适用程序类型、程序快捷和简化程度等方面不尽相同也就不足为奇。为了加强对境外侦查分流机制的理解和把握，同时考虑到侦查分流模式是联结侦查分流机制司法背景与具体制度的中介，有必要以侦查分流机制的三种模式为基本分析对象，进一步探究其深层司法背景，并评判其利弊得失。具体分析及评判过程如下：

其一，英美法系国家的刑事诉讼模式为当事人主义模式（又称对抗式诉讼模式），①该模式关注正当程序，置程序公正于首位，重视被追诉人的诉讼主体地位，将法院定位为消极角色，高度依赖控辩双方的证据收集及展示能力，故其设置的刑事诉讼程序较为烦琐，在案件事实查明、追诉效率提升、被害人权益保障与社会控制等方面存在不足。这造成英美法系国家对启动刑事诉讼程序与检察官法官介入侦查较为慎重，以致发展出警察机关享有完全案件调查权力的检警关系（又称"警检分立"模式），②并进一步赋予警察机关独立的侦查分流权力，从而形成警察分流模式。该分流模式能够较好地激发当事人的主观能动性，并兼顾侦查环节的诉讼效率，但由于警察机关的侦查分流权力游离于司法审查之外，缺乏事中和事后的监督和救济，一定程度上为无序分流提供了滋生空间。

其二，大陆法系国家的刑事诉讼模式为职权主义模式，③该模式以追诉和惩罚犯罪为出发点，追求实质真实，置实体公正于首位，强调利用职权查明案件真实，赋予控方和法院发现案件事实真相的客观义务，故其对被追诉人的诉讼主体地位体现得不明显，且由于存在更为活跃的控方与更为积极的法院，其容易陷入"控审不分"的窠臼。为确保发现实质真实的主动性、可能性和准确性，该模式形成由检察机关依法领导和指挥侦

---

① 参见汪海燕：《刑事诉讼模式的演进》，中国人民公安大学出版社 2004 年版，第 198 ~ 199、243 ~ 246页。

② 美国与英国的警检分立模式还存在一定差异，具体表现在美国检察官负有一定侦查职责，并可为此领导和指挥警察开展侦查。且从英美法系国家整体看，尽管其仍采取警检分立模式，但近年来也逐渐吸收了部分检察引导侦查的内容。参见卞建林：《论我国侦查程序中检警关系的优化——以制度的功能分析为中心》，载《国家检察官学院学报》2005 年第 3 期；黄曙、王成：《"审判中心"背景下侦诉关系的检视和完善》，载《人民检察》2015 年第 8 期。

③ 参见汪海燕：《刑事诉讼模式的演进》，中国人民公安大学出版社 2004 年版，第 152、156 ~ 157、241 ~ 242、244 ~ 246 页。

查、警察机关只起辅助作用的检警关系[又称"警检一体化""侦诉一体化""检察主导(指挥)侦查"模式],并据此衍生出由检察机关主导、警察机关侦查分流权力通过检察机关的撤销案件或者不起诉权力体现出来的检察分流模式。该分流模式将侦查分流权的决定主体设置为检察机关,既能防范警察无序分流,也能兼顾诉讼效率,但其还存在检察机关受到的监督制约较少、当事人参与不够充分且权益容易被忽视等问题。

其三,日本的刑事诉讼模式为以职权主义为基调的混合式诉讼模式,[①]该模式既重视实体真实,也重视正当程序,既吸纳当事人主义因素,也保留职权主义因素。故在该模式下,日本的检警关系介于大陆法系国家(如德国)与英美法系国家之间(又称"混合式"模式),即表现为检察机关不是警察机关的侦查领导机关,而是协作机关,但在起诉方面,其对警察机关拥有指示权和指挥权。[②] 这体现在侦查分流机制方面则为警察的侦查分流权力相对独立但受到检察机关严格约束,需接受其指导和监督。该分流模式因其大方向为检察机关把握,故能够对警察机关侦查分流权力进行一定的监督与约束,防范警察无序分流;同时,其具体操作由警察机关进行,故也可兼顾诉讼效率;而且,当事人有充分参与侦查分流过程,并表达其利益诉求的机会。

(二)对境内研究动态的评述

当前,国内对本课题的研究主要存在以下"短板":(1)主要以审查起诉、审判环节的诉讼分流机制为对象,针对侦查分流机制的专门性研究较少,即使涉及也是粗略涉及,缺乏深入研究;(2)没有区分侦查分流与侦查分流机制,基本是混用两种概念;(3)没有区分侦查分流与程序分流,基本是将程序分流作为侦查分流(对于侦查机关而言)、案件分流、诉讼分流的同义词使用;(4)没有上升到"机制"高度对侦查分流机制开展系统性研究,缺乏对我国现有侦查分流机制的提炼总结,较少结合我国刑事制度设计和执法司法改革内容来厘清我国侦查分流机制所包括内容,脱

---

① 参见汪海燕:《刑事诉讼模式的演进》,中国人民公安大学出版社2004年版,第318~328页。

② 参见卞建林:《论我国侦查程序中检警关系的优化——以制度的功能分析为中心》,载《国家检察官学院学报》2005年第3期。

离我国侦查分流实践，盲目照搬国外经验，贸然建议扩大公安机关侦查分流权；(5)研究的基本是2012年前的内容，未与最新司法改革成果相结合。考虑到目前刑事和解程序、认罪认罚从宽制度、刑事速裁程序、简易程序等正有条不紊地向纵深发展，相关内容已藉由刑事诉讼法的修改上升为法律制度，因此有必要结合上述实践情况开展侦查分流机制研究，以补齐既有研究过于陈旧且与实践脱节的"短板"。此外，从收集到的文献看，绝大部分发表的期刊等级也较低，这表明侦查分流机制研究从未成为研究热点。这也是本书会引用一些发表于非核心期刊文献的原因所在。

需要注意的是，国内既有研究在不少方面并未达成一致意见，甚至还存在着观点相左的地方。除了前文提及的机制可行性与内涵外延，适用案件范围，适用证据条件与公共利益条件，以及适用程序的启动、主导、变更等方面，分歧还存在于机制适用阶段、律师辩护和帮助提供、被追诉人程序变更和反悔(申诉)权利界限等方面。例如，有观点认为应当逐步扩大刑事诉讼分流机制适用范围，最终拓展至刑事诉讼全过程，[①]但也有观点认为应当在侦查阶段排除认罪认罚从宽程序的适用；[②]再如，有观点认为对未委托辩护律师的分流案件被追诉人，应给予强制性法律援助，[③]但也有观点认为应从人员、硬件、机制等角度进一步完善值班律师制度；[④]又如，有观点认为应当限制被追诉人在适用刑事诉讼分流机制适用过程中的程序变更权以及适用完毕后的申诉权，可以设置前置过滤审查程序，淘汰不符合条件的程序变更或者申诉，[⑤]但也有观点认为除被追诉人自行放弃外，任何情形下不得限制或剥夺其反悔(申诉)权。[⑥]

---

① 参见郭立新、郭冰:《案件快速处理程序的改革与立法发展》，载《国家检察官学院学报》2012年第5期。

② 参见白宇:《认罪认罚从宽制度与刑事案件分流体系构建》，载《甘肃政法学院学报》2017年第1期。

③ 参见李本森:《我国刑事案件速裁程序研究——与美、德刑事案件快速审理程序之比较》，载《环球法律评论》2015年第2期。

④ 参见陈卫东、胡晴晴:《刑事速裁程序改革中的三重关系》，载《法律适用》2016年第10期。

⑤ 参见李本森:《我国刑事案件速裁程序研究——与美、德刑事案件快速审理程序之比较》，载《环球法律评论》2015年第2期。

⑥ 参见陈卫东、胡晴晴:《刑事速裁程序改革中的三重关系》，载《法律适用》2016年第10期。

第三节 研究思路及方法

对侦查分流机制开展研究,应当厘清研究思路,选择合适的研究方法,并通过与境内外既有研究的比较,了解掌握本研究中可能存在的创新与不足,以真正提高研究范式的针对性和科学性,有效提升研究体系的完整性和自洽性。

一、研究思路

综合来看,目前具备的研究条件有:(1)根据查找整理到的涉及本书主题的中文论文、外文论文,对目前境内外理论研究动态进行个体、整体乃至比较分析;(2)根据借阅或者购买到的美国、英国、德国、日本的刑事诉讼程序介绍书籍或者其他资料,在比较法视野下,充分考虑各国法律传统方面的差异,全面分析境内外执法实践在侦查分流机制方面的各种选择和做法,并对其中的相同点和差异性进行归纳总结,筛选出适合中国国情、可供借鉴吸收的有益经验;(3)根据下载或者收集到的部分地区公、检、法机关提供或者公开发表的与本书主题相关的情况通报、调研报告、典型案例等文献资料,分析刑事和解程序、轻微刑事案件快速办理机制(以下简称轻案快办机制)、认罪认罚从宽制度等侦查分流程序,以及不予立案、撤销案件、终止侦查等侦查分流程序结果在实践中的真实运行状况,总结经验做法,搜寻实践困境,指明完善方向;(4)从相关平台中抽取数据或者从相关资料中查找数据,如公安机关刑事受案数、立案审查超期数、刑事立案数、审前羁押率,检察机关监督立案数、提起公诉数、公诉率,法院受理刑事一审案件数,以及有关侦查分流机制的适用率、诉讼效率影响度、结案率等,据以分析侦查分流机制的应用状况和实践效果。

充分利用上述研究条件,对侦查分流机制的内涵外延、存在根据、具体状况、问题及成因、路径完善等问题进行深入探讨,吸收我国传统文化和西方法律思想精髓,总结我国实践中具备较大推广价值的经验,借鉴境外有益做法,尝试形成符合中国国情、适应中国土壤、富有中国特色的侦查分流机制体系。具体思路如下:(1)对侦查分流的定义、与关联概念的比较以及类型划分开展研究,厘清其内涵外延,在此基础上,进一步研究侦查分流机制的定义、类型(尤其是适用情形)以及构成要素,并形成相应分析框架;(2)对侦查分流机制在刑法总则与刑事诉讼法总则中的渊源条款进行梳理,对形式抵触条款进行解释,以回应诘问、解答疑惑,并在此基础上,对侦查分流机制的理论基础、实践价值开展研究,深刻阐释其必要性和可行性;(3)对我国侦查分流机制开展静态的制度分析、动态的实践分析以及横向的比较分析,探索其制度状况与实践状况,厘清其内部关系,理顺其制度构建与实践运行逻辑,反映其真实的具体状况,并在此基础上,探究存在的问题,剖析问题成因,为针对性和合理化建议的提出提供依据和支撑;(4)对侦查分流机制的路径完善开展研究,形成改进我国侦查分流机制的整体考虑和具体建议,解决该机制“应当怎么办”的问题,最大限度实现“实然性”与“应然性”间的平衡。相关思路可以被归纳为如图0-1所示的技术路线。

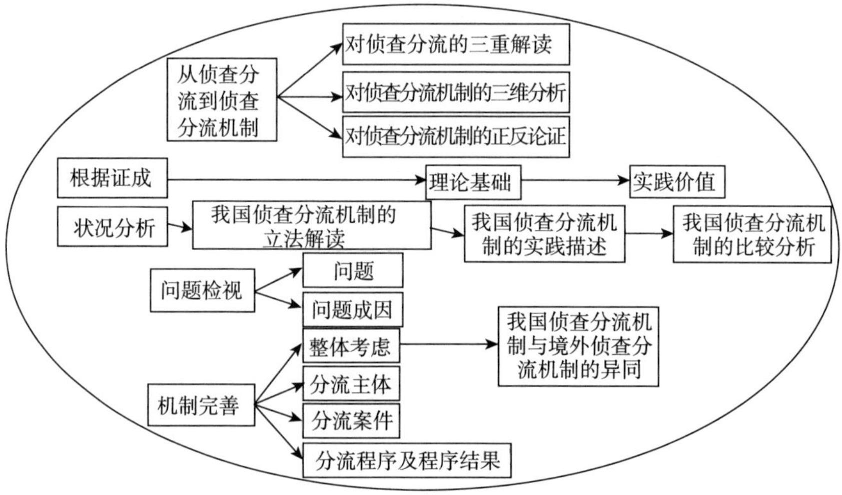

图0-1　技术路线示意

二、研究方法

(一)系统论

从表面看,侦查分流机制的内容较为单一,主要涉及哪些案(事)件应当被分流、在何时分流、以何种形式分流、分流后产生何种法律后果以及对分流如何监督与救济等。但实际上,侦查分流机制涉及司法机制运作、社会综合治理、国家与社会行为协调等多方面问题,其产生、发展、完善绝非孤立而行,而是与社会各要素息息相关。因此,要将其内在逻辑、运作规律、发展趋势探究清楚,系统论的运用必不可少。现代系统论以系统内部整体与部分的关系问题为研究对象,其对系统整体性的考察并非孤立进行,而是将系统和部分、结构、功能等的互动模型作为考察的一项重要内容,[①]这样能够将侦查分流机制置于刑事立法、执法、司法视野中,置于公安改革、司法改革、社会治理能力现代化背景下进行系统考察,能够厘清并把握中国社会的整体发展脉络,进而找寻出符合中国实际的侦查分流机制完善路径。

(二)实证研究法

尽管侦查分流机制以相关理论为支撑,但其仍然是在实践中运作的机制,具有鲜明的实践特色。对其进行研究,如果忽略实证研究方法,得出的结论和作出的决策必然不切实际,不具可操作性。当前,我国刑事诉讼法对侦查分流机制的涉入程度越来越深,这在将刑事和解程序、认罪认罚从宽制度等实践经验相继上升为立法制度之后表现得更为明显。借助实证研究方法,主要是通过对公安机关相关信息平台抽取数据(已脱密)或者相关公开资料反映数据的分析,如对万人警察配比、民警人均办理刑事案件量,公安机关刑事受案数、立案审查超期数、刑事立案数、审前羁押率,检察机关监督立案数、提起公诉数、公诉率,以及法院受理刑事一审案件数等进行分析,以及对侦查分流机制在我国 A 地(后文将会有对 A 地的分析,出于保密原因,简称 A 地)等地区适用流程、适用状况的归纳总

① 参见常绍舜:《从经典系统论到现代系统论》,载《系统科学学报》2011 年第 3 期。

结,不仅可以探寻该机制的实践价值,而且可以如实呈现该机制在我国的实践状况,进而对我国侦查分流机制的实践表现进行全面评估和客观评价,深究该机制亟须改进之处以及背后成因,从而为该机制下一步的修正完善提供有价值的参考依据。例如,可以通过对证明标准、证明指引、证明方法、案件快速获处机制、被追诉人反悔、控方违反承诺等内容的全方位考察,进一步提升侦查分流机制的减负提速效果。可以说,通过实证来研究实践,从而推动实践更好地发展,这正是采取实证研究方法的意义所在。

(三)比较分析法

侦查分流与关联概念之间、侦查分流与侦查分流机制之间、我国各侦查分流程序之间、各程序结果之间、分流程序与程序结果之间还存在异同,存在容易产生混淆的地方,因此有必要通过对上述五对对象的比较分析,进一步厘清其相互之间的关系,进而为侦查分流机制在我国的改进完善奠定坚实的基础。同时,如前所述,侦查分流机制并非中国所独有,其以不同名称、形式与内容存在于不少境外国家或者地区的刑事诉讼中。有鉴于此,为吸收和借鉴境外先进经验,强化研究的全面性,有必要对境外立法例,特别是容易与我国有关制度产生混淆的制度开展比较研究,以进一步挖掘境外侦查分流机制的可借鉴之处,求得"他山之石攻玉"之效。

三、创新与不足

与境内外既有研究相比,本书力争取得对实践具有一定借鉴意义的研究成果,而非重述旧言。据此,拟在以下方面进行创新:(1)逻辑新。通过对刑法总则与刑事诉讼法总则中侦查分流机制渊源条款的梳理,以及对形式抵触条款的解释,对该机制进行正反解读与论证,并以此为基础,从理论基础、实践价值等角度,全面证成侦查分流机制的存在根据,阐释其必要性和可行性。(2)方法新。将侦查分流程序与侦查分流程序结果作为重点,对我国侦查分流机制采取制度分析与实践分析相结合的方法,并辅以比较研究内容,一则厘清我国侦查分流机制的包含内容及其构建逻辑,二则总结该机制的适用流程与适用状况,如实反映该机制在侦查实践中的运行状况，三则分析我国各侦查分流程序之间、各程序结果之间的异同，从逻辑上明晰各程序之间、各程序结果之间的关系，理顺各自适用场景，为进一步的问题剖析、原因分析、路径完善提供切入点和依据。(3)角度新。当前，刑事和解程序、轻案快办机制、认罪认罚从宽制度等方兴未艾，将这些最新司法改革成果作为对我国侦查分流机制开展制度分析、实践分析与比较分析时的切入角度之一，可以显著增强本书研究的实务性、针对性与科学性；然后以侦查分流机制的构成要素（下文将予以详述）与实践状况为切入角度，坚持问题导向，深入探究我国侦查分流机制存在的问题及其成因，并加以反思，总结归纳侦查分流机制的导向、关键、基础与思路等内容，力争为完善我国侦查分流机制提供方向性、整体性、系统性指引。(4)举措新。在既有研究基础上，借助实践分析，总结我国侦查分流机制实践经验，提炼存在问题，同时对境外侦查分流机制给予关注，分析其与我国侦查分流机制的异同，归纳可供借鉴的境外有益经验，从而提出完善我国侦查分流机制的创新举措。例如，从如实受案立案、如实撤案、侦查分流效果、羁押措施适用质量等角度出发，改革现有考核评价机制；引入侦查分流听证程序；实行法定证明标准与证明方法的差异化，制定类案证据收集审查指引，试行有条件单警办案和集中听证、移送审查起诉，限制被追诉人无正当理由反悔或者控方违反承诺，提升被追诉人认罪供述确定力，不断强化侦查分流机制减负提速效果；规范公安机关训诫措施适用，将决定附随义务引入公安机关侦查分流权限。

本书可能存在的不足包括：(1)对相关数据的使用存在局限。有的数据因相关平台未设置相应的抽取、统计、分析功能，无法被收集，有的数据则基于保密要求，无法被展示或者直接展示，这对全面探究侦查分流机制的实践价值以及该机制在我国的实践状况、存在问题及成因造成了一定限制。(2)对外文资料的掌握不够充分。受教育背景影响，笔者对英语较为熟悉，对德语、日语等不甚了解，以致本书所使用的文献资料局限于翻译文献、既有国内研究中的比较法研究和既有英文研究等内容。同向比较的不足，造成对国外有益经验的吸收借鉴存在滞后、不全面等问题。(3)对部分问题的探讨尚显浅薄。法定证明标准差异化、供述（认罪）自愿性审查、值班律师作用发挥等问题，足以作为专题予以深入研究，但在本书中，囿于篇幅所限，只能作为整体研究的某个方面，浅尝辄止，而难以继续深入，一定程度上影响到对上述问题论述的广度与深度。

第一章　从侦查分流到侦查分流机制

对侦查分流机制开展研究，需要认识到该机制与侦查分流、程序分流等关联概念虽有密切联系，但并非等同概念。要正确把握这几组概念，比较适宜的做法是，应首先厘清侦查分流的内涵与外延，然后在此基础上从语义、类型、要素等维度对侦查分流机制展开探讨，进一步弄清侦查分流机制中“机制”的含义及其类型，并形成相应分析框架。同时，撇去具体、直接的法条或者规范性文件依据，该机制与刑法总则、刑事诉讼法总则有关条款，既可能存在渊源关系，也可能存在形式上的抵触关系，对于前者，应当予以梳理，对于后者，应当予以解释。唯有如此，才能为下一步的根据证成、状况分析、问题检视、机制完善打牢基础。

第一节　对侦查分流的三重解读

要充分认识侦查分流，离不开对其内涵外延的厘清。具体可以考虑从如何界定、如何辨别、如何划分侦查分流等三重角度，对其展开解读。

一、如何界定侦查分流:适用阶段、案件范围与后果

对侦查分流进行界定,可以采取这样的研究路径,即通过考察理论界现有各定义,查找其中的共性与差异性,并以此为基础,得出侦查分流的最佳定义。

(一)理论界对侦查分流的不同界定

目前,理论界对侦查分流的称谓并不统一,总结起来主要有“侦查分流”“侦查阶段的程序分流”“刑警除罪权”等称谓。其中,在使用“侦查分流”称谓的观点看来,其是指“在决定是否启动侦查程序时以及在侦查程序启动之后终结之前这一阶段中,对部分构成犯罪的案件作出非刑事化处理,从而终止诉讼、不再交付起诉机关审查的一项制度。在不同的国家称谓不一,在德国被称为‘轻罪不举’,在日本被称为‘微罪处分’”①;使用“侦查阶段的程序分流”称谓的观点认为,其是指“在侦查阶段,由侦查主体对特定的已构成犯罪的案件,作终止诉讼的处理,而不再将被追诉人移送起诉和审判,追究其刑事责任”②;使用“刑警除罪权”称谓的观点则认为,其是指“在处理涉罪案件的刑事诉讼初期,刑事警察根据法定职权和法定事项,对相关涉案人做出的不存在犯罪事实、事实不构成犯罪、证据不足以认定犯罪的决定”③。综观上述侦查分流的定义,如表1-1所示,差别主要集中在分流的适用阶段、适用案件范围、适用后果三方面。由此,可以将侦查分流的内涵问题分解为侦查分流可以适用于哪些阶段、哪些类型案件以及适用后将产生哪些后果三个问题。

---

① 荀丽娜:《侦查阶段的程序分流机制比较研究》,载《山西煤炭管理干部学院学报》2008年第3期。

② 张小玲:《论侦查阶段的程序分流》,载《中国人民公安大学学报(社会科学版)》2007年第3期。

③ 付立忠:《论刑事警察的除罪权》,载《北京警察学院学报》2016年第6期。

表1-1　当前侦查分流的定义比较

名称	适用阶段	适用案件范围	适用后果
侦查分流	决定是否启动侦查程序时以及在侦查程序启动之后终结之前这一阶段	部分构成犯罪的案件	作出非刑事化处理，从而终止诉讼、不再交付起诉机关审查
侦查阶段的程序分流	侦查阶段	特定的已构成犯罪的案件	作终止诉讼的处理，而不再将被追诉人移送起诉和审判，追究其刑事责任
刑警除罪权	处理涉罪案件的刑事诉讼初期（公安机关从启动案件调查到涉罪案件正式立案之前）	不属于犯罪的特定情形，包括不存在犯罪事实、事实不构成犯罪、证据不足以认定犯罪三种情形	不启动侦查程序

（二）侦查分流的适用阶段分析

目前在侦查分流的适用阶段方面，主要存在刑事诉讼初期、决定是否启动侦查程序时以及在侦查程序启动之后终结之前、侦查阶段等观点。其中，所谓刑事诉讼初期，是指通常意义上的刑事立案审查阶段；所谓侦查阶段，包含侦查程序启动之后终结之前和侦查终结两个阶段。在本书看来，侦查分流能够适用于刑事立案审查、侦查程序启动之后终结之前和侦查终结等三个阶段，同时因侦查程序启动之后终结之前这一阶段和侦查终结阶段可以统称为侦查阶段，故侦查分流的适用阶段包括刑事立案审查阶段和侦查阶段。具体理由如下：

首先，侦查分流可以适用于刑事立案审查阶段。这主要有以下原因：(1)相较侦查程序启动之后才能对案件进行分流，在侦查程序启动之前就对部分案件进行分流，省略了不必要的侦查程序，有助于节约司法资源、提高诉讼效率，有助于使相关人员免遭羁押带来的精神折磨和负面评价，有助于实现效率与公正价值间的良性互动；(2)刑事立案审查后不启动侦查程序的情形在实践中本就存在，将其纳入侦查分流范畴，并非没有实际意义；相反，除了是对侦查分流适用阶段的明确外，还是出于将该情形导入规范轨道、避免漏管失控的考虑。

其次，侦查分流可以适用于侦查程序启动之后终结之前这一阶段（侦查程序进行阶段）。因为在侦查程序进行过程中，如果发现在刑事立案审查阶段就可以分流的案件，考虑到诉讼经济和举轻以明重，[①]完全可以在侦查程序进行阶段就予以分流，而不必等到侦查终结再进行。此外，对于长期无法查清的某些特殊类型案件，为使被追诉人尽快从长期命运未决带来的种种痛苦、不便甚至不断累积的损失中解脱出来，在其具有特定情形时，也应当在侦查程序进行阶段及时将其分流。

最后，侦查分流还可适用于侦查终结阶段。根据《公安机关办理刑事案件程序规定》第 283 条[②]之规定，侦查终结的案件都是依法应当追究刑事责任的有罪案件，亦即侦查终结只针对该类案件。这实际上是对侦查终结概念的误用，其准确的含义应是侦查机关根据侦查取证情况，对被追诉人犯罪与否、触犯何罪、情节轻重、是否应当承担刑事责任等内容作出结论，从而结束侦查程序并对刑事诉讼走向作出下一步处理的诉讼活动。据此，侦查终结除针对依法应当追究刑事责任的有罪案件外，还针对无罪、证据不足、有罪但不需要追究刑事责任等案件。当前，对于侦查终结阶段，我国《刑事诉讼法》仅赋予公安机关决定撤销案件、终止侦查等有限的刑事案件实体处分权力以及规定较少的处分情形。由此造成的后果是，有相当数量的本无必要移送审查起诉的案件被移送至检察机关，既浪费了诉讼资源，又制约了诉讼效率的提升。

要改变上述局面，有必要在侦查终结阶段有针对性地增加公安机关的实体处分情形，使其能够将符合特定条件的有罪案件分流出去，以充分发挥侦查分流的功效。当然，考虑到现行《刑事诉讼法》的相关规定和学界、社会公众的接受度，应将“特定条件”设置得极其苛刻，亦即应以移送检察机关审查起诉为原则，以排除出刑事诉讼程序为例外，该做法在我国部分省份已有所反映，下文第三章第一节第二部分将进行详细介绍；同

---

① 案件在刑事立案审查阶段就可分流，到了侦查阶段就更应及早予以分流。

② 《公安机关办理刑事案件程序规定》第 283 条规定：“侦查终结的案件，应当同时符合以下条件：（一）案件事实清楚；（二）证据确实、充分；（三）犯罪性质和罪名认定正确；（四）法律手续完备；（五）依法应当追究刑事责任。”

时,对于特定条件之外的有罪案件,尽管也可能无移送审查起诉的必要,但贸然将其排除出刑事诉讼程序,恐怕会引起不小的非议,故目前还是应当采取折中办法,即公安机关继续将该类案件送至检察机关,由检察机关规范控制分流过程,但公安机关可以提出分流建议。提出分流建议也是适用侦查分流机制的体现,因为被提出分流建议的案件本身就有较大可能已经适用一定的分流程序,已经运行于一定的程序轨道内,足以对后续审查起诉、审判阶段的诉讼分流形成一种引导,且即使案件尚未适用分流程序,借由公安机关建议审查起诉阶段适用何种分流程序或者通过分流程序产生何种程序结果,同样起到将案件导入相应程序轨道,引导后续审查起诉、审判阶段诉讼分流的功能。提出分流建议的内容在现行《刑事诉讼法》相关条款中也有所体现。关于这一点,本书第三章第一节第二部分将进行详细论述,此处不再赘述。

(三)侦查分流的适用案件范围分析

需要解决的首要问题是,侦查分流的适用案件是否包括不构成犯罪的案件。该问题又可以进一步分解为两个问题,一个是"对不构成犯罪的案件不启动侦查程序是否属于侦查分流",另一个是"对不构成犯罪的案件在侦查阶段终止诉讼是否属于侦查分流"。从诉讼经济角度看,对于不构成犯罪的案件,最佳选择是第一个问题中的做法,次之是第二个问题中的做法。该两种做法都应属于侦查分流范畴。其中,将第一种做法归入侦查分流范畴,主要是出于规范意义的考虑,同时也与侦查分流的适用阶段包括刑事立案审查阶段相对应;将第二种做法归入侦查分流范畴,除了出于规范意义考虑,以及与侦查阶段属于侦查分流适用阶段相对应外,还因为其发挥的是将案件排除出刑事侦查程序的作用。

结合以上观点,并在司法实践考量的基础上,本书认为:

其一,侦查分流的适用案件应当包含"没有犯罪事实""法定不追究刑事责任"等两种情形,可概括为"不应追究刑事责任"的案件,亦即"不应追究刑事责任"情形包括"没有犯罪事实""法定不追究刑事责任"两种情形。其中,"法定不追究刑事责任"情形主要是指《刑事诉讼法》第16条[1]规定的6项内容。对“没有犯罪事实”“法定不追究刑事责任”等两种案件属于侦查分流的适用案件范畴，不应有任何疑问，因为《刑事诉讼法》第16条规定了对“法定不追究刑事责任”的6项内容，已经追究刑事责任的，应当撤销案件，且隐然含有对其中5项内容（不含“依照刑法告诉才处理的犯罪，没有告诉或者撤回告诉的”），尚未追究刑事责任的，应当不予立案的意思，同时该法第112条还规定对“没有犯罪事实”情形应当不予立案，《公安机关办理刑事案件程序规定》第186条规定对“没有犯罪事实”情形应当撤销案件。

需要解释的是，之所以说《刑事诉讼法》第16条隐然含有对其中5项内容，尚未追究刑事责任的，应当不予立案的意思，是因为：(1)尽管《刑事诉讼法》第16条未明确对尚未追究刑事责任的“法定不追究刑事责任”情形，应当不予立案，但是《公安机关办理刑事案件程序规定》第178条第1款规定了3种应当不予立案情形，后两种情形“犯罪事实显著轻微不需要追究刑事责任”“具有其他依法不追究刑事责任情形”基本能够涵盖“法定不追究刑事责任”情形，故对尚未追究刑事责任的“法定不追究刑事责任”情形，也应当不予立案。当然，“告诉”不属于侦查阶段，故不可能对“依照刑法告诉才处理的犯罪，没有告诉或者撤回告诉的”情形不予立案。(2)《公安机关办理刑事案件程序规定》第3条规定“公安机关在刑事诉讼中的基本职权，是……对依法不追究刑事责任的不予立案，已经追究的撤销案件……”，亦是明证。

其二，侦查分流的适用案件应当包括证据不足以认定犯罪、有罪案件符合特定条件等两种情形，可概括为“不必追究刑事责任”的案件，亦即“不必追究刑事责任”情形包括“证据不足以认定犯罪”“有罪案件符合特定条件”两种情形。就“证据不足以认定犯罪”情形来说，其包括最高人民检察院、公安部《关于公安机关办理经济犯罪案件的若干规

---

① 《刑事诉讼法》第16条规定：“有下列情形之一的，不追究刑事责任，已经追究的，应当撤销案件，或者不起诉，或者终止审理，或者宣告无罪：(一)情节显著轻微、危害不大，不认为是犯罪的；(二)犯罪已过追诉时效期限的；(三)经特赦令免除刑罚的；(四)依照刑法告诉才处理的犯罪，没有告诉或者撤回告诉的；(五)犯罪嫌疑人、被告人死亡的；(六)其他法律规定免予追究刑事责任的。”

定》第25条规定的撤销经济犯罪案件的前两种情形和最高人民法院、最高人民检察院、公安部、国家安全部、司法部《关于适用认罪认罚从宽制度的指导意见》(以下简称《认罪认罚指导意见》)第3条规定的因证据不足不能认定认罪认罚的被追诉人有罪而撤销案件的情形。之所以对前两种情形适用侦查分流,是因为经济犯罪案件具有其特殊性,往往对公司企业的生产经营活动具有较大影响,如果有的案件长期无法查清,将被追诉人甚至公司企业长期列为侦查对象而不下定论,不仅对被追诉人不负责任,使其长期遭受命运未卜的精神折磨,忍受犯罪标签导致的负面评价,还使公司企业有关资产长期处于查封、扣押或者冻结状态,严重影响公司企业的生产经营,同时也使司法资源出现严重浪费,此时更适宜的做法是及时撤销案件,将案件分流出去;对后一种情形适用侦查分流,则是证据裁判主义在侦查阶段的具体体现,是对法定证明标准的严格遵循;此外,要减少对于放纵犯罪的担忧,需要加强公安机关内部审核审批和外部检察监督,以及明确公安机关发现新的证据必须重新启动侦查程序。

至于如何定义"有罪案件符合特定条件"情形中的"有罪案件"和"特定条件",下文将在本章第二节第二部分进一步加以论述,并得出"符合特定条件的有罪案件"包括两类案件的结论。关于能否采纳部分研究观点,[①]即将《刑事诉讼法》第177条第2款[②]规定的检察机关酌定不起诉案件纳入侦查分流适用案件范围的问题,本书持否定态度,主要是考虑到将检察机关酌定不起诉案件纳入侦查分流适用案件范围,扩大了公安机关的侦查分流权,既容易引发社会公众质疑,也容易导致无序分流现象,且该类案件由检察机关把关决定更为周全稳妥。

其三,侦查分流的适用案件应当包含这样一类案件,该类案件在侦查

① 参见黄豹:《论"程序分流"在我国侦查程序中的构建》,载《福建公安高等专科学校学报》2005年第1期;贾治辉、倪春乐:《侦查程序分流机制研究》,载《贵州警官职业学院学报》2007年第5期;李影:《侦查阶段程序分流机制的构建》,载《辽东学院学报(社会科学版)》2009年第1期。

② 《刑事诉讼法》第177条第2款规定:"对于犯罪情节轻微,依照刑法规定不需要判处刑罚或者免除刑罚的,人民检察院可以作出不起诉决定。"

阶段就适用在审查起诉或者审判阶段也可适用的分流程序。该分流程序在侦查、审查起诉、审判阶段均可适用,其如果在侦查阶段适用,一般较之普通侦查程序更为简化、快捷,无形中为应当移送审查起诉的案件提供了普通侦查程序、若干侦查分流程序等多条路径,使不同条件的案件被导入相应程序轨道,实现了案件在适用程序上的分流。即使该分流程序在审查起诉或者审判阶段转为普通程序或者其他分流程序,此种情形也属于侦查分流。该适用情形与下文提及的侦查分流的一个适用后果"引导审查起诉、审判阶段的诉讼分流"相对应。

其四,侦查分流的适用案件不包括"检察机关不予批准逮捕""公安机关撤回提请批准逮捕""检察机关督促撤案"的案件。原因在于,未能逮捕被追诉人,意味着现有证据不足,或者业已查实的犯罪情节未达到逮捕条件,而公安机关随之的操作,要么是继续侦查补充证据,要么是在无法采取逮捕措施的情况下对该被追诉人进行刑事处理甚至行政处理,但这些都是后话,"检察机关不予批准逮捕""公安机关撤回提请批准逮捕"并不会必然引起公安机关的上述操作,况且公安机关继续侦查补充证据根本算不上是对案件的分流;至于"检察机关督促撤案",根据《人民检察院刑事诉讼规则》第 563 条,检察机关认为立案理由不能成立而通知撤案,并不必然导致公安机关撤销案件,因为该条同时限定了撤案的前提条件——公安机关对通知撤销案件书没有异议,更何况公安机关在实践中还可以商请上级公安机关与上级检察机关进行协商解决。

其五,侦查分流的适用案件不包括因管辖而发生流转的案件。这是因为公安机关刑事立案后因部门管辖、地域管辖、层级管辖、协商管辖、指定管辖等原因将案件移送给主管机关、其他公安机关,实质上是案件在不同机关间进行流转,并不能实现后文将要论述的侦查分流的适用后果,而且即使是不予立案、撤销刑事案件后移送主管机关进行政处理,也只是不予立案、撤销案件的附随措施,移送本身并不属于侦查分流。

综上,侦查分流针对的是不应或者不必追究被追诉人刑事责任的案件,以及侦查阶段就适用在审查起诉或者审判阶段也可适用的分流程序的案件。

(四)侦查分流的适用后果分析

以侦查分流适用的三种案件为区分标准,可以对侦查分流的适用后果及发挥功能作如下分析:

首先,在刑事立案审查阶段,对于第一种案件(不应追究被追诉人刑事责任的案件),没有必要启动侦查程序,因为就此将案件隔离在刑事诉讼程序之外,更加符合诉讼经济理念,此时适用侦查分流的后果为不启动侦查程序,发挥的是“不入罪”功能;如果在侦查阶段才发现案件系第一种案件,应当及时终止诉讼,将已进入刑事诉讼程序的案件排除出刑事诉讼程序,此时适用侦查分流的后果为在侦查阶段终止诉讼,发挥的是“出罪”功能。[①]

其次,第二种案件(不必追究被追诉人刑事责任的案件)分为证据不足以认定犯罪的案件和符合特定条件的有罪案件,该两类案件只可能处于侦查阶段,此时如果发现案件系第二种案件,则应当在充分收集证据的基础上(部分案件还要经过最高人民检察院核准),启动案件的侦查终结程序,而后再作出终止诉讼的决定。此时,侦查分流产生的适用后果为在侦查阶段终止诉讼,发挥的是“出罪”功能。

最后,对第三种案件(侦查阶段就适用在审查起诉或者审判阶段也可适用的分流程序的案件)适用侦查分流只能在侦查阶段,此时侦查分流的适用后果和发挥功能均为引导审查起诉、审判阶段的诉讼分流。

可见,侦查分流的适用后果包括不启动侦查程序、在侦查阶段终止诉讼以及引导审查起诉、审判阶段的诉讼分流,其所发挥的功能包括不入罪、出罪和引导审查起诉、审判阶段的诉讼分流。具体对应关系如表 1－2 所示。

---

① 下文将在本节第二部分探讨“不入罪”与“出罪”的含义。

表1－2 侦查分流适用案件与适用后果、发挥功能对应

<table>
<tr><th>适用阶段</th><th colspan="2">适用案件</th><th>适用后果</th><th>发挥功能</th></tr>
<tr><td>刑事立案审查阶段</td><td colspan="2">不应追究被追诉人刑事责任的案件</td><td>不启动侦查程序</td><td>不入罪</td></tr>
<tr><td rowspan="4">侦查阶段</td><td colspan="2">不应追究被追诉人刑事责任的案件</td><td rowspan="3">在侦查阶段终止诉讼</td><td rowspan="3">出罪</td></tr>
<tr><td rowspan="2">不必追究被追诉人刑事责任的案件</td><td>证据不足以认定犯罪的案件</td></tr>
<tr><td>符合特定条件的有罪案件</td></tr>
<tr><td colspan="2">侦查阶段就适用在审查起诉或者审判阶段也可适用的分流程序的案件</td><td colspan="2">引导审查起诉、审判阶段的诉讼分流</td></tr>
</table>

(五)侦查分流的定义

国外没有对侦查分流作出界定,但对审前分流作出了界定,如美国国家刑事司法标准和目标咨询委员会在1973年将审前分流的狭义定义界定为“在定罪前停止或中止对某人的正式刑事诉讼,条件是或假定他将做些什么作为回报”。[①] 该种界定存在一定道理,但没有将被分流案件的去处描述全面,而且将被追诉人可能的行动回报作为必备的前提条件并不妥当。对于侦查分流的定义,还是应当返璞归真,回归到“分流”这一词源本身来理解。根据《现代汉语词典》,“分流”一词存在三种含义。[②] 其中,第一种含义“从干流中分出一股或几股水流注入另外的河流或单独入海”和第三种含义“行政机关或企事业单位精简下来的人员到其他单位工作”都表达的是“将某物从一个整体中剥离出来,使之进入其他整体或者单独成体”的意思(以下简称意思A),第二种含义“(人员、车辆等)分别向不同的道路、方向流动”则表达的是“将组成整体的不同物体分别导入相应的轨道”的意思(以下简称意思B)。

意思A与意思B恰好能够与侦查分流的流程相对应。具体而言,根

① See Carolyn Greene, Natasha S. Madon, *Pretrial Diversion*, in Jay S. Albanese ed., The Encyclopedia of Criminology and Criminal Justice (1st Edition), John Wiley & Sons, Inc., 2014, p. 1.

② 参见中国社会科学院语言研究所词典编辑室:《现代汉语词典》(第7版),商务印书馆2016年版,第382页。

据前文分析,可将侦查分流的流程归结为以下三个方面:其一,公安机关在刑事立案审查阶段,对尚未进入刑事诉讼程序的不应追究被追诉人刑事责任的案件不启动侦查程序,从而将案件隔离在刑事诉讼程序之外,该种流程对应的是意思A;其二,公安机关在侦查阶段,对已进入刑事诉讼程序的不应或者不必追究被追诉人刑事责任的案件终止诉讼,从而将案件排除出刑事诉讼程序,该种流程对应的是意思A;其三,公安机关在侦查阶段,对已进入刑事诉讼程序的案件依法适用在审查起诉、审判阶段也可适用的分流程序,以引导该案件在审查起诉、审判阶段的诉讼分流,该种流程对应的是意思B。需要指出的是,将上述三种流程作为一个整体看待,其共同对应的是意思B。

据此,侦查分流的定义也有广义和狭义之分。其中,广义的侦查分流同时包括上述三种流程,在"分流"含义方面选取的是意思B,故广义的侦查分流定义是指"公安机关根据特定要求,将适格案件导入相应的程序轨道"。详言之,就是指"公安机关根据特定标准对案件进行分类[①],并根据分类情况将案件导入相应程序轨道";狭义的侦查分流仅包括流程一与流程二,在"分流"含义方面选取的是意思A,故狭义的侦查分流定义是指"公安机关对适格案件或者不启动侦查程序,从而将其隔离在刑事诉讼程序之外,或者对其终止诉讼,从而将其排除出刑事诉讼程序"。本书基于论述的全面性,通篇采取广义的侦查分流定义。

二、如何辨别侦查分流:关联概念的比较分析

研究发现,有相当一部分用词,如出罪、出刑、非犯罪化、非刑罚化,如程序分流、诉讼分流、案件分流、繁简分流,再如刑事案件过滤,极易与侦查分流混淆。因此,有必要对上述关联概念进行一番比较分析,以真正厘清侦查分流的外延。

(一)侦查分流与出罪、出刑、非犯罪化、非刑罚化

出罪并非法律术语,而是属于法学研究中的词汇,有人认为其可以用

① "分类"的说法系南京大学法学院吴英姿教授在笔者博士学位论文答辩中提出。笔者颇为赞同,故予以引用,并向吴教授致谢。

于不成立犯罪的情况,即在立法领域,法律没有将某种行为规定为犯罪,等同于对该行为作了出罪处理;但更多时候,学界是在另外一个意义上使用出罪这一名词,即在司法领域,法律明文规定的犯罪行为没有被作为犯罪处理。[①] 鉴于侦查分流是在司法实践中进行的分流,要比较二者,似乎使用出罪的后一种意义更为合适。但仍然需要辨别的是,出罪究竟是指行为一开始就没有被作为犯罪处理,还是指行为先被作为犯罪处理而后不作为犯罪处理。实际上,前者应被称为"不入罪",后者才应被称为"出罪"。因为从逻辑上讲,有"入"才有"出",除非本来就在其间,即行为本来就是犯罪(此处并不是指自然犯)。而该情形不可能存在,因为根据法无明文不为罪,某行为要成为犯罪行为,必须被法律明文规定为犯罪,但这并不是说该行为凭此就可成为犯罪行为,其还需要一个符合程序的认定过程,这个过程就体现为入罪的过程。因此完全可以说,出罪以入罪为先决条件,只有先入罪才能后出罪。关于出罪的根据,有实体法依据,如《刑法》第 13 条规定的"情节显著轻微危害不大的,不认为是犯罪"和《刑事诉讼法》第 175 条第 4 款规定的证据不足不起诉;有程序法依据,如《刑事诉讼法》第 16 条第 4 项规定的"依照刑法告诉才处理的犯罪,没有告诉或者撤回告诉的"和第 282 条规定的附条件不起诉;还有司法自由裁量权依据,如《刑事诉讼法》第 177 条第 2 款[②]规定的酌定不起诉。

探讨出刑的概念之前,需要探讨一下犯罪与刑罚的关系。我国传统刑法理论认为,刑从罪生,有犯罪才有刑罚,无犯罪就无刑罚,故出罪一定出刑,但无刑罚并不一定无犯罪,故出刑不一定出罪。因此,出刑是指对已被认定为犯罪行为并本可施以刑罚处罚的犯罪行为采用非刑罚方式进行处理。

非犯罪化是自第二次世界大战,特别是 20 世纪 70 年代以来,西方国家刑事政策与刑法的重要发展趋势,其目的在于缩小刑法的干涉范围。[③]

---

① 参见杨明:《程序法出罪功能研究》,吉林大学 2010 年博士学位论文,第 1 页。

② 《刑事诉讼法》第 177 条第 2 款规定:"对于犯罪情节轻微,依照刑法规定不需要判处刑罚或者免除刑罚的,人民检察院可以作出不起诉决定。"

③ 参见苏永生:《刑法谦抑主义的西方图景与中国表达》,载《法学杂志》2016 年第 6 期。

根据张明楷教授所下定义，非犯罪化“一般是指将迄今为止作为犯罪处理的行为，不再以犯罪论处。其中的‘不再以犯罪论处’，既可能表现为完全的合法化，也可能表现为虽不定罪量刑，但给予行政处罚或者其他法律制裁”，包含“立法上的非犯罪化”与“司法上的非犯罪化”两种类型。[①] 同样基于侦查分流是在司法实践中进行的分流，此处适宜采用“司法上的非犯罪化”的定义，即在司法实践中对迄今为止作为犯罪处理的行为不以犯罪论处。

对于非刑罚化，可以从广义和狭义两个层面去理解。在广义层面，非刑罚化是指“在刑事立法过程中取消某些罪名，在司法过程中不追究某些轻微犯罪的刑事责任；对应该承担刑事责任或有人身危险性的犯罪人处以刑罚之外的方法；在司法、行刑过程中用非监禁措施代替剥夺自由刑”。在狭义层面，非刑罚化是指“对应该承担刑事责任或有人身危险性的犯罪人，以刑罚之外的刑事制裁方法实现刑法防卫社会的目的”。[②] 可见，广义的非刑罚化包括立法上的非刑罚化和司法上的非刑罚化，司法上的非刑罚化又可分为非刑罚化和非监禁刑化。考虑到非监禁刑化也采用了刑罚方法，以及侦查分流是在司法实践中进行的分流，此处适宜采用狭义的非刑罚化定义。

综合上述出罪、出刑、非犯罪化、非刑罚化的含义，以及侦查分流可能发挥的不入罪、出罪和引导审查起诉、审判阶段诉讼分流等功能，侦查分流与出罪、出刑、非犯罪化、非刑罚化具有如下关系（如图 1－1 所示）：（1）出罪与非犯罪化、出刑与非刑罚化的定义基本相同；（2）出罪一定出刑，出刑不一定出罪；（3）侦查分流与出罪、出刑、非犯罪化、非刑罚化并非同一层次的概念，侦查分流更多体现的是流程，出罪、出刑、非犯罪化、非刑罚化更多体现的是功能；（4）出罪、出刑均涉及对案件或者被追诉人的实体处理，但出罪（同样会导致出刑）属于侦查分流的三项功能范畴，单纯的出刑（非由出罪导致的出刑）则不属于，且出罪有可能不发生在侦查阶段，而单纯的出刑一定不发生在侦查阶段。

---

① 参见张明楷：《司法上的犯罪化与非犯罪化》，载《法学家》2008 年第 4 期。

② 参见杜雪晶：《中国非刑罚化的涵义探解》，载《河北法学》2007 年第 4 期。

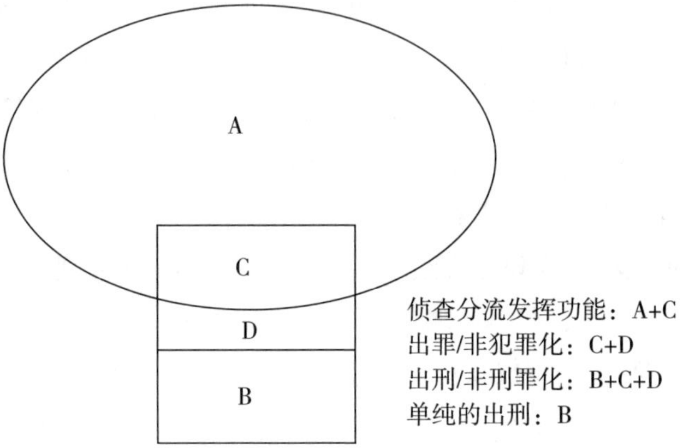

图1－1　侦查分流发挥功能与出罪、出刑、非犯罪化、非刑罚化关系

(二)侦查分流与程序分流、诉讼分流、案件分流、繁简分流

学界和实务界还存在不是专门针对侦查分流但与其存在重合且容易产生混淆的数种概念,如“程序分流”“诉讼分流”“案件分流”“繁简分流”等。

根据部分学者观点,程序分流有广义与狭义之分,其中狭义上的程序分流,又称“非刑事程序化”,是指对特定的构成犯罪的案件,在审前阶段即作出终止诉讼的处理,并施以非刑罚性的处罚,而不再提交法庭审判的制度和做法;广义上的程序分流,则不仅包括上述狭义上的程序分流,还包括在审判阶段适用较之普通程序更加简易的程序对案件进行审理,并施以刑罚或非刑罚性的处罚。[①] 程序分流制度缘起于20世纪早期起诉便宜主义观念的萌生和弘扬。[②] 需要指出的是,此处的“程序分流”与本章第一节第三部分中的“程序分流”(下文根据侦查分流对刑事诉讼产生的影响,将侦查分流划分为实体分流与程序分流)不是一回事,前者大致是被部分学者作为“诉讼分流”的同义词在使用,其在侦查阶段大致等同于“侦查分流”,这实属部分学者的误用,故本书将其称为“被误用的程序分流”;后者则很好地区分出了侦查分流对刑事诉讼的不同影响,因此除了

① 参见张小玲:《论侦查阶段的程序分流》,载《中国人民公安大学学报(社会科学版)》2007年第3期。

② 参见叶肖华:《刑事审判程序分流研究》,中国政法大学2008年博士学位论文,第5页。

本部分比较内容，在本书其他部分出现的“程序分流”一词，均是作为“实体分流”的对应词使用。

刑事程序中的诉讼分流，是指在刑事诉讼的早期阶段，即侦查、审查起诉或庭前审查阶段，就对一部分构成犯罪或证据不足的案件作出终止诉讼的处理，而不再交付法庭审判；或者对一些应当进行法庭审判的案件采取比普通审判程序更为简便的方式进行审理的一项制度。[①]

案件分流同样存在狭义和广义的差别。在狭义上，其是指“程序上的繁简分流，即根据案件的难易复杂程度进行区分，将事实清楚、争议不大的案件划分到简易程序中审理，从而提高处断效率”；在广义上，其是指“一个案件进入诉讼程序之后，最终没有经过正式审判程序审理的状态，它包括但不仅限于繁简分流，还包括辩诉交易、转处程序（diversion）等等”。[②] 可见，狭义的案件分流等同于繁简分流，广义的案件分流尽管包括繁简分流，但其含义更接近于狭义的“被误用的程序分流”、狭义的诉讼分流。

繁简分流，顾名思义，就是指分流的依据及目标与案件本身的繁简程度息息相关。该表述在官方文件以及论文中的使用频次较高。同时，考虑到最高人民法院《关于进一步推进案件繁简分流优化司法资源配置的若干意见》第1条提出要“遵循司法规律推进繁简分流”，并将该举措具化为“科学调配和高效运用审判资源，依法快速审理简单案件，严格规范审理复杂案件，实现简案快审、繁案精审。根据案件事实、法律适用、社会影响等因素，选择适用适当的审理程序，规范完善不同程序之间的转换衔接，做到该繁则繁，当简则简，繁简得当，努力以较小的司法成本取得较好的法律效果”，可以将繁简分流界定为在遵循司法规律的基础上，将简单案件与复杂案件科学地区别开来，并给予区别对待，包括采用不同的案件办理模式、规则、程序、时限等，实现投入司法资源数量与案件繁简程度相匹配，最终取得更好办案效果的一种分流。

---

① 参见瓮怡洁：《论公诉案件的诉讼分流》，载《国家检察官学院学报》2002年第5期。

② 参见王禄生：《我国刑事错案成因分析——基于案件过滤的视角》，载《湖北社会科学》2014年第10期。

从上述定义可以得出以下结论:其一,“被误用的程序分流”与诉讼分流含义大体相当,仅是在作狭义理解时,分流案件是否包含证据不足案件存在着差异。其二,狭义的案件分流等同于繁简分流,广义的案件分流更接近于狭义的“被误用的程序分流”、狭义的诉讼分流。其三,繁简分流、狭义的案件分流与“被误用的程序分流”、诉讼分流、侦查分流的侧重点不同。繁简分流、狭义的案件分流侧重于对简单案件与复杂案件进行区分并给予区别对待,“被误用的程序分流”、诉讼分流、广义的案件分流、侦查分流尽管会涉及案件的繁与简,但不同的是,其侧重点在于根据被追诉人罪刑的有无、轻重来决定是否将其交付正式审判程序。其四,“被误用的程序分流”、诉讼分流、繁简分流、案件分流覆盖整个刑事诉讼,而侦查分流只适用于刑事立案审查和侦查阶段。因此,五者的关系(如图1－2所示)可以概括为:“被误用的程序分流”与诉讼分流大致等同,广义的案件分流与狭义的“被误用的程序分流”、狭义的诉讼分流大致等同,狭义的案件分流等同于繁简分流;“被误用的程序分流”与诉讼分流包含着广义的案件分流、繁简分流(狭义的案件分流)、侦查分流,而侦查分流与广义的案件分流、繁简分流(狭义的案件分流)呈现交叉重合关系。

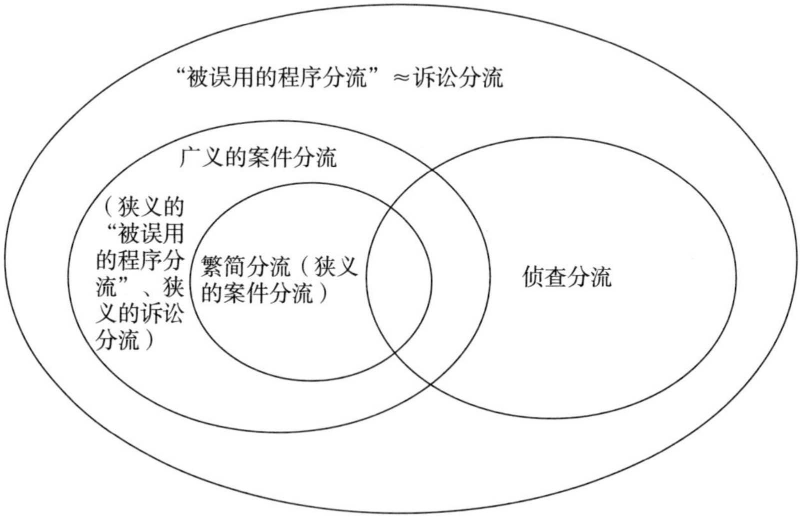

图1－2　侦查分流与“被误用的程序分流”、诉讼分流、案件分流、繁简分流关系

（三）侦查分流与刑事案件过滤

"刑事案件过滤"也属于与侦查分流存在重合且容易混淆的一种概念。有观点将其界定为"具有案件过滤权力的主体，基于特定的目标，对刑事案件进行评估和审查后，将部分刑事案件过滤在刑事诉讼之外的职权行为"，并将其范围列明为"公安机关撤销刑事案件""检察机关不予批准逮捕""公安机关撤回提请批准逮捕""检察机关督促撤案""检察机关不予起诉""公安机关撤回移送审查起诉""检察机关撤回公诉""法院宣判无罪"。[①] 同时，该观点还将案件过滤限定为"公诉案件一审的案件过滤，不包括侦查机关在立案时进行的过滤"，认为"此时案件还未进入刑事诉讼，因此也就不能被称为刑事案件过滤"。[②]

对于刑事立案是否具有案件过滤功能，可以借助过滤的本意来进行分析。根据《现代汉语词典》，过滤是指"使流体通过滤纸或其他多孔材料，把所含的固体颗粒或有害成分分离出去"[③]。可见，过滤以工具辅助性、杂质剥离性为典型特征。而不予立案借助刑事立案审查这一工具，将不应入罪的案件从所有进入刑事立案审查的案件中剥离出来、隔离在刑事诉讼程序之外，明显具备上述两大特征；况且，过滤的定义并未限定"滤纸或其他多孔材料"必须放在何处，故不能排除案件过滤的"滤纸"放在立案环节的可能。据此，刑事立案具有案件过滤功能，案件过滤的定义也因而应当调整为"有权机关对适格案件不启动侦查程序，或者在侦查、审查起诉、审判阶段对适格案件终止刑事诉讼的一种行为"。

综合以上分析，可以发现侦查分流与案件过滤，其实既有区别又有联系。具体来说，二者的区别在于侦查分流适用于刑事立案审查和侦查阶段，而案件过滤适用于整个刑事诉讼过程；二者的联系在于侦查分流具有不启动侦查程序、在侦查阶段终止诉讼和引导审查起诉、审判阶段的诉讼

---

① 参见王禄生：《我国刑事错案成因分析——基于案件过滤的视角》，载《湖北社会科学》2014年第10期。

② 参见王禄生：《我国刑事错案成因分析——基于案件过滤的视角》，载《湖北社会科学》2014年第10期。

③ 中国社会科学院语言研究所词典编辑室：《现代汉语词典》（第7版），商务印书馆2016年版，第503页。

分流等三项适用后果,而案件过滤则具有不启动侦查程序和在侦查、审查起诉、审判阶段终止诉讼等两项适用后果。可见,在刑事立案审查和侦查阶段,当发挥不启动侦查程序、在侦查阶段终止诉讼等两项适用后果时,侦查分流与案件过滤存在重合。

三、如何划分侦查分流:多标下的多样性

根据不同标准,可以将侦查分流划分为不同种类,其也随之呈现出多标下的多样性状态。

(一)根据适用阶段、范围、后果进行的分类

1. 不同适用阶段的侦查分流。根据所处执法办案阶段的不同,可以将侦查分流分为刑事立案审查阶段的分流和侦查阶段的分流。其中,刑事立案审查阶段的分流主要是指不予立案,侦查阶段的分流包括撤销案件、终止侦查、移送审查起诉并提出分流建议。该种分类能够直观清晰地显示各侦查分流所适用的执法办案阶段。

2. 不同适用案件范围的侦查分流。根据分流案件范围的不同,可以将侦查分流分为对轻罪案件实施的侦查分流、对未成年人犯罪案件实施的侦查分流,以及对其他案件实施的侦查分流。[①] 当然,以上分类还比较粗疏,具体还应根据本章第一节第一部分所探讨的侦查分流适用案件范围进行细分。该种分类旨在突出某种侦查分流所适用的案件范围。

3. 不同适用后果的侦查分流。根据对刑事诉讼产生的影响,可以将侦查分流分为不启动侦查程序的分流、在侦查阶段终止诉讼的分流,以及引导审查起诉、审判阶段诉讼分流的分流。其中,前两者因为对被追诉人产生实体层面的影响,所以可被称为侦查分流中的实体分流,如不予立案、撤销案件、终止侦查;后者因为仅起到引导后续分流的程序性作用,而无法在立案审查阶段将案件隔离在刑事诉讼程序之外,也无法在侦查阶段将案件排除出刑事诉讼程序,所以可被称为侦查分流中的程序分流,如移送审查起诉并提出分流建议。作出该种分类是为了区分侦查分流对刑

---

① 参见张小玲:《刑事诉讼中的"程序分流"》,载《政法论坛》2003 年第 2 期。

事诉讼产生的不同影响。与实体分流、程序分流的划分相对应，侦查分流程序（在本章第二节第三部分从要素维度分析侦查分流机制时将会提到）也可被划分为两类，其中能够产生实体分流效果的侦查分流程序可被称为实体分流程序，能够产生程序分流效果的侦查分流程序可被称为程序分流程序。

（二）根据分流裁量权、依据、动因、方式进行的分类

1. 有无分流裁量权的侦查分流。根据侦查分流自由裁量权的有无，可以将侦查分流分为法定分流、裁量分流和建议分流。该种分类的价值在于能够直观地呈现公安机关在侦查分流中自主度的有无及大小。其中，法定分流是指不是依据公安机关的侦查分流自由裁量权，而是依据明确分流规定将案件隔离在刑事诉讼程序之外或者排除出刑事诉讼程序的侦查分流；裁量分流是指公安机关依据侦查分流自由裁量权决定将案件隔离在刑事诉讼程序之外或者排除出刑事诉讼程序的侦查分流；建议分流是指公安机关不具有侦查分流自由裁量权，只能在侦查阶段适用侦查分流程序，并在向检察机关移送审查起诉时，同步提出适用何种分流程序或者通过分流程序产生何种程序结果的建议的侦查分流。

2. 不同依据的侦查分流。根据侦查分流的依据来源，可以将侦查分流分为规范分流、司法改革分流与超规范分流。其中，规范分流是指法有明文规定的侦查分流，如不予立案、撤销案件、终止侦查以及移送审查起诉并提出分流建议；司法改革分流是指以司法改革相关文件为依据、在司法实践中运行但尚未被法律法规吸收的侦查分流，如公安机关在适用轻案快办机制将案件侦查终结移送审查起诉的同时，建议检察机关继续适用该机制并可作不起诉处理；超规范分流是指既无法律法规依据又无司法改革文件依据而对案件进行的侦查分流，如撤回移送审查起诉，再如下文提及的应当立案不立案、应当撤案而不撤案并长期挂案不处等无序分流。依据该种分类，可以迅速分辨出某种侦查分流是否具有规范或者司法改革依据。

3. 不同动因的侦查分流。根据侦查分流的动因不同，可以将侦查分

流分为依申请的侦查分流、依职权[①]的侦查分流。其中,依申请的侦查分流是指根据当事人一方的申请启动分流程序的侦查分流,如公安机关在当事人一方申请且另一方同意适用的情况下依法依职权启动刑事和解程序,并侦查终结移送审查起诉,提出分流建议;依职权的侦查分流是指公安机关主动依法依职权决定是否启动分流程序的侦查分流,如公安机关认为案件中不存在犯罪事实而作出不予立案、撤销案件决定。该种分类有助于直观地展示某种侦查分流具体可由谁启动。

4. 不同方式的侦查分流。根据是否启动分流程序,可以将侦查分流分为静态型侦查分流与动态型侦查分流。其中,静态型侦查分流是指不启动分流程序就对案(事)件予以事实上的分流,如应当启动撤案审查程序而不启动并长期挂案不处;动态型侦查分流是指通过分流程序的启动对案件实施的侦查分流,如不予立案、撤销案件、终止侦查等。该种分类的主要意义在于表明侦查分流是否经由分流程序的启动。

(三)其他分类

1. 是否依法有序进行的侦查分流。所谓有序分流,是指依法有序进行的侦查分流;所谓无序分流,则包括"为了分流而分流""应当分流而不分流"两类现象,反映了侦查分流可能陷入的无序状态。具体而言:(1)"为了分流而分流",即分流时不是看应不应该分流,而是看分流后对公安机关、侦查人员个人有无利益好处,其可以被概括为三大类型——"寻租"性分流、预见性分流以及懈怠性分流。其中"寻租"性分流,是指个别公安机关或者侦查人员与他人相谋划,将不符合分流条件的刑事案件或者被追诉人排除出刑事诉讼程序甚至干脆不启动侦查程序,进而获取一定利益好处的行为,即常说的"以钱买刑",属于典型的司法腐败。预见性分流,是指两种行为,一种行为表现为个别公安机关根据以往经验或者与检察机关的事先沟通,预判到自己立案侦查的案件可能无法被移送检察机关审查起诉或者可能被检察机关退回补充侦查甚至作出不起诉

---

① 此处的"职权"指的是公安机关的侦查分流权,而非仅指下文将反复提及的侦查分流自由裁量权。后者实际上是前者内容的一部分。

决定，为避免对自身考核造成负面影响（相关影响详见第五章第四节第二部分论述），而主动撤回移送审查起诉，或者干脆不移送审查起诉而挂案以进行事实上的分流；另一种行为则表现为个别检察机关预感公安机关已移送审查起诉的案件可能对自身考核造成负面影响（相关影响详见第五章第四节第二部分论述），或者为避免作出不起诉决定后将经历的烦琐程序和法律文书制作过程，而建议公安机关撤回移送审查起诉，公安机关则根据建议撤回移送审查起诉。懈怠性分流，是指个别公安机关考虑到案件于己考核无益，或者事实查证难度较大、短期内难以取得突破却会耗费大量资源、追诉不甚经济，或者存在对特殊人群加强保护的政策要求，[①]为了尽快分流，而对案件怠于调查取证甚至隐匿证据、隐瞒事实，进而不启动侦查程序，或者在案件真相或者关涉特定人员的真相尚未明朗时就将该案或者该特定人员排除出刑事诉讼程序的行为。（2）“应当分流而不分流”，即个别公安机关基于权力“寻租”、完成考核任务或者其他目的，对不应当立案的案件启动侦查程序，对应当撤案的案件不撤案、应当终止侦查的人员不终止侦查并长期挂案不处的行为。该种分类区分出了侦查分流处于无序还是有序状态。

2. 不同程序性质的侦查分流。根据分流程序启动后能否回流，可以将侦查分流分为单向型侦查分流与可回流型侦查分流。一般情况下，侦查分流均为可回流型侦查分流，无论这种回流来源于当事人的申请还是公安机关依职权的决定，还是经由相关监督程序的推动。作出此种分类，主要是为了判断侦查分流程序启动后能否回流的问题。

3. 公安机关发挥不同作用的侦查分流。根据公安机关在分流中所起作用的不同，可以将侦查分流分为公安机关主持的侦查分流和公安机关审查的侦查分流。公安机关主持侦查分流，既可以是根据当事人的申请，如根据当事人申请主持刑事和解，也可以是根据主动职权，如不予立案；尽管公安机关主持的侦查分流也离不开公安机关的审查，但公安机关审查的侦查分流主要还是法无明文要求且当事人也未申请公安机关主持、

---

① 如根据有关统计，自强化对涉罪未成年人的保护以来，对其立案显著减少。

当事人完全可以在法律框架内自愿达成协议的分流，如控辩双方自行达成刑事和解并由公安机关对和解协议进行审查后进行的分流。根据该种分类，可以判断出公安机关在侦查分流中起到何种作用。

第二节　对侦查分流机制的三维分析

“侦查分流”加上“机制”后，其显然又被赋予了更深层的含义。要理解这层含义，可以尝试从语义、类型、要素维度对侦查分流机制进行分析，既弄清“机制”含义，又深究侦查分流机制的类型划分及各自适用情形，并找寻出侦查分流机制的体系化分析框架——要素分析框架。

一、从语义维度分析侦查分流机制

根据《现代汉语词典》，“机制”在作为名词使用时有四种含义，其中与侦查分流机制可能相关的含义有两种，一种是“机体的构造、功能和相互关系，如动脉硬化的机制”，另一种是“泛指一个工作系统的组织或部分之间相互作用的过程和方式：市场机制、竞争机制”。[①]《辞海》所收录名词意义上的“机制”仅包括上述两种含义。[②] 笔者认为，在侦查分流机制语境下，宜采取第一种含义；理由在于，(1)侦查分流机制也有其构造，或者说有其构成要素(下文将会从要素维度分析侦查分流机制)，这些构成要素各有功能，相互间联系密切、互动频繁，与第一种含义完全吻合。(2)第二种含义涵盖面较小，一是其更侧重于动态(如“相互关系”)，不像第一种含义是对静态(如“构造”“功能”)与动态的兼顾；二是“组织或部分”与“构造”相比，缺乏自身整体性，“相互作用”与“相互关系”相比，前者仅是后者之一部分；三是第二种含义没有提及“功能”问题。

综上，根据第一种含义，可以尝试对侦查分流机制作如下定义：侦查

① 参见中国社会科学院语言研究所词典编辑室：《现代汉语词典》(第7版)，商务印书馆2016年版，第600页。

② 参见夏征农、陈至立主编：《辞海》(第六版彩图本)，上海辞书出版社2009年版，第1000页。

分流机制,是指通过构成要素、作用影响以及各要素间相互关系表现出来的侦查分流静态与动态内容的统称。据此,可以将侦查分流与侦查分流机制之间的关系概括为“前者是后者的直观载体,后者是前者据以运行的内在机理”。

二、从类型维度分析侦查分流机制

公安机关适用侦查分流机制应当依法进行,这里的“法”指的就是与侦查分流有关的法律法规,统称为分流规定。分流规定明确的内容之一就是公安机关适用侦查分流机制时是否拥有侦查分流自由裁量权。根据侦查分流自由裁量权的有无,可以将侦查分流机制分为法定分流机制、裁量分流机制和建议分流机制三种类型。该种分类与上文侦查分流的某种分类相对应,其价值在于,通过区分公安机关在适用某种侦查分流机制时是否拥有侦查分流自由裁量权,一定程度上反映该侦查分流机制的制度状况和实践状况,从而为本书的下一步研究奠定分析基础。

(一)三种类型的侦查分流机制解读

1. 法定分流机制。法定分流机制,是指包含法定分流静态与动态内容、支撑该分流正常运行的内在机理。在我国,根据公安机关有无侦查分流自由裁量权这一标准,可以适用法定分流机制的有七种情形。为方便论述,该七种情形不含所涉条款中的兜底情形,同时考虑到“人民检察院通知撤销案件”情形①以该七种情形中的前六种情形存在②为前提,故不将其列为单独情形。具体来说,该七种情形有:①没有犯罪事实,或者犯罪分子另有其人或构成共犯的部分人员不够刑事处罚(后一情形对于特定被追诉人而言,相当于“没有犯罪事实”);②犯罪已过追诉时效期限;③经特赦令免除刑罚;④犯罪嫌疑人、被告人死亡;⑤对经济犯罪嫌疑人

---

① 参见最高人民检察院、公安部《关于公安机关办理经济犯罪案件的若干规定》第 25 条和《人民检察院刑事诉讼规则》第 287 条第 1 款、第 559 条第 2 款、第 561 条第 1 款。

② 因为对于下文第⑦种情形,未有相关规定提及检察机关可以通知公安机关撤销案件,且检察机关即使没有通知公安机关撤销案件,根据《认罪认罚指导意见》第 3 条的规定,也可以在公安机关将案件移送审查起诉后作不起诉处理。

解除强制措施之日起12个月以内,仍然不能移送审查起诉或者依法作其他处理的;⑥对经济犯罪嫌疑人未采取强制措施,自立案之日起2年以内,仍然不能移送审查起诉或者依法作其他处理的;⑦因证据不足而不能认定认罪认罚的被追诉人有罪的。[①]

2. 裁量分流机制。所谓裁量分流机制,是指包含裁量分流静态与动态内容、支撑该分流正常运行的内在机理。其适用情形有三:①《刑法》第13条但书、《刑事诉讼法》第16条第1项规定的"情节显著轻微、危害不大,不认为是犯罪",或者《刑事诉讼法》第112条中规定的"犯罪事实显著轻微,不需要追究刑事责任";[②]②《刑事诉讼法》第182条第1款规定的"犯罪嫌疑人自愿如实供述涉嫌犯罪的事实,有重大立功或者案件涉及国家重大利益的,经最高人民检察院核准,公安机关可以撤销案件";③部分省份规定的公安机关可以撤销符合特定条件的轻伤害和解案件。[③]

3. 建议分流机制。所谓建议分流机制,是指包含建议分流静态与动态内容、支撑该分流正常运行的内在机理。其适用情形为"在侦查阶段适用侦查分流程序后,只能向检察机关移送审查起诉并同步提出相应分流建议"。

(二)侦查分流机制适用情形与侦查分流适用案件范围的对应关系

如表1-3所示,相较前文所述的侦查分流适用案件范围,侦查分流机制适用情形与其具有如下对应关系:(1)法定分流机制的第①种适用情形(没有犯罪事实)与不应追究刑事责任案件中的"没有犯罪事实"案件相对应;(2)法定分流机制的第⑤⑥⑦种适用情形(两种在特定期限内

---

① 第①种参见《刑事诉讼法》第112条和《公安机关办理刑事案件程序规定》第186条;第②③④种参见《刑事诉讼法》第16条,且因为"告诉"不属于侦查阶段,未包括"依照刑法告诉才处理的犯罪,没有告诉或者撤回告诉的"情形;第⑤⑥种参见最高人民检察院、公安部《关于公安机关办理经济犯罪案件的若干规定》第25条;第⑦种参见《认罪认罚指导意见》第3条。

② 《刑法》第13条但书:"情节显著轻微危害不大的,不认为是犯罪";《刑事诉讼法》第16条第1项:"情节显著轻微、危害不大,不认为是犯罪的";《刑事诉讼法》第112条:"人民法院、人民检察院或者公安机关……;认为……,或者犯罪事实显著轻微,不需要追究刑事责任的时候,不予立案……"

③ 2014年A地高级人民法院、人民检察院、公安厅、国家安全厅、司法厅《关于贯彻执行〈中华人民共和国刑事诉讼法〉若干问题的座谈纪要》第50条:"故意伤害致人轻伤的案件,情节轻微、社会危害性不大的,犯罪嫌疑人与被害人在侦查阶段达成和解协议并在一个月内履行完毕,且被害人请求或者同意不追究犯罪嫌疑人刑事责任的,公安机关可以撤销案件。对于犯罪嫌疑人与被害人在侦查阶段未达成和解协议,或者虽已达成和解协议,但在一个月内未履行完毕,以及被害人仅同意对犯罪嫌疑人从轻或者减轻处罚的,公安机关应当及时将案件移送同级人民检察机关,检察机关应当受理。"

撤销经济犯罪案件情形；依法撤销因证据不足而不能认定被追诉人有罪的认罪认罚案件）与不必追究刑事责任案件中的“证据不足以认定犯罪”案件相对应；（3）裁量分流机制的第①种适用情形（情节显著轻微、危害不大，不认为是犯罪）加上法定分流机制的第②③④种适用情形（犯罪已过追诉时效期限；经特赦令免除刑罚；犯罪嫌疑人、被告人死亡），与不应追究刑事责任案件中的“法定不追究刑事责任”案件相对应；（4）裁量分流机制的第②③种适用情形与不必追究刑事责任案件中的“符合特定条件的有罪案件”相对应；（5）建议分流机制的适用情形（只能在侦查阶段适用侦查分流程序，并在向检察机关移送审查起诉时同步提出相应分流建议）与“侦查阶段就适用在审查起诉或者审判阶段也可适用的分流程序”案件相对应。

表 1－3　侦查分流机制适用情形与侦查分流适用案件范围对应关系

<table>
<tr><th>法定分流机制
适用情形</th><th>裁量分流机制
适用情形</th><th>建议分流机制
适用情形</th><th>与侦查分流适用
案件的对应关系</th></tr>
<tr><td>①没有犯罪事实，或者犯罪分子另有其人或构成共犯的部分人员不够刑事处罚</td><td></td><td></td><td>不应追究刑事责任案件中的“没有犯罪事实”案件</td></tr>
<tr><td></td><td>①《刑法》第 13 条但书、《刑事诉讼法》第 16 条第 1 项规定的“情节显著轻微、危害不大，不认为是犯罪”，或者《刑事诉讼法》第 112 条中规定的“犯罪事实显著轻微，不需要追究刑事责任”</td><td></td><td rowspan="4">不应追究刑事责任案件中的“法定不追究刑事责任”案件</td></tr>
<tr><td>②犯罪已过追诉时效期限</td><td></td><td></td></tr>
<tr><td>③经特赦令免除刑罚</td><td></td><td></td></tr>
<tr><td>④犯罪嫌疑人、被告人死亡</td><td></td><td></td></tr>
</table>

续表

法定分流机制适用情形	裁量分流机制适用情形	建议分流机制适用情形	与侦查分流适用案件的对应关系
⑤对经济犯罪嫌疑人解除强制措施之日起 12 个月以内，仍然不能移送审查起诉或者依法作其他处理			不必追究刑事责任案件中的“证据不足以认定犯罪”案件
⑥对经济犯罪嫌疑人未采取强制措施，自立案之日起 2 年以内，仍然不能移送审查起诉或者依法作其他处理			
⑦因证据不足而不能认定认罪认罚的被追诉人有罪			
	②《刑事诉讼法》第 182 条第 1 款规定的“犯罪嫌疑人自愿如实供述涉嫌犯罪的事实，有重大立功或者案件涉及国家重大利益的，经最高人民检察院核准，公安机关可以撤销案件”		不必追究刑事责任案件中的“符合特定条件的有罪案件”
	③部分省份规定的公安机关可以撤销符合特定条件的轻伤害和解案件		
		①在侦查阶段适用侦查分流程序后，只能向检察机关移送审查起诉并同步提出相应分流建议	侦查阶段就适用在审查起诉或者审判阶段也可适用的分流程序的案件

综上，可以得出如下结论：(1)符合法定分流机制第①②③④种适

用情形或者裁量分流机制第①种适用情形的案件范围与不应追究刑事责任的案件范围大致相当;(2)符合法定分流机制第⑤⑥⑦种适用情形或者裁量分流机制第②③种适用情形的案件范围与不必追究被追诉人刑事责任的案件范围大致相当,其中符合法定分流机制第⑤⑥⑦种适用情形的案件范围与"证据不足以认定犯罪"的案件范围大致相当,符合裁量分流机制第②③种适用情形的案件范围与符合特定条件的有罪案件范围完全一致;(3)符合法定分流机制、裁量分流机制适用情形的案件范围与不应和不必追究刑事责任的案件范围大致相当;(4)符合法定分流机制、裁量分流机制、建议分流机制适用情形的案件范围与侦查分流适用案件范围大致相当。之所以说"大致相当",是因为前文出于论述方便的考虑,对法定分流机制的适用情形没有论及《刑事诉讼法》第16条和《关于公安机关办理经济犯罪案件的若干规定》第25条第1款规定的兜底情形。

三、从要素维度分析侦查分流机制

根据侦查分流机制的运行态势,借助"解剖麻雀"式分析,可以将其构成要素作如下分解:

其一,分流主体。分流主体可以分为决定(建议)主体、参与主体、监督主体、参与听证主体(该类主体与后文提出的侦查听证程序相对应)等四类主体。其中,决定(建议)主体是指公安机关;参与主体包括被追诉人及其辩护人、被害人及其诉讼代理人,监督主体包括公安机关内部审查部门、检察机关、当事人以及社会公众;参与听证主体包括被追诉人的近亲属及其所属社区(村居)、工作单位或者相关公益组织、特殊人群权益保护组织的代表,必要时还包括检察机关、检法人民监督员、专家学者、人大代表、政协委员。

其二,分流规定。分流规定既是对分流主体范围、分流适用范围及条件、公安机关有无侦查分流自由裁量权、分流程序及程序结果等内容的明确,也是将侦查分流机制分为法定分流机制、裁量分流机制、建议分流机制的依据。换言之,分流规定兼具分流指导和机制定性两大功能。

其三,分流案件。分流案件主要包括适用阶段、适用案件范围、适用条件以及运用证据证明案件事实等内容。这取决于案件本身情况与相关侦查分流机制类型的匹配度。

其四,分流程序。适用侦查分流机制时可能适用的诉讼程序包括立案审查程序、刑事和解程序、轻案快办机制、认罪认罚从宽制度、撤案审查程序,而且如果案件本身不属于被追诉人认罪案件的话,其也可能适用普通侦查程序。上述部分程序还有可能同时适用,如刑事和解程序与认罪认罚从宽制度,又如轻案快办机制与认罪认罚从宽制度,而且程序也不是一成不变,完全可能发生程序转化甚至发生由特殊程序回转至普通侦查程序的情况。

其五,分流程序结果。分流程序结果包括不予立案、撤销案件、终止侦查以及移送审查起诉并提出分流建议。其中,根据法定分流机制的七种适用情形,可以判断出其可能产生的程序结果为不予立案、撤销案件、终止侦查;[①]裁量分流机制适用情形与不予立案、撤销案件中的"情节显著轻微、危害不大,不认为是犯罪""犯罪事实显著轻微,不需要追究刑事责任"情形,以及撤销案件中的"犯罪嫌疑人自愿如实供述涉嫌犯罪的事实,有重大立功或者案件涉及国家重大利益的,经最高人民检察院核准""撤销符合特定条件的轻伤害和解案件"相对应,故其可能产生的程序结果为不予立案、撤销案件;建议分流机制产生的程序结果为移送审查起诉并提出分流建议。

综上,依据前述侦查分流机制的五大构成要素,可以整理出一个要素分析框架(如图1-3所示),将"分流主体→分流规定→分流案件→分流程序→分流程序结果"作为贯穿全文,特别是下文对制度状况、实践状况、问题剖析、问题成因、完善建议等内容进行分析的逻辑红线,以增强本书叙述内容的针对性与条理性。需要注意的是,该要素分析框架为了便于

---

① 下文将在第三章第一节第二部分论及,对于被终止侦查人员而言,终止侦查的法律效果等同于以"没有犯罪事实"为由撤销案件。

论述和后续使用，采用了单线性的描述方式，但这并不代表五大构成要素之间的关系就是单线性关系；相反，根据前述侦查分流机制的定义，各要素之间彼此联系、相互作用，应属于多线性的可反向型关系。

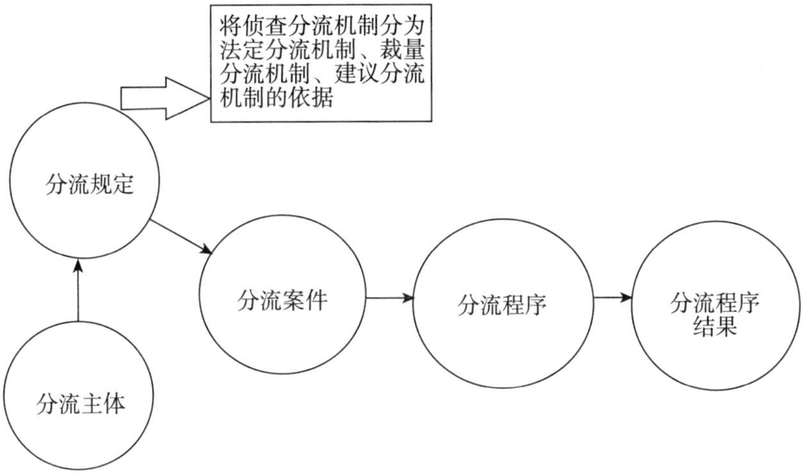

图 1－3　侦查分流机制的要素分析框架

第三节　对侦查分流机制的正反论证

前述对侦查分流机制的三维分析，已经能够较为全面地呈现该机制的基本面貌。而且，从对该机制的类型维度分析可知，三种类型的侦查分流机制各有其适用情形，这些适用情形均以相应法条或者规范性文件为依据。但是，如果撇去这些具体、直接的依据，该机制在刑法总则、刑事诉讼法总则中是否有相应渊源条款，以及对于其中形式上与该机制相抵触的条款，该如何理解或者说是理顺二者之间的关系。可以说，探讨该机制与刑法总则、刑事诉讼法总则有关条款的关系问题，同对侦查分流机制的三维分析一样，都是加深对侦查分流机制理解的重要路径。

一、渊源之梳理:侦查分流机制的正向支撑

(一)侦查分流机制与《刑法》第13条

我国《刑法》第13条分为前后两段,前段是对我国犯罪概念的规定,后段则是"但书"规定。根据该条,在我国,行为只要齐备"社会危害性""刑事违法性""应受刑罚惩罚性"三大特征,就是犯罪;但是,如果行为齐备上述三大特征,却"情节显著轻微危害不大",就不认为是犯罪。这成为我国轻微犯分流出罪的实体法路径的主要源头。[①]

关于但书规定的性质,理论界与实务界存在着出罪标准说与入罪限制条件说的分野:(1)出罪标准说认为,"我国刑法中犯罪圈的划定是由《刑法》第13条的正文和但书两段结合共同完成的"[②],"但书的实质是将符合具体犯罪构成但社会危害性不大的行为排除在犯罪圈之外"[③],亦即但书规定属于出罪条款,是据以出罪的实质性标准。但书规定的出罪功能,被刘艳红教授称为"积极的出罪功能"[④]。(2)入罪限制条件说则认为,犯罪构成是认定犯罪的唯一标准,但书规定只是入罪的限制性条件,而非据以出罪的直接依据,"符合但书规定的行为原本就不符合犯罪构成"。[⑤] 据此,出罪标准说将但书规定视为出罪条款,表明相关行为符合犯罪构成,入罪限制条件说将其视为限制入罪条款,表明相关行为不符合犯罪构成。可见,前者是在犯罪构成之内选择控制犯罪圈的路径,后者是在犯罪构成之外选择,[⑥]二者的分歧就在于如何理解但书与犯罪构成的关系,究竟是坚持犯罪构成是认定犯罪的唯一标准,还是承认定罪标准的二元化。

笔者认为,但书规定应当属于出罪条款,理由如下:

---

① 我国轻微犯出罪模式以实体法路径为主、程序法路径为辅。参见王华伟:《轻微犯分流出罪的比较考察与制度选择》,载《环球法律评论》2019年第1期。

② 储槐植、张永红:《善待社会危害性观念——从我国刑法第13条但书说起》,载《法学研究》2002年第3期。

③ 参见王昭武:《犯罪的本质特征与但书的机能及其适用》,载《法学家》2014年第4期。

④ 刘艳红:《入出罪走向出罪:刑法犯罪概念的功能转换》,载《政法论坛》2017年第5期。

⑤ 参见王昭武:《犯罪的本质特征与但书的机能及其适用》,载《法学家》2014年第4期。

⑥ 参见王昭武:《犯罪的本质特征与但书的机能及其适用》,载《法学家》2014年第4期。

其一，从《刑法》条文结构看，第 13 条先在前段对犯罪做出整体要求，后通过“但是”进行转折，将符合前段规定但具有后段“情节显著轻微危害不大”情况的行为筛选出来，体现了“先入后出”“有入才有出”的逻辑脉络。

其二，从“不认为是犯罪”含义看，但书规定中的“不认为是犯罪”是指“已经实施了刑法所规定的构成要件的行为，只不过情节显著轻微危害不大从而不以犯罪论处”[①]。据此，适用但书规定的行为已经符合犯罪构成，只是因为“情节显著轻微危害不大”而被排除出犯罪范畴，不“认为”是犯罪，这与“不是犯罪”有着显著的区别。换言之，“不认为是犯罪”中的“犯罪”属于立法上的犯罪，尽管不被作为犯罪处理，但仍属于刑法所禁止的行为。[②] 而将但书规定视为出罪条款，恰与行为已经符合犯罪构成相契合。

其三，就司法实践看，“法院直接将‘但书’作为法律依据做出无罪判决属于较为普遍的现象”。[③] 需要说明的是，实践中依据但书规定出罪的情形主要分为两类，一类是针对不符合犯罪构成的行为运用但书规定出罪，另一类是针对符合犯罪构成的行为运用但书规定出罪。显然，后者才是但书规定出罪功能的体现，前者属于对但书规定的错用。

其四，从“出罪标准说”非议内容看，相关诟病主要集中在该说导致犯罪构成形式化、违反罪刑法定原则和造成司法自由裁量权僭越立法权、犯罪圈不当扩大、体系逻辑无法自洽等方面。笔者认为，犯罪构成是入罪标准而非出罪标准，将但书规定作为出罪条款不会与犯罪构成产生重叠或者矛盾，更不会产生犯罪论体系上的逻辑矛盾，而且适用但书规定是对犯罪构成判断的再检视，不仅有利于收缩犯罪圈，彰显刑法谦抑原则，而且有利于个案情理法调和，最终实现实质公正；此外，将但书规定视为出罪条款，并不违反罪刑法定原则，这是因为我国的罪刑法定原则较之西方

---

① 陈兴良：《但书规定的法理考察》，载《法学家》2014 年第 4 期。

② 参见孙本雄：《出罪及其正当性根据研究》，载《法律适用》2019 年第 23 期。

③ 参见储陈城：《“但书”出罪适用的基础和规范》，载《当代法学》2017 年第 1 期。

国家,多了被学界称为“积极的罪刑法定原则”之内容,[①]实际上,“法无明文不为罪”已经足以涵盖罪刑法定原则的全部内容,积极的罪刑法定原则“在我国刑法规定的目的和任务下不容置疑,附加积极侧面的重复式表述实无必要”,[②]因此就消极的罪刑法定原则来说,将但书规定视为出罪条款并不违反罪刑法定原则。

犯罪概念的“但书”部分在司法过程中有着不同的表现形式,如公安机关的不立案、检察院的不起诉或撤诉、法院的宣告无罪等。[③] 可见,《刑法》第 13 条为侦查分流机制提供了最直接的法条支撑,“出罪标准说”为侦查分流机制提供了有力的学说支持,具体表现在以下几方面:

首先,我国《刑法》中的出罪条款为适用侦查分流机制提供了某些可能。我国《刑法》本身存在出罪条款,除了第 13 条外,还包括告诉才处理的犯罪撤回告诉、犯罪超过追诉时效、外国犯罪者享有外交特权和豁免权、犯罪者被判处战时缓刑后戴罪立功等,均表明其不排斥入罪后的出罪处分,这为通过侦查分流机制实现出罪提供了某些可能性。况且,裁量分流机制的适用情形主要源于《刑法》第 13 条。具体来说,通过侦查分流机制实现不入罪、出罪,主要针对的是不应或者不必追究被追诉人刑事责任的案件,其中不应追究刑事责任的案件包括没有犯罪事实、法定不追究刑事责任等两类案件(详见本章第一节第一部分,此处不作赘述),而《刑法》第 13 条前段的反面就是不符合犯罪构成的情形,与没有犯罪事实案件相契合,后段则与法定不追究刑事责任案件中的第 1 类案件(“情节显著轻微、危害不大,不认为是犯罪”的案件)相契合。

其次,侦查分流适用阶段与但书规定存在重合。这是因为,但书规定贯穿刑事诉讼始终,当然也包括侦查分流适用阶段——刑事立案审查或者侦查阶段。在侦查分流过程中,如果发现存在但书规定的适用情形,就应当予以尽早适用。也只有如此,才能更好地发挥但书规定在有效打击犯罪、保障人权、提高效率方面的作用。

---

① 即《刑法》第 3 条前半段所规定的“法律明文规定为犯罪行为的,依照法律定罪处刑”。

② 参见刘艳红:《入出罪走向出罪:刑法犯罪概念的功能转换》,载《政法论坛》2017 年第 5 期。

③ 参见刘艳红:《入出罪走向出罪:刑法犯罪概念的功能转换》,载《政法论坛》2017 年第 5 期。

最后，侦查分流机制运行的部分过程与"出罪标准说""两步走"的犯罪认定步骤相吻合。"出罪标准说"将认定犯罪的过程分为两步走："第一步，看是否符合犯罪构成，如果不符合，则直接排除其犯罪性（形式判断）；第二步，如果符合犯罪构成，再看是否情节显著轻微危害不大，如果是则不认为犯罪；如果不是才认为犯罪（实质判断）。"[①]而通过侦查分流机制对不构成犯罪的行为不启动侦查程序，实际上就是根据《刑法》第13条前段规定直接判定行为不符合犯罪构成，属于"出罪标准说"认定犯罪的第一步；将已经构成犯罪的行为从刑事诉讼程序中分流出去，实际上就是通过《刑法》第13条前段规定判定行为符合犯罪构成、启动刑事诉讼程序后，通过法定程序予以出罪，属于"出罪标准说"认定犯罪的第二步。

（二）侦查分流机制与《刑法》第37条

《刑法》第37条[②]由两部分组成，前半部分是关于酌定免刑情节的规定，同时也是对非刑罚处罚措施适用条件的明确，后半部分则是对非刑罚处罚措施内容的列举，即非刑罚处罚措施分为训诫、责令具结悔过、赔礼道歉、赔偿损失、行政处罚、行政处分等六种。根据该条，被追诉人犯罪情节轻微不需要判处刑罚的，可以在宣告其有罪后免除其刑罚，并可以视情对其采取前述非刑罚处罚措施。除该条外，刑法总则、分则及司法解释中还有不少条款同样涉及免予刑事处罚的内容，[③]这些条款与《刑法》第37条共同构成了所谓的"定罪免刑"条款。其中，《刑法》第37条属于"定罪免刑"条款的一般性规定。

基于定罪权专属行使原则，《刑法》第37条的直接适用主体只能是法院，而不能是检察机关、公安机关。但需注意的是，《刑事诉讼法》第

---

① 储槐植、张永红：《善待社会危害性观念——从我国刑法第13条但书说起》，载《法学研究》2002年第3期。

② 《刑法》第37条："对于犯罪情节轻微不需要判处刑罚的，可以免予刑事处罚，但是可以根据案件的不同情况，予以训诫或者责令具结悔过、赔礼道歉、赔偿损失，或者由主管部门予以行政处罚或者行政处分。"

③ 以《刑法》为例，除第37条之外，"定罪免刑"条款还包括第10、19、28、68条，以及第20条第2款、第21条第2款、第22条第2款、第24条第2款、第27条第2款、第67条第1款、第164条第4款、第351条第3款、第390条第2款、第392条第2款等。

177 条第 2 款[①]赋予了检察机关对犯罪情节轻微，依照刑法规定不需要判处刑罚或者免除刑罚的被追诉人作出酌定不起诉决定的权力，属于对《刑法》第 37 条的间接运用，而公安机关面对相同情形，只能将案件移送检察机关处理。

《刑法》第 37 条的意义在于，其预示着“刑法的内容不再局限于犯罪与刑罚，而且还要包括单纯定罪、犯罪处以非刑罚方法这样的内容”[②]，“使得我国量刑个别化的内涵得以从传统的定罪判刑方式拓展至定罪判刑与定罪免刑并存的二元方式，更使得我国刑罚轻缓化的进程得以由适当扩大免刑适用与严格控制死刑适用之两极合力推进”[③]。更重要的是，该条表明了官方对犯罪与刑罚之间关系的一种态度，即犯罪与刑罚并非一一对应关系，“罪只是刑的必要而非充分条件”[④]，二者是可以分离的，行为人犯罪后并非必须受到刑罚惩罚，甚至都不一定必须受到惩罚。

表面上看，侦查分流机制不具有单纯的出刑功能，其出刑以出罪为前提，体现的是刑从罪灭的罪刑一一对应关系，这似乎与《刑法》第 37 条的定罪免刑内容并不契合。但实际上，侦查分流机制将被追诉人出罪后也会视情要求其履行必要的附随义务（详见本书第五章第四节第三部分），或者对其处以相应的行政处罚，这恰好与《刑法》第 37 条后半部分列举的非刑罚处罚措施内容密切相关。可以说，《刑法》第 37 条后半部分内容虽然不能成为侦查分流机制将被追诉人出罪后对其采取非刑罚处罚措施的直接法条依据，但由于二者在具体内容方面的同质性，前者其实为后者提供了一种参考。从这一点上说，《刑法》第 37 条与侦查分流机制还是存在契合之处的。

（三）侦查分流机制与《刑事诉讼法》第 16 条

《刑事诉讼法》第 16 条规定了 6 种“不追究刑事责任”的情形。其

---

① 《刑事诉讼法》第 177 条第 2 款：“对于犯罪情节轻微，依照刑法规定不需要判处刑罚或者免除刑罚的，人民检察院可以作出不起诉决定。”

② 黄伟明：《论定罪免刑条款对刑法边界的解构》，载《法学论坛》2015 年第 1 期。

③ 贺洪波：《我国〈刑法〉第 37 条研究》，西南政法大学 2014 年博士学位论文，第 2 页。

④ 郑超：《无刑罚的犯罪——体系化分析我国〈刑法〉第 37 条》，载《政治与法律》2017 年第 7 期。

中,第1种情形与《刑法》第13条但书规定相对应,[①]第2、5种情形是指因无追诉必要而不应追究刑事责任,第3种情形是指经法定程序免除刑罚,第4种情形是对"不告不理"原则的贯彻,第6种情形则起到兜底之功效。

所谓"不追究刑事责任",从法条条文看,就是《刑事诉讼法》第16条第6种情形中所称的"免予追究刑事责任"。追究刑事责任与实现刑事责任同义,不追究刑事责任,即消灭或者放弃实现刑事责任。关于刑事责任的实现方式,"我国刑法规定了多元化的刑事责任实现方式,即除判处刑罚之外,将判处非刑罚处罚方法和单纯宣告有罪规定为刑事责任的实现方式"[②]。据此,结合"不追究刑事责任"的条文表述和可能引发的程序后果,可以认定该6种情形不涉及刑事责任的实现,而涉及刑事责任的消灭。[③] 该6种情形本来构成犯罪,但因法定或者客观原因导致被追诉人已经产生的刑事责任消灭,司法机关不再进行追究。这也是该6种情形被单独列明,而不是直接按照"没有犯罪事实"对待的原因。

需要进一步指出的是,该6种情形不仅消灭刑事责任,也消灭犯罪与刑罚。消灭犯罪,是因为该6种情形不被作为犯罪处理;消灭刑罚,是因为刑罚依附的刑事责任消灭。因此,对于上述6种情形,不用启动刑事立案程序;已经启动的,应当根据所处案件阶段和具体情形,采取撤销案件、不起诉、终止审理、宣告无罪四种方式进行处理。可见,适用《刑事诉讼法》第16条,会产生不入罪和出罪两大法律效果,这恰好与侦查分流的不入罪和出罪功能相吻合,再考虑到该条同样适用于刑事立案审查或者侦查阶段,因此完全可以将该条作为适用侦查分流机制的依据之一。

---

① 本书在前文分析中,认为《刑法》第13条但书规定属于出罪条款,而根据《刑事诉讼法》第16条,除了出罪外,对于"情节显著轻微、危害不大,不认为是犯罪的"也可以不予入罪。但是,本书依然认为《刑法》第13条但书规定属于出罪条款,因为《刑事诉讼法》第16条并未排斥但书规定的出罪功能,且之所以赋予其不入罪的法律效果,主要还是出于社会危害性以及效率方面的考虑,而非是出于该条款的性质。

② 雷鑫:《论环境犯罪刑事责任实现方式的多元化——以李华荣、刘士密等人盗伐防护林案为例》,载《法学杂志》2011年第3期。

③ 有观点认为,刑事责任的实现不同于刑事责任的消灭,但也有观点认为出罪就属于实现刑事责任的一种方式。本书在此处采第一种观点。上述两种观点分别参见张明楷:《论刑事责任》,载《中国社会科学》1993年第2期;孙本雄:《出罪及其正当性根据研究》,载《法律适用》2019年第23期。

二、诘问之解释:侦查分流机制的反向论证

(一)侦查分流机制与《刑法》第3条

《刑法》第3条规定:"法律明文规定为犯罪行为的,依照法律定罪处刑;法律没有明文规定为犯罪行为的,不得定罪处刑。"该条款规定的就是被称为刑事实体法"帝王条款"的罪刑法定原则。需要注意的是,我国罪刑法定原则分为两部分,前半部分要求对法律明确规定为犯罪的行为必须定罪处罚,禁止超越法律规定出罪、出刑,属于罪刑法定原则的积极规定,是对出罪、出刑的限制,可称为"有罪必罚"原则;后半部分要求对法律没有明确规定为犯罪的行为严禁定罪处刑,属于罪刑法定原则的消极规定,是对入罪、入刑的限制。而西方国家罪刑法定原则,其经典表述为"法无明文规定不为罪,法无明文规定不处罚",仅涉及罪刑法定原则的消极规定,限制入罪、入刑而不限制出罪、出刑,与我国罪刑法定原则有所不同。可见,我国罪刑法定原则其实是由"有罪必罚"原则和西方国家罪刑法定原则两部分组成的。

关于罪刑法定原则的消极规定,中外实务界、理论界均一致认可其科学性,但对于罪刑法定原则的积极规定即"有罪必罚"原则是否科学,则颇存争议。有观点认为,积极规定使我国罪刑法定原则克服了西方国家罪刑法定原则重人权保障、轻社会保护的弊端,既注重打击犯罪、保护社会,又注重保障人权、限制司法权;[①]有观点认为,《刑法》第3条前半部分意为"只有法律明文规定为犯罪行为的,才能依法定罪处刑",与后半部分均是以限制国家刑罚权为目的,含义完全相同,故并无积极规定一说;还有观点认为,罪刑法定原则的消极规定脱胎于西方启蒙时代的人文主义思潮,以保障人权而非保护社会为根本机能,而有罪必罚原则的"根本目的在于确保国家刑罚权的有效行使而不致空落,体现的是惩罚打击犯罪、维护社会秩序的社会保护机能"[②],故两者在精神内核上存在冲突。

① 参见薛瑞麟、杨书文:《论新刑法的基本原则》,载《政法论坛》1997年第5期。

② 刘艳红:《刑法的目的与犯罪论的实质化——"中国特色"罪刑法定原则的出罪机制》,载《环球法律评论》2008年第1期。

笔者认同第三种观点。

尽管“有罪必罚”原则与罪刑法定原则的消极规定在精神内核上存在冲突，但这并不意味着侦查分流机制与我国罪刑法定原则就存在冲突。对于“有罪必罚”原则来说，侦查分流机制与其在形式表现上有矛盾之处，但实质上并不冲突。具体来说，从表面上看，二者似乎主要表现为冲突的一面：首先，侦查分流机制视情可以“不入罪”“出罪”，这意味着放弃刑事惩罚，为“有罪必罚”原则的报应刑论的本质所不能认同，也意味着无法追究所有犯罪行为，为“有罪必罚”原则的理想主义的倾向所不能认同。其次，侦查分流机制“出罪”功能所附带的“出刑”功能与“有罪必罚”原则相冲突。根据《刑法》第 3 条中“依照法律定罪处刑”的表述，“有罪必罚”的“罚”不仅是指惩罚，更是指刑罚。因此，在侦查阶段对符合条件的构罪行为进行出罪，使犯罪者免受刑罚之苦，有的情况下还代以其他非刑罚方式，似乎是对“有罪必罚”原则的违反。最后，侦查分流机制中的控辩合意或者当事人合意范围受到“有罪必罚”原则的掣肘。因为根据该原则，一旦案件事实查证属实，公安司法机关只能严格遵循刑法规定，确定被追诉人触犯罪名和罪数，不得任意变更和增减，且对量刑如从轻、减轻、免除处罚的合意也应当在刑法的严格限制下进行。[①] 但从实质看，侦查分流机制与“有罪必罚”原则并不冲突，原因在于：如前所述，侦查分流机制分为法定分流机制、裁量分流机制、建议分流机制，但仅有法定分流机制与裁量分流机制具备不入罪或者出罪功能，且该两种分流机制的适用情形均由法律规定，区别除具体内容外只在于法律是否赋予公安机关侦查分流自由裁量权，故适用该两种分流机制，实际上就是依照法律规定的适用情形，直接或者行使自由裁量权后不入罪或者出罪，这与“有罪必罚”原则表述中的“依照法律定罪处刑”完全符合，并不悖反。

侦查分流机制与罪刑法定原则的消极规定，就更不存在冲突了。一方面，在案件立案侦查之前，侦查分流机制与罪刑法定原则的消极规定并

---

① 参见陈瑞华：《刑事诉讼的公力合作模式——量刑协商制度在中国的兴起》，载《法学论坛》2019 年第 4 期。

无交集，这是因为同样是对某种行为不入罪，罪刑法定原则的消极规定的理由为法无入罪之明文，而侦查分流机制的理由为“没有犯罪事实”和“法定不追究刑事责任”。二者不存在交集，实际上就杜绝了二者在案件立案侦查之前发生矛盾冲突的可能。另一方面，在案件立案侦查之后，侦查分流机制与罪刑法定原则的消极规定的适用对象可能同一。这是指在适用罪刑法定原则的消极规定实现入罪后，如果发现案件还符合侦查分流机制适用情形的，完全可以适用该机制，以实现出罪或者引导后续检法环节诉讼分流，故二者适用的对象可以同一，区别仅在于发挥作用的情形、次序不同。至于对法无明文的行为错误入罪后再行出罪，不应归入侦查分流机制适用情形而应归入错案纠正情形。

（二）侦查分流机制与《刑法》第 4 条、《刑事诉讼法》第 6 条

《刑法》第 4 条、《刑事诉讼法》第 6 条规定了“法律面前人人平等”原则（以下简称“人人平等原则”），即“对任何人犯罪，在适用法律上一律平等。不允许任何人有超越法律的特权”。[①] 从字面上理解，该原则的适用对象为犯罪者，适用情境为适用法律，适用目的是追求平等、反对歧视、禁止特权。至于其具体内容，则是指对实施犯罪行为的任何人在追诉时效、刑法发动、定罪、量刑、执行刑罚等方面一律平等地适用法律，不因其职业、民族、种族、性别、信仰、教育程度、社会地位、财产状况等方面的不同而有所区别。对“一律平等”还可以作更深层次的理解，即“对任何行为应受刑法评价的人，都应该毫无例外地按照法律的规定予以处理，任何人实施了行为性质、情节、危害性质与程度相同的行为，都应该按照法律的规定给予相同的处理”[②]。

人人平等原则将现代平等理论贯穿于刑事法律始终，并据此进行相关制度设计以及指导司法实践。可以说，现代平等理论为人人平等原则提供了思想源泉和理论支撑。纵观现代平等理论，几乎都是在寻求平等

① 《刑事诉讼法》第 6 条的表述略有差别，为“对于一切公民，在适用法律上一律平等，在法律面前，不允许有任何特权”。

② 陈忠林：《刑法面前人人平等原则——对〈刑法〉第 4 条的法理解释》，载《现代法学》2005 年第 4 期。

与不平等之间的妥协,这意味着既肯定平等的价值追求,又肯定一定程度上可以接受的不平等的合理的存在价值。[①] 正如加拿大法律改革委员会的某份工作文件所言:“平等正义不是绝对的,不能排除所有其他价值或考虑。如果由此产生的不平等不严重,也许值得忍受它,以确保实现其他理想的目标。”[②]换言之,现代平等理论追求的“平等”不是绝对的、僵化的平等,而是相对的、辩证的平等,是对理想主义的真正扬弃。作为现代平等理论在刑法中的具体体现,人人平等原则所追求的“平等”当然也是如此。此外,平等应当通过规范有序的形式实现,应当符合人性的需求,这也是平等的应然含义,不容忽视。

在侦查分流机制中考察人人平等原则,可以发现,二者并不矛盾,相反二者在内在理念上高度契合,理由如下:

1. 侦查分流机制能够实现有序的平等

根据人人平等原则在刑法中“对任何人犯罪”的条文表述,人人平等原则在适用法律上要求给以平等对待的对象是“犯罪者”而不是“犯罪行为”。这可以概括为犯罪者之为“犯罪者”的平等,包括追究的平等、不追究的平等、保护的平等、适用的平等、定罪的平等、量刑的平等、执行刑罚的平等、正常复归社会的平等等。

实践中,因主观上的徇私枉法、滥用职权以及客观上的证据灭失、讼累繁重等因素而引发的案件超规范甚至无序分流,是对“犯罪者”之平等的严重悖反。侦查分流机制致力于改变这一现象,通过预先设定的规则、标准、程序,对符合条件的对象适用分流措施,视情不入罪、出罪或者引导审查起诉、审判阶段的后续分流,分别实现不追究的平等和适用的平等,最终实现“犯罪者”的平等。换言之,此时的侦查分流是有序的,其平等适用于每个相同情况的犯罪者,公安司法机关不能肆意决定适用与否。在这个意义上讲,尽管超规范分流、无序分流与依法规范进行的侦查分流均造成部分案件脱离刑事追诉程序,但是前两者与后者的区别正在于这

① 参见周仲秋:《平等观念的历程》,海南出版社 2002 年版,第 343 页。

② Law Redorm Commossion of Canada, *Diversion*, 17 Canadian Journal of Criminology and Corrections i (1975).

种分流是无序还是有序的。[①] 故完全可以认为，侦查分流机制可以实现有序的平等，因为有序的侦查分流就是人人平等原则的体现。

2. 侦查分流机制能够实现“人”的平等

表面上看，犯罪者只要犯罪，就一律启动刑事诉讼程序对其进行追诉，并对其中具有相同犯罪情节的犯罪者平等地适用刑法，施以相同的惩罚措施，似乎这样就实现了平等。但实际上，这仅仅是法律层面的平等，或者说是上文所述“犯罪者”的平等，离更深层次的平等还有一定差距。究其原因，是因为犯罪者撇去“犯罪者”的身份，其首先的身份应是“人”，故其应然享有人之为“人”的平等，如生存的平等、繁衍的平等、安宁生活的平等、发展的平等，等等。鉴于“犯罪者”身份从属于“人”的身份，故“犯罪者”的平等从属于“人”的平等，亦即“人”的平等优先于“犯罪者”的平等。然而，不加区别地一律启动追诉程序，施以相同的惩罚措施，仅仅实现了“犯罪者”的平等，却没有实现“人”的平等，因为此举忽视了人性的平等需求，剥夺了犯罪者重新成为正常人复归社会、安宁生活、实现发展的平等权利，事实上造成了更深层次的不平等。

侦查分流机制恰恰能够弥补这一缺陷，因为其对适格犯罪者适用分流机制，尽量减轻犯罪标签给犯罪者带来的负面影响，帮助犯罪者恢复成为正常人，保障犯罪者平等参与社会生活的权利，实现了犯罪者真正意义上作为“人”的平等，调和了平等与不平等之间的对立。

3. 侦查分流机制能够实现辩证的平等

受现代平等理论的影响，人人平等原则所追求的平等是相对的、辩证的平等，其在一定程度上能够接受不平等的存在。易言之，人人平等原则不是绝对的，具有例外情形。综观现行刑事法律规定及制度设置，人人平等原则的例外情形确实不少，如刑事诉讼法上的酌定不起诉、附条件不起诉等制度和刑法上的刑事责任年龄、追诉时效，对未成年人、孕妇、老年人、又聋又哑的人或盲人在处罚方面的优待，以及对主犯与从犯、初犯与累犯、国家工作人员与非国家工作人员在处罚方面的区别对待等规定。

---

① 参见姜涛：《刑事程序分流研究》，中国政法大学2004年博士学位论文，第60页。

上述制度及规定，体现了区别对待的原则，但绝不是对人人平等原则的悖反。这是因为，原则有着固有缺陷，其往往难以克服自身的教条性、绝对性，这决定了在原则外还存在例外情形，并非一种罕见现象，此时例外情形只要与其他重大法益相契合，就能够对原则起到一定程度的补足或者调和作用。[①] 具体理由如下：(1)区别对待原则正是出于保护社会所认可的特殊人群利益和社会防卫的考虑，而根据具体情形给予被追诉人不同对待，以避免坚持绝对平等所带来的利益失衡风险；(2)区别对待并不是任意对待，而是在法律框架内、在平等基础上有序进行的灵活性调控，其与人人平等原则的运作模式可以概括为：当坚持人人平等原则会出现利益失衡情形时，区别对待原则将符合同样条件的对象筛选出来，并对其一视同仁、平等适用，从而实现利益平衡；(3)人人平等原则的"平等"，排斥的是歧视，而非差别，当然也就允许区别对待的存在。因此，人人平等原则与区别对待原则之间绝非对立关系，而应为辩证统一关系。[②]

侦查分流机制较好地实现了区别对待原则与人人平等原则的辩证统一。该机制出于缓解诉讼负担与司法资源的紧张关系、转变片面打击犯罪的负面影响、摆脱法律理想主义的盲目乐观之考虑，根据被追诉人的犯罪性质、罪行轻重、认罪认罚与否、人身危险性大小等因素，对不同被追诉人适用不同分流措施，并确保具有相同因素的人员得到相同处理，这是平等的相对性、辩证性的最好体现。

综上，平等在侦查分流机制中具有有序的平等、"人"的平等、辩证的平等三层含义。这对完善该机制提出了更高要求。为最大限度实现平等，必须确保侦查分流活动的规范有序，确保同样情况同样处置成为常态。可以考虑从国家层面来整合完善侦查分流机制，结合犯罪者"犯罪者"与"人"的两种身份来科学规定侦查分流机制的适用案件范围与适用条件，以避免对犯罪者更深层次平等需求的忽视，避免个别地方、侦查机关、侦查人员无序分流、放纵犯罪等违反平等原则现象的出现。

---

① 参见姜涛：《刑事程序分流研究》，中国政法大学2004年博士学位论文，第13页。

② 参见何秉松：《试论新刑法中法律面前人人平等原则》，载《法律科学(西北政法大学学报)》1997年第6期。

（三）侦查分流机制与《刑法》第5条

《刑法》第5条规定了“罪责刑相适应”原则，即“刑罚的轻重，应当与犯罪分子所犯罪行和承担的刑事责任相适应”。该原则脱胎于刑事古典学派（客观主义刑法学派）主张的罪刑相适应原则（或称“罪刑均衡原则”）与刑事实证学派（主观主义刑法学派）主张的刑罚个别化原则。所谓罪刑相适应原则，是指刑罚的轻重应与犯罪行为的性质及其实际损害结果相适应，其关注的是犯罪的客观因素，以报应刑罚观为基础，以实现一般预防为目的。所谓刑罚个别化原则，是指刑罚的轻重应与行为人的主观恶性或人身危险性程度相适应，其关注的是犯罪人的主观人格，以社会责任论为基础，以实现特殊预防为目的。[①] 但也有学者指出，刑罚个别化原则实际上也涉及罪刑相适应的内容，只是其以人身危险性为适应标准，与罪刑相适应原则以社会危害性为适应标准有所不同。[②] 罪刑相适应原则与刑罚个别化原则均存在一定缺陷，因为前者对犯罪人的个体情况以及其悔改从善、复归社会的需求不够重视，后者则有一定概率会对实质公正产生负面影响。[③]

罪责刑相适应原则是对罪刑相适应原则与刑罚个别化原则的巧妙结合。根据该原则，在为某犯罪设置刑罚种类、档次与幅度时，应当确保所设置刑罚的轻重与该犯罪的行为性质、客观危害程度相适应，且在为被追诉人选择适用刑罚时，应当将该被追诉人个体情况纳入考量范围，确保所选择刑罚的轻重与其主观恶性程度相适应。[④] 对该原则做如此理解后，可以发现侦查分流机制与该原则的本质内核完全契合，主要依据如下：

1. 侦查分流机制通过对刑事责任的适当处理实现罪责刑相适应

“一刀切”地规定只要行为人实施了犯罪行为，除非其被确认无罪，否则其就应当为自己的罪行承担相应的刑事责任。这会给具有犯罪情节

① 参见刘德法：《论罪责刑相适应原则》，载《国家检察官学院学报》2000年第2期。

② 参见陈兴良：《罪刑均衡的理论建构》，载《政治与法律》1996年第4期。

③ 参见郑延谱：《从罪刑均衡到罪责刑相适应——兼论刑法中“人”的消隐与凸显》，载《法律科学（西北政法大学学报）》2014年第6期。

④ 参见刘德法：《论罪责刑相适应原则》，载《国家检察官学院学报》2000年第2期。

较轻、被追诉人教育挽救可能大、追诉成本过大等情形的案件带来一定负面影响，如罪刑失衡，再如处理效果不佳，刑法预防功能大打折扣。对此，侦查分流机制通过对被追诉人刑事责任作出适当处理，能够很好地解决上述问题。其区分不同情形，通过不入罪来使刑事责任自始不存在，通过出罪来消灭刑事责任，或者通过引导后续检法环节诉讼分流来将刑事责任处理交与检法机关决定。这些情形均系预先设定的法定情形，设定时就已经充分考虑刑罚的轻重与犯罪行为的性质及其实际损害结果相适应的问题，且因为系法定情形，是否适用刑罚和如何适用刑罚均在法律框架内进行，为“同情形同处理”提供了有力保障。

2. 侦查分流机制可以实现对未然之罪的有效预防

被追诉人因犯罪所受惩罚，如果不能很好地实现刑法的预防功能，则不能称该惩罚符合“罪责刑相适应”原则。从深层次看，在犯罪、刑事责任和刑罚三者实现内在均衡的情况下，被追诉人所受惩罚除了与已然之罪的社会危害性程度相适应外，还应与未然之罪的可能性相统一。[①] 侦查分流机制根据法定情形，对刑事责任作出适当处理，教育挽救被追诉人，帮助其更好复归社会，避免其因仇视社会、人格异化等原因再度实施犯罪；同时修复受损社会关系，尽可能消除双方当事人再次发生刑事争端的隐患，最大限度降低未然之罪的发生可能性。

3. 侦查分流机制可以避免犯罪标签导致的额外惩罚

被追诉人被判处有罪并科以刑罚，难免会被贴上犯罪标签。由此带来的负面效应，不仅表现在当时，而且会持续很长时间，甚至伴随被追诉人终生，不仅影响被追诉人本人，而且波及其家庭。这使被追诉人最终遭受的惩罚其实远远超过刑罚本身。从“罚当其罪”的角度看，刑罚执行完毕后，让被追诉人继续遭受事实上的惩罚，不太适宜；同时从“罪责自负”的角度看，让被追诉人的家庭陪同其一起承受犯罪所带来的负面效应，更不适宜。况且，长期的标签化，也会堵塞被追诉人重新成为正常人参与社

---

① 参见吴思远：《我国重罪协商的障碍、困境及重构——以“权力—权利交互说”为理论线索》，载《法学》2019 年第 11 期。

会生活的道路，导致其放弃向善念头，彻底接受犯罪亚文化，进而重蹈覆辙，再陷囹圄。侦查分流机制区分具体情况，或者通过不启动侦查程序，确认被追诉人无罪，为其澄清事实、消除不良影响；或者将刑事案件排除出刑事诉讼程序，在部分情况下起到确认被追诉人无罪的作用，但更多时候对构成犯罪的被追诉人作出罪处理，处以非刑罚处理方式和施加若干附随义务，这样既能有效改造被追诉人，又能为其开启复归社会的大门，避免其被贴上犯罪标签，杜绝其本人及家庭遭受负面影响的困扰；或者引导审查起诉、审判阶段后续分流，为检法机关对被追诉人适用分流程序打下坚实基础。

4. 侦查分流机制可以满足刑罚个别化的内在要求

刑事诉讼长期存在“见物不见人”倾向，该倾向较多关注犯罪行为的客观因素，而不重视被追诉人的个体因素特别是主观因素。[①] 这实际上是刑事古典学派主张的罪刑相适应原则的翻版，是导致公安司法机关对本书第二章第二节所提及陆勇销售假药、天津赵春华非法持枪、王力军贩卖玉米、山东于欢故意伤害等案件的最初认定与公众认知发生错位的重要原因。侦查分流机制能够很好地改变上述倾向，因为适用该机制，本来就是对案件主客观各因素进行综合考量的一个过程。该过程既着眼于犯罪行为，又着眼于被追诉人，还着眼于社区、社群乃至整个社会。如此考量，势必将个体的特殊情况及主观情况一并纳入，最终作出的处理选择也必然具有较强的针对性，体现了对案件处理的个别化，只是不都是以刑罚个别化的形式表现出来而已。

（四）侦查分流机制与《刑事诉讼法》第12条

《刑事诉讼法》第12条[②]规定了“定罪权专属人民法院行使”原则（以下简称“定罪权专属原则”），主要含义是“确定某个人有罪，必须经过人民法院的依法判决”。其并非传统意义上的无罪推定原则，因为其未吸收

---

① 参见姜涛：《刑事程序分流研究》，中国政法大学2004年博士学位论文，第1页。

② 《刑事诉讼法》第12条：“未经人民法院依法判决，对任何人都不得确定有罪。”

无罪推定原则的全部内容,仅涉及该原则的核心内容。[①] 具体而言,传统意义上的无罪推定原则包含"证实被追诉人有罪前应推定其无罪""控方承担证实被追诉人有罪的证明责任""证实被追诉人有罪应达到排除合理怀疑的证明标准""案件存疑时应做有利于被追诉人的处理"等内容,[②] 定罪权专属原则侧重人民法院有权对被告人进行定罪,仅部分涉及被追诉人被证实有罪之前应被推定无罪的内容,并不涉及证明责任分配、证明标准要求、存疑有利于被追诉人等内容。

那么,侦查分流机制是否违反定罪权专属或者无罪推定原则呢?答案是否定的。原因在于:

1. 适用侦查分流机制不是代替人民法院行使定罪权

所谓定罪权,顾名思义,是人民法院确定被追诉人有罪的一种权力。可见,该权力的功用在于确定"有罪",不在于确定"无罪",亦即该权力仅涉及入罪而不涉及出罪。据此,定罪权专属是指入罪的权力专属人民法院,而非出罪的权力专属人民法院。换言之,对于公安机关来说,其不能作出有罪认定,但可以作出无罪认定。

适用侦查分流机制时,公安机关对法定分流机制的第①②③④种适用情形或者裁量分流机制的第①种适用情形(不应追究刑事责任的情形)不启动侦查程序或者在侦查阶段终止诉讼的,根据适用情形的不同,公安机关所作出的无罪认定在性质上存在差异。例如没有犯罪事实,是对被追诉人实质上无罪的一种认定;例如犯罪已过追诉时效期限、经特赦令免除刑罚、被追诉人死亡,是对被追诉人程序上无罪的一种认定,之所以称之为程序上无罪,是因为此时被追诉人实际上是构成犯罪的,其无罪效果是由准司法性质的程序法效果客观上导致,即不启动侦查程序或者在侦查阶段终止诉讼,不是对被追诉人不用承担刑事责任的认可,而是在

① 参见陈光中、张佳华、肖沛权:《论无罪推定原则及其在中国的适用》,载《法学杂志》2013 年第 10 期。

② 参见陈光中、张佳华、肖沛权:《论无罪推定原则及其在中国的适用》,载《法学杂志》2013 年第 10 期。

确定其应承担刑事责任后采取的宽宥措施。[①] 而立案后公安机关对法定分流机制的第⑤⑥⑦种适用情形或者裁量分流机制的第②③种适用情形（不必追究被追诉人刑事责任的情形）在侦查阶段终止诉讼的，如果其属于法定分流机制的第⑤⑥⑦种适用情形（证据不足以认定犯罪情形），体现的是实质上无罪的认定效果，如果其属于裁量分流机制的第②③种适用情形（有罪案件符合特定条件情形），体现的是程序上无罪的认定效果。案件经侦查分流继续流向审查起诉、审判阶段的，公安机关并未代替人民法院行使定罪权，因而也就谈不上违反定罪权专属原则了。

2. 适用侦查分流机制时依然贯彻无罪推定原则

无罪推定原则不要求证实被追诉人有罪之前对其所作的无罪推定具备任何的事实依据，[②]其并非对被追诉人无罪的一种事实预断，而是给予被追诉人“无罪人”待遇的一种法律规则或者程序保障，其功能是对被追诉人受到的诉讼措施进行必要的限制，以避免侵害其合法权益，避免造成无法弥补的损失。具体到侦查分流机制，适用该机制时，公安机关并未先入为主地把被追诉人当作罪犯，强迫其自证其罪，而是充分尊重其刑事诉讼权益，不仅全面保障其知情权和辩护权，而且主动承担证明其有罪的举证责任，力图通过客观、全面、规范的取证，确保犯罪事实能够查证清楚。此外，被追诉人的自我选择权在侦查分流话语格局中占据着较大权重，在不同场景下表现为侦查分流机制中的程序选择权、程序变更权和程序适用异议权，这从侧面保证了无罪推定原则在适用侦查分流机制过程中的贯彻执行。

3. 侦查分流机制能够弥补无罪推定原则的不足

无罪推定原则从被追诉人角度考虑，赋予其与追诉机关平等对抗的武器，改善其在刑事程序中的境遇，尤其是避免追诉机关先入为主地将其当作罪犯，消除其遭受刑讯逼供的风险，最终防范冤假错案的发生。该原则体现了司法的文明进步，但将其极端化亦存在一定弊端。这是因为该

① 参见黄京平：《刑事和解的政策性运行到法制化运行——以当事人和解的轻伤害案件为样本的分析》，载《中国法学》2013 年第 3 期。

② 参见易延友：《论无罪推定的涵义与刑事诉讼法的完善》，载《政法论坛》2012 年第 1 期。

原则对被害人利益考虑相对较少,尽管对社会利益有所考虑,但出发点始终限于社会所有人均为潜在犯罪者且均可能陷入刑事诉讼风险。过分夸大该原则,反而会为被追诉人对抗审讯、拒不认罪留下空间,进而影响诉讼效率的提高,甚至影响打击犯罪的效果。而侦查分流机制能够在不动摇无罪推定原则的前提下,弥补该原则的上述不足。具体而言,侦查分流机制在使被追诉人免受长期羁押和命运未卜精神折磨的同时,对被害人利益也有所考虑,既使其精神上得到抚慰,又使其经济上获得补偿,并涉及无罪推定原则没有考虑到的部分社会利益,专注于社会关系的修复和社会和谐的实现,同时还起到加快办案节奏、提高诉讼效率的作用,这是无罪推定原则无法起到的作用。

第二章　侦查分流机制的根据证成

侦查分流机制绝不是无源之水、无根之木,其有着深厚理论基础的支撑。同时,该机制已存在于刑事诉讼实践中,并发挥了一定的积极作用,这必然与其自身具有的实践价值密切相关。以上二者,就构成了侦查分流机制赖以存在的根据。

第一节　侦查分流机制的理论基础

侦查分流机制植根于中西方各种思想和理论,并从中尽可能地汲取精华,从而建构起证明自身存在必要性和可能性的庞大且牢固的理论大厦。

一、从传统到现代:侦查分流机制与和合文化一脉相承

(一)传统思想精华为侦查分流机制提供思想源泉

传统思想精华是一个比较宽泛的概念,要深入剖析侦查分流机制能够从中汲取的养分内容,可以从以下两方面来进行解读。

1. 传统思想的人文情怀

中国文化思想主要渊源于儒、释、道、法四家。其中,儒家主张通过道德教化,向民众宣扬“长幼有序”“尊卑有序”“五伦有序”思想,灌输“仁、义、礼、智、信、恕、忠、孝、悌”理念,唤起民众对于“礼”这一最高道德标准的自知自觉,并督促其通过内在自省,实现修身养性,依礼行事。释家即通常所称的佛教,通过宣扬“因果业报”“六道轮回”等理论,劝导民众放下心中“我执”,以慈悲心善待众生、为善积福,以追求好的业报,摆脱人世间的种种烦恼与痛苦,得到真正的幸福快乐。道家赋予“道”至高无上的地位,认为其是宇宙万物的本源,并通过该形式概念,探究人与自然、人与社会、人与人、人与人生间的关系,提倡“道法自然”、“清净无为”以及“不争”。法家从人“好利恶害”“趋利避害”的本性出发,主张以“法”为教,以“法”治国,认为借助法律和威势施以“严刑峻法”,再结合“术”与“势”,不法古、不循今,时移而治,就能加强君权、统治官员与百姓;其是中国自秦以降持续两千多年封建主义中央集权制国家建立的理论依据,且大部分时候表现为“儒表法里”“外儒内法”的形式。以上各家思想的具体内容,还会因发展阶段、内部流派的不同而有所差异,本书限于篇幅及文旨,在此仅作简单介绍。

经由前述思想千余年来的熏陶与涵养,中国人形成了超自然、自然、人包含在一个和谐统一体中的观念,即万物相通、本属一体,并进而产生了朴素辩证法的思想,即事物之间相互对立、彼此统一,而不是非黑即白、截然对立。与之相应的是,和谐理念横空出世,其以“以和为贵”“和而不同”“求同存异”为基本理念,以人与自然关系、社会关系、人际关系的整体和谐有序为终极追求。当前述哲学思想被用来指引社会生活,行事人应具备自制、仁厚、沉静的美德,并能够将中庸价值贯穿始终。[①] 由此导致的后果是,传统人际关系、社会关系的界限往往不甚清晰、富于弹性,且带有浓厚的“非对抗”色彩。一旦冲突发生,当事双方更倾向于选择不会

① 参见[美]德克·布德:《中国文化形成中的主导观念》,强建周、张立国译,载《理论导刊》2008年第7期。

影响现存秩序的“非对抗”方式,而诉讼作为冲突双方进行对抗以解决冲突的一种方式,仅是诸多可能性选择之一,历来不为统治者所倡,不为民众所重,这与西方有所区别。

我国传统法文化深受传统思想的影响,在内核上属于“和合文化”范畴,以实现个体相互间的关系和谐为重要追求,[①]对个人间的冲突提倡尽量采取和缓的解决方式,对诉讼启动以及刑罚适用应格外慎重,以实现社会关系的修复和社会的和谐发展,故历史上“明德慎刑”“德主刑辅”“先教后刑”等思想以及各种宽宥制度层出不穷。上述传统思想也影响到我国目前的刑事立法和司法,只是在不同的制度、环节或者阶段,影响强弱有别。可以说,我国源远流长、博大精深的传统思想宝库为侦查分流机制提供了不竭的思想源泉。

2. 乡土社会的稳定联结

中国传统社会具有鲜明的“乡土性”,故费孝通先生称为“乡土社会”。在该社会,人与土地、宗族、他人、礼法间形成了较为稳定的联结,对诉讼、犯罪、刑罚展现出独特的认知倾向。

首先,在礼治社会,诉讼为可羞之事。在该社会,由于小农经济的主导、户籍制度的推行、交通通讯的不便、传统习惯的沉淀等缘故,各方面变化缓慢、趋于稳定,祖辈流传下来的生活经验经历千年依然被证明正确有效,因而形成一整套礼仪规范、行为准则,通过“礼”的形式,在社会生活中发挥着重要作用。可以说,乡土社会是依礼而治的社会。其中,官府、乡里、家庭承担教化之责,确保人人知“礼”,以“礼”来约束民众行为;民众则经由外在教化,自觉依礼行事,并对违背礼法的行为进行自省。可见,“中国人在相当程度上更易受到个人判断和理解的影响,这就是基于‘礼’之上的传统经验和伦理”[②]。礼并不是靠一个外在的权力来推行的,而是在教化中养成了个人的敬畏之感,使人服膺;人服礼是主动的。[③] 因

---

① 参见贾治辉、倪春乐:《侦查程序分流机制研究》,载《贵州警官职业学院学报》2007 年第 5 期。

② [美]德克·布德:《中国文化形成中的主导观念》,强建周、张立国译,载《理论导刊》2008 年第 7 期。

③ 参见费孝通:《乡土中国》,江苏文艺出版社 2007 年版,第 56 页。

此,在乡土社会,个人知礼是责任,依礼行事是义务,假如发生冲突求诸官府解决,只能说明个人不知礼、不依礼,教化程度不足,这让家庭、宗族、地方蒙羞。对此,孔子在《论语·颜渊》中提出“听讼,吾犹人也,必也使无讼乎”,“无讼”思想由此而生,并深刻影响着乡土社会中的每个人。该思想主张不以诉讼为解决冲突的常规手段,对于已经启动的诉讼,要想方设法使冲突真正得到平息。时至今日,该思想仍然深深根植于当代中国人的诉讼心理中,具体表现就是大多中国人对人心和情理的渴盼要远超其对法律自身的关注,其进行诉讼的最终目标不是法律在个案中的实现,而是定分止争与平息诉讼。①

其次,在熟人社会,犯罪导致双重打击。乡土社会因其民众被束缚在土地上,人口流动性极小,民众生活圈子相对固定且高度重合,实际上就是一种“熟人社会”。在该社会中,个人对熟人的认同和评价较为敏感和重视,因而犯罪发生后,犯罪者面对周边熟人的指摘,往往承受着莫大压力,一辈子都难以抬头,在当地也很难继续待下去;而且,整个家庭及其宗族会因此蒙羞,社会评价与声誉亦随之降低。换言之,在熟人社会,犯罪既为犯罪者周边熟人所耻,又为犯罪者家庭、宗族所耻,既是对犯罪者本人的毁灭性打击,又是对犯罪者家庭、宗族的“连坐式”打击。也正是由于封闭社会会导致个人贬低和谴责效果的长期持续,不少纠纷或者说是矛盾冲突反而得到了预防或者解决。②

最后,在宗族社会,刑罚定分止争作用受到一定限制。乡土社会中的个人并非现代意义上的独立个体,其总因血缘或者地缘关系而附属于特定的宗族。换言之,乡土社会中个人意识较为欠缺,族群或者宗族意识更为明显。而且乡土社会的犯罪,大多是熟人间的犯罪,这就导致犯罪者被施以刑罚后,其所属宗族往往与被害人所属宗族结下怨恨,并延续数代而不绝,如“某姓与某姓不得通婚”即是明证。也就是说,在乡土社会,本限于个人间的矛盾冲突,因双方均附属于特定宗族,往往演化成两大宗族

---

① 参见姜涛:《刑事程序分流研究》,中国政法大学 2004 年博士学位论文,第 11 页。

② 参见范忠信:《健全的纠纷解决机制决定和谐社会——传统中国社会治理模式对我们的启示》,载《北方法学》2007 年第 2 期。

(甚至还包括其他旁支小宗族)之间的矛盾冲突。为了解决上述问题(当然主要目的还是惩罚),中国古代采取了“流放”“充军”等做法,即将冲突双方从地理上隔离开来,以减少再发生冲突的可能。

当前,我国城市化进程较为迅速。截至2019年年末,我国常住人口城镇化率达到60.6%。[①] 但这并非表明,传统意义上的乡土社会已经不复存在。事实上,我国农村地区较为广袤,尚有相当数量的人口居住在该地区;乡土社会的思想观念和生活方式,尽管已不像祖辈时代那样明显,但因文化传统超强的内化性、延续性,其仍在方方面面影响着当代中国人。

(二)宽严相济政策为侦查分流机制提供政策依据

我国刑事政策先后经历了“惩办与宽大相结合”[②]到“严打”[③]再到“宽严相济”的变迁。宽严相济刑事政策(以下简称宽严相济政策)是中华人民共和国成立50多年后,在继承发展前两项刑事政策的基础上,为适应构建社会主义和谐社会需要而提出的。[④] 其在2006年第十六届六中全会通过的《中共中央关于构建社会主义和谐社会若干重大问题的决定》中被明确为我国的基本刑事政策。

关于宽严相济政策的基本内容,根据最高人民检察院于2006年、最高人民法院于2010年分别印发的《关于在检察工作中贯彻宽严相济刑事司法政策的若干意见》与《关于贯彻宽严相济刑事政策的若干意见》,结

---

① 参见国家统计局:《中华人民共和国2019年国民经济和社会发展统计公报》,载国家统计局官网2020年2月28日,http://www.stats.gov.cn/tjsj/zxfb/202002/t20200228_1728913.html。

② 惩办与宽大相结合政策发端于革命根据地时期,在共和国初期为维护新生的革命政权而正式提出并实施,曾被1979年刑法列为制定依据,其遵循“区别对待、宽严相济,惩办少数,改造多数”的基本精神,以“首恶必办、胁从不问,坦白从宽、抗拒从严,立功赎罪、立大功受奖”为基本内容,在特定历史时期内,较好地完成了打击违法犯罪、维护社会稳定、巩固人民政权的任务,但其因重惩办而轻宽大,在实际执行过程中也出现了不少问题。

③ 1983年7月19日,时任中央军委主席邓小平在北戴河听取时任公安部部长刘复之关于全国各地严重治安状况的汇报后指出:“对于当前的各种严重刑事犯罪要严厉打击判和执行,要从重,从快;严打就是要加强党的专政力量,这就是专政。”同年,严打政策开始实施,主要内容是从重从快、严厉打击各种严重刑事犯罪,因未取得预期效果而引发反思,但仍不时以各种专项行动的形式出现在公众面前。

④ 宽严相济政策最早是由2005年罗干同志(时任中央政法委书记)在全国政法工作会议上提出的。彼时正值改革开放20余年,社会正处转型期,新老矛盾交织,利益关系复杂,为切实预防和减少犯罪,最大限度化解矛盾纠纷、增加社会和谐因素,中央提出社会主义和谐社会构想,这成为宽严相济政策提出的时代背景和实践条件。

合有关研究,[①]可以作如下总结:

首先,当宽则宽,当严则严。即综合考虑社会治安状况,犯罪的事实、性质、情节、危害社会程度,以及犯罪分子的主观恶性、人身危险性等因素,采取"区别对待"策略,综合考量决定宽与严以及宽严尺度。具体表现为对严重犯罪坚持依法严惩,对较轻犯罪在法律规定的限度内从宽处理。

其次,宽严有据,宽严有度。即宽与严并非任意为之,而应遵从法律依据,符合法律限度。亦即,从宽和从严都必须严格依照法律,在法律范围内进行,宽要有节,严要有度,罚当其罪。

再次,宽严并用,宽严相济。要正确把握宽与严之间的有机统一关系,既要避免一味严而忽视宽,又要避免一味宽而忽视严。对存在从宽处罚情节的严重犯罪,在依法严惩的同时,还应充分考虑从宽情节,并在量刑上有所体现,做到严中有宽、宽以济严;对存在从严处罚情节的较轻犯罪,在依法从轻处罚的基础上,将从严情节一并纳入量刑考量范畴,确保宽中有严、严以济宽;对兼具从严和从宽处罚情节的犯罪,要综合全案情况作出整体从严还是从宽的分析判断。

最后,宽严要注重效果,适时调整。应当充分考虑案件的从宽或者从严处理,是否有利于实现打击犯罪与保障人权、法律效果和社会效果、保护犯罪者合法权利与被害人合法权益、特殊预防与一般预防,以及执法办案与瓦解犯罪、化解矛盾、维护稳定、减少对抗、促进和谐的有机统一。同时,应当认识到宽与严是相对的、动态的,"要根据经济社会的发展和治安形势的变化,尤其要根据犯罪情况的变化,在法律规定的范围内,适时调整从宽和从严的对象、范围和力度……"[②]。

对宽严相济政策具体内容作出解读后,可以发现侦查分流机制与宽严相济政策不仅不矛盾,相反两者不谋而合,殊途同归。甚至可以说,宽严相济政策就是在我国适用侦查分流机制的政策依据。这是因为:

---

① 参见孙国祥:《刑法基本问题》,法律出版社 2007 年版,第 553 ~ 557 页。

② 最高人民法院《关于贯彻宽严相济刑事政策的若干意见》第 4 条。

首先,侦查分流机制受到宽严相济政策的影响具有必然性。宽严相济政策贯穿刑事诉讼始终,而侦查分流机制适用于刑事立案审查和侦查阶段,这些阶段均是刑事诉讼的组成部分,因而其也就不可避免受到宽严相济政策的影响。

其次,宽严相济政策为侦查分流机制确立了制度内核。宽严相济政策的核心在于“区别对待”,在于根据犯罪、犯罪嫌疑人的具体情况以及社会治安形势,决定总体的“宽”与“严”,并视情在“严”的过程中“宽以济严”,在“宽”的过程中“严以济宽”。而侦查分流机制有其适用阶段、案件范围及条件,并非适用所有案件和所有被追诉人,其通过赋予侦查机关一定的分流裁量权,或者将不应或者不必追究刑事责任的案件及时分流出去,或者引导后续审查起诉、审判阶段的诉讼分流,为办理重大敏感、疑难复杂案件提供充分的人力、物力以及时间保障,实现“抓大放小”,一定程度上体现了“区别对待”思想,有利于整体司法效益的提高。而且,通过适用侦查分流机制予以“不入罪”“出罪”,体现了宽严相济政策中的“当宽则宽”,“引导后续分流”则是推动案件进入审查起诉、审判环节,为检法机关最终作出“宽”或“严”的处理做准备。

最后,宽严相济政策基本上涵盖了侦查分流机制内容。与宽严相济政策相比,适用侦查分流机制时也要求有据、有度,即分流必须在法律规定范围内进行,必须贯彻罪刑法定、罪责刑相适应、法律面前人人平等原则,同时其还要求注重效果和适时调整。所不同的是,宽严相济政策的内涵,较之侦查分流机制更广,其还涉及“严”以及对存在从宽处罚情节的严重犯罪“宽以济严”、存在从严处罚情节的较轻犯罪“严以济宽”的内容,而侦查分流机制则可能额外涉及程序简化方面的内容。可见,侦查分流机制基本上符合宽严相济政策的要求,该政策亦基本上能够涵盖侦查分流机制的内容,因此完全可以认为,宽严相济政策与侦查分流机制有着共同的价值目标,其为侦查分流机制提供了政策性依据和方向性指导。

(三)内部矛盾学说为侦查分流机制提供方法论支撑

人民内部矛盾学说是毛泽东在《关于正确处理人民内部矛盾的问

题》提出的一种学说。该学说明确区分了敌我矛盾和人民内部矛盾等两类不同性质的矛盾,提出应当根据矛盾的性质采用不同的解决方法。其是在深刻总结国际共产主义运动教训和中国革命与建设经验的基础上提出来的,直至今日仍对我国社会治理的方针政策有着深远影响。犯罪治理作为社会治理的重要一环,当然也不可避免被打上人民内部矛盾学说的烙印。综合来看,该学说对我国犯罪治理存在如下影响,为侦查分流机制的设立与完善提供了坚实的方法论支撑:

1. 犯罪中同样存在敌我矛盾和人民内部矛盾的分野,这是侦查分流机制的适用前提之一

具体而言,我国现行《刑法》中的部分犯罪,无明显的政治诉求,无危害国家安全的意图,亦无危害公共安全的目的,虽然一定程度上也侵害了社会或者国家利益,但侵害程度微乎其微,且进行刑事责任追究的直接目的是惩罚以及预防犯罪,而非维护社会、国家利益。这些犯罪一般由民间纠纷引起,纯属私人间的纷争,作为人民内部矛盾处理较为适宜。与此同时,有些犯罪不仅涉及私人间的纷争,而且严重侵害社会、国家利益,还有些犯罪的侵害对象并非自然人、法人或者其他组织而是社会、国家,且给社会、国家利益造成了严重侵害。这些犯罪一般属于情节严重的自然犯或严重侵害社会、国家利益的法定犯,属于敌我矛盾无疑。犯罪存在的上述矛盾分野,与适用侦查分流机制时对犯罪进行分类并给予区别对待如出一辙。甚至可以说,正因为犯罪存在上述矛盾分野,侦查分流机制才有其适用可能。

2. 犯罪的处理方式应当与其矛盾性质相对应,这是适用侦查分流机制的方法论基础

人民内部矛盾学说认为,"敌我之间和人民内部这两类矛盾的性质不同,解决的方法也不同"[①]。其提出这样一种解决方案,即采用专政的方法解决敌我矛盾,而采用民主的方法解决人民内部矛盾。根据上述观点,

---

① 毛泽东:《关于正确处理人民内部矛盾的问题》,载央视网 2002 年 9 月 16 日,http://www.cctv.com/special/756/1/50062.html。

对于经考察确属人民内部矛盾的犯罪，不能将犯罪行为人一棍子打死，而要给予其改过自新的机会，采用民主的非强制方式，对其进行处理，这实际上涉及诉讼分流机制的问题，具体到侦查阶段，就涉及侦查分流机制的问题。同时，对于确属敌我矛盾的犯罪，根据“对于这种人，我们并不赞成放纵他们。相反，必须给予必要的法律的制裁。惩治这种人是社会广大群众的要求，不予惩治则是违反群众意愿的”[①]，应当采取强制甚至专政的方式，根据刑法规定予以坚决打击处理，比较典型的就是我国数次的“严打”行动。

3. 犯罪的矛盾性质可能发生转化，这是适用侦查分流机制的潜在动因

根据人民内部矛盾学说，“在一般情况下，人民内部的矛盾不是对抗性的。但是如果处理得不适当，或者失去警觉，麻痹大意，也可能发生对抗”[②]。换言之，处理方式如果选择错误，就可能导致非对抗性矛盾转化为对抗性矛盾。具体到犯罪层面，采取强制甚至专政的方式来处理本属人民内部矛盾的犯罪，不仅会进一步激化双方当事人之间的矛盾，使得双方结怨更深，不利于矛盾冲突的化解，而且会强化犯罪行为人与社会、与公权机关的对立情绪和对抗意愿，促使其成为社会不稳定因素，加大极端事件的发生概率。对于公安机关来说，要避免发生上述矛盾性质转化的情形，适用侦查分流机制就是一种很好的选择。对本属人民内部矛盾并符合其他相应条件的犯罪适用侦查分流机制，其实就是通过民主的非强制方式，真正地化解矛盾、消除对抗，从而避免人民内部矛盾转化为敌我矛盾。可以说，避免矛盾性质由非对抗性转化为对抗性，就是公安机关适用侦查分流机制的潜在动因。

---

① 毛泽东：《关于正确处理人民内部矛盾的问题》，载央视网 2002 年 9 月 16 日，http://www.cctv.com/special/756/1/50062.html。

② 毛泽东：《关于正确处理人民内部矛盾的问题》，载央视网 2002 年 9 月 16 日，http://www.cctv.com/special/756/1/50062.html。

二、从报应、功利到一体：侦查分流机制和一体论完全契合

（一）历程：刑罚根据的理论嬗变

刑罚根据论以刑罚的正当性理由为研究对象，历来存在报应论、功利论和一体论之分。其中，报应论又称报应刑论，起源最早，经久不衰，在其看来，“犯罪是一种‘恶’，是对社会道义的侵害，是对法律规范的挑战，而对犯罪人适用刑罚，对犯罪行为进行惩罚，正是以刑罚对犯罪之恶的否定性报应的方式来彰显社会正义”[①]，“刑罚的正当性就在于惩罚作为犯错者的罪犯本身”[②]，“刑罚的目的在于给犯罪人以罪有应得的惩罚，换言之，刑罚的目的是为惩罚而惩罚，因此，其反对功利论者将预防犯罪作为刑罚的唯一目的”[③]。功利论又称目的刑论，起源稍晚，但自诞生起就成为能与报应论相对峙的理论，依其观点，“刑罚是给人和社会带来损害的一种惩罚，就其本质而言不是幸福而是恶害，因而惩罚本身不能作为刑罚存在正当化的根据”[④]，刑罚的正当性“在于其所服务的目的，亦即刑罚的正当性是相对于其目的的正当性而言的”[⑤]，“刑罚的目的既不是要摧残折磨一个感知者，也不是要消除业已犯下的罪行。刑罚的目的仅仅在于：阻止罪犯再重新侵害公民，并规诫其他人不要重蹈覆辙”[⑥]，该论又有广义和狭义之分，狭义功利论仅涉及一般预防的内容，广义功利论则包括一般预防和个别预防的内容。

报应论和功利论分别从不同角度对刑罚根据进行了解读，均具一定合理性，但都不全面。鉴于此，将报应与功利融为一体、持折中立场的刑罚一体化理论应运而生。该理论是对刑罚目的与功能理性反思的结果，又称一体论、折中论、综合论或者并合主义，已为国内外学者所广泛接受，

---

① 刘晓山：《目的刑论之正当性探究》，载《武汉大学学报（哲学社会科学版）》2011 年第 2 期。
② 邱兴隆：《关于惩罚的哲学：刑罚根据论》，法律出版社 2000 年版，第 2 页。
③ 邱兴隆：《关于惩罚的哲学：刑罚根据论》，法律出版社 2000 年版，第 49 页。
④ 刘晓山：《目的刑论之正当性探究》，载《武汉大学学报（哲学社会科学版）》2011 年第 2 期。
⑤ 邱兴隆：《关于惩罚的哲学：刑罚根据论》，法律出版社 2000 年版，第 3 页。
⑥ ［意］切萨雷·贝卡里亚：《论犯罪与刑罚》，黄风译，北京大学出版社 2008 年版，第 29 页。

只是在“为什么要与怎样将两者(指报应与功利)相结合”[①]问题上仍有不同意见,从而产生较多理论分支。但大体上看,一体论认为,“刑罚的正当化根据一方面是为了满足恶有恶报的正义要求,同时也必须是防止犯罪所必需且有效的,应当在报应刑的范围内实现一般预防与特殊预防的目的”。[②] 简言之,在一体论看来,报应与功利均是刑罚的正当根据。

(二)启示:刑罚不是控制犯罪的唯一方式

刑罚根据在理论上的不同分野,造就了对犯罪与刑罚关系的不同认知,进而导致犯罪控制方式上的差异。其中,争论较为激烈的一个问题就是“对所有犯罪是否都需要发动刑罚”,亦即“部分犯罪的刑罚是否可以避免或者被替代”。

对于上述问题,报应论认为,刑罚是对已然犯罪的报应,是为了惩罚犯罪而存在,因此只要存在犯罪就必须施加刑罚,没有犯罪就不必施加刑罚,亦即对所有犯罪都应发动刑罚。这种“有罪必罚”“无罪不罚”的观点容易导致司法实践中出现三种情形:

其一,刑罚万能主义盛行。在报应论视角下,刑罚是万能的,是犯罪治理的最佳选择。公安司法机关对于所有犯罪,只能进行追诉并施以刑罚,而不能作出其他处理,即便对轻微犯罪也只能如此。

其二,刑事诉讼向前惯性明显。在刑罚的报应内核和惩罚功能的驱动下,刑事诉讼独力承担犯罪处理工作,全面服务于报应这一整体目标。由此导致刑事追诉程序一旦开启,就始终向前推进,不再轻易停下,直至导向最终的刑罚处分。

其三,事实查证重于建构而疏于怀疑。为确保被告人最终受到刑罚处分,刑事追诉程序顺利向前推进,部分公安司法机关倾向于积极收集能够证明被追诉人有罪、罪重的证据,而怠于收集能够证明被追诉人无罪、罪轻的证据,同时公安司法机关形成事实上的利益共同体,具体表现为检察机关对公安机关以及审判机关对公检机关取得的证据、查明的事实不

---

① 邱兴隆:《关于惩罚的哲学:刑罚根据论》,法律出版社 2000 年版,第 257 页。

② 参见[日]大谷实:《刑法讲义总论》(第 3 版),成文堂 1991 年版,第 49 页以下。转引自张明楷:《新刑法与并合主义》,载《中国社会科学》2000 年第 1 期。

进行认真审查,而是习惯性背书,即使发现问题也是通过部门协调予以内部消化解决。

功利论认为,刑罚是实现预防犯罪目的的手段与工具,其发动与否应当视其能否实现预防犯罪的目的而定。更为明确地说,刑罚只有在为预防犯罪所必要且能够收到预防犯罪之效的情况下才能动用。具体而言,如果对犯罪施加刑罚起不到预防犯罪的目的,即使是重罪,也无发动刑罚的必要;如果对犯罪施加刑罚能够达到预防犯罪的目的,即使是轻罪,也应发动刑罚。坚持该观点,容易造成三种结果:

其一,处罚畸轻畸重。实践中,因犯罪行为人个体以及社会环境层面上的差异,常常会出现犯罪的严重程度与预防犯罪的需要大小不成正比的情形。这就导致如果按照功利论观点,犯下严重罪行的行为人完全可能因为预防其犯罪的需要小而不被施以刑罚,犯下轻微罪行的行为人也完全可能因为预防其犯罪的需要大而被施以重刑。

其二,刑罚不确定性增强,即刑罚种类及强度的确定不是依据被追诉人罪行情况与成文法律规定,而是依据施加刑罚的客观效果。实际上,在发动刑罚前考量对犯罪施加刑罚可能产生的客观效果,本身就是一种预测行为,不可避免会掺入主观因素,从而使刑罚具有不确定性,相同犯罪可能被处以不同刑罚。

其三,出现重刑主义倾向。功利论认为,刑罚的严厉程度应当与社会需要程度相适应,而重刑从形式上看,无疑是能够更好实现预防犯罪、防卫社会目的的选择,进而导致重刑主义颇有市场甚至大行其道。但须知重刑有一时之效,但无长久之功,绝非刑法威慑力的真正源泉,因为"对于犯罪最强有力的约束力量不是刑罚的严酷性,而是刑罚的必定性"①。事实上,随着社会文明观念和人权意识的觉醒,重刑也确实不再被视为维护社会秩序理所当然之手段。

当刑罚根据论发展到一体论阶段,"有犯罪必有刑罚"的观点已经丧失绝对价值,刑罚也不再是控制犯罪的唯一方式。换言之,尽管严厉的惩

① [意]切萨雷·贝卡里亚:《论犯罪与刑罚》,黄风译,北京大学出版社2008年版,第62页。

罚性是刑罚的重要特征，但是惩罚不等于刑罚，惩罚犯罪不一定非得使用刑罚，当动用社区矫正、附条件不起诉、刑事和解、缓刑等非刑罚方式就可实现惩罚和预防犯罪的双重目的时，就无发动刑罚的必要。正如有的学者指出的那样："纠纷有时不一定是用正义伸张的方式解决，'没有办法的办法'有时也是很好的解决办法。"[①]况且，刑罚从来不是控制犯罪的唯一方式，亦非在任何情形下均是控制犯罪的最佳方式，主要有以下两方面原因：

一方面，刑罚本身无法消除犯罪诱因和犯罪条件。这是指刑罚既无法消除犯罪诱因，又无法摧毁罪犯实施犯罪的能力及条件。从表面上看，导致社会陷入安全困境的是犯罪本身，但实际上，犯罪背后的深层次诱因才是"罪魁祸首"，罪犯所拥有的犯罪能力及条件才是"帮凶走狗"。刑罚只涉及对行为人犯罪行为的惩罚，并未触及犯罪产生的真正原因，例如"许多罪犯在被监禁前缺乏教育、工作经验、家庭支持和稳定的生活状况，许多人患有精神疾病或具有吸毒史"[②]，故其必然无法独立承担消除犯罪诱因的重任，而且犯罪诱因本身比较复杂，相同犯罪可能有着不同诱因，如果一律使用刑罚予以应对，显然难以起到对症下药的功效。此外，判处罪犯短期自由刑、财产刑等刑罚，给其造成的损失，通常情况下要远远小于摧毁其犯罪能力及条件，这就导致罪犯宁可接受刑罚处罚，也要保留自身犯罪能力及条件，以便在刑罚执行完毕后再次实施犯罪。因此，对犯罪行为人单纯地施以刑罚，注定是治标不治本，只能造成"个案得到稳妥解决——犯罪诱因没有随之消弭、犯罪能力及条件依然存在——犯罪可能再次发生——社会仍然处在威胁之中"的循环往复的局面。

另一方面，刑罚的实际效果存在局限性。具体来说，其一，刑罚的威慑作用可能会发生异化。对于有些犯罪行为人来说，刑罚的威慑作用可能会异化成其逃避刑罚惩罚的决心，即"罪犯所面临的恶果越大，也就越

---

① 范忠信：《健全的纠纷解决机制决定和谐社会——传统中国社会治理模式对我们的启示》，载《北方法学》2007年第2期。

② The Pew Center on the States, *State of Recidivism: The Revolving Door of America's Prison*, The Pew Charitable Trusts, 2011, p. 32.

敢于规避刑罚。为了摆脱对一次罪行的刑罚，人们会犯下更多的罪行”[①]。其二，犯罪给行为人带来的罪恶感不比以往。我国社会快速发展的同时，旧有道德标准和是非观点受到冲击，金钱万能论尘嚣日上，犯罪带来的耻辱感被削弱。拜金主义盛行的另一个结果是，辍学挣钱现象日益增多，相关人员文化素质不高，法治观念较为淡薄。此外，经济活跃还带来人员流动性的加大，以往的行为人犯罪后在传统熟人社会无法立足的担忧不复存在。以上多种因素结合在一起，进一步弱化了犯罪与道德、价值观的联系，削弱了行为人内心的罪恶感。其三，大部分刑罚存在执行期限。这造成有关刑罚在执行期限内能够有效管控犯罪行为人，但期满之后可能无法继续约束犯罪行为人的行动。其四，监禁刑与罪犯再社会化目标相悖。在封闭性设施内服刑之所以难以取得良好效果，除服刑人员之间可能存在交叉感染现象外，还因为监狱的封闭式管理，会对服刑人员的人格造成负面影响，与社会的长期脱节也会造成服刑人员重新进入社会无所适从。这也是重新犯罪率居高不下的重要原因。

（三）结论：侦查分流机制符合一体论内核

根据一体论，刑罚的目的（依据）在于对犯罪的惩罚与预防。而侦查分流机制是刑事追诉合目的性的体现，能够同时实现上述目的。具体理由如下：

首先，惩罚并非都要通过刑罚才能实现，且并非所有的犯罪都要接受惩罚。在刑事古典学派看来，惩罚是体现为刑罚的惩罚，是犯罪的必然结果，但在刑法学新派看来，因刑罚对犯罪不具有良好的矫治作用，故法院无判处的必要。[②] 可见，对于犯罪与刑罚是否可以分离的问题，因学派不同而观点各异。本书赞同刑法学新派的观点，即犯罪只是刑罚的必要不充分条件，这是因为现行《刑法》及司法解释规定有以《刑法》第 37 条为代表的“定罪免刑”条款，其实就是对犯罪与刑罚可以分离的一种认可，而且作如此理解，符合刑法谦抑性要求以及非刑罚化的国际发展潮流，况

---

① ［意］切萨雷·贝卡里亚：《论犯罪与刑罚》，黄风译，北京大学出版社 2008 年版，第 62 页。

② 参见黄伟明：《论定罪免刑条款对刑法边界的解构》，载《法学论坛》2015 年第 1 期。

且“报应其实是一个自相矛盾的概念,因为它虽然常常被认为是严厉和压制的,但实际上它为非刑罪化和减少惩罚提供了一个健全和深远的哲学基础”[①]。侦查分流机制能够产生的前提,正是得益于人们对犯罪、犯罪行为人和犯罪控制方式特别是刑罚态度的转变。人们对犯罪的认知,逐步从“犯罪行为中心论”转向“犯罪行为人中心论”,关注犯罪行为人的个体人格和人身危险性;认可犯罪对象不应被局限为社会全体与公权机关,还应包括被害人以及犯罪发生社区,[②]犯罪行为人负有使遭受犯罪破坏的社会关系复原之义务;认可惩罚并非刑罚的独有功能,甚至有的犯罪都不一定要接受惩罚等观念。这为适用侦查分流机制“不入罪”“出罪”奠定了理念基础。

其次,侦查分流机制能够实现对犯罪的特殊预防。预防犯罪比惩罚犯罪更高明,这乃是一切优秀立法的主要目的。[③] 侦查分流机制有助于实现对犯罪的特殊预防,原因在于:一方面,侦查分流机制一定程度上体现了非犯罪化、非刑罚化思想,能够大大减少羁押措施与短期自由刑的适用,使嫌疑人尽早从烦冗诉讼程序中脱身,免受长期羁押带来的种种痛苦,避免强化其与国家、社会的对抗情绪,降低其被“交叉感染”、被贴上犯罪标签以及再犯可能;另一方面,侦查分流机制贯彻着刑罚个别化理念,其要求公安机关在判断是否立案、采取强制措施或者移送审查起诉时,应当综合考察犯罪的具体情况以及嫌疑人的个体情况,以确定针对性的个别化处理措施,避免了下述情形的出现,即不考虑犯罪嫌疑人个体和犯罪的具体细节,而将报应刑观念贯穿始终,对犯罪嫌疑人无任何例外地启动刑事追诉程序并追究其刑事责任,一定概率上将固化其罪犯的心理定位,推动其陷入对抗社会的旋涡而难以自拔,进而对刑罚特殊预防功能

---

① Neil Cameron, *Diversion*: *Recent Proposals in Criminal Justice*, 8 Victoria University of Wellington Law Review 220 (1975).

② 参见孙国祥:《刑事一体化视野下的恢复性司法》,载《南京大学学报(哲学·人文科学·社会科学版)》2005 年第 4 期。

③ [意]切萨雷·贝卡里亚:《论犯罪与刑罚》,黄风译,北京大学出版社 2008 年版,第 102 页。

的发挥形成阻碍。[1]

最后，侦查分流机制能够实现对犯罪的一般预防。一般认为，犯罪者所犯罪行越严重，如果受到的惩罚越重，就越能震慑潜在犯罪者，促使其基于过高的犯罪成本而断绝犯罪念头，从而实现对犯罪的一般预防。但该观点带有重刑主义色彩，其更多考虑的是犯罪行为的社会危险性，而未考虑诉讼效率和公共利益的问题。其实，使用较轻刑罚，甚至使用刑罚替代措施"出罪"，一样能够实现对犯罪的一般预防。侦查分流机制就很好地诠释了这一点，其不是放弃对犯罪的惩罚，而是基于效率原则和追求更好社会效果的目的，在法定的合理限度内，对案件作出灵活处理，尽可能修复受损社会关系，推动公共利益最大化，并且借助后续推出的"一揽子"治理措施，力争从更深层次改变犯罪存在的土壤。也就是说，侦查分流机制对犯罪的一般预防不是通过惩罚的严厉性所产生的威慑力，而是通过推动受损社会关系正常化、改变犯罪存在土壤，进而使社会一般人丧失犯罪动力来实现的。

三、从理想到务实：侦查分流机制受功利主义的潜在影响

（一）功利主义致力于实现社会整体利益

根据《现代汉语词典》，"功利"有"功效和利益"与"功名利禄"两种解释，"功利主义"则是指"主张以实际功效或利益为行为准则的伦理观点"。[2] 可见，功利主义中的"功利"意指"功效和利益"，属中性词，无关褒贬，仅涉及利益权衡与选择。

纵观西方法律思想史，功利主义的影响深刻，不可磨灭，其代表人物有杰瑞米·边沁、约翰·斯图亚特·密尔等。在边沁看来，"道德的最高原则就是使幸福最大化，使快乐总体上超过痛苦"[3]，政府的职责就是"通

---

① 参见张少波：《公诉环节程序分流机制的反思与完善——以2009—2012年D检察院不起诉制度运行状况为分析视角》，载《中国刑事法杂志》2013年第8期。

② 参见中国社会科学院语言研究所词典编辑室：《现代汉语词典》（第7版），商务印书馆2016年版，第454页。

③ ［美］迈克尔·桑德尔：《公正：该如何做是好》，朱慧玲译，中信出版社2011年版，第38页。

过避苦求乐来增进社会的幸福,大多数人的最大幸福就是判断是非的标准”①。密尔继承了边沁的功利主义思想并有所修正和发展,其开始放弃利己主义,将关注点放诸社会与集体之乐,认为“功利主义赞许为他人的利益而牺牲自我的利益,因为功利主义判断的标准不再是行动者的幸福,而是公众的幸福”②。可见,在社会层面上,功利主义的目标在于实现社会的最大幸福,而这种幸福反映的不是生活在社会中的所有个人的幸福,而是大多数人的最大幸福。换言之,此处的幸福就是利益的代名词,功利主义其实就是以实现社会的整体利益为目标。具体而言,当大多数人利益与少数人利益发生冲突时,应当牺牲少数人利益,保全大多数人利益,从而实现社会整体利益。由社会视角来看,功利主义具有相当的合理性,尤其是在集体主义至上的国家。

(二)功利主义能够被运用于我国刑事诉讼中

总体上看,我国刑事诉讼存在功利主义的适用空间,其原因有三:

首先,刑事诉讼不可避免地会涉及利益的权衡与选择问题。刑事诉讼的处理过程、结果及质量,均会涉及个人利益与社会整体利益的权衡与选择。具体来说,对于犯罪行为人而言,利益最大化就是无罪释放;对于被害人而言,利益最大化就是对犯罪行为人施以最严厉的刑罚;对于公安司法机关而言,利益最大化就是对每一位犯罪行为人成功定罪处罚;对于社会而言,利益最大化就是将受损社会关系和社会秩序恢复如初。上述四种利益只从本利益主体出发,未考虑其他利益主体,单独实现其中任一利益,都会造成利益失衡的后果。而且,上述四种利益相互间存在冲突甚至不可调和的矛盾,并无同时实现的可能。因此,对四种利益有所权衡、比较、取舍,就成为必然选择。

其次,维护社会秩序是刑事诉讼天然的价值目标。从刑事诉讼模式演进历史看,弹劾式诉讼得益于维护秩序这一刑事诉讼天然自生的价值

---

① 谷春德主编:《西方法律思想史》,中国人民大学出版社 2004 年版,第 293 页。

② 谷春德主编:《西方法律思想史》,中国人民大学出版社 2004 年版,第 301 页。

导向的内在驱动，所以最早出现；[①]从刑事政策看，其内容尽管会发生变化，但其“终极目的是维持社会秩序，即促进构成社会的个人和团体之间的和谐、维护社会安全、保障国民安定地生活”[②]；从刑事诉讼法的制定目的看，《刑事诉讼法》第 1 条[③]将“保障国家安全和社会公共安全，维护社会主义社会秩序”与“惩罚犯罪，保护人民”一起列明为刑事诉讼法的制定目的。可见，无论是诞生之初还是现在，维护社会秩序始终是刑事诉讼理所当然的价值目标。其实这很好理解，刑事诉讼惩罚犯罪与保护人民，固然是为了实现公正，但公正并非空中楼阁，其必须以稳定的社会秩序作为其实现的前提。因此，惩罚犯罪与保护人民只能是刑事诉讼的直接目的，其更深层次的目的在于通过惩罚犯罪与保护人民，实现公正，进而保障国家、社会公共安全，维护社会秩序。而稳定的社会秩序与社会中的每个个体都息息相关，很大程度上就是一种社会福利。这表明，不管有意还是无意，功利主义思想早就深深地扎根于刑事诉讼中了。

最后，社会整体利益是刑事诉讼所涉诸多利益的最佳结合点。法律的终极原因是社会的福利，未达到其目标的规则不可能永久性地证明其存在是合理的。[④] 德国著名刑法学家李斯特也曾有过“最好的社会政策就是最好的刑事政策”的论断。[⑤] 可见，对刑事诉讼所涉诸多利益的考察，最终还是要归结到社会整体的层面。这其实就是功利主义的运用，就是在追求“大多数人的最大幸福”，就是在实现社会的整体利益。事实上，社会整体利益可谓是刑事诉讼所涉诸多利益的最佳结合点。这是因为，社会整体利益是对双方当事人，公安司法机关以及社会甚至国家利益

---

① 参见韩红兴：《刑事诉讼模式演进的理论评析》，载《贵州大学学报（社会科学版）》2008 年第 3 期。

② ［日］大谷实：《刑事政策学》（新版），黎宏译，中国人民大学出版社 2009 年版，第 4 页。

③ 《刑事诉讼法》第 1 条：“为了保证刑法的正确实施，惩罚犯罪，保护人民，保障国家安全和社会公共安全，维护社会主义社会秩序，根据宪法，制定本法。”

④ 参见［美］本杰明·卡多佐：《司法过程的性质》，苏力译，商务印书馆 1998 年版，第 39 页。

⑤ 该论断并非李斯特原语，而是由日本传入我国的简化版本。李斯特的原语表述为“一项确实旨在平稳地改善工人阶级整体状况的社会政策，也是最好和最有效的刑事政策”，出自其 1898 年所作名为“作为社会病理现象的犯罪”的主题演讲，同名文章被收入其《刑法学文章与学术报告集（第 2 集）》中。参见姜瀛、李娜：《“最好的社会政策就是最好的刑事政策”出处及原语考略——兼及李斯特刑法思想研究的反思》，载《法治社会》2020 年第 4 期。

最大限度的提炼，是这些利益的最大公约数。在社会整体利益中，犯罪行为人的利益由无罪释放转化为尽快摆脱羁押状态并复归社会以正常人身份开展生活，被害人的利益由对犯罪行为人施以最严厉的刑罚转化为尽快获得精神抚慰或者经济补偿，公安司法机关的利益由不放过任何一位犯罪分子转化为在诉累繁重情况下以最小代价取得最佳刑事诉讼效益，社会的利益由将受损社会关系和社会秩序恢复如初转化为尽可能修复受损社会关系和恢复社会秩序。可见，刑事诉讼所涉主体的利益，在社会整体利益中均有所体现，并达到了一个较为平衡的状态。

（三）侦查分流机制是功利主义在刑事诉讼中的典型运用

公正在刑法追求的诸多价值中处于首要位置，该结论源于人们对刑法的整体认识，并不意味着法律制度在任何情形下均不应体现功利目标，在某些情形下，功利目标能够起到调剂并助推整体公正的作用。[①] 对符合特定条件的案件适用侦查分流机制，正是功利主义在刑事诉讼中的典型运用。这是因为：

一方面，从个体层面看，侦查分流机制从人道关怀出发，贯彻资源合理配置、集约使用观念，能够使犯罪行为人免受长期羁押之苦、命运未决之忧、内心犯罪之羞，并拥有复归社会以正常人身份开展生活的机会，能够使被害人尽快获得精神或者经济补偿，从而减轻犯罪所带来的精神痛苦以及避免诉讼过程所产生的“二次伤害”，能够节约司法成本、提高司法效率，使公安司法机关有更多精力和资源处理重大复杂案件，保证案件办理质量。

另一方面，从社会层面看，侦查分流机制富于民主色彩，为双方当事人提供了深入参与、相互沟通的机会，对双方意愿予以充分吸收，同时又颇具全局眼光，通过彻底化解双方间的矛盾纠纷和修复受损社会关系，最终消除原本可能存在的社会不稳定因素。

可见，侦查分流机制完全符合“大多数人的最大幸福”标准，符合社会的整体利益。根据“当一项政府措施（这只是一种特殊的行动，由特殊

---

① 参见杨明：《程序法出罪功能研究》，吉林大学 2010 年博士学位论文，第 27 页。

的人去做）之增大共同体幸福的倾向大于它减小这一幸福的倾向时，它就可以说是符合或服从功利原理"[①]，以及侦查分流机制增大社会幸福的倾向显然大于减小这一幸福的倾向之实际，可以认为侦查分流机制符合功利原理，属于功利主义在刑事诉讼中的典型运用。

但是，需要注意的是，应当避免侦查分流机制走向过于功利的极端。有观点指出，在刑事诉讼中过度贯彻功利主义，可能会导致刑事政策适用信度丧失、刑事政策适用效度缺损、刑事政策适用地位下降和刑事政策终极关怀缺失。[②] 鉴于此，一方面，完全可以从功利主义中汲取养分，将"大多数人的最大幸福"作为确定侦查分流机制的适用案件范围和适用条件的标准之一；另一方面，应当把握好功利的"度"，这个"度"就是坚持公正原则和法律底线，就是要加强对侦查分流案件的监督和救济，尤其是要强化检察机关的监督审查权和当事人异议权、事后救济权，以避免侦查分流机制因过于功利而走向违背初衷的背面——公安机关"一家独大"、任意分流。

第二节　侦查分流机制的实践价值

正义观上一定程度的共识并不是一个有活力的人类群体的唯一先决条件，还有其他的社会基本问题，特别是有关合作、效率和稳固的问题。[③] 对于刑事诉讼实践而言，除公正价值外，其还应体现效率、自由、秩序、安全等多种价值。侦查分流作为刑事诉讼实践的一部分，同样应体现上述价值。对这些价值在侦查分流中的具体表现形式稍作总结，就可以概括出侦查分流机制的实践价值。

---

① ［英］杰里米·边沁：《道德与立法原理导论》，时殷弘译，商务印书馆2000年版，第59页。

② 参见姜涛：《刑事政策价值的回归：从过度功利到人性关怀》，载《贵州社会科学》2006年第2期。

③ 参见［美］约翰·罗尔斯：《正义论》（修订版），何怀宏等译，中国社会科学出版社2009年版，第5页。

一、公正与效率:刑事案件中的价值平衡

(一)背景一:部分刑事案件办理效果与公众对公平正义新需求的错位

1. 不甚理想的部分刑事案件办理效果

近年来,经媒体爆料而为社会关注的刑事案件频频成为热点,引发社会较大争论和反省。具体来说,部分刑事案件办理效果不佳,表现在以下两个方面:一方面,冤假错案层出不穷。如在佘祥林、赵作海、杜培武、"二张"、呼格吉勒图、聂树斌等案件中,相关公安司法机关在案件定性、证据收集、事实认定、法律适用、人员处理方面出错,在司法底线方面失守,在监督纠错方面失灵,不仅严重侵害公民合法权益,而且给司法整体形象以及公信力造成无可估量的损失。另一方面,少数案件处理偏离公众认知。如在陆勇销售假药案、天津赵春华非法持枪案、王力军收购玉米案和山东于欢故意伤害案中,相关公安司法机关或者盲目动用刑事打击手段,或者忽视特殊情节而对轻罪、轻刑行为动用重罪、重刑来进行处理,呈现司法认定与公众认知错位的局面,引发公众对司法裁判品质低落的抱怨和对司法权威的质疑。

2. 悄然变化的公众公平正义需求

与此同时,公众对公平正义即公正的需求经历了一段变化历程。在物质较为匮乏、精神较为贫瘠的年代,温饱问题是公众的优先关注项,公正并非其第一需求,即使有所需求,需求层次也不高,往往局限于实质公正、个案公正。但随着经济的发展、社会的进步和观念的解放,公众的需求发生较大转变,已经从解决温饱问题转变为追求生活质量、实现个人发展,已经从对低层次公正的需求转变为对更高层次、更高质量、更有保障的公正的追求。这充分体现在尊严、自由、人权正越来越多地受到公众的关注和认可。公众对公正的新需求,既是时代发展的产物,又是推动现实进步的助力,其主要包括:

首先,公正既应体现在个案中也应体现在整体上。在单个执法办案活动中所体现出的公正就是个案公正,由一个个执法办案活动形成的整体在全社会范围内给公众留下的公正印象就是整体公正,又可称为社会

公正。个案公正与整体公正有着密切联系，二者在一般情况下是统一的，即个案公正是在整体公正的指引下，对个别人、个别案件处理的公正，是整体公正的具体体现，整体公正则由个案公正组成，没有个案公正的积累，就没有全社会的公正。[①] 可见，个案公正还停留在个体、局部层面，虽然重要但是广度、深度有限；而整体公正是从整个社会层面对公正提出的要求，涉及对执法司法状况的整体评判，代表着公正发展的更高水平，层次明显更高。因此，在个案处置过程中，除了"努力让人民群众在每一个司法案件中都感受到公平正义"[②]外，还要从整体全局着眼，充分考虑个案处置结果是否影响到公众内心的整体公正感，是否影响到执法司法的整体形象、权威以及公信力，是否有利于良好法治环境的营造。

其次，公正应当符合社会常识、常理、常情。实践中，"有良知的法官会尊重公众内心的感受，尊重常识常情与常理，尊重社会风俗与中国社会道德习惯，并在良知看似模糊实则清晰的准则中找出自己行为的理由，找出判案的真正法律依据，准确适用法律"[③]。前文所述案件处理结果之所以不为公众认同，很大程度上就是因为案件承办人员欠缺对社会一般道德观念的基本了解，未遵循社会生活经验常识，以致案件的处理、选择不符合社会运转通常情状。应当认识到，当前公正所追求的公正绝不是"居庙堂之高"的公正、"阳春白雪"式的公正，而是"飞入寻常百姓家"的公正、"下里巴人"式的公正。可以说，凡是经不起社会常识、常理、常情检验的案件处理结果，都担负不起公正之名。本杰明·卡多佐就指出："真正作数的并不是那些我认为是正确的东西，而是那些我有理由认为其他有正常智力和良心的人都可能会合乎情理地认为是正确的东西。"[④]

再次，公正应当以看得见的方式实现。过去甚至就在十多年前，我国刑事诉讼程序还不是特别健全，公众甚至公安司法机关的程序意识还比

---

① 参见王大敏：《简论公平正义理念对公安执法工作的要求》，载《公安研究》2009年第12期。

② 2012年12月4日，习近平总书记在《在首都各界纪念现行宪法公布施行三十周年大会上的讲话》中提出了该要求。

③ 刘艳红：《"司法无良知"抑或"刑法无底线"？——以"摆摊打气球案"入刑为视角的分析》，载《东南大学学报（哲学社会科学版）》2017年第1期。

④ ［美］本杰明·卡多佐：《司法过程的性质》，苏力译，商务印书馆1998年版，第54页。

较欠缺,对公正实现结果的追求甚于对公正实现过程的关注。由此造成当事人诉讼权益屡遭侵犯,一些违反法定程序取得的证据即所谓“毒树之果”被堂而皇之地用作定案根据,成为酿成冤假错案的重要诱因。面对种种深刻教训,公众逐渐意识到程序公正的重要性,认识到维护自身诉讼权益的必要性。在此趋势的推动下,刑事诉讼程序的科学性、正当性受到越来越多的重视,具体表现在:(1)立法机关在总结实践经验和借鉴域外先进制度的基础上,进一步健全刑事诉讼程序,规定程序性后果;(2)公安司法机关严格遵循程序要求,从保障当事人诉讼权益出发,通过直观的可视化方式将公正展现在被追诉人、被害人、公安司法机关以及整个社会面前,进而为处理结果实体上的公正背书;(3)当事人也主动参与到程序中,对自己的诉讼权益予以积极主张,甚至以程序问题作为诉讼对抗的武器。

最后,公正应当及时实现。英国法谚有云“迟来的正义非正义”,体现了诉讼效率之于诉讼公正的重要意义。前述数起案件被发现系冤假错案时,被追诉人已经服刑数年甚至已经被执行死刑,虽然最终得以昭雪,还以公道,但彼时被追诉人或青春已逝,或人死身灭,间隔如此之久才恢复的正义,其实已经失去了公正的本来含义。此时的“公正”不应称为公正,而应称为司法之殇,其进一步激发了公众对诉讼效率的渴求。

对照公众对公正的新需求可以发现,前述热点案件的实际办案效果与之相去甚远,甚至还存在错位,已经严重影响司法权威和法律公信力。该种错位虽然可以以转型期司法资源紧张,以及公安司法机关在打击理念、考核压力影响下趋利办案或者缺乏整体评判思维而机械办案为由来解释,但是刑事立法上存在的缺陷也是不容忽视的事实。某些法律和制度,不管它们如何有效率和安排有序,只要它们不正义,就必须加以改造或废除。① 据此,要破解上述错位怪圈,就要大胆尝试,敢于突破刑事立法缺陷。而突破的着力点就在于谋求诉讼公正与诉讼效率的最佳平衡

① 参见[美]约翰·罗尔斯:《正义论》(修订版),何怀宏等译,中国社会科学出版社 2009 年版,第 3 页。

点。近年来,国家出台的诸多刑事司法改革措施均不约而同地将该着力点作为司法改革任务的重中之重。下一步,完善侦查分流机制就应成为公安机关突破刑事立法缺陷的重要尝试。

(二)背景二:检法刑事案件数量增长与司法资源有限性的矛盾

1. 检法机关办理的刑事案件数量大幅增长

近年来,随着经济社会的快速发展,我国刑事案件始终保持着增长态势。根据《中国法律年鉴》相关数据(如表2-1所示),2010年至2019年,除部分年份略有所回落以及2015年全国检察机关提起公诉数有较大回落外,检察机关提起公诉数、法院受理刑事一审案件数等两项数据大体上保持着上升趋势。以2019年的数据与2010年相对比,10年间,全国检察机关提起公诉数增长了66.39%,法院受理刑事一审案件数增长了65.97%。最高人民检察院也在有关报告中指出:“特别是近20年来,刑事案件总量不断增加,检察机关受理审查起诉刑事犯罪从1999年82.4万人增加到2019年220万人。”[①]可见,与10年前乃至更早相比,检法机关要办理更多数量的刑事案件。究其原因,主要有两点:

表2-1　近十年我国刑事案件数量及变化统计*

年份	全国检察机关提起公诉数(件)	同比增长率(%)	全国法院受理刑事一审案件数(件)	同比增长率(%)
2010	766,394	2.21	779,595	1.44
2011	824,052	7.52	845,714	8.48
2012	979,717	18.89	996,611	17.84
2013	958,727	-2.14	971,567	-2.51
2014	1,434,714	49.65	1,040,457	7.09
2015	1,050,879	-26.75	1,126,748	8.29
2016	1,069,547	1.78	1,101,191	-2.27

① 张军:《最高人民检察院关于人民检察院适用认罪认罚从宽制度情况的报告》,载最高人民检察院官网2020年10月17日,https://www.spp.gov.cn/spp/zdgz/202010/t20201017_482200.shtml。

续表

年份	全国检察机关提起公诉数（件）	同比增长率（%）	全国法院受理刑事一审案件数（件）	同比增长率（%）
2017	1, 219, 603	14. 03	1, 294, 377	17. 54
2018	1, 189, 480	-2. 47	1, 203, 055	-7. 06
2019	1, 275, 233	7. 21	1, 293, 911	7. 55

*《中国法律年鉴》记载的公安机关刑事立案数没有精确到个位数，故采用中华人民共和国国家统计局网站上的数据，且该数据能够与《中国法律年鉴》记载数据一一对应。此外，《中国法律年鉴》未记载2016年度法院受理刑事一审案件数，故此处同样采用的是国家统计局网站数据。

其一，我国犯罪圈扩大，越来越多的危害社会行为被作为犯罪处理。犯罪圈是指由所有犯罪行为组成、与非犯罪行为存在界限的整体。世界上不同国家的犯罪圈尽管存在重合，但由于经济状况、政治模式、文化传统、法律制度、社会控制方式等方面的差异，有时也不尽相同。而各国划定的犯罪圈大小，就体现了该国刑法的谦抑程度，影响着该国刑事案件的总体数量。近年来，我国犯罪圈一直呈现扩大趋势。截至2020年《刑法修正案（十一）》出台，我国刑法罪名由1997年的414个增加到现在的483个，[①]足足增长了16. 67%，亦即目前的犯罪圈扩大了16. 67%。[②] 究其原因，固然与传统的犯罪控制理念尚未完全转变，希冀通过严密立法、扩大犯罪圈来增强对犯罪的打击能力有关，与劳动教养制度被废止后，[③]部分原本不够刑事处分、应作劳动教养处理的轻微犯罪行为被纳入犯罪圈有关，但主要还是因为经济社会发展过程中新型犯罪不断

① 参见李静、姜金良：《〈最高人民法院、最高人民检察院关于执行《中华人民共和国刑法》确定罪名的补充规定（七）〉的理解与适用》，载微信公众号“人民司法”2021年2月27日，https://mp.weixin.qq.com/s/ZLZdpgq2Hok2No1CQ6B3MA。

② 关于增设罪名是否就意味着扩大犯罪圈的问题，也存在不同观点。该观点将犯罪圈分为应然的（合理的）和实然的两种，认为“增设罪名”“放宽入刑范围”“犯罪圈扩张”并不完全等同。具体来说，在应然或合理的犯罪圈范围内，增设罪名只意味着严密法网、完善立法，只有在实然的犯罪圈范围内，增设罪名及放宽入刑条件才等同于犯罪圈的扩张。参见白建军：《犯罪圈与刑法修正的结构控制》，《中国法学》2017年第5期。

③ 2013年11月12日中共十八届三中全会通过的中共中央《关于全面深化改革若干重大问题的决定》将在中国存在长达58年的劳动教养制度予以废止。

涌现、[1]社会不稳定因素增多[2]以及国际形势变幻诡谲、国家安全形势严峻,[3]越来越多的危害社会行为有被规定为犯罪的迫切需要。

其二,公安机关立案侦查的案件进入检法环节的比例越来越高。如表2-2所示,全国公安机关每年刑事立案数在2015年达到717.4万起的顶峰后,呈不断下降趋势,到2019年甚至低于2010年水平,下降了18.55%;且我国2019年每10万人发生刑事案件数也比2010年减少了98起。这表明近10年来,我国犯罪总量总体下降。但与此同时,全国检察机关提起公诉案件数、法院受理刑事一审案件数占公安机关刑事立案数的比例却越来越高。如表2-3所示,全国检察机关提起公诉案件数占公安机关刑事立案数的比例由2010年的12.84%上升为2019年的26.23%,法院受理刑事一审案件数占公安机关刑事立案数的比例由2010年的13.06%上升为2019年的26.61%。换言之,公安机关少立的刑事案件数量,并未对进入检法环节的刑事案件数量起到压降作用。

表2-2　2010年至2019年中国犯罪率*对比

年份	全国公安机关刑事立案数(起)	当年年末全国总人口(万人)	犯罪率(起/十万人)
2010	5,969,892	134,091	445.2
2011	6,004,951	134,735	445.7
2012	6,551,440	135,404	483.8
2013	6,598,247	136,072	484.9

① 主要表现为三个方面:一是传统犯罪新型化。技术手段的迅猛发展,为犯罪分子提供了新的犯罪媒介,使得盗窃、侵占、诈骗等传统犯罪出现新的犯罪形态。二是已有犯罪高发化。相关犯罪已在《刑法》中有所规定,但近年来才呈现高发态势。为适应社会发展,国家对其中部分犯罪的刑法条文作了一定修改。三是完全意义上的新型犯罪不断涌现。如《刑法修正案(七)》规定的非法获取计算机信息系统数据罪、非法控制计算机信息系统罪以及提供侵入、非法控制计算机信息系统程序、工具罪,《刑法修正案(九)》规定的拒不履行信息网络安全管理义务罪、非法利用信息网络罪、帮助信息网络犯罪活动罪、虚假诉讼罪、组织考试作弊罪,非法出售、提供试题、答案罪,以及代替考试罪。

② 如《刑法修正案(九)》规定的扰乱国家机关工作秩序罪,组织、资助非法聚集罪,以及编造、故意传播虚假信息罪。

③ 如《刑法修正案(九)》增设的帮助恐怖活动罪,准备实施恐怖活动罪,宣扬恐怖主义、极端主义、煽动实施恐怖活动罪,利用极端主义破坏法律实施罪,强制穿戴宣扬恐怖主义、极端主义服饰、标志罪,以及非法持有宣扬恐怖主义、极端主义物品罪等。

续表

年份	全国公安机关刑事立案数(起)	当年年末全国总人口(万人)	犯罪率(起/十万人)
2014	6, 539, 692	136, 782	478. 1
2015	7, 174, 037	137, 462	521. 9
2016	6, 427, 533	138, 271	464. 9
2017	5, 482, 570	139, 008	394. 4
2018	5, 069, 242	139, 538	363. 3
2019	4, 862, 443	140, 005	347. 3

* 犯罪率是指“每十万人口中的犯罪案件数或犯罪人数”,且“从一定意义上说,以法院终审定罪数计算的犯罪率更接近于国家对犯罪做出反应的反映,而以公安机关立案数计算的犯罪率才更接近犯罪现象本身的反映”,故本书选用公安机关刑事立案数来计算犯罪率。参见白建军:《从中国犯罪率数据看罪因、罪行与刑罚的关系》,载《中国社会科学》2010 年第 2 期。

表 2-3　2010 年至 2019 年全国检法机关办案数占公安机关办案数比例示意

年份	检察机关提起公诉案件数占公安机关刑事立案数的比例(%)	法院受理刑事一审案件数占公安机关刑事立案数的比例(%)
2010	12. 84	13. 06
2011	13. 72	14. 08
2012	14. 95	15. 21
2013	14. 53	14. 72
2014	21. 94	15. 91
2015	14. 65	15. 71
2016	16. 64	17. 13
2017	22. 25	23. 61
2018	23. 46	23. 73
2019	26. 23	26. 61

上述两项占比上升,主要有两个原因:(1)与分母——公安机关立案侦查的案件数量减小有关。该结论可以从表 2-2 中得出。究其原因,一是公安机关通过如实立案挤压了水分;二是社会网格化治理软硬件的全面到位、现代侦查技术的发展进步有效威慑和预防了潜在的犯罪分子。

(2)与分子——进入审查起诉和审判环节的案件数量变大有关。一方面,公安机关办理的案件质量更高,有更多案件达到起诉与审判标准;另一方面,犯罪结构发生重大变化,轻刑犯罪数量不断攀升。根据官方数据,20 年来,我国严重暴力犯罪大幅减少,占比较低,如 2019 年全国严重暴力犯罪①仅占全部刑事犯罪数量的 2.5%;轻刑犯罪②增多,占绝大比例,如 2019 年全国捕后判 3 年有期徒刑以下刑罚以及缓刑的人数占比达 83.2%。③ 轻刑案件一般案情较为简单,证据较易收集,认罪认罚从宽制度的推行又进一步为公安机关减轻了办案阻力,加之现阶段公安机关对于轻刑案件能够作出的自行处理有限,大多只能移送检察机关,故本身就容易获得高质量办理且数量不断攀升的轻刑案件被源源不断地送至检法环节。

2. 司法资源紧张问题日益凸显

面对犯罪数量激增以及大量案件积压的现状,我国现有司法资源是否能够自如地应对呢?答案不容乐观。大体上看,司法资源可被划分为"人""财""物"三类。其中,"人"包括办理刑事案件的警察、检察官、法官,为侦查、审查起诉、审判工作提供鉴定、翻译、勘验、记录等服务的人员,以及羁押、服刑场所的看押、管教、监控人员;"财"包括前述人员的工资、津贴、福利和办公、取证、交通、通信、出差、强制措施执行、刑罚执行所需的费用;"物"包括办公、取证、鉴定、交通、通信等工具设备和办案、羁押、服刑等场所地点。此处选取万人警察配比、检察官数量、法官数量、审前羁押率等公开数据来分析司法资源现状,主要包括以下几点:

其一,我国万人警察配比偏低,刑事执法办案民警常常处于超负荷工作状态。根据网上目前能够查到的最新公开数据,截至 2007 年年底,中、美、英、加、德、法、日、意等 16 个国家(8 个发达国家与 8 个发展中国家)的万人警察平均配比为 35.2,即每万人拥有 35 名警察,而彼时中国的万

---

① 指故意杀人、故意伤害、抢劫、强奸等犯罪。

② 指盗窃、诈骗等侵财犯罪和危险驾驶、寻衅滋事等较轻犯罪。

③ 参见蒋安杰:《20 年刑事犯罪数据变化为何首次写进最高检工作报告》,载中国新闻网 2020 年 5 月 26 日,http://www.chinanews.com/gn/2020/05-26/9195509.shtml。

人警察配比为13.8。[①] 经过十余年的发展,截至2018年年底,我国万人警察配比为14.0,每万人拥有14名警察,[②]仍然远远低于上述16国在2007年时的平均配比。即使在我国发达省市,万人警察配比也远低于35.2,如2011年广东省每万人拥有警察13名,[③]2019年A地每万人拥有警察12名,[④]即使是全国警民比例最高的北京市,2013年每万人也只拥有24名民警。[⑤] 可见,与世界平均水平相比,我国警力配备严重不足,与领先国家相比,更是差距巨大。

由此导致的后果是,我国民警办理刑事案件数量严重超出负荷。以A地为例,根据图2-1,截至2014年年底共有民警96,809人,[⑥]其中涉及刑事执法办案的派出所、交警、治安、刑侦、经侦、国保、网安等警种部门共有民警76,123人。考虑到派出所、交警、治安部门本身还承担着行政管理和行政办案职能,并非完全意义上的刑事办案部门,刑侦部门因为有法医队伍的存在也并非全员属于刑事执法办案力量,因此假设1/3的派出所、交警、治安民警为刑事执法办案力量,9/10的刑侦民警为刑事执法办案力量,可以测算出截至2014年年底,A地公安机关刑事执法办案民警数量为34,396人。再结合2014年A地公安机关的刑事立案数,[⑦]并根据1件刑事案件需要2名侦查人员办理的要求,可以测算出每两名民警在

---

① 参见黄新春:《论警力资源的科学配置与使用》,载《公安研究》2009年第2期。

② 2018年,我国年末总人口数为139,538万人,共有200万在职在编民警。前项数据参见国家统计局官网公开数据;后项数据参见黄海英:《这是他们的2小时,也是200万公安民警的365天》,载中国长安网2018年11月11日,http://www.chinapeace.gov.cn/chinapeace/c53712/2018-11/11/content_12202925.shtml。

③ 参见洪奕宜:《广东民警数量与实有人口比达12.7:10000》,载凤凰网2011年9月26日,https://news.ifeng.com/c/7faRvBk0toB。

④ 截至2019年年底,A地常住人口8070万人,现有在职在编民警约10万人。前项数据参见A地统计局:《2019年A地国民经济和社会发展统计公报》,载中国统计信息网2020年3月4日,http://www.tjcn.org/tjgb/10js/36186_4.html;后项数据参见曹伦平:《十万民警齐动员全覆盖——A地警方"耳提面命"开展全警党风廉政教育》,载人民论坛网2020年6月15日,http://www.rmlt.com.cn/2020/0615/583659.shtml。

⑤ 参见安力:《北京每万人中就有24名民警　警民比例全国最高》,载人民网2013年8月20日,http://www.people.com.cn/24hour/n/2013/0820/c25408-22633553.html。

⑥ 参见严颜:《法治背景下的警力无增长改善研究——以A地警力资源现状分析为视角》,南京师范大学2015年硕士学位论文,第9页。

⑦ 2014年A地公安机关的刑事立案数并非公开数据,故出于保密需要,此处不直接展示此项数据。

该年办理刑事案件35件。*

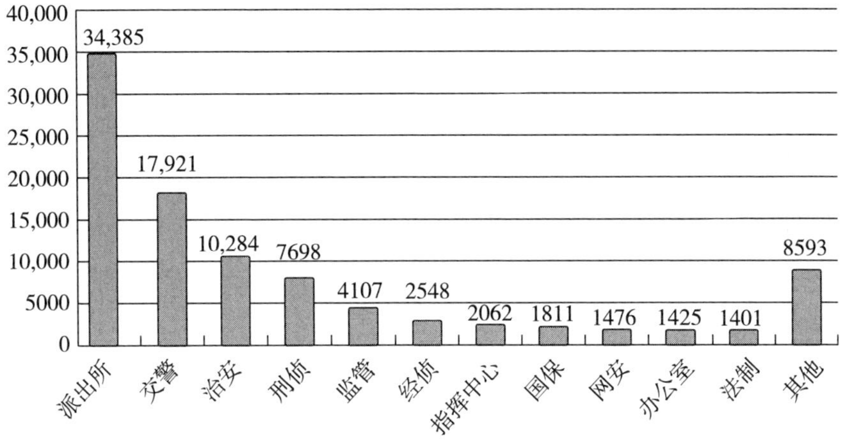

图2－1 2014年A地公安机关各警种警力数[**]

* 为避免反向计算2014年A地公安机关的刑事立案数，此处在不影响分析进行或者结论得出的基础上，对测算出的每两名民警在2014年办理的刑事案件数做了一定调整，以与实际数据保持微小出入。

** 参见严颜：《法治背景下的警力无增长改善研究——以A地警力资源现状分析为视角》，南京师范大学2015年硕士学位论文，第9页。

其二，我国检察官、法官数量增长率远远小于案件增长率。相关资料显示，1988～2011年，我国检察官数量由11.2万人增长到15.1万人，增长了34%，每10万人口检察官数量由10.20人增长到11.21人，只增长了10%。同期检察院审查批捕、决定逮捕案件量却增加了1.19倍，提起公诉的案件数量增加了2.13倍，检察官数量的增长远远小于承担的工作量的增长；[①]1979～2011年，我国法官数量由5.9万人增长到19.5万人，增长了2.31倍，每10万人口法官数量由6.10人增长到14.50人，增长了1.38倍，每名法官年均一审结案由8.8件增长至38.6件，增长了3.39倍，一审结案量增长了13.52倍，远远超过法官增长率。[②]两组增长率之间的对比，一定程度上反映了检察官、法官数量不足的问题。

① 参见朱景文：《中国法律职业：成就、问题和反思——数据分析的视角》，载《中国高校社会科学》2013年第7期。

② 参见朱景文：《中国法律职业：成就、问题和反思——数据分析的视角》，载《中国高校社会科学》2013年第7期。

再加上检法机关的“员额制”改革，检察官、法官等拥有独立办案资格的人员数量将进一步减少，“案少人多”矛盾将进一步加剧。如公开资料显示，截至 2017 年 11 月，全国员额检察官、员额法官总数分别为 84,444 名、120,138 名，其中仅法官数量就较实行“员额制”前下降了 43.33%。[①]

其三，我国审前羁押率[②]偏高，给执行管理机关带来了沉重负担。有学者曾对 2013 年至 2017 年的 303 万份刑事一审判决书进行统计分析，发现在该 5 年间，刑事一审案件被告人的审前羁押率由 91.79% 持续下降至 82.77%。[③] 英国、意大利的审前羁押率分别为 5%、15%。[④] 可见，即使已经下降 9 个百分点，我国 2017 年一审刑事案件被告人审前羁押率仍然处于较高水平，再考虑到此处采取“刑事案件被告人总数”而非“同期抓获刑事办案成员数”作为审前羁押率计算公式的分母，事实上的被追诉人审前羁押率只会更高。而且，审前羁押率在全国各地也很不平衡，如苏州

---

① 参见曹建明：《最高人民检察院关于人民检察院全面深化司法改革情况的报告》，载人大新闻网 2017 年 11 月 2 日，http://npc.people.com.cn/gb/n1/2017/1102/c14576-29622622.html；周强：《最高人民法院关于人民法院全面深化司法改革情况的报告》，载中国新闻网 2017 年 11 月 1 日，https://www.chinanews.com/gn/2017/11-01/8365961.shtml；律事通：《从 21 万到 12 万，员额制为法官带来了什么》，载搜狐网 2017 年 7 月 14 日，https://www.sohu.com/a/157029672_268525。

② 审前羁押，又称未决羁押，是一种通过在一定期限内剥夺被追诉人人身自由以保障诉讼顺利进行的诉讼保障制度。一般认为，审前羁押仅包括刑事拘留和逮捕，而不包括指定居所监视居住这一准羁押措施，故审前羁押率的计算公式应为“审前羁押率(%)＝同期刑事拘留与逮捕数(人)÷同期抓获刑事办案成员数(人)”，其中对于刑事拘留转逮捕的人员仅计算一次。但也有观点认为，审前羁押应包括指定居所监视居住、刑事拘留和逮捕，故审前羁押率的计算公式应为“审前羁押率(%)＝同期指定监视居住、刑事拘留、逮捕数(人)÷刑事案件被告人总数(人)”。对此，笔者认为，指定居所监视居住同样涉及对被追诉人人身自由的剥夺，其属于准羁押措施，故应将适用该措施人数列入前述公式的分子；此外，将“刑事案件被告人总数”作为公式分母，实际上遗漏了在侦查、审查起诉阶段被采取羁押和准羁押措施但最终未被移送审查起诉、提起公诉的人员，因此还是采取“同期抓获刑事办案成员数”比较合适，故笔者认可的审前羁押率计算公式应为“审前羁押率(%)＝同期指定监视居住、刑事拘留、逮捕数(人)÷同期抓获刑事办案成员数(人)”。需要说明的是，为论述方便，下文所引用的审前羁押率数据，如无特别说明，还是属于一般认知层面的审前羁押率。认为应当将指定居所监视居住纳入审前羁押范畴计算的观点，参见王禄生：《论刑事诉讼的象征性立法及其后果——基于 303 万判决书大数据的自然语义挖掘》，载《清华法学》2018 年第 6 期。

③ 此处的审前羁押包括指定居所监视居住。参见王禄生：《论刑事诉讼的象征性立法及其后果——基于 303 万判决书大数据的自然语义挖掘》，载《清华法学》2018 年第 6 期。

④ 参见郎胜主编：《欧盟国家审前羁押与保释制度》，法律出版社 2006 年版，第 54 页。转引自郭烁：《徘徊中前行：新刑诉法背景下的高羁押率分析》，载《法学家》2014 年第 4 期。

全市检察机关2017年受理的移送审查起诉案件的审前羁押率已下降至38.3%，[①]深圳2018年的审前羁押率仍超80%，此外还有很多地方的审前羁押率虽逐年下降，但仍处于较高水平。[②] 究其原因，与个别公安司法机关有罪推定的思维惯性有着密切关系，与其获取口供、判前预惩、方便管理、防范脱逃以及节省追逃将耗费的大量资源[③]等种种目的有着密切关系。

审前羁押率偏高，给公安司法机关带来了沉重负担，主要是因为以下两点：(1)每增加一名羁押对象，与法律要求、内部制度、实际需求相符的相应配套资源就应当有所增加；(2)从羁押的必要性和合比例性看，审前羁押率偏高，在一定程度上意味着成为罪犯进入监狱服刑的被追诉人不在少数，意味着需要耗费的监狱资源将会比较多，意味着本可用于社会发展和福利改善的资源将会受到挤压。因未找到我国相应数据资料，就以美国为例，根据统计，1973～2009年，该国监狱服刑犯人数增长了705%，以致在过去20年中，州和联邦年度惩戒支出激增了305%，在国家资金中所占份额增加了1倍，达到约520亿美元，截至2011年，该国惩戒支出已占普通基金的1/14，惩戒机构工作人员数已占州雇员总数的1/8。[④]

此外，审前羁押率偏高，与我国犯罪结构变化的大趋势相违背。因为近20年来我国犯罪结构呈现严重暴力犯罪大幅减少、轻刑犯罪增加的态势，实际上，被追诉人逃避侦查、妨碍侦查的可能性是不断降低的，对其适用羁押措施的必要性是持续减弱的。同时，审前羁押率偏高还与《刑事诉

---

① 参见滑璇：《苏州：审前羁押率已降至38.3%》，载南方周末官网2017年6月6日，http://www.infzm.com/content/125108。

② 参见南都社论：《二次答复审前羁押率，互动给力改进更要跟上》，载搜狐网2019年6月30日，https://www.sohu.com/a/323872301_161795；程昆：《代表指深圳审前羁押率超八成，呼吁公检法机关协同采取措施改进》，载奥一网2019年1月21日，http://www.oeeee.com/mp/a/BAAFRD000020190121133039.html。

③ 参见周新：《公安机关办理认罪认罚案件的实证审思——以G市、S市为考察样本》，载《现代法学》2019年第5期。

④ See The Pew Center on the States, *State of Recidivism: The Revolving Door of America's Prison*, The Pew Charitable Trusts, 2011, p. 5.

讼法》在2012年修改时增加取保候审情形、将监视居住作为逮捕的替代措施、规定羁押必要性审查制度所展现出的降低刑事诉讼审前羁押率的意图相违背。

（三）侦查分流机制是公安机关平衡公正与效率的最佳结合点

由上述分析可知，近年来，冤假错案频现报端，少数案件处理偏离公众认知，部分刑事案件办理未能取得最佳效果，无法满足公众对公平正义的新需求，已经严重影响了司法权威的树立和强化；同时，我国进入检法环节的刑事案件数量迅速增长，且呈现出多样化、复杂化趋势，与有限司法资源间的矛盾进一步激化，试图对全部犯罪案件进行追诉和审判已越来越成为不可能完成的任务。在此背景下，公安司法人员在执法办案过程中尚不能很好地实现公正与效率的平衡，“案多人少”“诉讼拖延”“案件积压”等困扰公安司法机关的老大难问题呈现进一步恶化的趋势，并反过来阻碍公正目标的实现。要改善上述状况，侦查分流机制便是一条值得考虑的路径。可以说，其是公安机关平衡公正与效率的最佳结合点。

1. 侦查分流机制有助于促进司法公正

公正是司法的本质和灵魂，是社会首要追求的目标。司法公正包括实体公正和程序公正，侦查分流机制与二者均能实现较好的契合。

（1）侦查分流机制能够实现实体公正。中国人自古以来对实体公正有着近乎执着的追求，这从民族情感中根深蒂固的“青天”情结、武侠精神可窥见一斑。侦查分流机制能够从以下几点实现实体公正：

其一，侦查分流机制以司法资源最有效利用来确保实体公正。一方面，侦查分流机制对犯罪性质较轻、情节相对简单、事实比较清楚或者被追诉人自行认罪的案件，通过简化诉讼程序、减少诉讼环节等形式，“快刀斩乱麻”，节约下不少司法资源，而且其坚持法定证明标准不降低，并据此查明案件事实，对被追诉人行为作出正确的实体认定和合适处理，足以避免冤枉无辜、损及公正；另一方面，其将前述节约下来的司法资源转而用于更为重大、复杂和更需要时间处理的刑事案件，“好钢用在刀刃上”，能够显著提高该类案件的侦破效率，促使事实查证更加清楚，确保公安机关作出更加审慎、公正的处理。

其二，侦查分流机制通过多方利益考量确保实体公正。侦查分流机制在个案处置中，改变对被追诉人不区分情形一律启动刑事起诉程序的做法，转而对当事人双方、社区、社会等多方利益进行综合考量，尽可能避免处理结果出现利益失衡情形，营造当事人双方赢、法律赢、社会赢的"多赢"局面；同时将涉及利益主体纳入决策过程，既能弥补个别办案人员在社会一般道德观念和社会生活经验常识方面的欠缺，使其处理和选择与社会运转通常情状更加匹配，又能大大提升处理结果为各方接受的可能性。简言之，其从利益平衡和一般司法认知的角度，确保了处理结果在实体层面的公正。

其三，侦查分流机制以无犯罪记录从实体上保障被追诉人复归社会的权利。除了适用侦查分流机制引导后续分流的情形外，适用侦查分流机制的案件无须经过审判、审查起诉甚至不启动侦查程序即告终结，采取的也多为非刑罚性甚至非刑事处罚措施。因此，除了引导后续分流的情形外，适用侦查分流机制，不会留下犯罪记录，这就从实体上确保被追诉人不会被法律、社会贴上"犯罪分子"标签，自身及其家庭的社会评价不会降低，进而能够复归社会，作为一个正常人与人们共同生活。换言之，侦查分流机制通过保障被追诉人接受教育改造后的基本人权，实现了其复归社会阶段的实体公正，这属于更高层次、更加完善的实体公正。

(2)侦查分流机制能够实现程序公正。从表面上看，适用侦查分流机制，使案件不经审判、审查起诉甚至不启动侦查程序即告终结，构成对被追诉人接受公正审判、进行质证和辩论等程序性权利的限制。但是，如果就此认为侦查分流机制无法实现程序公正，有片面理解之嫌。实际上，侦查分流机制自身就蕴含着程序公正的精神：

首先，侦查分流机制对当事人平等适用。根据人人平等原则，适用侦查分流机制进行的分流是有序的分流，其通过预先设定的适用情形、后果、程序和监督救济途径等，对符合条件的案件适用分流措施，视情不入罪、出罪或者引导后续分流，进而分别实现不追究的平等和适用的平等。亦即，侦查分流机制通过对当事人的平等适用，而非选择性适用，从源头和过程确保程序公正的实现，从处理结果确保同案同处的实现。

其次,侦查分流机制保障当事人的程序性权利。适用侦查分流机制,确实会使当事人失去部分程序性权利,但只要是在其明知适用可能会使自己丧失某些诉讼权利甚至给自己带来不利影响(主要针对被害人),仍然自愿要求适用的情形下,就应当认为其遵从自由意志,对自己诉讼权利做了自由处分,符合程序公正的要求。同时,侦查分流机制也为当事人保留了基本程序性权利,如通信会见、委托律师或者诉讼代理人、申诉、控告、法定代理人及合适成年人在场和聋哑人、女性、未成年当事人所专享的程序性权利,依然能够为程序公正的实现提供最低限度的保障。而且,侦查分流机制设置了特有的程序性权利,如程序选择、程序变更、异议权等,这些权利和前述当事人保留的基本程序性权利,共同构成了侦查分流案件当事人的程序性权利体系,为程序公正在侦查分流机制中的实现奠定了坚实基础。

再次,侦查分流机制要求当事人的深度参与。适用侦查分流机制,离不开当事人的深度参与,尤其是意见的充分表达。具体而言,被追诉人认罪、悔罪态度如何,被害人是否谅解以及谅解程度,直接关系到整个程序的走向;而且,当事人在适用时,除享有不同情形下的程序选择、程序变更以及异议权外,还享有分流决定作出前表达意见、参与听证以及对分流决定不服申请监督救济等权利。因此完全可以说,当事人对于侦查分流机制的参与是全面深入的且能够起到关键性作用。

又次,公安机关在适用侦查分流机制中起全程引导作用。侦查分流机制十分尊重当事人的自由意志,部分情况下还以当事人自愿为适用前提,但这并不是说公安机关在分流过程中就放任自流,撒手不管。相反的是,公安机关对侦查分流机制的适用始终予以全程引导,这种引导因适用情形不一而表现为主持侦查分流、为当事人提供咨询、审查当事人达成协议内容或者依职权直接决定特定事项等。公安机关的全程引导,对于确保双方当事人获得平等话语权,避免发生恃强凌弱情形,进而实现分流按照法定程序、在法律框架内进行具有积极意义。

最后,侦查分流机制致力于使被追诉人迅速获得处理。程序公正既体现为程序的合法性、正当性,又体现为程序的迅捷性。侦查分流机制可以很好地诠释这一点。其通过减少诉讼环节、简化诉讼程序,使被追诉人免受侦查、司法机关启动正常程序带来的压力,免受羁押、刑罚导致的精神、生理痛苦,免受对未知、不确定命运的恐惧;同时在适用程序过程中,注意加快节奏,使被追诉人迅速经历并获得处理,避免诉讼的过分拖延,最大限度减少程序给被追诉人带来的负面影响,这都是对程序公正精神的全面体现。

(3)侦查分流机制能够实现整体公正。如前所述,在个案处置中,侦查分流机制在司法资源总量短期不变的情况下,坚持法定证明标准,考虑多方利益,优化司法资源配置,能够同时实现实体公正和程序公正。此即实现了个体公正。通过一个个案件的积累,个体公正将进阶为良好执法司法状况所蕴含的整体公正。因为公众虽然不是个案的亲历者,但是作为个案处理过程和结果的旁观者与评价者,其内心的整体公正感与个案处理公正与否息息相关。只有个案得到公正处理,公众对执法司法状况的整体评价才能不断改善,公安司法机关的执法司法形象和公信力才能不断增强。侦查分流机制概莫能外,由于多方利益的纳入考量,其结果被当事人双方、社区、社会接受的可能性更高,因而公众也就更有可能对执法司法状况产生良好的整体评价。这反过来又推动尊法、崇法、守法氛围的培育和良好法治环境的营造,进而为整体公正的实现提供后续动力。

2. 侦查分流机制有助于提高诉讼效率

现阶段,影响诉讼效率的因素主要有以下两点:

其一,公正追求存在异化。高度重视公正价值,对督促办案单位全力查明案件事实真相、依法查处违法犯罪活动起到了积极作用,但如果过于追求该价值实现,就会陷入“过犹不及”误区,即片面强调查明事实真相,忽视刑事诉讼其他价值,造成司法资源不能合理利用,诉讼效率大打折扣,最终影响到司法公正的实现。

其二,正当程序陷入僵化。正当法律程序肇始于英国,并被美国进一步发展壮大,后随着人权保障洪流席卷全球,逐渐为国际社会所接受,成为包括我国在内的许多国家刑法和诸多国际公约的基本原则。程序正当化很有必要,这是因为刑事诉讼的结果往往涉及对犯罪者生命权、自由权、财产权等基本权利的剥夺或者限制，故唯有事先设计一套科学、正当、严密、操作性强的程序规则和证据规则，严格予以遵循并不断完善，才能避免随意追诉定罪，才能践行司法公正要求。但由此带来的副作用是，程序越精密，其也就越复杂和烦琐。在此情形下，对所有案件不加区分地适用同一套程序，不仅会使正当程序陷入僵化，耗费更多司法资源，而且迟延会较为严重，进而导致案件积压问题日益突出。故在公正旗帜下的程序烦琐化、复杂化，并非刑事诉讼的唯一选择，程序简化极有必要。

侦查分流机制是对上述片面追求公正价值、机械适用正当程序的纠正。该机制融入效率价值理念，既追求诉讼的投入产出比，又追求诉讼的及时进展和处理，对诉讼效率有着显著的提升作用，主要理由如下：

其一，从短期看，司法资源增长乏力，内部潜力挖掘较为务实。尽管随着我国经济实力的增强和科技水平的提升，司法资源的短缺状况将会得到较大程度的改观，但是就某一时期来看，除非一个国家的经济规模、发展任务、公务员管理体制发生较大变化，否则该国家在一定时期内投入刑事诉讼的资源总是相对固定且增长有限。因此，单纯地加大经济投入、增加人员数以应付庞大案件量并不现实，也绝非最佳办法。鉴于此，中央编办在《关于政法专项编制内部挖潜和创新管理的若干意见》(中央编办发〔2015〕8 号)中提出“严控机构编制是原则，编制总量只减不增是要求，挖潜创新和盘活存量是方向”。这为我们解决刑事案件数量庞大与司法资源有限之间的矛盾提供了一条思路，即对侦查工作的整体改善，应从健全刑事执法办案的体制机制着手，从提升人员素质、挖掘内部潜力着手，从提高诉讼效率、节省司法资源着手，通过制度管理层面的创新，走内涵式、集约式发展道路，来激发刑事执法办案工作的活力。因此，在外部办法难以找寻获得的情况下，不妨按照《孟子·离娄章句上》所言“行有不得，反求诸己”，转向内部寻求机会，从制度设计、优化、完善和人员理念、素质、行为等角度，深度挖掘内部潜力。而其中的关键就是完善侦查分流机制。

以往除少数情形外，公安机关将侦查终结案件不分轻重缓急一律移送检察机关审查起诉，容易导致诉讼成本的进一步提高，恶化司法资源匮乏的困境，加剧公正与效率间的冲突。具体来说，进行审查起诉、审判的刑事案件越多，就意味着需要的侦查人员、检察官、法官和羁押、服刑场所会越多，被贴上“犯罪分子”标签的对象会越多，走向社会对立面进而成为社会不稳定因素的人会越多，维护公共安全费用也会相应增多。亦即从显性层面看，将有更多的人、财、物投入到刑事案件办理活动中去；从隐性层面看，维护社会稳定费用将会极大增长，给国家带来沉重负担。完善侦查分流机制，将进一步拓展案件处理路径，即区分不同情形将案件导入相应轨道，或在刑事立案审查阶段不启动侦查程序，或在侦查阶段终止诉讼而采取非刑罚处理方式等，最终实现特定案件非诉办理、小案快速办理和大案精心办理，真正将进入检察机关审查起诉环节、法院审判环节的刑事案件限制在一定数量范围内，切实缓解庞大刑事案件数量与有限司法资源之间的紧张关系，提高司法资源利用率，实现打击犯罪、保障人权、维护治安的目标任务。

其二，从横向看，在刑事立案审查或者侦查阶段进行分流，资源节约、效率提升效果更为明显。首先，在刑事立案审查或者侦查阶段，侦查程序尚未启动或者进行不够深入、参与主体还比较少，已耗费的司法资源也相应较少。此时适用侦查分流机制，对不应追究刑事责任的情形不启动侦查程序，或者将大量不应或者不必追究刑事责任的刑事案件了结在侦查阶段，一方面能够减少公安机关羁押、查证和处理的工作量，简化办案流程和手续；另一方面能够避免刑事案件大量涌入审查起诉、审判环节，从而减轻检法机关的审查核实和监狱机关的刑罚执行压力。其次，侦查分流机制通过对审查起诉、审判阶段诉讼分流的引导，为检法机关选择适用分流程序、作出分流决定奠定基础，为检法阶段节约司法资源可能性埋下伏笔。再次，适用侦查分流机制所节约下来的司法资源，间接为加大对重大、复杂案件的司法资源投入提供了物质保障，有助于加快该类案件的办案节奏，提升其办案质量，确保其规范高效处理，进而实现有限司法资源的合理优化配置，提高刑事追诉的整体社会效益。最后，与社区矫正相比，侦查分流机制能够实现最彻底的分流。详言之，社区矫正是刑事审判之后采取的措施，改革的是行刑方式，降低的是行刑成本，无法完全解决刑事案件增多与司法资源有限之间的矛盾；而侦查分流机制适用于刑事立案审查或者侦查阶段，其通过不入罪、出罪、引导后续分流等功能的发挥，实现了整体诉讼成本的降低，而不仅仅是行刑成本。

其三，从长远看，侦查分流机制能够避免司法资源重复浪费。尽管当前侦查分流机制在很多时候仍然由公安机关占据主导地位（详见本书第四章第一节第一部分），但相较普通案件，当事人在侦查分流案件中的话语权要更大，参与度要更高；甚至在适用部分侦查分流程序如刑事和解程序时，当事人能够在自愿基础上，自行组织或由公安机关组织，深度参与、对等交流、充分协商，最终在法律框架内达成为双方所接受的协议，并为公安机关作出相应的分流决定提供依据。因此，当事人对分流决定的信任感更强、接受度更高，未来出现程序反复的可能性更低。而且在实践中，公安机关对符合特定条件的轻伤害和解案件无实体处分权（不考虑个别地区的自行探索），侦查终结时只能依法移送审查起诉，但个别检察机关有时基于内部考核考虑（如捕后不诉）不愿作出不起诉决定，而是建议公安机关撤回并撤销案件，这就造成了资源的重复浪费，而侦查分流机制则能够很好地避免上述情况的发生。

3. 侦查分流机制有助于实现公正与效率的平衡

侦查分流机制完全符合公正与效率发展的要求，能够实现公正与效率的动态平衡。

（1）侦查分流机制没有盲目追求效率，而是将公正要求贯穿始终。换言之，该机制追求的效率是公正基础上的效率。一方面，其在立法上仍然坚持正当程序要求，预设分流情形、后果、程序、监督救济途径等内容，尽管在不同的适用情形下，其会贯彻不同程度的公正要求，但其始终在最低限度的公正基础上，构建案件不进入诉讼程序、退出诉讼程序或者被分流至特殊诉讼程序的快速通道；另一方面，其在执法上，坚持侦查分流机制的平等适用和分流决策过程的民主参与，尊重当事人意愿，保障当事人合法权益，较好地实现了公正。

（2）侦查分流机制将公正作为首要追求，但并未将公正绝对化，其追求的公正是有效率的公正。该机制克服西方国家迷信正当法律程序而导致诉讼程序过于精密和烦琐的弊端,将公正要求按类划分,分场景适用,同时划定底线,为所有侦查分流案件明确应当遵循的最低限度的公正要求。上述做法既能提高诉讼效率,实现诉讼经济,确保公正更及时地实现,又能避免出现公正失衡现象。

(3)侦查分流机制由个体效率到整体效率,进而实现由个体公正到整体公正。侦查分流机制针对符合分流条件的小案,通过简化诉讼程序甚至减少诉讼环节,提高案件诉讼效率;同时其针对大要案,集中更多司法资源,加快案件处理进度,确保案件得到稳妥处置,最大限度寻求公正。换言之,该机制通过合理调配司法资源,从小案、大要案两个层面,由个体效率前进到整体效率,进而实现由个体公正到整体公正的跨越。其"不仅节约了本来会消耗在该类案件上的司法资源,而且使公诉部门有相对充裕的司法资源去处理重大、复杂案件,如此则更可能实现刑事司法公正和效率价值的动态平衡"[①]。

二、打击与保障:双方当事人之间的均衡考量

(一)否定和纠正犯罪行为

侦查分流过程中,基于案件彼时尚处刑事立案审查或者侦查阶段,公安机关将打击犯罪作为首要目标理所当然。而且,除了没有犯罪事实的情形,侦查分流机制发挥的无论是不入罪、出罪还是引导审查起诉、审判阶段诉讼分流功能,都涉及对犯罪行为或者原本构成犯罪行为的否定性评价。因而适用该机制并非对相关行为的偏袒,只是在给予行为否定性评价的基础上,采取了更为灵活的处理方式而已。

尽管大部分情况下,将犯罪者付诸审查起诉、审判,并施以严厉的刑罚,能够使其认识到犯罪行为的错误性质,进而起到纠正其行为、避免其再犯的作用。但是,美国学者 Beck Bemand 在 1989 年通过档案分析发

① 张少波:《公诉环节程序分流机制的反思与完善——以 2009—2012 年 D 检察院不起诉制度运行状况为分析视角》,载《中国刑事法杂志》2013 年第 8 期。

现,45%的案件由5%的犯罪者实施,美国学者Farrington在1996年的研究显示,将近一半的案件由6%的犯罪者实施;[①]同时,根据美国某项调查结果,该国1999年被释放的45.4%的人和2004年被遣送回家的43.3%的人在三年内被重新监禁。[②] 我国某学者在随机选择浙江省三家监狱在2011年9月至2012年9月间出狱的2886名罪犯进行研究后也发现,罪犯入监时总体再犯率(指重新监禁率,即被监禁罪犯出狱后再次入狱被监禁的比例)为24%左右。[③] 可见,常规处理方法对犯罪者再犯可能性的抑制作用并不完全。究其原因,皆因刑罚的强制性色彩更浓,未必能使被追诉人对处罚结果心悦诚服,发自内心改过,且嫌疑人一旦产生被迫悔罪服刑的感觉,其与社会的对立情绪会越发强烈,个人荣誉感、社会责任感会继续降低,再次实施犯罪的可能性会大大增加。而侦查分流机制将被追诉人吸纳进来,赋予其更多自主权,听取其意见,考虑其意愿,能够显著减轻其与侦查机关的对立情绪,帮助其从内心接受侦查分流决定,并使其按照有关要求诚心认罪悔罪,自愿接受教育,真正改过自新,从此不再出现类似行为。

除此之外,适用侦查分流机制还有助于提高惩治犯罪的效率。近年来,犯罪专业化、智能化、隐蔽化程度明显增强,不论是侦查取证还是审查起诉和法庭审理,难度都在不断加大,[④]这在团伙、集团等案件中表现尤甚。通过向被追诉人宣传侦查分流相关法律政策,鼓励其如实供述并全力配合公安司法机关查明事实、收集证据,有利于分化瓦解攻守同盟,及时提取和固定证据,并对案件开展深挖彻查。

(二)保障被追诉人的基本人权

对于被追诉人而言,侦查分流机制能够保障其生命、健康、自由、生活

① 参见狄小华、狄欣怡:《犯因与应因关系下的再犯系统防治研究》,载《犯罪与改造研究》2019年第11期。

② See The Pew Center on the States, *State of Recidivism: The Revolving Door of America's Prison*, The Pew Charitable Trusts, 2011, p. 2.

③ 参见曾赟:《中国监狱罪犯教育改造质量评估研究》,载《中国法学》2013年第3期。

④ 参见张军:《最高人民检察院关于人民检察院适用认罪认罚从宽制度情况的报告》,载最高人民检察院官网2020年10月17日,https://www.spp.gov.cn/spp/zdgz/202010/t20201017_482200.shtml。

安宁、自我发展等基本人权。

1. 减轻被追诉人诉讼过程中的精神焦虑与负担

纵观刑事诉讼对被追诉人的影响,并非定罪量刑后才有所表现,而是在诉讼程序进行中就已经体现得较为明显。具体而言,诉讼程序的进行对于被追诉人来说,本身就是一种精神折磨,尤其在被追诉人被羁押的情况下,极易引发其严重的精神焦虑与负担,给其带来完全不亚于刑罚的痛苦。综合来看,被追诉人的焦虑主要源于六个方面:一是人身自由被剥夺,正常生活被扰乱,陷入公权强力控制下的陌生环境中;二是因涉嫌犯罪造成名誉受损、社会评价降低等不利后果;三是可能遭受殴打、体罚、冻饿晒烤、强光照射等不人道待遇;四是诉讼拖延造成个人命运长期处于不确定状态;五是采取刑事拘留、逮捕强制措施导致的自我处罚认知;[①]六是可能遭受不公正乃至错误判决和处罚。以上焦虑与刑事诉讼如影随形,即便被追诉人最终被证实无辜,只要其被拖入刑事诉讼程序中,就必然会遭受这些焦虑的折磨。而且,随着诉讼的不断深入,被追诉人感受到的焦虑会逐步加深,特别是对未成年被追诉人,极易导致其形成难以愈合的心理创伤,这某种程度上就是一种不人道。对于被追诉人来说,当面对上述焦虑,其最期望的无非就是三件事:一是在诉讼过程中能够得到公正、人道的待遇;二是羁押状态能够尽快结束;三是最终遭受的惩罚能够尽量轻缓,且在短时间内能够确定下来。

对于被追诉人的第一个期望,由于司法文明的进步,绝大部分情况下能够予以实现。对于第二个期望,因当前我国刑事诉讼审前羁押比例较高,某种程度上羁押是常态,取保候审、监视居住等非羁押状态是例外,给被追诉人身心以及其权利造成的影响也就相对较大。至于第三个期望,则由于现行诉讼程序相对烦冗,报应刑法观尚未完全转变,在当前实践的效果并不理想。适用侦查分流机制,能够同时兼顾被追诉人的后两个期望,因为该机制通过对特定刑事案件适用分流措施,较之审查起诉阶段和审判阶段的分流,能够更好地加快诉讼进程,尽快结束诉讼,将被追诉人

---

① 是否采取强制措施以及采取何种强制措施,本身就反映了犯罪者未来可能遭受的处罚。

从羁押状态及讼累中及时解放出来,减轻其精神上和肉体上的痛苦,使其免受更深的负面影响,从而能够尽早复归社会以正常人身份开展生活。

2. 保障被追诉人复归社会的权利

在侦查阶段进行规范分流,有助于从以下方面实现对被追诉人的教育改造,确保其尽快以正常人姿态复归社会:

(1)避免被追诉人心理或者人格的异化。如前所述,在漫长的诉讼过程中,被追诉人与国家、社会长期处于对抗状态,承受着较重的心理负担,故发生心理逆反或异化的概率较大,严重时甚至还会引发人格的异化。换言之,被追诉人的反社会心理可能会因长时间的对抗而进一步固化,逐渐变得越来越难以修正,并最终转化为反社会人格,给后续的教育改造带来极大困难。而侦查分流机制将被追诉人从刑事诉讼程序中提前分流出来,帮助其尽早摆脱侦查机关的否定性评价,消除其与国家、社会的对抗状态,维持其正常心理和人格,能够很好地避免异化现象的出现。

(2)避免被追诉人因长时间羁押而“交叉感染”。实践中,存在这样一种现象,那就是部分犯罪者在被羁押或者投狱服刑后,反而彻底卸下内心道德束缚,产生消极颓废思想,将自我置于社会的对立面,进而“破罐子破摔”,通过与其他犯罪者的交流,由原本的只掌握一种犯罪方法变为掌握多种犯罪方法,由原本的只采用较低层次的犯罪技术变为采用较高层次的犯罪技术,由原本的只从事某种犯罪变为有能力从事其他犯罪。这种现象与国家刑事追惩的初衷相背离。考虑到自制力、明辨是非能力等因素,该现象在未成年犯身上表现得尤为明显,对贯彻“教育、感化、挽救”的方针造成了不利影响。而在侦查阶段进行规范分流,能够大大减少羁押措施与短期自由刑的适用,有效避免被追诉人因长时间羁押而“交叉感染”,为被追诉人的教育改造和复归社会打下坚实的基础。

(3)避免被追诉人被打上犯罪标签。在我国,犯罪是一个具有较强道义性的概念。一个人一旦犯罪,被打上犯罪烙印、贴上犯罪标签,将会面临较严重的附带后果。这种后果不仅表现为犯罪者家庭、政治、经济、社会生活权利在一定程度上被剥夺,而且表现为人们经过对犯罪本能排斥的社会心理的长期熏染，会认为犯罪者人格不再健全、道德水准异化，始终对其投以异样目光，作出较低社会评价，并将其排除在上学、参军、就业、任职等关键领域之外，变相剥夺其发展机会，造成其个人前途一片黯淡。更为可怕的是，即使犯罪者回归社会后始终遵纪守法，再无违法犯罪之事，这种后果也会伴随其终生。此外，除对犯罪者本人的负面影响外，犯罪还会对其配偶、父母、子女产生不良影响，即一方面使他们承受较大舆论压力，担负较重心理负担，另一方面影响他们部分权益的正常行使，如上学、参军、就业等均会受到一定程度的影响。需要指出的是，犯罪者可能承受前述附带后果的现象，并非为我国所独有，在其他国家同样可能发生，只是影响程度和范围有所不同，如美国皮尤国家中心的一份研究报告就指出，在该国"一旦获释，前罪犯就会遭受监狱记录的耻辱，这是就业的一大障碍"①；国外标签理论家亦长期以来一直认为，正是社会对犯罪行为的反应（或标签化）导致了污名化和随后越轨的可能性增加。② 也正因为犯罪会造成如此严重的附带后果，以往的对犯罪者启动刑事诉讼进行定罪量刑、先贴标签再行施救的做法，其实都是"亡羊补牢"，收获甚微；而通过适用侦查分流机制将那些回头有望的"迷途羔羊"从刑事诉讼中提前分流出来，使其免受判决和前科记载，免受被贴上犯罪标签后的公众排斥和歧视，进而恢复正常状态，重新融入社会，这显然对被追诉人能够起到更大的挽救效果。

（三）保障被害人的基本人权

侦查分流机制保障的被害人基本人权主要包括心理健康、生活安宁等。

1. 重塑被害人内心安全感

刑事犯罪发生后，随着诉讼程序继续进行，案件事实逐步公开，刑事责任悬而未决，不仅被追诉人饱受着煎熬和痛苦，就连被害人也承受着心

---

① The Pew Center on the States, *State of Recidivism: The Revolving Door of America's Prison*, The Pew Charitable Trusts, 2011, p. 32.

② See Carolyn Greene, Natasha S. Madon, *Pretrial Diversion*, in Jay S. Albanese ed., The Encyclopedia of Criminology and Criminal Justice (1st Edition), John Wiley & Sons, Inc., 2014, p. 2.

理上的持续折磨。这种折磨不仅来自犯罪侵害所带来的煎熬，而且来自公平正义未获伸张的不平衡感、个人隐私暴露的羞耻感以及嫌疑人可能被放纵的忧虑感。以上种种，没有考虑到被害人心理的特殊情况并给予特殊保护，造成了其内心的不安全感，可能会给其带来“二次侵害”。而且，具体进行程序的公安司法人员由于缺乏被害人遭受犯罪侵害的经历，对其承受的心理折磨无法完全感同身受，对其实际需求无法完全满足，是否能够完全从其利益出发尚存疑问。实际上，对犯罪者进行定罪量刑，仅仅是缓解被害人压抑心理的一种方法，但绝非唯一的方法。有时候，通过促成犯罪者与被害人间的对话沟通，让犯罪者了解被害人因犯罪所遭受的心理折磨，促使其向被害人诚挚道歉、真诚悔罪，从而有效缓解被害人压抑心理，反而不失为一种好方法。侦查分流机制就是这样一种好方法，其采取灵活的和缓方式，能够最大限度弥补被害人损失，给予其精神慰藉，重塑其内心安全感。

2. 使被害人获得及时补偿

刑事诉讼过程中，当事人双方其实存在一个诉求契合点。那就是对于被追诉人而言，其往往渴望通过赔礼道歉、恢复原状、经济赔偿等责任的积极履行，尽量减轻乃至免除自己所应承担的刑事责任，最终取得一个于己较为有利的诉讼结果；对于被害人而言，其也往往渴望尽早得到嫌疑人的精神上或者物质上的赔偿，不是通过提起附带民事诉讼才能弥补自己所遭受损失。正因为当事人双方诉求存在如上趋同性，侦查分流机制才得以获得其存在基础，并能够从该共同诉求出发，督促被追诉人真诚认罪悔罪，自愿接受处罚和履行相应责任，以尽快结束刑事诉讼程序，确保双方合法利益都能得到有效维护。

三、规范与公信：侦查工作的全面改善

（一）从无序到有序：侦查权的规范与完善

前文将侦查分流分为有序分流与无序分流，并指出无序分流包括“为了分流而分流”“应当分流而不分流”两类现象。侦查分流机制能够有效减少该两类现象，切实规范和完善侦查权的行使。

1. 该两类现象的直接危害——犯罪黑数

该两类现象具有较大危害，从深层次讲，其将损害当事人合法权益和法律公信力，从直接后果讲，其可能制造犯罪黑数。当然，有一定概率会制造犯罪黑数的主要是指“为了分流而分流”。具体而言，“寻租”性分流因刑事案件或者被追诉人不符合分流条件，必然制造犯罪黑数；预见性分流在分流案件不符合提起公诉条件的情况下，不会制造犯罪黑数，但在分流案件起诉至法院后被告人可能被判处无罪、免除刑罚，或者被批捕被告人可能被判处缓刑、3 年有期徒刑以下刑罚的情况下，可能会制造犯罪黑数；懈怠性分流因分流发生在案件真相或者关涉特定人员的真相尚未明朗时，可能会制造犯罪黑数。

所谓犯罪黑数，又称犯罪暗数或犯罪隐藏数，是指“刑事统计犯罪个数与实际发生的犯罪数之差”[①]。其之所以存在，有学者归纳了十点原因，[②]有学者从执法机关、受害人、社会公众态度、案件本身等角度进行了分析，[③]有学者从法律文化入手，将原因归结为“无讼”或“贱讼”观念、“和”为美之道，以及“自然法”与“人定法”的“二元论”法学观的缺失，[④]还有学者认为犯罪黑数的存在与我国立案程序的单独设置以及门槛过高有关。[⑤] 从实践角度看，部分公安机关和侦查人员确实会出于于己考核无益、追诉不甚经济、权力寻租等种种考虑，或者借口未达立案标准而不启动侦查程序，或者对已立案侦查案件，采取撤案或者挂案的方式，将已进入侦查程序的刑事案件事实上排除出刑事诉讼程序。

犯罪黑数并非中国独有，其成为研究对象，肇始于国外，稍晚时候出现在国内，并因我国对不如实受案立案现象查纠力度的加大，而获得学界

---

① 罗贤河：《司法腐败与犯罪黑数》，载《检察日报》1999 年 12 月 31 日，第 6 版。转引自解晓东：《犯罪黑数及其控制》，载《法律科学（西北政法大学学报）》2001 年第 2 期。

② 参见［美］理查德·昆尼、约翰·威尔德曼：《新犯罪学》，陈兴良等译，中国国际广播出版社 1987 年版，第 97 ~ 98 页。转引自陈兴良：《刑法哲学（第六版）》，中国人民大学出版社 2017 年版，第 144 ~ 145 页。

③ 参见奚居仁：《犯罪黑数的形成原因》，载《合肥工业大学学报（社会科学版）》2005 年第 3 期。

④ 参见胡选洪：《我国犯罪黑数现象存续根据论》，载《中国刑事法杂志》2007 年第 1 期。

⑤ 参见许细燕、张学斌：《论我国侦查程序的启动与法律规制》，载《中国人民公安大学学报（社会科学版）》2004 年第 4 期。

与实务界的广泛注意。[①] 其在法定标准层面基本处于空白状态，在实践层面具有较大任意性，对法律权威有所削减，[②]而且其数量过大，势必会造成民众对刑事诉讼预防和控制犯罪能力的信心不足，进而影响民众对公安司法机关执法司法公信力的认可。[③] 值得注意的是，由于犯罪存在的必然性和人类认识的非至上性，其只能尽量减少而无法完全避免。[④]

2. 该两类现象产生的原因

该两类现象主要是由三个原因造成的：

(1)公安机关天然且事实上享有裁量权。国外的警察机关在不同程度上享有着自由裁量权，一方面是因为部分国家警察机关在检警关系中具有更强的自主性，另一方面正如澳大利亚某学者在对该国新南威尔士1997年青年罪犯法案进行研究时指出的那样，鉴于警察资源有限、犯罪行为的严重性各不相同以及刑法在处理某些冲突和混乱局势方面存在不适当，警察行使制止、搜查、逮捕或控告被追诉人的自由裁量权被认为是不可避免的，并不一定是不当的。[⑤] 在我国，公安机关同样享有一定自由裁量权。原因在于：其一，法律规范本身就具有一定的模糊性和滞后性，这为公安机关评判查证事实与法律规定是否相合以及相合程度提供了一定裁量空间；同时公安机关认定的法律事实，是由侦查人员基于法律规定和逻辑理性对查证事实进行重新建构理解而形成的，不可避免会介入主观因素，又属于事后回溯，必然与客观事实存在一定时空上的分离，这同样为公安机关创造出裁量空间，足见公安机关的裁量权具有天然性。其二，由于侦查权力具有相对封闭集中特征，较难监督制约，实践中是否立案、撤案、抓捕犯罪嫌疑人、采取强制性措施以及移送审查起诉，很大程度

① 参见王秋杰：《国内外犯罪黑数研究综述》，载《公安学刊（浙江警察学院学报）》2010年第2期。

② 参见吴茜：《论侦查阶段的"诉讼分流"制度》，载《湖南公安高等专科学校学报》2005年第6期。

③ 参见亢晶晶：《我国侦查程序分流的制度化构建》，载《上海公安高等专科学校学报》2013年第2期。

④ 参见胡选洪：《我国犯罪黑数现象存续根据论》，载《中国刑事法杂志》2007年第1期。

⑤ See Jenny Bargen et al., *Regulating Police Discretion: An Assessment of the Impact of the NSW Young Offenders Act* 1997, 1 Journal of Child Psychology & Psychiatry 69 (2004).

上还是取决于公安机关，即公安机关在事实上行使着裁量权，无形中左右着案件的命运。其三，法律本就赋予了侦查机关一定的裁量权，比如下文将提到的侦查分流自由裁量权。

上述分析表明，公安机关的裁量权既有先天的也有后天的，既有存在法律依据的也有无法律依据的，正是这种不同属性的裁量权相互交织、长期并存，导致实践中出现了“为了分流而分流”“应当分流而不分流”现象。如表2-4所示，2017~2019年，尽管A地公安机关每年受理为刑事案件后未有处理措施[①]的案件数量在同期刑事受案数中所占的比重极小，每年立案超二年无处理结果[②]的刑事案件数量在同期刑事立案数中所占的比重也极小，但除了2019年的立案超二年无处理结果的刑事案件数量可以忽略不计，该两类刑事案件每年仍分别有数百件的规模；同时，该地公安机关每年的刑事立案数量均远多于其移送检察机关审查起诉的案件数量。究其原因，除短时间内难以确定案件性质、办案周期较长、事实查证未达移诉标准等情形外，案件经侦查机关违法违规行使裁量权而被进行事实上的实体分流的也占有一定比例。

表2-4 A地公安机关刑事案件未处情况*

年份	刑事受案数（万件）	受理为刑事案件后未有处理措施的案件数（件）	刑事立案数（万件）	立案超二年无处理结果的刑事案件数（件）	移送审查起诉数（万件）
2017	51.4	580	50.5	870	11.5
2018	47.6	561	46.7	529	10.9
2019	46.8	511	45.9	26	11.1

* 本表所涉A地公安机关各项数据并非公开数据，故出于保密需要，此处在不影响分析或者结论的基础上，对各项数据作了一定调整，以与实际数据保持些许出入。

① 包括对受理的刑事案件未进行立案审查，或者虽进行立案审查但未决定立案还是不予立案，或者未移送其他机关处理。

② 此处的“二年”参考的是最高人民检察院、公安部《关于公安机关办理经济犯罪案件的若干规定》第25条第1款第2项的规定内容，即“对犯罪嫌疑人未采取强制措施，自立案之日起二年以内，仍然不能移送审查起诉或者依法作其他处理的”。

(2)法律对公安机关在分流方面赋权不足。我国《刑事诉讼法》赋予了公安机关一定分流权力,如适用刑事和解程序、认罪认罚从宽制度等分流程序,以及选择不予立案、撤销案件、终止侦查、移送审查起诉并提出分流建议等分流程序结果。但其中属于实体性处分权力的仅限于不予立案、撤销案件、终止侦查,且这些权力均受到严格的限缩,必须符合法定情形(详见第三章第一节相关内容)。亦即公安机关如果不能通过不予立案、撤销案件、终止侦查将案件隔离在刑事诉讼程序之外或者排除出刑事诉讼程序,那么对于构罪案件,无论其性质和情节如何,无论犯罪嫌疑人罪行轻重和人身危险性大小如何,无论其适用的是何种分流程序,公安机关都无权作出任何实体性处分,只能在侦查终结后将案件移送检察机关审查起诉。这与世界刑事司法的发展潮流不相适应,亦无法满足司法实践的客观需要。由此导致的后果是,在当前诉讼资源如此紧张、刑事发案量如此庞大、现行规范要求如此严格、考核压力如此沉重的背景下,个别公安机关面对大量犯罪嫌疑感到无所适从,无力查究所有刑事案件,只能不破不立、先破后立,或者干脆制造犯罪黑数,有案不立,即使立案,对符合分流条件的案件要么常挂不处,要么采取超规范分流(这也是实践中产生撤回移送审查起诉这一习惯做法的重要原因)甚至无序分流方式。

(3)个别公安机关对该两类现象存在利益动因。对于"为了分流而分流"现象,前文将其分为"寻租"性分流、预见性分流与懈怠性分流,就已经表明公安机关的利益所在。其中,个别公安机关在"寻租"性分流中的利益动因为权力"寻租";在预见性分流中的利益动因为于己考核无益或者作出不起诉决定后将经历烦琐的程序和法律文书制作过程;在懈怠性分流中的利益动因为于己考核无益或者追诉不甚经济等。而在"应当分流而不分流"现象中,个别公安机关也可能出于权力"寻租"、完成考核任务或者其他目的而无序分流。

3. 侦查分流机制对该两类现象的积极影响

实际上,侦查分流机制是侦查权的重要组成内容,对其加以正确适用,可以在以下方面,有效减少"为了分流而分流""应当分流而不分流"两类现象,实现侦查权的有序行使,并进而规范和改善侦查工作:

(1)减少犯罪黑数。为尽量减少犯罪黑数,2015 年 11 月 4 日,公安部印发《关于改革完善受案立案制度的意见》,着力解决实践中存在的报案不接、接报案后不登记不受案不立案、受案立案后不查处以及虚报接报案和受案立案统计数据等问题。5 年多来,犯罪黑数现象已有很大程度的改观,但并不妨碍其在一定范围内存在。如表 2 - 5 所示,2017 年至 2019 年,A 地公安机关每年的刑事受案数与刑事立案数均存在近 1 万件的缺口,立案审查超期[①]数超过 2 万件,检察机关监督立案数逐年增加,与公安机关受案立案制度改革要求仍然存在一定差距。

表 2 - 5　A 地公安机关刑事案件受案立案情况 *

年份	刑事受案数(万件)	刑事立案数(万件)	立案审查超期数(万件)	检察机关监督立案数(件)
2017	51.4	50.5	3.0	290
2018	47.6	46.7	2.2	529
2019	46.8	45.9	2.7	602

* 本表所涉 A 地公安机关各项数据并非公开数据,故出于保密需要,此处在不影响分析或者结论的基础上,对各项数据作了一定调整,以与实际数据保持些许出入。

之所以出现上述情况,很大程度是因为上述改革尽管涉及受案立案工作的诸多方面,但始终没有触及公安机关对部分案件适用侦查分流机制积极性不高的问题。因此,要进一步减少犯罪黑数现象,除继续深入推进受案立案制度改革外,还应当将规范完善侦查分流机制作为一个选择项。该机制使得公安机关能够根据不同情形,将案件分流至时间要求、繁简程度、适用效果各异的轨道内进行处置,从而更好地解决公安机关适用侦查分流机制积极性不高的问题。总体上看,作为刑事诉讼分流机制的重要组成部分,侦查分流机制是连接立案、侦查程序与审查起诉程序的中

① 指从受案之日起超过 60 日,采取的是刑事案件最长立案审查期限。当前,有两类对象的最长立案审查期限为 60 日,一类是公安机关接受的来自报案、控告、举报、自动投案的特别重大、疑难、复杂或者跨区域性且经上一级公安机关负责人批准的涉嫌经济犯罪线索;另一类是公安机关接受的由行政执法机关移送的案情重大、疑难、复杂或者跨区域性的,且因情况特殊经上一级公安机关负责人批准的涉嫌经济犯罪案件。详见最高人民检察院、公安部《关于公安机关办理经济犯罪案件的若干规定》第 15 条第 1 款、第 16 条。

介，起着启动立案、侦查程序或进入审查起诉程序的“调节阀”“过滤网”作用。其一方面将没有必要“强行入轨”的刑事案件作分流处理，使案件有出处、有去向，杜绝无休止地耗费大量司法资源的现象，切实减轻侦查、审查起诉、审判负担；另一方面通过优化资源配置，确保公安机关在快速处理“小案”的同时，能够集中力量办好大要案、疑难案件，获得更好的办案质量和效果，进而实现对各类犯罪的妥善处置，提高打击犯罪的整体效益。可以预见的是，公安机关在侦查分流机制的规范和约束下，应该很少会再出现为了应付沉重诉累而人为制造犯罪黑数的现象。

(2)规范侦查权行使。侦查分流机制是对侦查权的规范完善，而不是对侦查权的不正当扩张。其不违背有效控制侦查权的立法本意，也不会引发公众对当前侦查人员素质无法准确把握法律以及权力腐败和滥用的担忧。其能够根治无序分流顽疾，规范侦查权的行使，原因在于：该机制没有无视无序分流的存在，而是直面公安机关侦查权封闭集中且较少受到必要、有效的监督和制约的症结，明确侦查分流机制具体内容，尝试将侦查分流实践整体纳入严格的法治轨道，并进行有效引导、控制和规范，同时还为现有好的做法提供理论支撑，并通过设计具备较强可操作性的实施方案，进一步巩固“非制度性实践”成果。

(3)改善侦查权行使效果。一方面，侦查分流机制使案件的处理能够适应社会生活的复杂性。这是因为立法存在一定的滞后性，无法精准涵盖社会生活的方方面面，而侦查分流机制使公安机关能够根据案件的具体情况，在是否需要被追诉人承担附随义务以及需要承担何种附随义务、是否需要给予被追诉人行政处罚处分以及需要给予何种行政处罚处分等方面作出适宜选择；特别是在裁量分流机制情形下，通过赋予公安机关一定自由裁量权，使其能够在入罪与否、出罪与否等方面视情作出适宜选择，既体现规范性又不失灵活性，从而适应复杂的社会生活。另一方面，侦查分流机制可以有效弥补现行做法的缺陷。如当前实践中，部分公安机关对于案件长期在侦但始终无法达到犯罪事实清楚、证据确实充分的标准且又不能排除被追诉人犯罪嫌疑的情形，要么是采取疑罪从挂的做法，致使案件久拖不决，使被追诉人、被害人权益受到极大影响，要么是采取移送检察机关审查起诉的做法，试图借助检察机关之手对案件作出不起诉处理；而侦查分流机制规范了疑罪案件的处理方式，提供了新的选择，其通过将疑罪案件在侦查阶段从刑事诉讼程序中排除出去，使当事人更早地摆脱诉累的束缚，侦查权取得更好的行使效果，刑事诉讼法秩序获得更优的实现路径。

（二）从权力到权利：法律公信力的提升

现行《刑事诉讼法》制定于 1979 年，先后经历 1996 年、2012 年、2018 年三次修改。总体上看，该三次修改是对国外先进经验和相关司法改革举措的借鉴与吸收，对我国刑事诉讼发展进程产生了极其深远的影响，突出表现在体现当事人对抗内容和保障当事人诉讼权益的程序机制不断确立，我国原先的权力主导型的刑事诉讼模式逐渐向权利主导型转变。所谓权力主导型模式，是指由于我国侦查权力相对封闭集中，公检法三机关间又重配合轻制约，造成侦查过程透明度不高、民主性不强，侦查机关在程序启动、进行、终结，证据收集、审查、使用和事实认定等方面起主导作用，形成事实上的垄断；而当事人（包括律师）较难参与到诉讼过程中，发挥作用甚少，成为事实上的诉讼客体。权利主导型模式，是指侦查机关一改以往侦查主导者的角色定位，转而发挥引导、主持、把关作用；同时，当事人在刑事诉讼过程中拥有更多话语权，在程序、证据方面发表的意见获得更多尊重，自身诉讼权益获得更多保障。

侦查分流机制正是刑事诉讼模式由权力主导型向权利主导型转型的探索产物，其通过赋予当事人更多选择权，充分发挥当事人的角色作用，促进法律公信力的显著提升。侦查分流对法律公信力有所影响，是因为无序分流现象在一定范围内存在，反映了个别公安机关执法办案过程中的随意性较大，不仅影响双方当事人以及公众对公安机关所作决定的信赖和接受程度，也影响公众对法律的看法和态度，进而影响法律在全社会的公信力。总体上看，法律的公信力主要源于三方面，一是法律本身属于良法；二是执法司法过程中严格适用法律而体现出的公正与公开；三是适用法律取得的效果符合常识、常情、常理，实现法律效果、社会效果、政治效果的统一。侦查分流机制在上述三个方面均有着良好表现。

1. 该机制属于“良法”的重要内容

尽管该机制的设计初衷是为了应对刑事案件大幅增长的现状，解决诉讼资源紧张局促的问题，但其通过诉讼资源的合理配置，不仅能够提高诉讼效率，提升办案效果，进而实现社会的整体公正，而且因富于人文主义关怀，关注人权保障，能够使被追诉人免受长期羁押并能提早复归社会，使被害人获得抚慰并从精神创伤中尽快恢复，可谓充满“良法”色彩。

2. 该机制在适用过程中严格遵循公正要求

该机制虽然涉及对犯罪的弹性处理，但是就其自身来说并不弹性，其适用情形、后果、程序均为刑事法律明文规定，必须严格遵循，不能因案而异、因人而异，故其能够做到“以规范促公正”。同时，该机制将双方当事人视为地位平等的程序主体，为双方搭建沟通平台，对双方意见给予充分尊重，最终实现对双方利益的兼顾，故其能够做到“以民主促公正”。此外，该机制将犯罪可能影响到的第三人、社区、社群、组织、村居纳入分流过程，听取他们的意见，并将侦查分流有关情况定期向检察机关通报和向社会公布，接受监督机关以及社会各界的审查与监督，故其能够做到“以公开促公正”。

3. 该机制符合“三常”标准，能够实现“三效果”的有机统一

该机制为双方当事人以及其他利益攸关方提供了参与到刑事诉讼程序中来表达意愿的机会，并在特定事项方面赋予了双方当事人一定的自主决定权，使相关决定易于为双方当事人信赖和接受，对双方当事人形成较强约束力，获得社会公众的普遍认可，进而提高公众对刑事诉讼的满意度。而且，该机制既使被追诉人因犯罪获得教训，体现了法律的教育功能，又使被追诉人有机会复归社会，使被害人尽早得到抚慰，彰显了法律的人文内核，并修复受损社会关系，实现被追诉人所在社区、所处社会的和谐，有利于社会持续发展和国家大局稳定。

四、和谐与现代：社会治理模式的提档升级

（一）我国社会治理模式的变迁

封建时代，与农业社会的自然经济相适应，“传统中国乡村行政的一

大特征,是将自治组织准行政化、行政系统非正式化,行政系统借助自治力量而生存,甚至在许多地方,将按地域划分的行政组织系统与按地域形成的自治组织、按血缘关系划分的宗族组织等不同性质的社会组织合而为一"①。该社会治理模式被费孝通先生称为"双轨政治"。② 在该模式下,国家统治力量止于县,县以下主要依靠宗族、乡绅和儒家伦理来协调,或者说主要依靠礼治、德治来实现。但这并不意味着国家对县以下的控制就陷入失衡状态,这是因为无论礼治还是德治,均不能脱离政治而存在,其本质上是一种政治理想,是为了实现国家的统治目的而存在。换言之,该模式"虽然被看作是德治模式,而实际上这种'德治'却是没有真正实质性意义的'德治',它在本质上是一种'权治',是依靠权力的治理,而且是一种单纯依靠权力的治理方式"③。因此,封建社会的治理模式属于一种由上至下的单向型控制模式,故可称为统治型社会治理模式。

20 世纪初至新中国成立前,国家内战频繁、屡遭侵略,治理社会的模式来不及更新,多是旧内容的延续,但也呈现对乡村社会加强控制的趋势,如南京国民政府时期保甲制度的推行。

新中国成立以来,我国社会管理变迁历程大致经历了从控制社会、维护稳定到走向社会善治的三个阶段。④

1. 第一阶段:"控制型"社会治理模式

新中国成立后至改革开放前,我国生产力水平落后,民众生活困苦,境内外敌对势力不时兴风作浪,巩固新生政权和开展经济建设的任务十分迫切。对此,国家采取高度集中的政治体制和计划经济体制,通过实现对社会的强制性管理来达到控制社会的目的,具体表现为"在管理体制上,逐步建立起了城市'以单位制为主、以街居制为辅'和农村'政社合一、一大二公'的人民公社体制以及城乡分割人口无法流动的户籍管理制

① 张明琼:《我国乡村社会治理模式的变迁与优化》,载《江西社会科学》2005 年第 1 期。
② 学界对我国传统社会治理模式看法不一,此处采用费孝通先生观点。
③ 张康之:《论不同社会治理模式中的法治与德治》,载《江南社会学院学报》2002 年第 4 期。
④ 参见龚廷泰、常文华:《政社互动:社会治理的新模式》,载《江海学刊》2015 年第 6 期。

度"[①]。该模式可称为"控制型"模式。

2. 第二阶段："管理型"社会治理模式

改革开放初期至党的十七大召开前，人民日益增长的物质文化需要同落后的社会生产之间的矛盾较为尖锐。国家将发展作为第一要务，大力开展经济建设，全面实行社会主义市场经济，使得经济、文化、社会获得了长足的发展。与此同时，国家面临着严峻复杂的国际国内形势：一方面，国内社会结构、利益格局深刻调整，社会阶层多元化、利益诉求多样化，社会矛盾激化、群体性事件频发；另一方面，国际政治、经济风险以各种形式向国内传导，境外势力不断渗透，国内政治、经济、社会风险加大。国家维护社会秩序、维护社会稳定的压力随之加大，维稳事实上成为压倒一切的任务。

为适应上述任务要求，国家对社会治理模式作出相应调整，提出"社会管理"的概念。2004 年，党的十六届四中全会在《中共中央关于加强党的执政能力建设的决定》中明确提出"加强社会建设和管理，推进社会管理体制创新"，以不断提高党的构建社会主义和谐社会的能力，并将其作为加强党的执政能力建设的重要内容。2006 年，党的十六届六中全会在《中共中央关于构建社会主义和谐社会若干重大问题的决定》中明确将"完善社会管理，保持社会安定有序"作为构建社会主义和谐社会的重要任务。

10 多年来的实践表明，"社会管理"始终以化解社会矛盾、维护社会稳定为主要目标，以自上而下的行政管理为主要手段，且"很多还是主要依赖党委和政府进行社会管理的模式，对于社会协同和公众参与方面关注得不够，忽视社会力量作用"[②]。"社会管理"的上述特征，根植于维稳形势严峻的社会背景，与我国市民社会发育程度不高、社区社群自治能力不足的现实相吻合，与工业社会的社会化大生产相适应。

3. 第三阶段："服务型"社会治理模式

进入 21 世纪以来，我国社会治理的任务日益繁重，传统的以政府为

---

① 龚廷泰、常文华：《政社互动：社会治理的新模式》，载《江海学刊》2015 年第 6 期。

② 李秀义：《社会治理体制改革创新中政府与社会关系的发展路径探析——基于国内基层管理创新的典型模式分析》，载《中南大学学报（社会科学版）》2014 年第 2 期。

中心的一元式社会治理体制已不能适应经济社会的发展要求，社会治理主体多元化及其协同配合必然成为社会治理实践的方式选择。[①] 政府不再是单纯的行政管理主体，而成为公共服务的提供者，社会不再是单纯的被管理对象，而成为社会治理的重要参与者。2007 年，党的十七大报告明确提出要“加快行政管理体制改革，建设服务型政府”，并将“完善社会管理，维护社会安定团结”作为加快推进以改善民生为重点的社会建设的重要举措。2012 年，党的十八大报告又提出“要围绕构建中国特色社会主义社会管理体系，加快形成党委领导、政府负责、社会协同、公众参与、法治保障的社会管理体制，加快形成政府主导、覆盖城乡、可持续的基本公共服务体系，加快形成政社分开、权责明确、依法自治的现代社会组织体制，加快形成源头治理、动态管理、应急处置相结合的社会管理机制”。

随着实践的逐渐深入，国家在社会治理理念上出现革命性调整，具体表现为将“社会管理”的表述正式变更为“社会治理”。2013 年，党的十八届三中全会在《中共中央关于全面深化改革若干重大问题的决定》中将全面深化改革的总目标明确为完善和发展中国特色社会主义制度，推进国家治理体系和治理能力现代化，并提出要创新社会治理体制。2014 年，党的十八届四中全会在《中共中央关于全面推进依法治国若干重大问题的决定》中把“促进国家治理体系和治理能力现代化”列为全面推进依法治国总目标的重要内容。2017 年，党的十九大报告提出到 2035 年基本实现国家治理体系和治理能力现代化以及到 2050 年实现国家治理体系和治理能力现代化的目标。2019 年，党的十九届四中全会在《中共中央关于坚持和完善中国特色社会主义制度　推进国家治理体系和治理能力现代化若干重大问题的决定》中明确了坚持和完善中国特色社会主义制度、推进国家治理体系和治理能力现代化的总体要求、总体目标和重点任务。由“社会管理”变更为“社会治理”，表明中国共产党将自己对社会治理规律的认识提升到了新层次和新高度。[②]

---

① 参见邵静野：《中国社会治理协同机制建设研究》，吉林大学 2014 年博士学位论文，第 1 页。

② 参见王宏波、张振：《社会治理是系统的社会工程》，载《西安交通大学学报（社会科学版）》2015 年第 3 期。

(二)侦查分流机制有助于实现我国社会治理所追求的和谐目标

在“服务型”模式下,社会治理不再将目标局限于维护社会稳定,而是将目光投向产生不稳定现象的深层原因,致力于消除不稳定根源,最终实现社会的和谐。侦查分流机制的设立,能够克服传统司法资源配置不合理、诉讼拖沓不及时、定纷止争效果不明显、不重视修复社会关系等弊端,正与社会治理新模式的和谐目标相吻合。

1. 侦查分流机制有助于社会矛盾纠纷的尽快解决

纠纷能够得到及时和有效解决,是实现社会和谐的最基本要求,亦是和谐社会赖以存在的最基本要素。[①] 侦查分流机制的追求目标之一就是解决纠纷、化解矛盾并最终实现社会和谐,其本身确实也能做到这一点,因为在大部分刑事案件特别是轻微刑事案件中,加害方与被害方之间并不是你死我活、水火不容的关系,这就意味着双方当事人在某种程度上存在着调和的可能,[②]且“在许多小案件中,通过旨在调解各方当事人、争取恢复原状和赔偿以及全面复原犯罪所破坏的社会环境的程序,一般可以更好地维护有关当事方和整个社区的利益”[③]。该机制对符合条件的案件,充分考虑双方当事人意愿,搭建双方协商交流平台,既使犯罪行为人拥有不需要被定罪处刑而复归社会的机会,降低犯罪给其本人及家庭带来的负面影响,又抚慰犯罪给被害人带来的创伤,并纳入社区、社群,一定程度上反映该社区、社群利益诉求,缓解犯罪发生以及行为人复归社会可能带来的安全压力。应当说,正如加拿大法律改革委员会在某份工作文件中指出的那样,“在某些情况下,用一把钥匙处理麻烦比将冲突升级为全面刑事审判更有利于个人、家庭与社区的和谐与满意”[④],侦查分流机制对双方当事人、公安和司法机关、社区等各方利益均有所兼顾,能够降

---

① 参见范忠信:《健全的纠纷解决机制决定和谐社会——传统中国社会治理模式对我们的启示》,载《北方法学》2007 年第 2 期。

② 参见陈卫东、胡晴晴:《刑事速裁程序改革中的三重关系》,载《法律适用》2016 年第 10 期。

③ Neil Cameron, *Diversion: Recent Proposals in Criminal Justice*, 8 Victoria University of Wellington Law Review 220 (1975).

④ Law Reform Commission of Canada, *Diversion*, 17 Canadian Journal of Criminology and Corrections i (1975).

低双方当事人结怨可能，避免针对彼此的私力报复，修复并稳定受损社会关系，彻底解决双方之间的纠纷，最大限度减少社会不稳定因素，最终实现个人、社会、国家的整体和谐。可见，侦查分流机制是将和谐社会理念贯彻到刑事司法实践当中的一种尝试，有助于实现我国社会治理所追求的和谐目标，推进社会主义和谐社会的构建。

2. 侦查分流机制有助于公安机关更好地处理疑难、复杂、重大案件

通常来说，案件越是疑难、复杂、重大，就预示着其对相关法益的侵害程度越深，对社会造成的负面影响越大，对社会和谐构成的阻碍越严重。但是，这类案件往往查证难度也较大，需要占用较多司法资源。侦查分流机制可以很好地解决上述问题，其通过对特定事项不启动刑事诉讼程序、将部分案件排除出刑事诉讼程序、引导后续审查起诉或者审判阶段的诉讼分流，能够为公安机关节约下不少司法资源。这部分资源就能够投向疑难、复杂、重大案件的办理，从而确保此类案件获得及时稳妥的处理，促进社会的和谐稳定。

3. 侦查分流机制有助于公安机关有更多精力来维持社会秩序

无论在何时，社会的安定有序都是该社会存在和运行的基石。社会主义和谐社会更是如此。可以说，社会秩序的井然也是和谐社会的重要体现。如果对刑事案件不加区分，一律启动刑事追诉程序，移送检察机关审查起诉，甚至经历法院审判阶段，不仅会消耗宝贵的司法资源，也使公安机关忙于案件办理工作，而无暇顾及维护社会治安的一些基础性工作，如街面巡逻、人口管理、风险研判等。侦查分流机制则通过对案件的区别对待、分类处理，可以在一定程度上减轻公安机关的办案负担，使其能够将更多精力投放到维持社会秩序上来，从而为社会和谐奠定坚实基础。

(三) 侦查分流机制有助于实现国家治理体系和治理能力现代化

国家治理体系和治理能力现代化的提出，是对我国在现代化进程新的发展阶段所面临的各种严峻挑战的主动回应。[①]

---

① 参见孙会岩：《国家治理体系和治理能力现代化的政党回应——基于服务型政党的探讨》，载《理论月刊》2014 年第 7 期。

1. 国家治理体系和治理能力现代化的特征

国家治理体系和治理能力现代化，是指“要适应时代变化，既改革不适应实践发展要求的体制机制、法律法规，又不断构建新的体制机制、法律法规，使各方面制度更加科学、更加完善，实现党、国家、社会各项事务治理制度化、规范化、程序化”①。据此，可以将国家治理体系和治理能力现代化的特征概括为：

(1)科学性。这是指建构国家治理体系和治理能力的现代化路径时，应当充分考虑我国社会主义初级阶段的基本国情和我国社会转型期、改革深入期的实践需要，应当始终坚持系统思维，对国家治理进行整体构建、推进、评估和调整。唯有如此，才能确保国家治理体系和治理能力现代化的方向正确、内容全面、过程富于创造力、结果更具接受度和稳定性。

(2)时代性。这是指国家治理体系和治理能力现代化，是一个不断创新以适应现代社会发展的过程。具体而言，现代社会面临着全球化、市场化的不断冲击，同时也经历着社会分工深化、社会结构分化、社会主要矛盾转化的深刻变迁，这要求国家治理要从全球治理的角度出发，从经济社会和国家发展的需要出发，不断调整优化自身治理结构和治理手段，以更好应对全球化危机和国内复杂形势。

(3)法治化。对于国家治理体系而言，“任何国家的治理体系都离不开法律体系的基础，现代化的治理体系一定是充分体现法治理念、有完善法律制度的治理体系”②，而对于国家治理能力而言，国家治理能力的法治化，不仅可以确保国家治理能力的有效性，而且可以确保国家治理能力的稳定性和连续性。因此，许多法学学者“把国家治理法治化作为国家治理体系和治理能力现代化建设的基础保障，提倡将国家法治现代化建设融入国家治理现代化建设当中，将国家法治现代化作为国家治理体系和

---

① 习近平：《切实把思想统一到党的十八届三中全会精神上来》，载《人民日报》2014 年 1 月 1 日，第 2 版。

② 辛向阳：《推进国家治理体系和治理能力现代化的三大路径》，载《江西社会科学》2014 年第 2 期。

治理能力现代化的一个重要目标”①。实践中，应当进一步贯彻法治思维，健全社会主义法治体系，通过良法善治来为社会治理提供坚实法治支撑，为国家治理体系和治理能力现代化营造良好法治环境。

除上述特征外，在笔者看来，国家治理体系和治理能力现代化还应具备以下特征：

(1)民主性。这是指国家治理不再以政府为唯一主体，而是逐步建立起政府主导、不同主体和组织合作与协同的多元治理主体机制。在该机制下，民众、社区、社群和其他组织不再是单纯的被管理对象，而是被赋予了更大的对公共事务或者自身特定事项的意见表达、事务参与、自主决定等权利。如何处理好国家与个人、组织的角色定位和任务分工，充分发挥个人、组织在国家治理中的积极性、主动性和创造性，是以后国家治理将要着重考虑的问题。

(2)互益性。随着社会的高速发展，社会利益格局发生深刻变化，利益需求呈现多元化倾向。国家治理将社会作为关键治理领域，必然要对多元利益需求有所考虑。实际上，国家治理体系和治理能力现代化，就是立足国家“服务者”的角色定位，改变单向控制的治理方式，通过提供优质高效服务，协调不同利益需求，激发不同主体广泛持续的互动，进而推动公益和互益目标的实现。

(3)方式多样性。面对日益复杂的国内外形势，国家承担的治理任务愈发繁重，亟须对国家治理方式进行多样性创新。国家治理方式实现多样化，有助于对国家治理过程中存在的疑难问题予以灵活处理，有助于对出现的新情况、新问题进行积极应对。关于治理方式，学者们普遍认为是多样的，包括强迫性的权威、鼓励性的协商谈判等。②

2. 侦查分流机制与上述六大特征相符

社会治理是国家治理的重要组成部分，所以国家治理体系和治理能

① 胡佳、罗雪莲：《国家治理体系和治理能力现代化研究综述》，载《湖北行政学院学报》2018 年第 4 期。

② 参见赵晖、朱紫祎：《我国学术界关于国家治理体系和治理能力现代化研究述评》，载《学习论坛》2017 年第 1 期。

力现代化应包括社会治理现代化,并且社会治理现代化也应具备上述六大特征。同时,在社会治理中,犯罪治理是极其重要的一环,而侦查分流机制作为犯罪治理在理念和举措上的重大创新,当然属于社会治理现代化范畴,当然也应具备上述六大特征。实际上,侦查分流机制也确实符合上述六大特征:

(1)与科学性相符。侦查分流机制充分考虑我国社会主义初级阶段的基本国情,面对数量庞大的刑事案件,不是一味要求加大司法投入,而是立足于合理配置、集约使用有限司法资源,树立系统思维,改变过去将刑罚作为控制犯罪唯一方式的做法,重构犯罪治理模式,根据案件具体情况适用不同分流措施,完全符合我国社会转型期、改革深入期的实践需要,完全能够化解社会矛盾,实现社会稳定发展。

(2)与时代性相符。侦查分流机制的推出,是在全球化背景下,顺应非犯罪化、非刑罚化、轻刑化等国际刑法潮流的一种尝试,亦是对市场经济语系中效益成本理念的吸收与借鉴,还是针对社会分工、社会结构、社会矛盾变化在犯罪治理方面作出的精细化回应。

(3)与法治化相符。侦查分流机制有着明确的适用范围、适用条件以及完善的适用、监督、救济程序。其通过分流的制度化、程序化,能够减少无序分流现象,提升分流决定的合法性、权威性和确定性,进而实现机制启动、运行、产生结果的规范化、法治化。

(4)与民主性相符。侦查分流机制体现了刑事诉讼的民主性。这是因为,是否适用以及如何适用侦查分流机制不是由侦查机关独自调查决定,而是必须经由双方当事人、关联第三人、社区、社群、村居等主体深度参与才能得出相关结论。分流过程中,双方当事人在程序选择、变更等方面被赋予较大自主权,包含双方当事人在内的利益攸关方的意见被广泛听取和吸收。亦即,侦查分流机制是综合各方意见民主决定的成果,而非侦查机关“一言堂”的产物。

(5)与互益性相符。侦查分流机制的民主属性以及设置目标决定了其具有互益性。一方面,侦查分流机制具有民主性,参与主体广泛,多个利益攸关方在其间均有机会表达自己的意见,因此相关意见或多或少会体现在最后的侦查分流决定中；另一方面，设置侦查分流机制的目标，本来就是要协调犯罪所涉各方利益，实现对各方利益的兼顾，因此其并不偏重某一方利益，而是致力于寻求多方利益的最大公约数。

(6)与手段多样性相符。依据不同适用情形，选择相应类型的侦查分流机制，能够对案件视情作出不启动刑事诉讼程序、将已经进入刑事诉讼程序的案件排除出刑事诉讼程序以及引导后续审查起诉、审判阶段诉讼分流等不同处理，并适时决定责令被追诉人承担赔礼道歉、经济补偿、社区服务、禁止令等附随义务，充分体现了该机制在案件处理手段方面的多样性。

综上，侦查分流机制是犯罪治理在理念和举措方面的创新，是实现社会治理现代化的需要，是社会治理模式迈向现代化的体现，有助于实现我国社会治理模式提档升级，有助于推进国家治理体系和治理能力现代化。

第三章　我国侦查分流机制的状况分析

我国侦查分流机制体现在《刑法》、《刑事诉讼法》以及以《认罪认罚指导意见》《关于公安机关办理经济犯罪案件的若干规定》《公安机关办理刑事案件程序规定》为代表的规范性文件的有关条款中；同时，还有一种在司法实践中形成的习惯做法，但属于超规范的侦查分流程序结果——撤回移送审查起诉，也值得关注。对相关条款进行立法解读，并顺带介绍撤回移送审查起诉，能够清晰地呈现我国侦查分流机制的制度状况。除静态的制度分析外，还有必要对我国侦查分流机制进行动态的实践考察，这有助于全面描述该机制的实践状况，为更深入的问题探寻和成因剖析打下基础。当然，下一章在探讨我国侦查分流机制的问题时也会涉及该机制的实践状况，但该章是将其作为分析问题的一个视角，故为尽可能区分角度、避免重复，本章在探讨该机制的实践状况时，将尽量选取客观描述的非问题评述角度。此外，我国侦查分流机制在各侦查分流程序、各程序结果之间存在异同，对上述异同进行横向的比较分析，能够从逻辑上厘清我国侦查分流机制的内部关系,理顺相关适用场景及其背后逻辑。

第一节 我国侦查分流机制的立法解读

前文提到,我国侦查分流机制的构成要素包含分流主体、分流规定、分流案件、分流程序、分流程序结果等内容。考虑到第一章第二节第二部分在分析侦查分流机制适用情形时、同节第三部分在从要素维度分析侦查分流机制时、第三节在对侦查分流机制进行正反论证时,已经对分流主体、分流规定、分流案件做了充分介绍,下面的立法解读,仅着重分析侦查分流程序与侦查分流程序结果,以展现二者的制度状况。

一、侦查分流程序的制度状况

在适用侦查分流机制时,也可能适用普通侦查程序,此时普通侦查程序就是一种侦查分流程序。由于该程序与不作为侦查分流程序的普通侦查程序基本一致,此处便不做赘述,而着重介绍其他侦查分流程序。

(一)立案审查程序

立案审查程序是公安机关对所接受案件是否达到立案条件进行审查,并根据审查结果,最终决定立案或者不予立案的一种程序。该程序是案件进入刑事诉讼的初始程序和必经程序。其之所以存在,是因为有别于世界大部分国家,我国单独设置有立案程序,该程序并未一味追求侦查程序的快速开启,而是采取审慎开启态度,具体表现为要求加强对立案条件的审查,此过程即为立案审查程序。同时,为避免立案审查程序反过来对侦查程序在合理范围内的快速开启产生阻碍,立案审查程序使用“认为”表述,以表明只需要有一定的足以支撑犯罪事实有无和轻重判断的证据即可,不需要完全查实,不需要达到“事实清楚,证据确实、充分”的程度,这反映了立案审查程序在准确及时追诉犯罪和保证无辜者不受追究之间力求取得平衡。

立案审查程序规定于《刑事诉讼法》第 112 条中,[①]《公安机关办理刑事案件程序规定》第 178 条第 1 款[②]又予以进一步明确,不仅细化了公安机关据以作出立案审查决定的依据,还规定了需要符合的程序条件。需要注意的是,《公安机关办理刑事案件程序规定》在 2012 年修改时针对立案审查中的案件事实或者线索不明情形规定了“初查”,[③]在 2020 年修改时又将“初查”修改为“调查核实”,[④]这基本是名称的改变,因为二者都明确了只能依法依规采取一些不限制被调查对象人身、财产权利的措施,只不过“调查核实”多了一些禁止强调,即禁止对被调查对象采取强制措施,查封、扣押、冻结被调查对象的财产,以及采取技术侦查措施。

(二)刑事和解程序

刑事和解程序是 2012 年修改《刑事诉讼法》时新设的四个特别程序之一。其源自“公安机关对故意伤害(轻伤)案件和解不立案或撤销案件的探索,以及检察机关对故意伤害(轻伤)案件和解不起诉或退回公安机关处理撤销案件的探索”[⑤],其确立“并不是‘自上而下’推广的结果,而是在对刑罚目的与功能反思和实践经验总结基础上进行的改革,是当今我国以司法促进社会和谐进程中的一道‘亮丽的风景’”[⑥]。根据《刑事诉讼

① 《刑事诉讼法》第 112 条:“人民法院、人民检察院或者公安机关对于报案、控告、举报和自首的材料,应当按照管辖范围,迅速进行审查,认为有犯罪事实需要追究刑事责任的时候,应当立案;认为没有犯罪事实,或者犯罪事实显著轻微,不需要追究刑事责任的时候,不予立案,并且将不立案的原因通知控告人。控告人如果不服,可以申请复议。”

② 《公安机关办理刑事案件程序规定》第 178 条第 1 款:“公安机关接受案件后,经审查,认为有犯罪事实需要追究刑事责任,且属于自己管辖的,经县级以上公安机关负责人批准,予以立案;认为没有犯罪事实,或者犯罪事实显著轻微不需要追究刑事责任,或者具有其他依法不追究刑事责任情形的,经县级以上公安机关负责人批准,不予立案。”

③ 2012 年修改的《公安机关办理刑事案件程序规定》第 171 条第 2 款:“对于在审查中发现案件事实或者线索不明的,必要时,经办案部门负责人批准,可以进行初查。”

④ 《公安机关办理刑事案件程序规定》第 174 条第 1 款:“对接受的案件,或者发现的犯罪线索,公安机关应当迅速进行审查。发现案件事实或者线索不明的,必要时,经办案部门负责人批准,可以进行调查核实。”

⑤ 黄京平:《刑事和解的政策性运行到法制化运行——以当事人和解的轻伤害案件为样本的分析》,载《中国法学》2013 年第 3 期。

⑥ 董邦俊、李希慧:《侦查阶段刑事和解适用研究》,载《中国人民公安大学学报(社会科学版)》2012 年第 6 期。

法》第288条[①]，该程序的适用案件范围为两类公诉案件：一类是因民间纠纷引起，涉嫌侵犯公民人身权利、民主权利罪以及侵犯财产罪，可能判处3年有期徒刑以下刑罚的案件；另一类是除渎职犯罪以外的可能判处7年有期徒刑以下刑罚的过失犯罪案件；适用条件分为积极适用条件与消极适用条件，前者包括被追诉人"真诚悔罪""通过向被害人赔偿损失、赔礼道歉等方式获得被害人谅解"，以及被害人"自愿和解"，后者是指被追诉人"在五年以内曾经故意犯罪"。

关于刑事和解程序的性质，可以从以下分析一窥端倪：对于侦查阶段就达成和解协议的案件，根据《刑事诉讼法》第290条[②]，无论犯罪情节轻微与否，侦查机关均无权撤销，只能提出从宽处理的建议并移送检察机关。可见，《刑事诉讼法》并未赋予侦查机关撤销适用刑事和解程序的案件的权力。因此，刑事和解是基于特定案件中控辩双方的合意而对被追诉人从宽处理的一种程序，涉及检法阶段的实体处理，在侦查阶段发挥的则是引导后续分流功能。换言之，对于侦查机关来说，该程序只是一种附带侦查机关实体处分建议的程序分流程序，并不具备出罪的实体处理功能。《刑事诉讼法》之所以如此设计，无外乎是为了设置一道由检察机关把控的闸口，防止刑事和解成为以钱买刑、以钱免刑的"温床"。该出发点无疑是好的，但"一刀切"地移送检察机关也会造成以下弊端，从而促使实践中刑事和解程序的性质在有限范围内由程序分流程序转向实体分流程序：

其一，部分确属情节轻微且双方当事人已和解的案件被强行送至检察机关以致留下案底，引发被追诉人对立情绪，降低其配合意愿，反而不利于纠纷的最终解决，与刑事和解实现"双赢"、定纷止争的初衷相悖，并

---

① 《刑事诉讼法》第288条："下列公诉案件，犯罪嫌疑人、被告人真诚悔罪，通过向被害人赔偿损失、赔礼道歉等方式获得被害人谅解，被害人自愿和解的，双方当事人可以和解：（一）因民间纠纷引起，涉嫌刑法分则第四章、第五章规定的犯罪案件，可能判处三年有期徒刑以下刑罚的；（二）除渎职犯罪以外的可能判处七年有期徒刑以下刑罚的过失犯罪案件。犯罪嫌疑人、被告人在五年以内曾经故意犯罪的，不适用本章规定的程序。"

② 《刑事诉讼法》第290条："对于达成和解协议的案件，公安机关可以向人民检察院提出从宽处理的建议。人民检察院可以向人民法院提出从宽处罚的建议；对于犯罪情节轻微，不需要判处刑罚的，可以作出不起诉的决定。人民法院可以依法对被告人从宽处罚。"

且还会给被追诉人未来生活造成不尽困扰。鉴于此，在本条的实际执行过程中，不同地区采取了不同处理方式。有的地区采取了出台变通规定的方式，如2014年A地高级人民法院、人民检察院、公安厅、国家安全厅、司法厅《关于贯彻执行〈中华人民共和国刑事诉讼法〉若干问题的座谈纪要》（以下简称《2014年A地刑诉法座谈纪要》）规定，对于情节轻微、社会危害性不大的轻伤害案件，只要嫌疑人与被害人在侦查阶段达成和解协议并在1个月内履行完毕，且被害人请求或者同意不追究犯罪嫌疑人刑事责任，公安机关就可以撤销案件；①有的地区取了公安机关径行分流的方式，例如某项统计数据显示，“绝大多数当事人和解的轻伤害案件，实际上是以公安机关不予立案或者撤销案件的方式结案，只有极少量的同类案件，以检察机关酌定不起诉或者审判机关定罪免刑的方式结案”②。

其二，在侦查阶段就可分流的案件，非得经历审查起诉乃至审判环节才能获得处理，无形中增加了不必要环节，使程序变得烦琐，降低了诉讼效率，浪费了司法资源。其实，要真正发挥刑事和解程序在侦查阶段的作用，就应当赋予侦查机关因为特定案件的和解成功而决定撤销案件的权力。换言之，应当确保刑事和解程序在侦查阶段对于符合特定条件的案件具备出罪的功能。至于如何避免该程序成为以钱买刑、以钱免刑的“温床”，可以考虑把移送检察机关这一必经环节改为检察机关事中及事后监督程序，以避免大量轻微、简单或者情有可原的刑事和解案件涌向审查起诉环节，导致检察机关工作量大幅增加而不能更好地履行监督职责。

（三）轻案快办机制

所谓轻案快办机制，如前所述，全称为“轻微刑事案件快速办理机制”，是指对案情简单、事实清楚、证据确实充分，犯罪嫌疑人、被告人认罪的轻微刑事案件，在遵循法定程序和期限、确保办案质量的前提下，简化

---

① 参见《2014年A地刑诉法座谈纪要》第50条（具体内容见本书第54页脚注③）。

② 黄京平：《刑事和解的政策性运行到法制化运行——以当事人和解的轻伤害案件为样本的分析》，载《中国法学》2013年第3期。

工作流程、缩短办案期限的工作机制。[①]

该机制萌芽于司法实践,并在司法改革探索中逐渐成形和发展。具体情形如下:

一方面,国家实践层面的不断推进,为刑事诉讼法在法院审判环节确立该机制奠定了坚实基础。2007 年,最高人民检察院出台《关于依法快速办理轻微刑事案件的意见》(高检发侦监字〔2007〕4 号,以下简称《2007 年最高检意见》),[②]正式将该机制引入检察工作。可见,轻案快办机制最早由检察系统推行,主要体现为"轻案快批捕"和"轻案快起诉",尚未纳入侦查机关和审判机关。[③] 2013 年 10 月,公安部起草《公安机关依法快速办理轻微刑事案件指导意见(征求意见稿)》(以下简称《2013 年公安部征求意见稿》)。2014 年 3 月,最高人民法院、最高人民检察院、公安部起草《关于依法快速办理轻微刑事案件若干问题的意见(征求意见稿)》(以下简称《2014 年两高一部征求意见稿》),将该机制适用案件范围限定为可能判处 3 年有期徒刑以下刑罚的交通肇事、危险驾驶、故意伤害、过失致人重伤、非法拘禁、盗窃、诈骗、故意损坏财物、寻衅滋事等 9 类案件。[④] 2015 年 2 月,最高人民法院《关于全面深化人民法院改革的意见——人民法院第四个五年改革纲要(2014—2018)》将有序推进刑事速裁程序改革作为健全轻案快办机制的重要内容。在之前的 2014 年 6 月,全国人大常委会就已授权最高法、最高检在全国 18 个城市开展刑事速裁程序试点,并在试点两年后扩大适用案件范围,纳入刑事案件认罪认罚从宽制度试点工作继续试点。2018 年 10 月,修改后的《刑事诉讼法》将刑事速裁程序试点经验上升为立法制度。

另一方面,部分地区开展的积极探索,为该机制在法院审判环节的确

---

① 参见郭立新、郭冰:《案件快速处理程序的改革与立法发展》,载《国家检察官学院学报》2012 年第 5 期。

② 该文件已被最高人民检察院《关于废止 1997 年 7 月 1 日至 2012 年 6 月 30 日期间制发的部分司法解释性质文件的决定》废止。

③ 参见揭萍、吴瑞青:《"轻案快办"司法机制改革的价值与实现路径——基于江西省南昌市西湖区试点调研》,载《江西警察学院学报》2014 年第 5 期。

④ 尽管该征求意见稿后来未实际施行,但一定程度上表明了官方意见。

立以及下一步扩大到侦查、审查起诉环节提供了有益经验。如A地高级人民法院、人民检察院、公安厅联合出台《关于依法快速办理轻微刑事案件的规定》(以下简称《2007年A地规定》),对该省轻案快办机制在刑事诉讼不同阶段的适用问题进行了明确。再如浙江省高级人民法院、浙江省人民检察院、浙江省公安厅、浙江省司法厅共同印发《关于轻微刑事案件快速办理机制的若干规定》(以下简称《2014年浙江规定》),对适用快速办理机制的案件范围、办案组织、办案期限及工作程序进一步予以规范,并提出建立"三集中三简化"[①]办案模式。

综合来看,轻案快办机制可以适用的案件范围有限,仅限于轻微刑事案件,而非全部刑事案件。同时,与刑事速裁程序适用于检察院审查起诉与法院审判阶段(见第三章第三节第一部分)有所不同,该机制贯穿刑事诉讼全过程,在不同诉讼阶段可被分解为轻案快侦、轻案快捕、轻案快诉、轻案快审等内容。现行《刑事诉讼法》并未明确规定该机制,只是在有关条款对该机制内容有所体现,特别是将刑事速裁程序作为在检察院审查起诉和法院审判阶段适用轻案快办机制的重要内容。目前来说,该机制更多地存在于公检法机关出台的某些规范性文件中。适用该机制,使公安机关在较短时间内将案件侦查终结并移送审查起诉,起到引导后续审查起诉、审判阶段诉讼分流的作用,并不具备出罪功能,不涉及实体上的处理,仅涉及程序上的从快、从简。

(四)认罪认罚从宽制度

所谓认罪认罚从宽制度,是指对自愿如实供述自己的罪行、承认指控的犯罪事实并愿意接受处罚的被追诉人依法从宽处理的一种制度。该制度是否属于侦查分流程序,可能会引起一定争议,但笔者认为,其应属于侦查分流程序范畴,因为前文第一章第一节第一部分已经提到,本书通篇采取广义的侦查分流定义,广义的侦查分流定义在"分流"含义方面选取的是《现代汉语词典》所列三种含义中的"将组成整体的不同物体分别导

---

① "三集中"是指相对集中移送审查起诉、相对集中提起公诉、相对集中开庭;"三简化"是指简化文书制作、简化审批程序、简化庭审程序。

入相应的轨道”,更通俗地讲,就是对案件进行分类,“将适格案件导入相应的程序轨道”。亦即,本书中的“分流”不仅包括对案件不启动侦查程序而将其隔离在刑事诉讼程序之外,也包括在侦查阶段终止诉讼而将案件排除出刑事诉讼程序,还包括引导审查起诉、审判阶段的诉讼分流。因此,将“分流”理解为对案件不启动侦查程序或者在侦查阶段终止诉讼,进而认为产生该两类适用后果的相关程序(如认罪认罚从宽制度)不属于侦查分流程序范畴,都是对侦查分流的狭义定义,而不是广义定义。况且下文在“认罪认罚从宽制度的内容及性质”部分将会提到,公安机关在适用认罪认罚从宽制度时,如遇证据不足而不能认定被追诉人有罪的情况,也能将案件排除出刑事诉讼程序。从认罪认罚从宽制度的发展历程来看,其是对坦白从宽刑事政策的制度化和具体化,是国家对被追诉人认罪案件处置程序进行探索的重要成果。

1. 认罪案件程序设计探索

关于认罪案件程序设计的探索始于 2003 年,先后历经三个阶段:

第一个阶段是被告人认罪案件普通程序简化审程序阶段。2003 年,最高人民法院、最高人民检察院、司法部联合发布《关于适用普通程序审理“被告人认罪案件”的若干意见(试行)》(现已失效),规定被告人对被指控的基本犯罪事实无异议并自愿认罪的第一审公诉案件一般适用该意见审理,[①]从而在审判阶段正式确立了被告人认罪案件普通程序简化审程序,打破了普通程序和简易程序的二元格局。

第二个阶段是《刑法》2011 年首次明确的坦白从宽制度,以及《刑事诉讼法》2012 年修正时调整的简易程序、新增的刑事和解程序阶段。坦白从宽作为党和国家一贯坚持的重要刑事政策,2011 年才被《刑法修正案(八)》吸收进刑事立法,[②]为被追诉人认罪案件处置程序在刑事诉讼中

---

① 最高人民法院、最高人民检察院、司法部《关于适用普通程序审理“被告人认罪案件”的若干意见(试行)》第 1 条:“被告人对被指控的基本犯罪事实无异议,并自愿认罪的第一审公诉案件,一般适用本意见审理。对于指控被告人犯数罪的案件,对被告人认罪的部分,可以适用本意见审理。”

② 《刑法修正案(八)》第 8 条:“在刑法第六十七条中增加一款作为第三款:‘犯罪嫌疑人虽不具有前两款规定的自首情节,但是如实供述自己罪行的,可以从轻处罚;因其如实供述自己罪行,避免特别严重后果发生的,可以减轻处罚。’”

的确立与完善提供了实体法依据。《刑事诉讼法》2012 年修正时并未纳入被告人认罪案件普通程序简化审程序内容，而是将简易程序的适用范围由原先的轻微刑事案件[①]调整为基层人民法院管辖的被告人认罪案件，[②]从而将该简化审程序适用案件中的基层人民法院管辖、事实清楚证据充分且被告人认罪、适用程序无异议的第一审公诉案件吸收进简易程序适用范畴，事实上废止了该简化审程序。经过此次调整，简易程序改采被告人认罪模式，不再区分轻罪和重罪、简单犯罪和复杂犯罪，转而重点关注事实查清与否、被告人认罪与否以及被告人接受适用简易程序与否，有力地推动了案件的繁简分流。但也应看到，“2012 年《刑事诉讼法》修改了简易程序，将其适用范围扩展至除特殊情形外基层法院管辖的所有刑事案件，但在程序简化方面几无变化”[③]，且其并未覆盖所有被告人认罪案件，仍有中级人民法院、高级人民法院、最高人民法院管辖的被告人认罪案件，以及基层人民法院管辖的事实不清、证据不足但被告人认罪的案件游离在规定范围之外，一定程度上制约了简易程序提高诉讼效率功能的充分发挥。此外，《刑事诉讼法》2012 年修正时还新增刑事和解程序，规定可以适用于嫌疑人、被告人认罪的两类公诉案件。

第三个且持续至今的阶段是刑事速裁程序与认罪认罚从宽制度阶段。2014 年开展试点的刑事速裁程序，针对 11 类被追诉人认罪认罚的轻罪案件。同年 10 月，党的十八届四中全会通过《中共中央关于全面推进依法治国若干重大问题的决定》，首次提出“完善刑事诉讼中认罪认罚从宽制度”。2015 年 2 月，最高人民法院在《关于全面深化人民法院改革的意见——人民法院第四个五年改革纲要（2014—2018）》中再次重申认

---

① 1996 年修改的《刑事诉讼法》第 174 条：“人民法院对于下列案件，可以适用简易程序，由审判员一人独任审判：（一）对依法可能判处三年以下有期徒刑、拘役、管制、单处罚金的公诉案件，事实清楚、证据充分，人民检察院建议或者同意适用简易程序的；（二）告诉才处理的案件；（三）被害人起诉的有证据证明的轻微刑事案件。”

② 2012 年修改的《刑事诉讼法》第 214 条第 1 款：“基层人民法院管辖的案件，符合下列条件的，可以适用简易程序审判：（一）案件事实清楚、证据充分的；（二）被告人承认自己所犯罪行，对指控的犯罪事实没有异议的；（三）被告人对适用简易程序没有异议的。”

③ 汪海燕、付奇艺：《刑事速裁程序的两种模式——兼论我国刑事速裁程序的构建》，载《安徽大学学报（哲学社会科学版）》2016 年第 5 期。

罪认罚从宽制度。2016 年,为期两年的刑事案件认罪认罚从宽制度试点在全国 18 个城市展开,并加入继续开展试点的刑事速裁程序内容。2018 年 10 月,修改后的《刑事诉讼法》在试点经验基础上,将认罪认罚从宽确立为刑事诉讼法的重要原则,将认罪认罚从宽制度立法化,使之成为覆盖全部被追诉人认罪案件并贯穿整个刑事诉讼程序的重要制度。2019 年 10 月,“两高三部”共同发布《认罪认罚指导意见》,进一步明确和细化认罪认罚案件的基本原则、适用范围、适用条件、适用程序及措施、权益保障、从宽处理以及公、检、法三机关各自的职责。

2. 认罪认罚从宽制度的内容及性质

认罪认罚从宽制度并非新近才有的原创性改革,其最早可以追溯至新民主主义革命时期的《陕甘宁边区刑法总、分则草案》,[①]并在 2018 年修改《刑事诉讼法》时上升为立法制度。根据《刑事诉讼法》第 15 条[②]、第 174 条[③],该制度适用于被追诉人自愿如实供述自己的罪行,承认指控的犯罪事实愿意接受处罚,同意量刑建议和程序适用并签署具结书的情形。可见,认罪认罚从宽制度没有对适用对象、罪名和刑罚作出限定,没有特别的范围限制。这主要由其制度定位决定:认罪认罚从宽制度是宽严相济、坦白从宽刑事政策的具体化和制度化,而宽严相济是贯穿于刑事立法和刑事司法的基本刑事政策,适用于所有刑事案件,就像自首、坦白一样,没有特别的范围限制。[④] 因此,该制度适用于所有类型的被追诉人,而不论是成年人还是未成年人,不论是身心健全的人,还是盲、聋、哑人或尚未完全丧失辨认或者控制自己行为能力的精神病人;该制度适用于所有类

---

① 参见胡云腾:《完善认罪认罚从宽制度改革的几个问题》,载《中国法律评论》2020 年第 3 期。

② 《刑事诉讼法》第 15 条:“犯罪嫌疑人、被告人自愿如实供述自己的罪行,承认指控的犯罪事实,愿意接受处罚的,可以依法从宽处理。”

③ 《刑事诉讼法》第 174 条:“犯罪嫌疑人自愿认罪,同意量刑建议和程序适用的,应当在辩护人或者值班律师在场的情况下签署认罪认罚具结书。犯罪嫌疑人认罪认罚,有下列情形之一的,不需要签署认罪认罚具结书:(一)犯罪嫌疑人是盲、聋、哑人,或者是尚未完全丧失辨认或者控制自己行为能力的精神病人的;(二)未成年犯罪嫌疑人的法定代理人、辩护人对未成年人认罪认罚有异议的;(三)其他不需要签署认罪认罚具结书的情形。”

④ 参见最高人民法院刑一庭课题组:《刑事诉讼中认罪认罚从宽制度的适用》,载《人民司法(应用)》2018 年第 34 期。

型的刑事案件,而不论是轻微案件、轻罪案件还是重罪案件,不论是普通犯罪案件还是职务犯罪案件,不论是单人犯罪还是共同犯罪案件;该制度可以存在于任何刑事诉讼程序中,因为该制度与其他刑事诉讼程序并不排斥。[①]

根据《刑事诉讼法》第 162 条第 2 款[②],对于侦查终结的认罪认罚案件,公安机关应当将嫌疑人自愿认罪情况记录在案,并在随案移送时写明于起诉意见书中。据此,与检察机关有权提出量刑建议,[③]听取犯罪嫌疑人、辩护人或者值班律师、被害人及其诉讼代理人对认罪认罚有关事项的意见,[④]以及主持犯罪嫌疑人认罪认罚具结书签署[⑤]相比,公安机关对认罪认罚案件似乎只能做好记录或者写明工作,以及在认为案件符合速裁程序适用条件时,向检察机关提出适用速裁程序的建议,[⑥]然后在侦查终结时将其移送审查起诉,并不能在侦查阶段就将嫌疑人出罪。但不容忽视的是,根据《认罪认罚指导意见》第 3 条[⑦]的规定,公安机关有权对因证据不足而不能认定被追诉人有罪的认罪认罚案件依法予以撤销。因此,认罪认罚从宽制度尽管贯穿整个刑事诉讼,在实体上体现为从宽,在程序上体现为从简、从快,但就侦查阶段来讲,在大部分情况下,并不属于不入

---

① 参见陈卫东、胡晴晴:《刑事速裁程序改革中的三重关系》,载《法律适用》2016 年第 10 期。

② 《刑事诉讼法》第 162 条第 2 款:“犯罪嫌疑人自愿认罪的,应当记录在案,随案移送,并在起诉意见书中写明有关情况。”

③ 《刑事诉讼法》第 176 条第 2 款:“犯罪嫌疑人认罪认罚的,人民检察院应当就主刑、附加刑、是否适用缓刑等提出量刑建议,并随案移送认罪认罚具结书等材料。”

④ 《刑事诉讼法》第 173 条第 2 款:“犯罪嫌疑人认罪认罚的,人民检察院应当告知其享有的诉讼权利和认罪认罚的法律规定,听取犯罪嫌疑人、辩护人或者值班律师、被害人及其诉讼代理人对下列事项的意见,并记录在案:(一)涉嫌的犯罪事实、罪名及适用的法律规定;(二)从轻、减轻或者免除处罚等从宽处罚的建议;(三)认罪认罚后案件审理适用的程序;(四)其他需要听取意见的事项。”

⑤ 《刑事诉讼法》第 174 条:“犯罪嫌疑人自愿认罪,同意量刑建议和程序适用的,应当在辩护人或者值班律师在场的情况下签署认罪认罚具结书。犯罪嫌疑人认罪认罚,有下列情形之一的,不需要签署认罪认罚具结书:(一)犯罪嫌疑人是盲、聋、哑人,或者是尚未完全丧失辨认或者控制自己行为能力的精神病人的;(二)未成年犯罪嫌疑人的法定代理人、辩护人对未成年人认罪认罚有异议的;(三)其他不需要签署认罪认罚具结书的情形。”

⑥ 《公安机关办理刑事案件程序规定》第 289 条第 2 款:“犯罪嫌疑人自愿认罪的,应当记录在案,随案移送,并在起诉意见书中写明有关情况;认为案件符合速裁程序适用条件的,可以向人民检察院提出适用速裁程序的建议。”

⑦ 《认罪认罚指导意见》第 3 条:“……对犯罪嫌疑人、被告人认罪认罚,但证据不足,不能认定其有罪的,依法作出撤销案件、不起诉决定或者宣告无罪。”

罪或者将嫌疑人出罪的实体分流程序,而属于引导后续分流的程序分流程序,这些后续分流包括适用现行《刑事诉讼法》新设的速裁程序,该法早就规定的刑事和解程序、普通程序等多元刑事诉讼程序,以及该法未从有关规范性文件中吸纳的轻案快办机制,此时侦查阶段的认罪认罚只是为后续适用有关程序所做的准备;然而,在认罪认罚案件证据不足而不能认定被追诉人有罪的情况下,认罪认罚从宽制度则属于实体分流程序。

3. 与国外辩诉交易、认罪协商制度的异同

从表面看,认罪认罚从宽制度与英美辩诉交易、德国认罪协商制度存在诸多相似之处,如均没有将适用案件限制在特定范围内,[①]对被告人诉讼主体地位和程序选择权给予充分尊重,被告人在认罪认罚后均可获得从宽量刑。但是,认罪认罚从宽制度并非辩诉交易、认罪协商制度的翻版,其与国外辩诉交易、认罪协商制度之间存在着本质区别:

首先,认罪认罚从宽制度仍以追诉、惩罚犯罪为出发点。认罪认罚从宽制度以坦白从宽刑事政策为支撑,通过从轻或者减轻处罚来鼓励被追诉人如实供述自己罪行,以节约资源、提高效率,更好地实现对犯罪的追诉与惩罚,其核心落脚点在于保证公安司法机关正确、适当地履行各自职责,被追诉人在其中认罪认罚,效果仅限于产生从宽的可能,而不包括对定罪量刑的交易协商,[②]其追求的价值目标不局限于效率和经济,还包括终极层面的公正。[③] 国外辩诉交易、认罪协商制度均为当事人处分原则在刑事诉讼中的体现,因为在辩诉交易制度中,被追诉人只要自愿作出有罪答辩,就可被视为放弃了接受公开审判的权利,并可进一步被视为放弃了得到无罪判决的权利,[④]"德国刑事协商制度的形成是传统刑事诉讼价值观及其制度设计与现代刑事诉讼的现实需要之间的冲突无法调和的产

① 参见熊秋红:《比较法视野下的认罪认罚从宽制度——兼论刑事诉讼"第四范式"》,载《比较法研究》2019 年第 5 期。

② 参见最高人民法院刑一庭课题组:《刑事诉讼中认罪认罚从宽制度的适用》,载《人民司法(应用)》2018 年第 34 期。

③ 参见胡云腾:《完善认罪认罚从宽制度改革的几个问题》,载《中国法律评论》2020 年第 3 期。

④ 参见陈卫东:《从建立被告人有罪答辩制度到引入辩诉交易——论美国辩诉交易制度的借鉴意义》,载《政法论坛》2002 年第 6 期。

物,是司法实践所发展起来的无奈的'便宜'之计"[①]。可见,认罪认罚从宽制度对犯罪不是不处理,也不是降格处理,而是在被追诉人认罪认罚后在程序上可以从宽处理,在实体上可以依法从宽处罚;辩诉交易与认罪协商制度相较对犯罪的追诉与惩罚,更加关注诉讼效率的提高和司法资源的节约,被追诉人也正因此被赋予与检察官、法官就相关问题进行协商处分、交易还价,从而降低甚至避免诉讼风险的权利。

其次,认罪认罚从宽制度有其严格的适用标准。认罪认罚从宽制度必须贯彻罪责刑相适应、证据裁判等基本原则,依照法定程序和操作规范来运作,依据法律规定和政策要求来认定是否认罪认罚并决定是否从宽、如何从宽以及从宽幅度,杜绝"一律从宽""法外从宽"等错误倾向,且被追诉人认罪认罚不能免除控告方举证责任。而英美辩诉交易制度中,检察官、法官具有较大自由裁量权,案件从宽幅度及处理结果不确定性较大,且被追诉人如果明知认罪的性质及后果,当庭自愿认罪,所承认罪行具有事实基础,就可免除控告方举证责任;[②]德国认罪协商制度中,司法人员囿于自身应依法履行发现案件实质真实的责任,而不能不受限制地与被追诉人开展协商,[③]其拥有的裁量权小于辩诉交易制度中的同行,但大于认罪认罚从宽制度中的中国同行,这使案件处理结果仍然具有相当的不确定性,且被追诉人当庭自愿认罪并不能免除控告方的举证责任。

再次,认罪认罚从宽制度的控辩双方合意范围受到限制且合意过程不具有协商性质。在美国辩诉交易制度下,辩护方可以就定罪量刑问题与检察官讨价还价,而在英国辩诉交易制度下,辩护方仅能就减轻指控问题,而不能就量刑问题与检察官讨价还价,量刑问题基本由法官主导决定。[④] 在德国认罪协商制度下,因为法定起诉原则的存在,控辩双方能够进行协商的案件被控制在一定范围内,即判处 1 年有期徒刑以下刑罚的轻罪案件,这与控辩双方在美国辩诉交易制度下能够针对所有犯罪进行

---

① 李昌盛:《德国刑事协商制度研究》,载《现代法学》2011 年第 6 期。

② 参见孙长永:《认罪认罚案件的证明标准》,载《法学研究》2018 年第 1 期。

③ 参见李昌盛:《德国刑事协商制度研究》,载《现代法学》2011 年第 6 期。

④ 参见冀祥德:《域外辩诉交易的发展及其启示》,载《当代法学》2007 年第 3 期。

议价有所不同,[1]并且检察官虽然可以就量刑问题进行协商,但其协商权受到严格控制,原因在于刑事诉讼进入法院审判环节后,法官认定被追诉人触犯何种罪名,可以超出检察官指控罪名的范围,倘若法官依据查证事实所认定的罪名与检察官指控罪名不一致的,法官有权直接变更罪名。[2]

在认罪认罚从宽制度中,控辩双方的合意体现在两方面。一方面,双方当事人可以达成合意,但这种合意不是必须的,且合意范围仅限于被追诉人是否采取赔偿损失、赔礼道歉等方式来争取谅解以及被害方是否给予谅解、双方是否达成和解/调解协议等三方面问题,并不包括定罪量刑[3]以及被害方是否同意对被追诉人从宽处理等问题。[4] 另一方面,公安司法机关应当与被追诉人达成合意,合意范围包括被追诉人是否认罪认罚,但也仅限于此,被追诉人绝不能以认罪为条件与公安司法机关就定罪量刑问题讨价还价,其仅能就该问题提出意见。具体来说,就是被追诉人根据《认罪认罚指导意见》第 22 条第 1 款、第 27 条、第 33 条第 1 款,[5]自己或者通过辩护人、值班律师,在公安机关履行告知义务后就被追诉人认罪认罚问题向公安机关提出意见,在自己认罪认罚后就定罪量刑问题以及检察机关即将提出的量刑建议向检察机关提出意见,至于意见是否被接受以及被接受到何种程度,主动权和决定权均掌握在公安司法机关手中。可见,认罪认罚从宽制度的控辩双方达成合意的范围受到限制,远小

---

① 参见李昌盛:《德国刑事协商制度研究》,载《现代法学》2011 年第 6 期。

② 参见李昌盛:《德国刑事协商制度研究》,载《现代法学》2011 年第 6 期。

③ 因为认罪认罚从宽制度中的当事人双方合意可能会导致和解/调解协议的达成,所以基于刑事和解程序的要求,此处当事人双方合意范围亦不包括定罪量刑问题。

④ 《认罪认罚指导意见》第 18 条:“被害人及其诉讼代理人不同意对认罪认罚的犯罪嫌疑人、被告人从宽处理的,不影响认罪认罚从宽制度的适用。”

⑤ 《认罪认罚指导意见》第 22 条第 1 款:“……公安机关在侦查过程中,应当告知犯罪嫌疑人享有的诉讼权利、如实供述罪行可以从宽处理和认罪认罚的法律规定,听取犯罪嫌疑人及其辩护人或者值班律师的意见,记录在案并随案移送。”第 27 条:“听取意见。犯罪嫌疑人认罪认罚的,人民检察院应当就下列事项听取犯罪嫌疑人、辩护人或者值班律师的意见,记录在案并附卷:(一)涉嫌的犯罪事实、罪名及适用的法律规定;(二)从轻、减轻或者免除处罚等从宽处罚的建议;(三)认罪认罚后案件审理适用的程序;(四)其他需要听取意见的情形。人民检察院未采纳辩护人、值班律师意见的,应当说明理由。”第 33 条第 1 款:“量刑建议的提出。犯罪嫌疑人认罪认罚的,人民检察院应当就主刑、附加刑、是否适用缓刑等提出量刑建议。人民检察院提出量刑建议前,应当充分听取犯罪嫌疑人、辩护人或者值班律师的意见,尽量协商一致。”

于英美辩诉交易和德国认罪协商制度。

还需指出的是，在英美辩诉交易、德国认罪协商制度中，控辩双方之间的协商，带有利弊考量、相互权衡、有来有往的交易性质，属于协商性司法范畴。至于我国认罪认罚从宽制度是否具有协商性质，持否定态度的观点在当前学界占据主流，只是在模式称谓上有所区别，存在"听取意见模式"[①]"确认核准模式"[②]"合意式刑事诉讼"[③]的差异；但也有少数观点认为，认罪认罚从宽制度已部分具备协商性司法的性质；[④]甚至还有观点更进一步地认为，该制度就是具有中国特色的控辩协商制度。[⑤] 本书赞同否定观点，因为在我国认罪认罚从宽制度中，被追诉人与公安司法机关的地位尚未做到完全平等，加之如前段所述，控辩双方合意范围受限，公安司法机关的职权发挥着重要作用（不仅体现在公安司法机关与被追诉人的合意中，而且体现在双方当事人的合意中，因为公安司法机关需审查双方当事人合意的自愿性与合法性），这足以证明我国认罪认罚从宽制度不具有协商性质，不属于协商性司法范畴。

最后，认罪认罚从宽制度的审判环节绝非"走过场"。辩诉交易制度弱化审判环节，我国的认罪认罚从宽制度仍"以审判为中心"。[⑥] 具体来说，在辩诉交易情形下，法官对于控辩双方就定罪量刑达成的合意，通常仅进行形式审查，绝大部分情况下会予以照单全收，特殊情况下，还会经法官同意略去开庭审理环节而直接进入执行环节。德国认罪协商程序中，庭审不是达成刑事协商的关键所在，且庭审对涉及定罪量刑的关键性证据和事实不组织深入质证，因而极易沦为过场。[⑦] 而认罪认罚从宽制

---

① 闫召华：《听取意见式司法的理性建构——以认罪认罚从宽制度为中心》，载《法制与社会发展》2019 年第 4 期。

② 吴思远：《我国控辩协商模式的困境及转型——由"确认核准模式"转向"商谈审查模式"》，载《中国刑事法杂志》2020 年第 1 期。

③ 王新清：《合意式刑事诉讼论》，载《法学研究》2020 年第 6 期。

④ 参见王迎龙：《协商性刑事司法错误：问题、经验与应对》，载《政法论坛》2020 年第 5 期。

⑤ 参见陈瑞华：《刑事诉讼的公力合作模式——量刑协商制度在中国的兴起》，载《法学论坛》2019 年第 4 期。

⑥ 参见陈卫东、胡晴晴：《刑事速裁程序改革中的三重关系》，载《法律适用》2016 年第 10 期。

⑦ 参见施鹏鹏、褚侨：《德国刑事协商制度的新动态》，载《检察日报》2019 年 4 月 3 日，第 3 版。

度为避免动摇以审判为中心的诉讼结构，在终局效力上奉行“法官保留”原则，[①]由法院保留司法审查权和最终决定权，[②]即人民法院应当决定开庭审理，区分情况分别适用速裁、简易、普通程序简化审等简化程度不同的审理程序，并在开庭时围绕与定罪量刑有关的事实、证据组织调查、辩论，对认罪认罚的自愿性，认罪认罚具结书内容的真实性、合法性以及检察机关就定罪量刑提出的建议进行审查，最终依法作出判决；一般情况下，应当接受检察机关指控的罪名和量刑建议，除非该量刑建议明显不当。[③]

（五）撤案（终止侦查）审查程序

所谓撤案（终止侦查）审查程序，是指公安机关对案件是否符合撤案条件或者被追诉人是否符合终止侦查条件进行审查，并根据审查结果决定是否撤销案件或者终止侦查的一种程序。该程序并非独立程序，其在涉及撤案时属于侦查终结程序的一部分，在涉及终止侦查时属于侦查程序的一部分，且根据《刑事诉讼法》第163条[④]和《公安机关办理刑事案件程序规定》第186条第2款[⑤]，该程序不是必然启动的程序，只有在需要判断是否存在不应追究被追诉人刑事责任、犯罪分子另有其人、构成共犯的部分人员不够刑事处罚等情形时才启动。

二、侦查分流程序结果的制度状况

如表3－1所示，侦查分流程序与程序结果具有如下对应关系：（1）立案审查程序可能产生两种程序结果——不予立案与立案，二者均需要公安机关作出相应决定。（2）刑事和解程序可能产生两种程序结果——移送审查起诉与撤销案件。可能产生撤销案件的程序结果，是因为部分地

---

① 参见陈卫东：《认罪认罚从宽制度的理论问题再探讨》，载《环球法律评论》2020年第2期。

② 参见熊秋红：《比较法视野下的认罪认罚从宽制度——兼论刑事诉讼“第四范式”》，载《比较法研究》2019年第5期。

③ 详见《刑事诉讼法》第186条、第190条第2款、第198条第1款、第201条第1款。

④ 《刑事诉讼法》第163条：“在侦查过程中，发现不应对犯罪嫌疑人追究刑事责任的，应当撤销案件；犯罪嫌疑人已被逮捕的，应当立即释放，发给释放证明，并且通知原批准逮捕的人民检察院。”

⑤ 《公安机关办理刑事案件程序规定》第186条第2款：“对于经过侦查，发现有犯罪事实需要追究刑事责任，但不是被立案侦查的犯罪嫌疑人实施的，或者共同犯罪案件中部分犯罪嫌疑人不够刑事处罚的，应当对有关犯罪嫌疑人终止侦查，并对该案件继续侦查。”

区针对符合特定条件的轻伤害和解案件赋予了公安机关撤销案件权。[①]在手续形式方面，移送审查起诉需要公安机关制作《起诉意见书》，撤销案件需要公安机关作出决定。(3)轻案快办机制只可能产生一种程序结果，即移送审查起诉，同样表现为公安机关制作的《起诉意见书》。(4)认罪认罚从宽制度可能产生两种程序结果——移送审查起诉与撤销案件。根据《认罪认罚指导意见》第3条，公安机关撤销案件同样可以发生在适用认罪认罚从宽制度的情形下。在手续形式方面，移送审查起诉需要公安机关制作《起诉意见书》，撤销案件需要公安机关作出决定。(5)撤案(终止侦查)审查程序可能产生两对程序结果——撤销案件与不撤案、终止侦查与不终止侦查，撤销案件、终止侦查需要公安机关作出决定，不撤案、不终止侦查不需要公安机关专门作出决定。需要指出的是，在公安机关移送审查起诉的情形下，其可能提出分流建议也可能不提出，但考虑到未提出分流建议的移送审查起诉并非侦查分流程序独有的程序结果，且未产生任何侦查分流后果，故本书不将其作为侦查分流程序的程序结果看待。换言之，只有提出分流建议的移送审查起诉才属于侦查分流程序的程序结果。立案、不撤案、不终止侦查亦是因为上述原因，在本书中不被作为侦查分流程序的程序结果看待。

表3-1 侦查分流程序与程序结果对应关系

侦查分流程序	可能产生的程序结果	手续形式
立案审查程序	不予立案	需要公安机关作出决定
	立案(不作为侦查分流程序的程序结果看待)	需要公安机关作出决定
刑事和解程序	移送审查起诉但未提出分流建议(不作为侦查分流程序的程序结果看待)	需要公安机关制作《起诉意见书》
	移送审查起诉并提出分流建议	
	撤销案件	需要公安机关作出决定

① 参见《2014年A地刑诉法座谈纪要》第50条(具体内容见本书第54页脚注③)。

续表

侦查分流程序	可能产生的程序结果	手续形式
轻案快办机制	移送审查起诉但未提出分流建议(不作为侦查分流程序的程序结果看待)	需要公安机关制作《起诉意见书》
	移送审查起诉并提出分流建议	
认罪认罚从宽制度	移送审查起诉但未提出分流建议(不作为侦查分流程序的程序结果看待)	需要公安机关制作《起诉意见书》
	移送审查起诉并提出分流建议	
	撤销案件	需要公安机关作出决定
撤案(终止侦查)审查程序	撤销案件、终止侦查	需要公安机关作出决定
	不撤案、不终止侦查(不作为侦查分流程序的程序结果看待)	不需要公安机关专门作出决定

既然本书不将立案、不撤案、不终止侦查、未提出分流建议的移送审查起诉作为侦查分流程序的程序结果看待,那么下面介绍的重点就是不予立案、撤销案件、终止侦查、移送审查起诉并提出分流建议等。

(一)不予立案

所谓不予立案,是指公安机关对所接受案件是否达到立案条件进行审查,最终不启动立案程序的一种决定或者选择。其是立案审查程序产生的程序结果之一。如前所述,《刑事诉讼法》第16条隐然含有对尚未追究刑事责任的"法定不追究刑事责任"的5项内容(不含"依照刑法告诉才处理的犯罪,没有告诉或者撤回告诉的")应当适用不予立案的意思,该法第112条[①]又将不予立案条件设定为"认为没有犯罪事实,或者犯罪事实显著轻微,不需要追究刑事责任",《公安机关办理刑事案件程

① 《刑事诉讼法》第112条:"人民法院、人民检察院或者公安机关对于报案、控告、举报和自首的材料,应当按照管辖范围,迅速进行审查,认为有犯罪事实需要追究刑事责任的时候,应当立案;认为没有犯罪事实,或者犯罪事实显著轻微,不需要追究刑事责任的时候,不予立案,并且将不立案的原因通知控告人。控告人如果不服,可以申请复议。"

序规定》第178条第1款[①]在该第112条基础上,又增加了"具有其他依法不追究刑事责任情形"。与侦查分流机制适用情形和侦查分流适用案件范围相比,不予立案的适用情形,在不考虑兜底条款的情形下,就等同于法定分流机制第①②③④种适用情形与裁量分流机制第①种适用情形之和,等同于不应追究刑事责任案件。

由上述分析可知,不予立案是对被追诉人不启动刑事侦查程序、依法不追究刑事责任的结论性意见,涉及对被追诉人实体层面的处理,起到过滤案件、拒绝不适格对象入轨的作用,属于侦查分流中的实体分流。作出相关决定的过程,就是公安机关行使裁量权的过程,程序上表现为刑事立案审查,即公安机关对所接受案件是否达到立案条件进行审查以决定是否启动立案程序的一种过程。

(二)撤销案件、终止侦查

所谓撤销案件,是指侦查机关在侦查过程中,发现不应对被追诉人追究刑事责任的情形而撤销案件、终止诉讼的一种决定或者选择。其源于《刑事诉讼法》第16条关于侦查机关在6种情形下享有撤销案件权的规定,是撤案审查程序产生的程序结果之一。需要注意的是,作为下位规范性文件的《公安机关办理刑事案件程序规定》在其第186条增加了"没有犯罪事实的"情形,且因为"告诉"不属于侦查阶段,删去了"依照刑法告诉才处理的犯罪,没有告诉或者撤回告诉的"情形。此外,《刑事诉讼法》第182条第1款规定了一种撤销案件情形,即"犯罪嫌疑人自愿如实供述涉嫌犯罪的事实,有重大立功或者案件涉及国家重大利益的,经最高人民检察院核准,公安机关可以撤销案件";《人民检察院刑事诉讼规则》第563条规定了"人民检察院通知撤销案件"情形;[②]最高检、公安部《关于

---

① 《公安机关办理刑事案件程序规定》第178条第1款:"公安机关接受案件后,经审查,认为有犯罪事实需要追究刑事责任,且属于自己管辖的,经县级以上公安机关负责人批准,予以立案;认为没有犯罪事实,或者犯罪事实显著轻微不需要追究刑事责任,或者具有其他依法不追究刑事责任情形的,经县级以上公安机关负责人批准,不予立案。"

② 《人民检察院刑事诉讼规则》第563条:"人民检察院通知公安机关立案或者撤销案件,应当制作通知立案书或者通知撤销案件书,说明依据和理由,连同证据材料送达公安机关,并且告知公安机关应当在收到通知立案书后十五日以内立案,对通知撤销案件书没有异议的应当立即撤销案件,并将立案决定书或者撤销案件决定书及时送达人民检察院。"

公安机关办理经济犯罪案件的若干规定》第 25 条规定了撤销经济犯罪案件的 4 种情形(含"人民检察院通知撤销案件"情形)。[①] 据此,侦查机关在 11 种情形下可以行使撤销案件权,除此之外,都必须将案件移送检察机关处理。与侦查分流机制适用情形和侦查分流适用案件范围相比,撤销案件的适用情形,在不考虑兜底条款和"人民检察院通知撤销案件"情形的情况下,就等同于法定分流机制适用情形与裁量分流机制适用情形之和,等同于不应追究刑事责任案件和不必追究刑事责任案件之和。

所谓终止侦查,是指侦查机关在侦查过程中,认定立案不存在问题,但发现犯罪分子另有其人,或者构成共犯的部分人员不够刑事处罚,从而对有关人员终止侦查、对案件继续侦查的一种决定或者选择。其并非规定在《刑事诉讼法》中,而是体现在《公安机关办理刑事案件程序规定》第 186 条第 2 款中。对于被终止侦查人员而言,终止侦查的法律效果等同于以"没有犯罪事实"为由撤销案件。与侦查分流机制适用情形和侦查分流适用案件范围相比,终止侦查的适用情形,其实就是法定分流机制第①种适用情形中的"犯罪分子另有其人或构成共犯的部分人员不够刑事处罚",属于不应追究刑事责任案件中的"没有犯罪事实"案件。

关于撤销案件、终止侦查的性质,将二者归为侦查分流中的实体分流较为适宜。这是因为,在侦查阶段行使撤销案件权,能够在该阶段终结整个刑事诉讼,尽管其具体作用因适用情形不同会有所差异,如因确无犯罪事实而撤销案件,属于无罪认定,再如因犯罪情节、政策法律、客观因素等原因撤销案件,尽管犯罪嫌疑人最终在法律上无罪,但这种无罪是不入罪或者出罪取得的效果;而对于终止侦查来说,其虽未终结整个刑事诉讼,

---

① 最高人民检察院、公安部《关于公安机关办理经济犯罪案件的若干规定》第 25 条:"在侦查过程中,公安机关发现具有下列情形之一的,应当及时撤销案件:(一)对犯罪嫌疑人解除强制措施之日起十二个月以内,仍然不能移送审查起诉或者依法作其他处理的;(二)对犯罪嫌疑人未采取强制措施,自立案之日起二年以内,仍然不能移送审查起诉或者依法作其他处理的;(三)人民检察院通知撤销案件的;(四)其他符合法律规定的撤销案件情形的。有前款第一项、第二项情形,但是有证据证明有犯罪事实需要进一步侦查的,经省级以上公安机关负责人批准,可以不撤销案件,继续侦查……"

但系对适用人员无罪的一种认定,使适用人员从此脱离刑事诉讼程序,因此其应属于侦查分流中的实体分流。

有观点对撤销案件属于实体分流提出了质疑,认为尽管我国刑事诉讼法赋予了公安机关撤销案件的权力,但该权力只针对《刑事诉讼法》第16条所规定的6种不应追究被追诉人刑事责任的情形,故相异于大多国家或地区的侦查机关均具有大小程度不一的实体性处分权力,我国公安机关没有丝毫的实体性处分权力。[①] 实际上,判断与《刑事诉讼法》规定情形是否相合以及相合程度,本身就是一种裁量的过程,只不过这种裁量必须严格依法进行,抑或说裁量空间受到法律的一定限制。再考虑到这种裁量结果将对刑事诉讼产生实体上的影响,故完全可以得出我国公安机关的撤销案件权属于实体性处分权力的结论。

(三)移送审查起诉并提出分流建议

公安机关对案件的实体处分权限较小,如果不能通过不予立案、撤销案件等将案件隔离在刑事诉讼程序之外或者排除出刑事诉讼程序,那么就只能在侦查终结后将案件移送检察机关审查起诉。在移送案件的同时,公安机关可以提出分流建议。该分流建议包含两类内容:一类是建议审查起诉阶段适用何种分流程序,[②]另一类是建议通过分流程序产生何种程序结果。[③] 该两类内容既可以两者居其一,也可以两者兼而有之。根据现有规定,公安机关可以提出的分流建议有:(1)建议检察机关适用速裁程序;(2)建议检察机关适用轻案快办机制;(3)对达成和解协议的案件建议检察机关从宽处理。与侦查分流机制适用情形和侦查分流适用

---

① 参见郑丽萍:《侦查阶段实体性处分制度之构建》,载《清华法学》2012年第5期。

② 《认罪认罚指导意见》第24条第1款:"起诉意见。对移送审查起诉的案件,公安机关应当在起诉意见书中写明犯罪嫌疑人自愿认罪认罚情况。认为案件符合速裁程序适用条件的,可以在起诉意见书中建议人民检察院适用速裁程序办理,并简要说明理由。"《公安机关办理刑事案件程序规定》第289条第2款:"犯罪嫌疑人自愿认罪的,应当记录在案,随案移送,并在起诉意见书中写明有关情况;认为案件符合速裁程序适用条件的,可以向人民检察院提出适用速裁程序的建议。"2007年A地规定第14条:"侦查终结移送起诉的案件,公安机关认为符合快速办理条件的,应当在《起诉意见书》中建议适用快速办理机制,随案移送检察机关公诉部门。"

③ 《刑事诉讼法》第290条:"对于达成和解协议的案件,公安机关可以向人民检察院提出从宽处理的建议……"《公安机关办理刑事案件程序规定》第338条:"对达成和解协议的案件,经县级以上公安机关负责人批准,公安机关将案件移送人民检察院审查起诉时,可以提出从宽处理的建议。"

案件范围相比，移送审查起诉并提出分流建议的适用情形，其实就是建议分流机制适用情形，且与侦查阶段就适用在审查起诉或者审判阶段也可适用的分流程序的案件相对应。

（四）超规范分流程序结果：撤回移送审查起诉

撤回移送审查起诉，是指侦查机关将刑事案件移送检察机关审查起诉后，主动或者根据检察机关的建议撤回案件的做法。根据撤回意图来源，可将其分为公安机关主动撤回移送审查起诉和检察机关建议撤回移送审查起诉。其中，前者可再细分为公安机关在检察机关审查期间主动撤回移送审查起诉和公安机关在案件退回补充侦查期间主动撤回移送审查起诉，后者即是指检察机关对案件进行审查后建议公安机关撤回移送审查起诉。

1. 具体适用情形

该分流程序结果在司法实践中形成，并为 1998 年修订的《人民检察院刑事诉讼规则》第 262 条[①]所体现。根据该条，检察机关只有在“犯罪嫌疑人没有违法犯罪行为”或“犯罪事实并非犯罪嫌疑人所为”两种情形下，才能允许公安机关撤回移送审查起诉。部分地方也出台相关文件，对撤回移送审查起诉进行规制。如 2007 年开始施行的北京市人民检察院《关于公安机关撤回移送审查起诉案件若干问题的规定（试行）》第 4 条规定，具有《刑事诉讼法》第 15 条（现第 16 条）规定情形之一的，人民检察院可以建议或者同意公安机关将该犯罪嫌疑人撤回移送审查起诉。实践中，除上述情形外，案件证据不足、证据情况发生重大变化、犯罪情节轻微、犯罪嫌疑人脱逃、未成年犯罪嫌疑人依规定不按犯罪处理等也是撤回移送审查起诉的重要情形。

根据当时《刑事诉讼法》（1996 年修正的《刑事诉讼法》）对检察机关不起诉情形的规定，对具有《刑事诉讼法》第 15 条（现第 16 条）规定情形之一、证据不足不符合起诉条件、犯罪情节轻微依照刑法规定不需要判处

① 1998 年修订的《人民检察院刑事诉讼规则》第 262 条：“对于公安机关移送审查起诉的案件，发现犯罪嫌疑人没有违法犯罪行为的，应当书面说明理由将案卷退回公安机关处理；发现犯罪事实并非犯罪嫌疑人所为的，应当书面说明理由将案卷退回公安机关并建议公安机关重新侦查……”

刑罚或者免除刑罚的案件,检察机关分别可以作出绝对不起诉、存疑不起诉、酌定不起诉决定。可见,因不构罪[①]或具有《刑事诉讼法》第 15 条(现第 16 条)规定情形之一撤回移送审查起诉与绝对不起诉、因证据不足撤回移送审查起诉与存疑不起诉、因犯罪情节轻微撤回移送审查起诉与酌定不起诉具有对应关系。此外,《刑事诉讼法》在 2012 年修正时新设附条件不起诉制度,[②]该制度在很大程度上就与因未成年嫌疑人依规定不按犯罪处理而撤回移送审查起诉相对应。因此可以说,公安机关很多撤回移送审查起诉的案件实际上可由检察机关作出不起诉决定。

需要注意的是,现行《刑事诉讼法》并未明确刑事案件移送检察机关审查起诉后是否可以被撤回,只规定检察机关对于公安机关移送审查起诉的案件,仅有决定起诉或者不起诉两种处理方式可选择。[③]《人民检察院刑事诉讼规则》在 2012 年修订时取消了允许撤回移送审查起诉的规定,并将"犯罪嫌疑人没有犯罪事实""符合刑事诉讼法第十五条(现第十六条)规定的情形之一""犯罪事实并非犯罪嫌疑人所为"纳入检察机关不起诉情形范畴;所不同的是,对于第三种情形,检察机关在作出不起诉决定后,还应当书面说明理由,将案卷退回公安机关并建议公安机关重新立案侦查。[④] 因此,目前来说,撤回移送审查起诉已无任何条文依据,成为在实践中运行的一种超规范的习惯做法。

---

① "不构罪"是指"没有犯罪事实"。虽然 1996 年修改的《刑事诉讼法》没有规定检察机关可以对该情形作出不起诉决定,但根据"举轻以明重"的原理,检察机关对具有《刑事诉讼法》第 15 条(现第 16 条)规定情形之一、证据不足不符合起诉条件、犯罪情节轻微依照刑法规定不需要判处刑罚或者免除刑罚的案件都可作出不起诉决定,那么对于"没有犯罪事实"当然也可作出不起诉决定。现行《刑事诉讼法》第 177 条第 1 款、《人民检察院刑事诉讼规则》第 365 条第 1 款明确检察机关对"没有犯罪事实"应当作出不起诉决定,可以证明这一观点。

② 《刑事诉讼法》第 282 条第 1 款:"对于未成年人涉嫌刑法分则第四章、第五章、第六章规定的犯罪,可能判处一年有期徒刑以下刑罚,符合起诉条件,但有悔罪表现的,人民检察院可以作出附条件不起诉的决定……"

③ 此结论系从《刑事诉讼法》第 175 条第 4 款、第 176 条第 1 款、第 177 条第 1、2 款规定内容分析得出。《人民检察院刑事诉讼规则》第 339 条也可佐证。

④ 2012 年修改的《人民检察院刑事诉讼规则》第 401 条:"人民检察院对于公安机关移送审查起诉的案件,发现犯罪嫌疑人没有犯罪事实,或者符合刑事诉讼法第十五条规定的情形之一的,经检察长或者检察委员会决定,应当作出不起诉决定。对于犯罪事实并非犯罪嫌疑人所为,需要重新侦查的,应当在作出不起诉决定后书面说明理由,将案卷材料退回公安机关并建议公安机关重新侦查。"

2. 程序结果性质

表面上看,撤回移送审查起诉使案件退出审查起诉程序,对案件并未作出实体处理,起到的仅仅是程序分流的作用。但如前所述,撤回移送审查起诉的案件,通常有公安机关侦查后重新移送审查起诉、撤销案件或者长期挂案不处等几种可能走向,因此撤回移送审查起诉的性质并不能简单归类,而需要具体问题具体分析。具体而言,撤回案件经侦查被重新移送审查起诉时,撤回移送审查起诉起到的作用类似于退回补充侦查,故不属于侦查分流机制的内容;撤回案件被公安机关撤销时,撤回移送审查起诉起到的作用就是将案件从刑事诉讼程序中分离出去,对有关嫌疑人进行出罪处理、不再追诉,故属于实体分流的范畴;案件撤回后被公安机关长期搁置不处时,尽管不能排除其未来可能因为各种因素被重新移送审查起诉或者撤销,但就该时间段看,撤回移送审查起诉起到的是实体分流的作用。

第二节 我国侦查分流机制的实践描述

经过前述立法解读,我国侦查分流机制的制度状况已经一目了然,但其在侦查实践中的适用流程以及适用状况如何,还不得而知。为对该机制状况进行全面呈现,有必要对该机制的实践状况进行一番调查考察。需要说明的是,本书对我国侦查分流机制实践状况的调查考察,主要是依据三类情况资料进行:第一类是笔者在A地调研并和民警访谈获得的情况资料;第二类是笔者在公安机关日常工作中掌握积累的情况资料;第三类是笔者对从A地公安机关相关信息平台中抽取到的该地数据(均已做过脱密处理),以及从相关公开资料中查找到的其他地域数据或者机制状况进行分析后获得的情况资料。

一、侦查分流程序的实践状况

以公安机关在实践中的具体做法以及相关数据为切入点,侦查分流程序的实践状况呈现出如下图景。

（一）立案审查程序

1. 适用流程

以 A 地为例，立案审查程序的适用流程主要分为四个阶段：

（1）接受案件阶段。相关人员或者单位向公安机关报案、控告、举报、投案、扭送，民警在警情处置、行政管理等日常工作中发现犯罪线索，或者行政执法机关、司法机关向公安机关移送犯罪线索的，由派出所受案室或者公安机关受案中心接受该案件或者犯罪线索，并同步接受证据材料。受案室或者受案中心工作人员能当场判断有关事项不属于公安机关职责范围的，告知相关人员或者单位到他处报案；经查询属于重复报案、案件办理中或已办结等情形且未有新事实或新证据的，进行解释后不再登记；除上述情形外，均制作《受案登记表》，并填写《受案回执》或者《移送案件通知书（回执联）》交相关人员或者单位。

（2）初步审查阶段。受案室或者受案中心工作人员对接受的案件进行初步审查，根据案件不同情形分别作出如下处理：①存在犯罪事实但不应为本公安机关管辖的，制作《呈请移送案件报告书》，报本公安机关法制部门审核同意、本公安机关负责人批准（如果是受案室初步审查的案件，还需报派出所负责人批准），然后制作《移送案件通知书》，在 1 日内将案件移送主管机关处理，对应当先行采取紧急措施的案件，先行采取紧急措施后办理手续并移送；②确属本公安机关管辖的，经主管部门[①]负责人批准，根据案件性质将其送交相应办案部门（包括受案室所属派出所）办理。

（3）调查取证阶段。办案部门收到受案室或者受案中心送交的案件后，确定承办人员，依法启动立案审查程序，做好前期取证工作，并根据必要，在取得办案部门负责人批准的前提下，针对案件事实或者线索不明的情形开展调查核实活动，调查核实时不得对被调查对象采取技术侦查措施以及限制其人身、财产权利的强制性措施。

---

① 受案室的主管部门为所属派出所，受案中心的主管部门为本公安机关法制部门。

(4)立案审查阶段。办案部门承办人员认为案件符合《刑事诉讼法》第112条规定的立案条件的,制作《呈请立案报告书》,先后经本部门法制员或者法制科室审核、本部门负责人审批、本公安机关法制部门审核、本公安机关负责人审批(以下简称“四级审核审批”)并均获通过,然后制作《立案决定书》。办案部门承办人员认为案件不符合立案条件或者在四级审核审批的四个环节中有一环节不同意立案的,由办案部门承办人员制作《呈请不予立案报告书》,经四级审核审批并均获通过后制作《不予立案决定书》,并在3日内向控告人送达《不予立案通知书》,告知其不立案原因。当对是否立案发生意见分歧时,分管法制部门或者办案部门的本公安机关负责人一般会召开集体通案会,通过研究会商来解决意见分歧。

2. 适用状况

关于立案审查程序的直接数据,笔者未能找到或者抽取到。但公安机关刑事受案数、不予立案数以及刑事立案数,已足够为人们加深对立案审查程序适用状况的间接认识提供一道桥梁。如表3－2所示,2017年至2019年,A地公安机关每年的刑事受案数均略大于同年的不予立案数与刑事立案数之和。这表明A地公安机关对自身受理的刑事案件基本上能够做到依法启动立案审查程序,并决定是否立案,但也不排除其对少数案件决定是否立案的时间是在下一年度,也不排除其受理刑事案件后,有可能不启动立案审查程序,有可能虽然启动立案审查程序但不作出结论,有可能启动立案审查程序后仅作口头答复但不出具不予立案的正式法律文书。该种不启动立案审查程序或者启动后不作出结论、不出具正式法律文书的原因有很多,下文在分析我国侦查分流机制问题的成因时将予以详述,此处不再赘述。

表 3－2　A 地公安机关侦查分流程序结果适用状况

年份	刑事受案数(万件)			终止侦查数(人)	刑事立案数(万件)			移送审查起诉并提出分流建议数(万件)	撤回移送审查起诉(件)
		不予立案数(件)	占比(%)			撤销案件数	占比(%)		
2017	51.4	5880	1.14	—	50.5	1.4	2.77	—	54
2018	47.6	7192	1.51	—	46.7	1.5	3.21	—	40
2019	46.8	7370	1.57	—	45.9	1.2	2.61	—	6

注：本表所涉 A 地公安机关各项数据并非公开数据，故此处出于保密需要，在不影响结论准确性的前提下，对表格数据做了一定调整，以与实际数据保持些许出入。

（二）刑事和解程序

1. 适用流程

以 A 地为例，刑事和解程序的适用流程主要分为五个阶段：

（1）程序启动阶段。公安机关对刑事案件立案后，双方当事人自行和解，或者在向公安机关办案部门表达适用刑事和解程序的意向并获得案件符合刑事和解条件的确认后，开始适用该程序；办案部门承办人员认为案件符合刑事和解条件且具备和解成功的可能，可以建议双方当事人适用刑事和解程序，并告知双方程序性质和法律后果，同时做好解释说明工作；公安机关法制部门在审核案件有关事项时，也可以建议办案部门就适格案件向双方当事人提出适用刑事和解程序。

（2）双方和解阶段。被追诉人通过向被害人赔偿损失、赔礼道歉等方式获得被害人谅解，被害人及其法定代理人或者近亲属请求或者同意对被追诉人依法从宽处罚，然后双方当事人达成刑事和解协议，但协议内容不得包含案件的事实认定、证据采信、法律适用和定罪量刑等事宜。期间，公安机关基本上对刑事和解不加干预，即当双方当事人之间的矛盾分歧较小、沟通难度较小时，公安机关履行完告知义务，就会将和解主导权交由双方当事人掌控；当双方当事人之间的矛盾分歧较大、沟通难度较大时，公安机关会更深入地参与到和解过程中来，但也仅限于提供和解机会、监督和解过程、审查确认和解协议等，而不干预和解推进及和解协议的达成。

(3)公安机关审查阶段。双方当事人达成刑事和解协议后,办案部门承办人员听取双方当事人和其他有关人员的意见,审查和解协议的自愿性、合法性,主持制作《和解协议书》,交双方当事人签名捺印,并在就案件有关事项提请四级审核审批时将《和解协议书》一并送审。若四级审核审批过程中发现和解违反自愿、合法原则或者被追诉人或其亲友在协议履行完毕之后威胁、报复被害人的,则认定《和解协议书》无效。

(4)分类处理阶段。对于已签署《和解协议书》且符合特定条件的轻伤害案件,办案部门承办人员制作《呈请撤销案件报告书》,经四级审核审批并均获通过,然后制作《撤销案件决定书》,撤销案件;对于已签署《和解协议书》的其他刑事案件,办案部门承办人员制作《呈请移送审查起诉报告书》,经四级审核审批并均获通过,然后制作《起诉意见书》,将案件移送检察机关审查起诉并提出从宽处理的建议。

(5)程序回转阶段。双方当事人在启动刑事和解程序后、签署《和解协议书》前,可以随时向办案部门承办人员提出终止程序的意向,要求转用普通程序;双方当事人签署《和解协议书》后,只要和解协议尚未履行,或者尚未全部履行完毕,或者虽已全部履行但有证据证明和解违反自愿、合法原则,其就可以随时向办案部门承办人员提出反悔意向,要求转用普通程序。

2. 适用状况

刑事和解程序在实践中的适用状况主要呈现如下特点:

一是刑事和解案件数量占同年同一公安机关办理刑事案件总数的比重(以下简称刑事和解程序适用率)普遍在20%以下。以A地为例,其各区域尽管存在区域不平衡,但刑事和解程序适用率普遍在20%以下,部分区域甚至在8%以下。

二是案由主要集中在故意伤害致人轻伤与交通肇事。从A地统计数据看,轻伤害案件和交通肇事案件占据了和解案由的前两位。从全国其他地方情况看,也大致如此。根据统计,2014年广东6个县级公安机关办理的刑事和解案件中占比最大的是交通肇事案件、轻伤害案件、盗窃抢夺案件,合占 90.68%;[①]2014 年至 2015 年,东北某县级公安机关办理的刑事和解案件均为轻伤害案件与交通肇事案件;[②]2015 年至 2017 年,S 市 H 区公安机关办理的刑事和解案件中占比最大的是轻伤害案件和交通肇事案件,合占 82.9%。[③]

三是刑事和解案件基本会迈向三种归宿。第一种是在刑事立案前以刑事调解之名行刑事和解之实,调解成功后就不再立案;第二种是撤销案件;第三种是移送审查起诉并提出从宽处理建议。考虑到轻伤害案件本身就在刑事和解案件中占据较大比重,因此第二种归宿成为公安机关和解案件的主流(超过一半)也就不足为奇。

(三)轻案快办机制

实践中几乎不再适用轻案快办机制已(具体原因详见第四章第一节第二部分),因此也就无所谓其适用状况如何。此处仅以 A 地 B 市为例,介绍一下该机制在实践中的具体流程。

1. 程序启动阶段

当事人双方就轻微刑事案件的民事赔偿、化解矛盾等达成和解后,公安机关办案部门承办人员如果认为该案符合轻案快办机制适用条件,在向本公安机关法制部门提请审核案件有关事项的同时,一并提请审核案件是否符合轻案快办机制适用条件(均需预先经办案部门法制员或者法制科室审核同意和办案部门负责人批准),取得法制部门审核同意、本公安机关负责人批准,然后启动轻案快办机制。法制部门审核人员审核强制措施适用或者移送审查起诉时,需要一并审核案件是否符合轻案快办机制适用条件;如果认为符合,则经本公安机关负责人批准,在送审卷宗封面上加盖“快速办理”印记,然后将案件审核与对接检察机关等事宜交由轻案快办小组负

---

① 参见徐启明、孔祥参:《公安机关刑事和解实证研究——以广东公安机关刑事和解实践为样本》,载《中国人民公安大学学报(社会科学版)》2014 年第 2 期。

② 参见张大义:《公安机关在侦查阶段适用刑事和解制度研究》,沈阳师范大学 2016 年硕士学位论文,第 4 页。

③ 参见吉阳萍:《侦查阶段刑事和解实证研究》,西南政法大学 2019 年硕士学位论文,第 13 页。

责，并通知办案部门承办人员在后续与该小组直接对接；如果认为不符合，则告知办案部门承办人员，由该部门适用普通程序办理。

2. 快速办理阶段

（1）辩护权和知情权保障。法律援助机构接到申请或者公安机关通知后在3日内为符合法律援助条件的被追诉人指派辩护律师，公安机关在立案后2日内告知双方当事人各项诉讼权利及轻案快办机制的相关规定、告知辩护律师诉讼进展情况以及听取被追诉人对适用轻案快办机制的意见。

（2）强制措施适用。对无羁押必要的轻案快办案件被追诉人视情适用取保候审、监视居住措施或者不适用刑事强制措施；被追诉人确有羁押必要而被刑事拘留的，公安机关在其被拘留后3日内提请检察机关批准逮捕，并在法律文书中建议检察机关适用轻案快办机制。

（3）侦查终结期限。公安机关办案部门负责人根据轻案快办案件的具体情况，在立案之日起10日至20日的区间内明确侦查期限，并督促承办人员如期移送审查起诉；对被拘留人的拘留期限可以延长至30日的案件，办案部门承办人员依法办理延长手续，在拘留期限届满前或者届满时将案件直接移送审查起诉即可，无须将被拘留人提请批准逮捕；检察机关审查批准逮捕时提出侦查期限建议的，公安机关办案部门负责人根据建议的合理程度决定是否遵循该建议，如果决定不遵循，则以公安机关名义向检察机关书面说明理由，并按照前述侦查期限确定方法来确定侦查期限。

3. 案件处理阶段

公安机关办案部门承办人员认为轻案快办案件已达移送审查起诉条件，撰写《呈请移送审查起诉报告书》，经本部门法制员或者法制科室审核同意、本部门负责人批准、轻案快办小组审核同意、本公安机关负责人批准后，制作《起诉意见书》，并在该文书中建议检察机关适用轻案快办机制。轻案快办小组在《起诉意见书》上加盖“快速办理”印记，将讯问同步录音录像以及电子版的法律文书与讯（询）问笔录刻盘附卷，然后将该案与同期其他轻案快办案件相对集中移送检察机关审查起诉。

4. 程序回转阶段

公安机关办案部门承办人员在侦查过程中如果发现已经适用轻案快办机制的案件不符合轻案快办机制适用条件，则应立即报告本部门负责人，经其同意并报本公安机关法制部门同意后不再继续适用该机制。如果对案件适用轻案快办机制系由检察机关建议，则书面通知提出建议的检察机关。检察机关审查批准逮捕时认为案件不符合轻案快办机制适用条件并反馈公安机关的，公安机关办案部门承办人员应将案件转用普通程序办理。

（四）认罪认罚从宽制度

1. 适用流程

此处以A地B市公安机关与北京市公安局C分局为例，并结合《认罪认罚指导意见》第七部分规定的权利告知和听取意见、认罪教育、起诉意见、执法办案管理中心建设等侦查机关在认罪认罚从宽制度适用过程中的职责，对公安机关的认罪认罚从宽制度适用流程进行介绍。

（1）A地B市公安机关的运行流程：

①非速裁认罪认罚案件。被追诉人认罪认罚，公安机关办案部门承办人员无须当事人主动申请，只需在附带或者专门就适用认罪认罚从宽制度问题取得四级审核审批通过，并由法制部门在卷宗封面加盖“认罪认罚”印记后，即可开始适用认罪认罚从宽制度。

办案部门承办人员在对被追诉人进行首次讯问或者采取强制措施时，送达《认罪认罚从宽制度告知书》以履行告知义务；对无辩护人且不符合强制性指定辩护条件的认罪认罚的被追诉人，以《认罪认罚从宽法律帮助通知书》的形式通知法律援助机构指派值班律师为其提供法律帮助；允许值班律师在侦查阶段会见被追诉人，但不允许其在侦查阶段查阅卷宗；对看守所工作人员、辩护人、值班律师出具的《被追诉人自愿认罪认罚通知书》给予重视并依法进行处理；认为认罪认罚案件符合移送审查起诉条件，撰写《呈请移送审查起诉报告书》，取得四级审核审批通过后，制作《起诉意见书》并加盖“认罪认罚”印记，然后移送检察机关审查起诉。

②刑事速裁案件。对于存在适用刑事速裁程序可能的案件，公安机关办案部门承办人员向被追诉人送达《刑事速裁程序告知书》以履行告

知义务,送达《刑事速裁程序选择确认书》以明确被追诉人适用意愿,送达《刑事速裁程序法律帮助确认书》以保障被追诉人获得法律帮助的权利;在附带或者专门就适用刑事速裁程序问题取得四级审核审批通过,并由法制部门在卷宗封面加盖"速裁案件"印记后,即于侦查阶段启动刑事速裁程序。启动该程序后,办案部门承办人员与设立在公安执法办案中心的速裁办公区工作人员,就公安案件审核、检察机关审查逮捕或者起诉、司法行政机关法律援助等事项开展直接对接。

对于有羁押必要且符合拘留期限延长至30日情形的被追诉人,公安机关办案部门承办人员履行审核审批手续获得通过后,依法采取刑事拘留措施,延长刑拘期限,并在被追诉人刑拘期限届满前或者届满时侦查终结。办案部门承办人员认为刑事速裁案件达到移送审查起诉条件,撰写《呈请移送审查起诉报告书》,送本部门法制员或者法制科室审核、本部门负责人审批、速裁办公区法制部门驻点人员审核、本公安机关负责人审批(如提出"建议检察机关适用速裁程序"意见的,一并送审),在获得通过后,制作《起诉意见书》交速裁办公区法制部门驻点人员,法制部门驻点人员在《起诉意见书》上加盖"速裁案件"印记,然后将该案与同期其他速裁案件相对集中地移送速裁办公区检察机关驻点人员审查起诉。当侦查中遇有不宜适用刑事速裁程序的情形,公安机关办案部门承办人员履行审核审批手续获得通过后,立即终止程序,转而适用普通程序。

(2)北京市公安局C分局的运行流程。[①] 北京市同样将刑事速裁程序前置到公安侦查阶段,因此C分局办理的认罪认罚案件可被分为速裁程序案件与非速裁程序案件,且速裁程序案件可被进一步细分为普通速裁案件和两日速裁案件。

①速裁程序案件。在适用案件类型上,普通速裁案件应符合刑事速裁程序适用条件,如其被采取"刑拘直诉",其还应为已达法定证明标准的轻微刑事案件;两日速裁案件主要适用于醉酒型危险驾驶案件,以及被

① 参见万旭:《侦查阶段适用认罪认罚从宽制度的实证研究》,中国人民公安大学2020年硕士学位论文,第13~21页。

追诉人系初偶犯且失窃财产系现金或者财产损失已有正式鉴定意见的盗窃案件。在程序启动上，就普通速裁案件而言，公安机关法制部门在对立案或者强制措施的采取进行审核时，如发现适格案件，向办案部门发送适用速裁程序意见书，从而启动该程序；就两日速裁案件而言，公安机关执法办案中心值班审核民警认为办案部门报送案件符合两日速裁程序的适用条件，可将该案件移交该中心法制速裁小组。在程序进行上，就普通速裁案件而言，办案部门为确保被追诉人知晓程序性质以及适用程序后将产生的法律后果，向其出具法律帮助确认书、速裁程序选择确认书与被追诉人权利义务告知书；就两日速裁案件而言，法制速裁小组负责指导办案部门开展讯问、告知权利义务、送达文书、办理延长拘留手续、通知法律援助机构等工作。在程序提速上，就普通速裁案件而言，借助在公安执法办案中心设立速裁办公区，提高案件在公安机关内部和公检法机关之间的流转效率；就两日速裁案件而言，法制速裁小组制作《起诉意见书》，将案件移送检察机关审查起诉，并全程负责与检法司等机关的衔接。在程序终止上，公安机关发现案件不符合速裁程序适用条件时，立即终止程序，转而适用普通程序。在时间要求上，普通速裁案件要求公安机关在拘留后 7 日内向检察机关提请批准逮捕，在对被追诉人采取刑事强制措施 30 日内将案件移送检察机关审查起诉；两日速裁案件则要求从公安机关立案起 48 小时内将案件推进至审判完毕。

②非速裁程序案件。认罪认罚案件未适用刑事速裁程序的，公安机关向被追诉人发送《认罪认罚从宽制度告知书》，告知其认罪认罚从宽制度的性质以及适用该制度后将产生的法律后果，并将告知情况载明于笔录；对所有被追诉人开展认罪教育，而无论其身处公安机关执法办案中心还是看守所；保障被追诉人接受值班律师法律帮助或者辩护人辩护的权利，协助其开展悔罪与弥补被侵害法益的活动；在变更强制措施、提请批准逮捕、移送审查起诉相关法律文书中，详述被追诉人认罪认罚具体情况，并在卷宗封面打上“认罪认罚”红色字样。

2. 适用状况

认罪认罚从宽制度在实践中的适用状况主要呈现如下特点：

一是公安侦查阶段的认罪认罚从宽制度适用率整体较低且存在地区差异。从全国情况看,公安机关主动适用该制度的整体比例较低,如全国检察机关适用认罪认罚从宽制度办理的案件中,侦查环节建议适用该制度的案件在 2019 年 1 月仅占 23.6%,到 2020 年 8 月也才上升至 35.5%。[①] 从各地情况看,公安机关适用认罪认罚从宽制度的比例存在地域差别,如 A 地 B 市法院 2017 年 2 月至 2018 年 11 月审结的认罪认罚案件中,2/3 以上的案件在侦查阶段就适用了该制度,[②]而湖北省武汉市检察机关 2016 年 11 月至 2017 年 12 月办理的认罪认罚案件中,侦查机关建议适用该制度的仅占 7%。[③]

二是犯罪类型集中在危险驾驶、盗窃、毒品类犯罪。以 A 地 B 市为例,从认罪认罚从宽制度 2016 年试点开始至 2017 年年底,该市法院审结的认罪认罚案件共涉及 74 个罪名,但其中 70.12% 的案件是危险驾驶、盗窃、容留他人吸毒案件。[④] 湖北省武汉市检察机关办理的认罪认罚案件与此情况大致相同,其位居前三的犯罪类型分别为盗窃罪、危险驾驶罪以及贩卖毒品罪,此三类案件人数合占同期同一机关办理的所有认罪认罚案件总人数的 81.43%。[⑤] 究其原因,一方面是因为该三类案件本身存在一定体量,尤其是危险驾驶案件可能还伴随定期的专项整治行动;另一方面是因为该三类案件事实较为简单,证明难度低,不易发生争议,被追诉人认罪认罚倾向性高。

三是认罪认罚案件最终有两种归宿。如表 3-1 所示,如果不将"移送审查起诉但未提出分流建议"作为侦查分流程序结果看待,那么认罪认

---

① 参见张军:《最高人民检察院关于人民检察院适用认罪认罚从宽制度情况的报告》,载最高人民检察院官网 2020 年 10 月 17 日,https://www.spp.gov.cn/spp/zdgz/202010/t20201017_482200.shtml。

② 参见丁国锋:《A 地 B 市试点认罪认罚从宽制度状况探访》,载中国新闻网 2019 年 5 月 9 日,http://www.chinanews.com/sh/2019/05-09/8831663.shtml。

③ 参见刘国媛等:《认罪认罚从宽制度实证研究》,"深化依法治国实践背景下的检察权运行"第十四届国家高级检察官论坛会议论文,2018 年 6 月于上海。

④ 参见周浩:《公安机关侦查阶段嫌疑人认罪刑事案件分流机制实证研究》,东南大学 2018 年硕士学位论文,第 16 页。

⑤ 参见刘国媛等:《认罪认罚从宽制度实证研究》,"深化依法治国实践背景下的检察权运行"第十四届国家高级检察官论坛会议论文,2018 年 6 月于上海。

罚从宽制度可能产生的侦查分流程序结果只有“撤销案件”或者“移送审查起诉并提出分流建议”两种。由于相关规范性文件只明确了公安机关对因证据不足而不能认定被追诉人有罪的认罪认罚案件依法予以撤销，并未赋予其更多出罪权力，故在认罪认罚案件的两种归宿中，“移送审查起诉并提出分流建议”显然会是主流。

(五)撤案(终止侦查)审查程序

撤案(终止侦查)审查程序的适用流程较为简单。以A地为例，该地公安机关办案部门承办人员在侦查过程中自行或者经由其他渠道发现案件符合撤销条件或者相关人员符合终止侦查条件，立即口头报告本部门负责人，依法依职权启动撤案(终止侦查)审查程序，而无须撰写书面呈请报告书和取得本部门法制员或者法制科室同意，无须取得双方当事人同意或者确认双方当事人对适用该程序没有异议。启动撤案(终止侦查)审查程序后，办案部门承办人员经审查，若发现撤案(终止侦查)情形并不存在，则口头报告本部门负责人后直接终止该程序继续侦查即可，若发现撤案(终止侦查)情形确实存在，则撰写《呈请撤销案件(终止侦查)报告书》，经本部门法制员或者法制科室审核同意和本部门负责人批准，连同卷宗材料一起送交本公安机关法制部门审核和本公安机关负责人审批，在获得通过后制作《撤销案件决定书》或者《终止侦查决定书》，并在决定作出后3日内向相关人员或者单位履行告知义务。

关于撤案(终止侦查)审查程序的适用状况，由于笔者没有相应统计工具来进行数据抽取，且未能从其他资料中查找到相应数据，故此处不具备对其进行分析的条件。

二、侦查分流程序结果的实践状况

综合公安机关在实践中的具体做法以及相关数据，可以对侦查分流程序结果的实践状况作以下描述。

(一)不予立案

1. 适用流程

不予立案是立案审查程序产生的一种结果，因此前者的适用流程实际上为后者的适用流程所包含，具体如下所述：

(1)结果产生阶段。公安机关办案部门收到受案室或者受案中心送交的案件后，确定承办人员，依法启动立案审查程序。办案部门承办人员认为案件具有本章第一节第二部分所述不予立案适用情形之一，或者在四级审核审批的四个环节中有一环节不同意立案的，由办案部门承办人员撰写《呈请不予立案报告书》，经四级审核审批通过，然后制作《不予立案决定书》。案件有控告人的，办案部门承办人员还要制作《不予立案通知书》，并在3日内送达给控告人，告知其不立案原因。

(2)结果回转阶段。控告人因不服公安机关不予立案决定而向公安机关申请复议复核，或者被害人及其法定代理人、近亲属认为公安机关应当立案而不立案且向检察机关申请监督立案的，公安机关法制部门按照法定程序进行办理；公安机关决定不予立案后，基于三种发现之一，即新事实、新证据、原认定事实错误需要追究刑事责任的，应当立案侦查；此外，上级公安机关发现下级公安机关作出的不予立案决定有错误的，有权予以撤销或者变更，也可以指令下级公安机关予以纠正。

2. 适用状况

关于不予立案的适用状况，以A地为例，如表3-2所示，2017年至2019年，该地公安机关每年适用不予立案的刑事案件数量徘徊在5800余件至7300余件，在该地公安机关同年刑事案件受案数中的占比均未超过1.6%。可见，该地公安机关在刑事执法办案过程中适用不予立案，是比较罕见的情形。

(二)撤销案件、终止侦查

1. 适用流程

撤销案件(终止侦查)是撤案(终止侦查)审查程序产生的一种结果，因此前者的适用流程同样为后者的适用流程所包含，具体如下所述：

(1)结果产生阶段。办案部门承办人员启动撤案(终止侦查)审查程序后，经审查，若发现案件具有本章第一节第二部分所述撤销案件十一种适用情形之一，或者被追诉人具有同一部分所述终止侦查两种适用情形之一，则撰写《呈请撤销案件报告书》或者《呈请终止侦查报告书》，经本部门法制员或者法制科室审核同意和本部门负责人批准,连同卷宗材料一起送交本公安机关法制部门审核和本公安机关负责人审批,在获得通过后制作《撤销案件决定书》或者《终止侦查决定书》,并在决定作出后3日内向相关人员或者单位履行告知义务。

(2)结果回转阶段。当事人认为公安机关不应当立案而立案且向检察机关申请监督撤案的,公安机关法制部门按照法定程序进行办理;公安机关决定撤销案件、终止侦查后,基于三种发现之一,即新事实、新证据、原认定事实错误需要追究刑事责任,应当重新立案侦查、继续侦查;此外,上级公安机关发现下级公安机关作出的撤销案件、终止侦查决定有错误的,有权予以撤销或者变更,也可以指令下级公安机关予以纠正。

2. 适用状况

关于撤销案件、终止侦查的适用状况,因笔者未能找到或者抽取到终止侦查的相关数据,故此处仅对撤销案件的适用状况作出分析。以A地为例,如表3-2所示,2017年至2019年,该地公安机关每年适用撤销案件的刑事案件数量徘徊在1.2万件至1.5万件,在该地公安机关同年刑事案件立案数中的占比均未超过3.3%。可见,同不予立案一样,该地公安机关在刑事执法办案过程中适用撤销案件,亦是比较罕见的情形。

(三)移送审查起诉并提出分流建议

该侦查分流程序结果的适用流程是:公安机关办案部门承办人员认为案件已经达到移送审查起诉条件,经本部门法制员或者法制科室审核同意和本部门负责人批准,将案件移送本公安机关法制部门审核和本公安机关负责人审批,获得通过后,制作《起诉意见书》,将案件移送检察机关审查起诉。同时,办案部门承办人员在移送法制部门审核时或者法制部门审核人员在审核时认为移送审查起诉的案件符合速裁程序适用条件的,可以提出“建议检察机关适用速裁程序”的意见,认为移送审查起诉的案件符合轻案快办机制适用条件的,应当提出“建议检察机关适用轻案快办机制”的意见,对达成和解协议的移送审查起诉案件,可以提出“建议检察机关从宽处理”的意见。意见获得本公安机关负责人批准的,由办案部门承办人员将意见内容写入《起诉意见书》。对于公安机关实施的存在错误的移送审查起诉行为(单纯的分流建议不当亦可),上级公安机关有权予以撤销或者变更,或者指令实施的公安机关予以纠正。

至于移送审查起诉并提出分流建议的适用状况,由于笔者没有相应统计工具来进行数据抽取,且未能从其他资料中查找到相应数据,故此处无法呈现该侦查分流程序结果的适用状况。

(四)撤回移送审查起诉

1. 适用流程

在实践中,公安机关适用撤回移送审查起诉往往分为以下情况:(1)部分公安机关根据以往经验或者与检察机关的事先沟通,预判到自己已移送审查起诉的案件可能被检察机关退回补充侦查或者作出不起诉决定,为避免对自身考核造成负面影响,而主动撤回移送审查起诉;(2)部分检察机关预感已移送审查起诉的案件可能对自身考核造成负面影响,或者为避免作出不起诉决定后将经历的烦琐程序和法律文书制作过程,而建议公安机关撤回移送审查起诉,公安机关则根据建议撤回移送审查起诉。该两种情况属于第一章第一节第三部分所述"为了分流而分流"现象中的预见性分流。从适用流程上看,撤回移送审查起诉没有严格的程序规定,无须经历严格的审批把关程序,亦无专门法律文书。具体来说,以A地B市为例,在前述第(1)种情况下,公安机关办案部门承办人员通过本公安机关法制部门与检察机关承办检察官以电话或面谈方式沟通协调一致,经主诉检察官、分管检察长签字同意,由检察机关承办检察官制作《同意公安机关撤回移送审查起诉的函》,将卷宗退回公安机关;在第(2)种情况下,适用流程与第(1)种情况基本一致,区别只在于检察官制作的是《建议公安机关撤回移送审查起诉的函》,但也不排除其可能会以《同意公安机关撤回移送审查起诉的函》来替代。

2. 适用状况

至于撤回移送审查起诉在实践中的适用状况,以A地为例,如表3-2所示,2017年至2019年,该地公安机关每年移送审查起诉后撤回的案件数量在其同年移送检察机关审查起诉的案件数量中的占比微乎其微,几乎可以忽略不计,这似乎表明该地已经不怎么适用撤回移送审查起诉,但事实上，撤回移送审查起诉的适用数量之所以显示极少，是因为其较少被纳入正式统计而已。

第三节　我国侦查分流机制的比较分析

我国各侦查分流程序之间，以及各侦查分流程序结果之间，存在相同点与不同点。通过梳理这些相同点与不同点，有助于进一步加深对不同侦查分流程序、不同侦查分流程序结果的认识。

一、不同侦查分流程序[①]比较

我国各侦查分流程序的相同点与不同点主要表现为以下几个方面。

1. 适用阶段

如表 3－3 所示，立案审查程序适用于立案审查阶段；认罪认罚从宽制度、刑事和解程序、轻案快办机制贯穿刑事诉讼全过程，适用于整个刑事诉讼阶段；撤案（终止侦查）审查程序适用于侦查阶段；刑事速裁程序、简易程序均属于《刑事诉讼法》规定的与普通程序并列的审判程序，其中就刑事速裁程序而言，《认罪认罚指导意见》第 24 条第 1 款、《公安机关办理刑事案件程序规定》第 289 条第 2 款已经将该程序的适用阶段提前至检察院审查起诉阶段，故该程序适用于检察院审查起诉和法院审判阶段，就简易程序而言，其正式程序只适用于法院审判阶段。需要指出的是，在刑事速裁程序试点期间，作为试点城市之一的 A 地 B 市通过在侦查阶段快速办理，[②]将速裁程序提前至侦查阶段，为案件后续的快速裁判创造条件，形成了公安机关源头启动的速裁程序前置模式，后该模式被 B

---

① 刑事速裁程序、简易程序不属于侦查分流程序，但由于其与轻案快办机制、认罪认罚从宽制度存在千丝万缕的联系，故将其与各侦查分流程序一并加以研究。

② 《A 地 B 市适用速裁程序办理刑事案件的实施办法》第 12 条："公安机关对于符合速裁程序适用条件的刑事案件，应当在法律规定期限内快速办理。"《A 地 B 市公安局适用速裁程序办理刑事案件实施细则》第 12 条："适用速裁程序办理的案件，在遵循法定程序和期限、确保办案质量的前提下，要简化工作流程，快速办理，根据情形在下列期限内办结……"

市市委政法委作为创新亮点上报中央政法委，并被全国人大常委会审议通过的认罪认罚从宽制度试点方案吸收。

表 3－3　各程序适用阶段比较

类别	适用阶段
立案审查程序	立案审查阶段
认罪认罚从宽制度	整个刑事诉讼阶段
刑事和解程序	
轻案快办机制	
撤案（终止侦查）审查程序	侦查阶段
刑事速裁程序（非侦查分流程序）	检察院审查起诉和法院审判阶段（A 地 B 市试点时，将速裁程序提前至侦查阶段）
简易程序（非侦查分流程序）	法院审判阶段

2. 适用案件范围

如表 3－4 所示，立案审查程序、认罪认罚从宽制度、撤案（终止侦查）审查程序适用于所有类型的刑事案件；刑事和解程序适用于《刑事诉讼法》第 288 条第 1 款所规定的两类公诉案件；轻案快办机制适用于案情简单①的轻微刑事案件，只是目前对轻微刑事案件具体范畴的理解并不统一，②亟须《刑事诉讼法》对轻微刑事案件作出权威界定；刑事速裁程序、简易程序适用于基层人民法院管辖的案件，即除危害国家安全、恐怖

① 《2007 年最高检意见》第 3 条、2007 年 A 地规定第 3 条、2013 年公安部征求意见稿第 3 条、2014 年浙江规定第 2 条均使用了“案情简单”的表述。

② 《2007 年最高检意见》第 4 条：“对于符合第三条规定的条件的下列案件，应当依法快速办理：（一）未成年人或者在校学生涉嫌犯罪的案件；（二）七十岁以上的老年人涉嫌犯罪的案件；（三）盲聋哑人、严重疾病患者或者怀孕、哺乳自己未满一周岁婴儿的妇女涉嫌犯罪的案件；（四）主观恶性较小的初犯、过失犯；（五）因亲友、邻里等之间的纠纷引发的刑事案件；（六）当事人双方已经就民事赔偿、化解矛盾等达成和解的刑事案件；（七）具有中止、未遂、自首、立功等法定从轻、减轻或者免除处罚情节的案件；（八）其他轻微刑事案件。”2007 年 A 地规定第 4 条与 2007 年最高检意见相比，删去“盲聋哑人涉嫌犯罪的案件”。《2013 年公安部征求意见稿》第 3 条第 2 款：“对于符合上述条件的下列案件，一般应当依法适用快速办理机制：（一）交通肇事和危险驾驶案件；（二）故意伤害、过失致人重伤、非法拘禁、寻衅滋事案件；（三）盗窃、诈骗、抢夺、敲诈勒索、故意毁坏财物、拒不支付劳动报酬等侵财类案件；（四）过失犯罪和主观恶性较小的初犯案件；（五）具有中止、未遂、自首、立功等法定从轻、减轻或者免予处罚情节的案件。”2014 年“两高一部”征求意见稿将轻微刑事案件列明为交通肇事、危险驾驶、故意伤害、过失致人重伤、非法拘禁、盗窃、诈骗、故意损坏财物、寻衅滋事等 9 类案件。2014 年浙江规定则未对轻微刑事案件的具体范围进行列明。

活动案件,可能判处无期徒刑、死刑的案件,以及全省(自治区、直辖市)性、全国性的重大刑事案件外的其他案件。①

表3-4 各程序适用案件范围比较

类别	适用案件范围
立案审查程序	所有类型的刑事案件
认罪认罚从宽制度	
撤案(终止侦查)审查程序	
刑事和解程序	两类公诉案件:因民间纠纷引起,涉嫌侵犯公民人身权利、民主权利罪以及侵犯财产罪的案件;除渎职犯罪以外的过失犯罪案件
轻案快办机制	案情简单的轻微刑事案件
刑事速裁程序(非侦查分流程序)	基层人民法院管辖的案件
简易程序(非侦查分流程序)	

3. 适用条件

(1)被追诉人认罪认罚条件②存在差异(如表3-5所示)。立案审查程序、撤案(终止侦查)审查程序不要求被追诉人认罪认罚;刑事和解程序③、轻案快办机制、简易程序要求被追诉人认罪但不要求被追诉人认罚;认罪认罚从宽制度、刑事速裁程序要求被追诉人既要认罪又要认罚。

表3-5 各程序被追诉人认罪认罚条件比较

类别	被追诉人认罪条件	被追诉人认罚条件
立案审查程序、撤案(终止侦查)审查程序	不要求被追诉人认罪认罚	

① 参见《刑事诉讼法》第20~23条、第214条第1款、第222条第1款。

② 认罪与认罚存在区别。根据最高人民法院《关于适用〈中华人民共和国刑事诉讼法〉的解释》第347条,认罪是指被追诉人自愿如实供述自己的罪行,对指控的犯罪事实没有异议;认罚则是指被追诉人真诚悔罪,愿意接受处罚。

③ 最高人民法院《关于适用〈中华人民共和国刑事诉讼法〉的解释》第592条第1款第1项:"被告人承认自己所犯罪行,对犯罪事实没有异议,并真诚悔罪。"《公安机关办理刑事案件程序规定》第337条第1款第2项:"犯罪嫌疑人承认自己所犯罪行,对指控的犯罪事实没有异议,真诚悔罪。"

续表

类别	被追诉人认罪条件	被追诉人认罚条件
刑事和解程序	被追诉人承认自己所犯罪行，对指控的犯罪事实没有异议，真诚悔罪	无
轻案快办机制	一、2007年最高检意见第3条： 1.犯罪嫌疑人、被告人承认实施了被指控的犯罪； 2.适用法律无争议 二、2007年A地规定第3条： 1.犯罪嫌疑人、被告人及其辩护人对所指控的基本犯罪事实没有异议； 2.适用法律无争议 三、2013年公安部征求意见稿第3条： 1.犯罪嫌疑人承认实施了被指控的犯罪且供述稳定，辩护人对所指控的基本犯罪事实无异议； 2.适用法律无争议 四、2014年浙江规定第9条： 1.犯罪嫌疑人、被告人承认自己所犯罪行； 2.犯罪嫌疑人、被告人及其辩护人对指控的犯罪事实没有异议	无
认罪认罚从宽制度	被追诉人自愿如实供述自己的罪行，承认指控的犯罪事实	被追诉人愿意接受处罚
刑事速裁程序（非侦查分流程序）	被告人认罪认罚	
简易程序（非侦查分流程序）	被告人承认自己所犯罪行，对指控的犯罪事实没有异议	无

（2）刑罚条件存在差异（如表3－6所示）。适用立案审查程序、认罪认罚从宽制度、撤案（终止侦查）审查程序不要求对嫌疑人可能判处的刑罚种类及幅度作出预估，即对刑罚条件未作要求；刑事和解程序根据适用案件的类型分别作了3年或者7年有期徒刑以下刑罚的要求；轻案快办机制[①]、刑事速裁程序适用于可能判处3年有期徒刑以下刑罚的案件；简

① 《2007年最高检意见》第3条、《2007年A地规定》第3条规定的是“可能判处三年以下有期徒刑、拘役、管制或者单处罚金”，《2013年公安部征求意见稿》第3条规定的是“可能判处三年以下有期徒刑、拘役、管制或者独立适用附加刑”，《2014年浙江规定》第9条规定的是“可能判处三年有期徒刑以下刑罚”，略有差别。为论述方便，此处采用“可能判处三年有期徒刑以下刑罚”的表述。

易程序的情况相对复杂，根据《刑事诉讼法》第216条第1款[①]规定，其既可适用于可能判处3年有期徒刑以下刑罚的案件，又可适用于可能判处有期徒刑超过3年的案件，同时结合《刑事诉讼法》第20条至第23条[②]和第214条第1款[③]规定，其不能适用于可能判处死刑、无期徒刑的案件，因此综合来看，其适用于可能判处有期徒刑以下刑罚的案件。

表3-6　各程序刑罚条件比较

类别	刑罚条件
立案审查程序、认罪认罚从宽制度、撤案（终止侦查）程序	无
刑事和解程序	1. 因民间纠纷引起，涉嫌侵犯公民人身权利、民主权利罪或者侵犯财产罪的案件，可能判处3年有期徒刑以下刑罚 2. 除渎职犯罪以外的过失犯罪案件，可能判处7年有期徒刑以下刑罚
轻案快办机制	可能判处3年有期徒刑以下刑罚
刑事速裁程序（非侦查分流程序）	可能判处3年有期徒刑以下刑罚
简易程序（非侦查分流程序）	可能判处有期徒刑以下刑罚

（3）当事人同意适用程序条件存在差异（如表3-7所示）。立案审查程序、撤案（终止侦查）审查程序不要求取得双方当事人同意或者确认

① 《刑事诉讼法》第216条第1款："适用简易程序审理案件，对可能判处三年有期徒刑以下刑罚的，可以组成合议庭进行审判，也可以由审判员一人独任审判；对可能判处的有期徒刑超过三年的，应当组成合议庭进行审判。"

② 《刑事诉讼法》第20条："基层人民法院管辖第一审普通刑事案件，但是依照本法由上级人民法院管辖的除外。"第21条："中级人民法院管辖下列第一审刑事案件：（一）危害国家安全、恐怖活动案件；（二）可能判处无期徒刑、死刑的案件。"第22条："高级人民法院管辖的第一审刑事案件，是全省（自治区、直辖市）性的重大刑事案件。"第23条："最高人民法院管辖的第一审刑事案件，是全国性的重大刑事案件。"

③ 《刑事诉讼法》第214条第1款："基层人民法院管辖的案件，符合下列条件的，可以适用简易程序审判：……"

双方当事人对适用没有异议。刑事和解程序以自愿[①]为前提,假如双方当事人不同意适用或者对适用有异议,就不应当适用,故《刑事诉讼法》虽然没有明确要求,但隐藏着双方当事人同意适用该程序或者确认双方当事人对适用该程序没有异议的内在要求。轻案快办机制方面,2007 年最高检意见、2007 年 A 地规定、2013 年公安部征求意见稿未要求双方当事人必须同意适用,公安司法机关依职权采用即可,如 A 地规定公安机关依职权主动适用,并在提请批准逮捕或者移送审查起诉时建议检察机关适用快速办理机制,检察机关既可依职权主动适用,也可根据公安机关建议适用快速办理机制,并在提起公诉时建议法院适用简易程序,法院在征求人民检察院与被告人、辩护人意见的基础上,可依职权主动适用简易程序,也可根据检察院提起公诉时的建议适用;[②]但这不意味着该机制就绝对不需要被追诉方的同意,如 2014 年浙江规定明确犯罪嫌疑人、被告人对适用快速办理机制没有异议,至于适用该机制是否需要被害人同意,目前尚无明确规定。认罪认罚从宽制度不归属特定的程序范畴,可以存在于任何刑事诉讼程序中,因此其只需被追诉人认罪认罚,而无须取得双方当事人同意或者确认双方当事人对适用没有异议,[③]尽管其也涉及被追诉人同意的问题,只不过此处同意的对象是检察机关量刑建议和认罪认罚后案件审理适用普通程序、速裁程序还是简易程序。刑事速裁程序要求被告人同意适用速裁程序,简易程序要求被告人对适用简易程序没有异议,均未考虑到是否需要被害人同意适用程序的问题。

---

① 《刑事诉讼法》第 288 条第 1 款:“下列公诉案件,犯罪嫌疑人、被告人真诚悔罪,通过向被害人赔偿损失、赔礼道歉等方式获得被害人谅解,被害人自愿和解的,双方当事人可以和解:……”最高人民法院《关于适用〈中华人民共和国刑事诉讼法〉的解释》第 592 条第 1 款第 3 项、《公安机关办理刑事案件程序规定》第 337 条第 1 款第 4 项:“被害人自愿和解,请求或者同意对被告人(犯罪嫌疑人)依法从宽处罚。”《人民检察院刑事诉讼规则》第 492 条第 2 款第 3 项:“双方当事人自愿和解,符合有关法律规定。”

② 详见 2007 年 A 地规定第 6 ~ 8 条和第 14、18、19、20 条。

③ 如《认罪认罚指导意见》第 18 条:“被害方异议的处理。被害人及其诉讼代理人不同意对认罪认罚的犯罪嫌疑人、被告人从宽处理的,不影响认罪认罚从宽制度的适用……”

表 3－7　各程序双方当事人同意适用程序条件比较

类别	双方当事人同意适用程序条件
立案审查程序、撤案（终止侦查）审查程序	无
刑事和解程序	当事人自愿和解，隐藏着被追诉人、被害人同意适用该程序或者确认被追诉人对适用该程序没有异议的内在要求
轻案快办机制	1.《2007 年最高检意见》：无 2.《2007 年 A 地规定》：无 3.《2013 年公安部征求意见稿》：无 4.《2014 年浙江规定》：犯罪嫌疑人、被告人对适用快速办理机制没有异议
认罪认罚从宽制度	无
刑事速裁程序（非侦查分流程序）	被告人同意适用速裁程序
简易程序（非侦查分流程序）	被告人对适用简易程序没有异议

（4）证据条件存在差异（如表 3－8 所示）。具体而言：①如前所述，立案审查程序只需要有一定的足以支撑犯罪事实有无和轻重判断的证据即可，不需要完全查实，不需要达到法定证明标准的程度；②对于刑事和解程序，《刑事诉讼法》也未明确要求需要达到法定证明标准，但根据最高人民法院《关于适用〈中华人民共和国刑事诉讼法〉的解释》（以下简称《2021 年刑诉法解释》）第 587 条第 1 款[①]、《人民检察院刑事诉讼规则》第 492 条第 2 款[②]、《公安机关办理刑事案件程序规定》第 335 条第 1 款[③]的规定，同时也为避免刑事和解程序成为滋生腐败的温床，适用该程序的案件应当事实清楚、证据确实充分；③《刑事诉讼法》未明确要求认罪认罚案件需要达到法定证明标准，但并不代表该类案件可以事实不清、证据

① 《2021 年刑诉法解释》第 587 条第 1 款："对符合刑事诉讼法第二百八十八条规定的公诉案件，事实清楚、证据充分的，人民法院应当告知当事人可以自行和解；当事人提出申请的，人民法院可以主持双方当事人协商以达成和解。"

② 《人民检察院刑事诉讼规则》第 492 条第 2 款："当事人和解的公诉案件应当同时符合下列条件：……（五）案件事实清楚，证据确实、充分。"

③ 《公安机关办理刑事案件程序规定》第 335 条第 1 款："双方当事人和解的，公安机关应当审查案件事实是否清楚，被害人是否自愿和解，是否符合规定的条件。"

不足，因为根据《刑事诉讼法》第 174 条第 1 款规定，被追诉人自愿认罪且同意量刑建议和程序适用后才可签署认罪认罚具结书，这就要求被追诉人涉嫌的罪名及罪数、可能判处的刑罚种类及幅度较为明确，这一切都建立在案件事实清楚、证据确实充分的基础上，这也是"为了防止'被迫认罪'和'替人顶罪'，特别是冤错案件的发生，必须对犯罪事实已经发生、犯罪分子是谁等主要事实的证明达到确定无疑的程度"[①]的考虑，并且《认罪认罚指导意见》第 3 条已明确指出，办理认罪认罚案件，应当"坚持法定证明标准，侦查终结、提起公诉、作出有罪裁判应当做到犯罪事实清楚，证据确实、充分，防止因犯罪嫌疑人、被告人认罪而降低证据要求和证明标准"；④轻案快办机制[②]、刑事速裁程序、简易程序均要求案件事实清楚，证据确实、充分（简易程序表述为"证据充分"）；⑤撤案（终止侦查）审查程序在判断是否存在不应追究被追诉人刑事责任、犯罪分子另有其人、构成共犯的部分人员不够刑事处罚等情形时，虽未明确要求应达到法定证明标准，但从防范不当或者任意撤案、终止侦查的角度考虑，还是应当符合该标准。

表 3－8　各程序证据条件比较

类别	证据条件
立案审查程序	只需要有一定的足以支撑犯罪事实有无和轻重判断的证据即可，不需要完全查实，不需要达到法定证明标准的程度
刑事和解程序	法定证明标准
轻案快办机制	
认罪认罚从宽制度	
撤案（终止侦查）审查程序	
刑事速裁程序（非侦查分流程序）	
简易程序（非侦查分流程序）	

① 陈光中、马康：《认罪认罚从宽制度若干重要问题探讨》，载《法学》2016 年第 8 期。

② 《2007 年最高检意见》第 3 条、《2007 年 A 地规定》第 3 条、《2013 年公安部征求意见稿》第 3 条、《2014 年浙江规定》第 9 条均使用了"事实清楚，证据确实、充分"的表述。

(5)当事人合意条件存在差异(如表3－9所示)。立案审查程序、撤案(终止侦查)审查程序不要求当事人合意的存在;在认罪认罚从宽制度中,被追诉人与被害方达成和解协议、调解协议或者向被害方赔偿损失、赔礼道歉而取得谅解并非硬性要求,而是一种鼓励,属于对被追诉人从宽处罚的重要考量因素,如认罪认罚的被追诉人没有退赃退赔、赔偿损失而未能与被害方达成调解或者和解协议,从宽时应当予以酌减,并且被害方不同意对认罪认罚的被追诉人从宽处理,不影响认罪认罚从宽制度的适用,以及认罪认罚的被追诉人愿意积极赔偿损失,但因被害方赔偿请求明显不合理,未能达成调解或者和解协议,一般不影响对该被追诉人从宽处理,[①]又进一步证明双方当事人达成和解、调解或者谅解属于软性内容的范畴。换言之,认罪认罚从宽制度不要求当事人合意的存在;《刑事诉讼法》未对简易程序中的当事人合意作出要求;刑事和解程序要求应当有当事人合意的存在,一方面被追诉人应当通过向被害人赔偿损失、赔礼道歉等方式获得被害人谅解;[②]另一方面被害人及其法定代理人或者近亲属应当请求或者同意对被告人(嫌疑人)依法从宽处罚,[③]但不得就案件的事实认定、证据采信、法律适用和定罪量刑等依法属于公安司法机关职权范围的事宜达成合意;[④]轻案快办机制要求适用该机制的轻微刑事案件必须属于“当事人双方已经就民事赔偿、化解矛

---

① 详见《认罪认罚指导意见》第16条、第17条第1款、第18条。

② 详见《刑事诉讼法》第288条第1款,《人民检察院刑事诉讼规则》第492条第2款第1、2项和《公安机关办理刑事案件程序规定》第333条第1款。

③ 详见《2021年刑诉法解释》第592条第1款第3项、《公安机关办理刑事案件程序规定》第337条第1款第4项。

④ 最高人民检察院《关于办理当事人达成和解的轻微刑事案件的若干意见》第3条:“当事人双方可以就赔偿损失、恢复原状、赔礼道歉、精神抚慰等民事责任事项进行和解,并且可以就被害人及其法定代理人或者近亲属是否要求或者同意公安司法机关对犯罪嫌疑人、被告人依法从宽处理达成一致,但不得对案件的事实认定、证据和法律适用、定罪量刑等依法属于公安司法机关职权范围的事宜进行协商……”《人民检察院刑事诉讼规则》第495条:“双方当事人可以就赔偿损失、赔礼道歉等民事责任事项进行和解,并且可以就被害人及其法定代理人或者近亲属是否要求或者同意公安机关、人民检察院、人民法院对犯罪嫌疑人依法从宽处理进行协商,但不得对案件的事实认定、证据采信、法律适用和定罪量刑等依法属于公安机关、人民检察院、人民法院职权范围的事宜进行协商。”

盾等达成和解的刑事案件"[①]，即要求当事人在特定范围达成合意；刑事速裁程序从反面着手，将"被告人与被害人或者其法定代理人没有就附带民事诉讼赔偿等事项达成调解或者和解协议"作为不适用速裁程序的条件。[②] 综上，目前仅有刑事和解程序（包括A地范围内的适用刑事和解程序后被撤销的轻伤害案件）、轻案快办机制、刑事速裁程序明确要求应当有当事人合意的存在。

表3-9　各程序当事人合意条件比较

类别	双方当事人合意条件
立案审查程序、撤案（终止侦查）审查程序	无
刑事和解程序	被追诉人通过向被害人赔偿损失、赔礼道歉等方式获得被害人谅解，被害人请求或者同意对被告人（嫌疑人）依法从宽处罚，但不得就案件的事实认定、证据采信、法律适用和定罪量刑等依法属于公安司法机关职权范围的事宜达成合意
轻案快办机制	当事人双方已经就民事赔偿、化解矛盾等达成和解（但也有对此不作要求的，如2013年公安部征求意见稿）
认罪认罚从宽制度	无
刑事速裁程序（非侦查分流程序）	被告人与被害人或者其法定代理人就附带民事诉讼赔偿等事项达成调解或者和解协议
简易程序（非侦查分流程序）	无

（6）消极适用条件存在差异（如表3-10所示）。立案审查程序、撤案（终止侦查）审查程序、认罪认罚从宽制度无消极适用条件之说，凡是

① 《2007年最高检意见》第4条："对于符合第三条规定的条件的下列案件，应当依法快速办理：……（六）当事人双方已经就民事赔偿、化解矛盾等达成和解的刑事案件……"《2007年A地规定》第4条："对于符合第三条规定的下列案件，应当依法快速办理：……（六）当事人双方已经就民事赔偿、化解矛盾等达成和解的……"《2014年浙江规定》第10条："有下列情形之一的，不适用快速办理机制：……（四）可能提起刑事附带民事诉讼的案件，双方当事人未能和解的……"但也有对此不作要求的，如《2013年公安部征求意见稿》。

② 《刑事诉讼法》第223条："有下列情形之一的，不适用速裁程序：……（五）被告人与被害人或者其法定代理人没有就附带民事诉讼赔偿等事项达成调解或者和解协议的……"

符合法定适用条件的案件均可适用;刑事和解程序则在3种情形下禁止适用,分别为属于6类非因民间纠纷引起的犯罪案件,[①]被追诉人在5年以内曾经故意犯罪[②]和和解违反自愿、合法原则;[③]轻案快办机制方面,各地各部门所规定的范围并不统一,存在一定出入,如《2007年最高检意见》明确危害国家安全犯罪、涉外、故意实施的职务犯罪、其他疑难复杂和严重刑事犯罪等5类刑事案件不得适用,《2013年公安部征求意见稿》在此基础上,保留危害国家安全犯罪和其他疑难复杂案件,增加恐怖活动犯罪、黑社会性质组织犯罪、犯罪嫌疑人系累犯、可能引发群体性事件或者舆论关注以及流窜作案、多次作案、结伙作案等案件,删去涉外、故意实施的职务犯罪、严重刑事犯罪等案件,《2007年A地规定》在《2007年最高检意见》基础上增加了恐怖活动和可能判处无期徒刑、死刑两类案件,但也删去了涉外刑事案件,《2014年浙江规定》将2012年《刑事诉讼法》第209条规定的不适用简易程序的5类案件以及疑难复杂的共同犯罪案件、涉及多个罪名的案件、人民检察院立案侦查的案件、可能提起刑事附带民事诉讼但双方当事人未能和解的案件、其他不宜适用快速办理机制的案件纳入不得适用范围;刑事速裁程序在《刑事诉讼法》第223条规定的6种情形下不得适用,简易程序在《刑事诉讼法》第215条规定的4种情形下(基本属于刑事速裁程序不得适用情形)不得适用,需要指出的是,这两种程序的不得适用情形,与2014年浙江规定列明的轻案快办机制不得适用范围存在一定重合。

---

① 《公安机关办理刑事案件程序规定》第334条:"有下列情形之一的,不属于因民间纠纷引起的犯罪案件:(一)雇凶伤害他人的;(二)涉及黑社会性质组织犯罪的;(三)涉及寻衅滋事的;(四)涉及聚众斗殴的;(五)多次故意伤害他人身体的;(六)其他不宜和解的。"

② 《刑事诉讼法》第288条第2款:"犯罪嫌疑人、被告人在五年以内曾经故意犯罪的,不适用本章规定的程序。"

③ 《人民检察院刑事诉讼规则》第497条第1款:"人民检察院应当对和解的自愿性、合法性进行审查,重点审查以下内容:(一)双方当事人是否自愿和解;(二)犯罪嫌疑人是否真诚悔罪,是否向被害人赔礼道歉,赔偿数额与其所造成的损害和赔偿能力是否相适应;(三)被害人及其法定代理人或者近亲属是否明确表示对犯罪嫌疑人予以谅解;(四)是否符合法律规定;(五)是否损害国家、集体和社会公共利益或者他人的合法权益;(六)是否符合社会公德。"

表 3-10　各程序消极适用条件比较

类别	消极适用条件
立案审查程序、撤案(终止侦查)审查程序	无
刑事和解程序	1. 属于 6 类非因民间纠纷引起的犯罪案件:雇凶伤害他人的;涉及黑社会性质组织犯罪的;涉及寻衅滋事的;涉及聚众斗殴的;多次故意伤害他人身体的;其他不宜和解的 2. 犯罪嫌疑人、被告人在 5 年以内曾经故意犯罪 3. 和解违反自愿、合法原则
轻案快办机制	1.《2007 年最高检意见》第 5 条:危害国家安全犯罪的案件、涉外刑事案件、故意实施的职务犯罪案件以及其他疑难、复杂的刑事案件;严重刑事犯罪案件 2.《2007 年 A 地规定》第 5 条:比《2007 年最高检意见》多了恐怖活动案件和可能判处无期徒刑、死刑的案件,少了涉外刑事案件 3.《2013 年公安部征求意见稿》:(1)危害国家安全犯罪案件;(2)恐怖活动犯罪案件;(3)黑社会性质的组织犯罪案件;(4)流窜作案、多次作案、结伙作案的案件;(5)犯罪嫌疑人系累犯的案件;(6)可能引发群体性事件或者舆论关注的案件;(7)其他疑难、复杂的案件 4.《2014 年浙江规定》第 10 条:(1)不适用简易程序的案件:犯罪嫌疑人、被告人是盲、聋、哑人或者是尚未完全丧失辨认或者控制自己行为能力的精神病人;有重大社会影响的;共同犯罪中部分犯罪嫌疑人、被告人不认罪或者对适用简易程序有异议的;犯罪嫌疑人、被告人认罪但经审查可能不构成犯罪的;辩护人作无罪辩护的;(2)人民检察院立案侦查的案件;(3)复杂的共同犯罪案件、涉及多个罪名的案件;(4)可能提起刑事附带民事诉讼的案件,双方当事人未能和解的;(5)其他不宜适用快速办理机制的案件
认罪认罚从宽制度	无
刑事速裁程序(非侦查分流程序)	1. 被告人是盲、聋、哑人,或者是尚未完全丧失辨认或者控制自己行为能力的精神病人 2. 被告人是未成年人 3. 案件有重大社会影响 4. 共同犯罪案件中部分被告人对指控的犯罪事实、罪名、量刑建议或者适用速裁程序有异议 5. 被告人与被害人或者其法定代理人没有就附带民事诉讼赔偿等事项达成调解或者和解协议 6. 其他不宜适用速裁程序审理的情形

续表

类别	消极适用条件
简易程序（非侦查分流程序）	1. 被告人是盲、聋、哑人，或者是尚未完全丧失辨认或者控制自己行为能力的精神病人 2. 有重大社会影响 3. 共同犯罪案件中部分被告人不认罪或者对适用简易程序有异议 4. 其他不宜适用简易程序审理的情形

4. 程序内容

如表3－11所示，各分流程序在内容层面存在不小差异，具体表现在以下方面：

第一，程序启动方面：立案审查程序、撤案（终止侦查）审查程序由公安机关依法依职权启动；刑事和解可以由当事人自行进行或者向公安司法机关提出申请，以及由公安司法机关向当事人提出建议；[①]轻案快办机制基本上是由公安司法机关依职权或者根据前一办案环节所属机关的建议启动，如《2007年A地》规定明确公安机关依职权主动适用，并在提请批准逮捕或者移送审查起诉时建议检察机关适用快速办理机制，检察机关既可依职权主动适用，也可根据公安机关建议适用快速办理机制，并在提起公诉时建议法院适用简易程序，法院在征求人民检察院与被告人、辩护人意见的基础上，可依职权主动适用简易程序，也可根据检察院提起公诉时的建议适用；认罪认罚从宽制度以被追诉人认罪认罚为前提，可以说被追诉人是否认罪认罚决定着认罪认罚从宽制度的适用与否，事实上，只要被追诉人认罪认罚，就能启动对该制度的适用；刑事速裁程序、简易程序的启动，可由检察机关建议法院适用，[②]若检察机关未提出建议，法院

① 《2021年刑诉法解释》第587条第1款："对符合刑事诉讼法第二百八十八条规定的公诉案件，事实清楚、证据充分的，人民法院应当告知当事人可以自行和解；当事人提出申请的，人民法院可以主持双方当事人协商以达成和解。"《人民检察院刑事诉讼规则》第496条："双方当事人可以自行达成和解，也可以经人民调解委员会、村民委员会、居民委员会、当事人所在单位或者同事、亲友等组织或者个人调解后达成和解。人民检察院对于本规则第四百九十二条规定的公诉案件，可以建议当事人进行和解，并告知相应的权利义务，必要时可以提供法律咨询。"

② 《刑事诉讼法》第214条第2款："人民检察院在提起公诉的时候，可以建议人民法院适用简易程序。"第222条第2款："人民检察院在提起公诉的时侯，可以建议人民法院适用速裁程序。"

经审查认为符合适用条件的，可以决定适用但必须征得被追诉人同意，① 此外，刑事速裁程序还可能因检察机关认可公安机关提出的适用建议，向法院提出适用建议并获得法院认可，征得被追诉人同意而启动。②

第二，程序变更方面：(1)公安机关启动立案审查程序后，根据《刑事诉讼法》第110条、第112条，以及《公安机关办理刑事案件程序规定》第175条至第178条作出相应处理即可，并不会涉及程序变更问题。(2)基于和解的自愿性，双方当事人在和解开始但尚未达成和解协议时可以随时终止程序，在已经达成和解协议但尚未履行或者尚未全部履行完毕时可以随时反悔，在和解协议已经全部履行时只有在有证据证明和解违反自愿、合法原则的情况下才能反悔，③此外公安司法机关经审查发现和解违反自愿、合法原则或者被追诉人或其亲友在协议履行完毕之后威胁、报复被害人的，应当认定和解协议无效。④ (3)对于轻案快办机制，《2007年最高检意见》明确办案部门可以依职权决定是否将确定为快速办理但经审查不符合快速办理条件的案件转为按普通审查方式办理，⑤《2007年A地规定》明确公安司法机关发现案件不符合快速办理条件的，应当依职权

---

① 《刑事诉讼法》第214条第1款："基层人民法院管辖的案件，符合下列条件的，可以适用简易程序审判：(一)案件事实清楚、证据充分的；(二)被告人承认自己所犯罪行，对指控的犯罪事实没有异议的；(三)被告人对适用简易程序没有异议的。"第222条第1款："基层人民法院管辖的可能判处三年有期徒刑以下刑罚的案件，案件事实清楚，证据确实、充分，被告人认罪认罚并同意适用速裁程序的，可以适用速裁程序，由审判员一人独任审判。"

② 根据《认罪认罚指导意见》第24条第1款规定，公安机关认为移送审查起诉的案件符合速裁程序适用条件的，可以在起诉意见书中建议人民检察院适用速裁程序办理，并简要说明理由。

③ 2021年刑诉法解释第593条第2款："和解协议已经全部履行，当事人反悔的，人民法院不予支持，但有证据证明和解违反自愿、合法原则的除外。"

④ 《公安机关办理刑事案件程序规定》第335条第1款："双方当事人和解的，公安机关应当审查案件事实是否清楚，被害人是否自愿和解，是否符合规定的条件。"《人民检察院刑事诉讼规则》第504条："犯罪嫌疑人或者其亲友等以暴力、威胁、欺骗或者其他非法方法强迫、引诱被害人和解，或者在协议履行完毕之后威胁、报复被害人的，应当认定和解协议无效……"《2021年刑诉法解释》第590条："对公安机关、人民检察院主持制作的和解协议书，当事人提出异议的，人民法院应当审查。经审查，和解自愿、合法的，予以确认，无需重新制作和解协议书；和解违反自愿、合法原则的，应当认定无效。和解协议被认定无效后，双方当事人重新达成和解的，人民法院应当主持制作新的和解协议书。"《2021年刑诉法解释》第591条："审判期间，双方当事人和解的，人民法院应当听取当事人及其法定代理人等有关人员的意见。双方当事人在庭外达成和解的，人民法院应当通知人民检察院，并听取其意见。经审查，和解自愿、合法的，应当主持制作和解协议书。"

⑤ 《2007年最高检意见》第10条第2款："确定为快速办理的案件，办案人员经审查发现不符合快速办理条件的，应当及时报告部门负责人决定，转为按普通审查方式办理。"

决定是否继续适用快速办理机制，[①]同时还规定检察机关对于拟作不起诉决定或者退回补充侦查的案件，一律转为普通审查程序，《2014年浙江规定》明确公安司法机关对于前一环节的办案机关已启动快速办理机制的案件，一般继续适用快速办理机制办理案件，但在5种情形下可以依职权终止适用，[②]同时规定出现新的事实和证据，被告人翻供、辩护人作无罪辩护等情形但人民检察院不撤回起诉的案件，人民法院应当转为普通程序审理。[③] (4)认罪认罚从宽制度中，被追诉人违背意愿认罪认罚或者认罪认罚后又反悔的，公安司法机关对其不再适用该制度，并应在排除认罪认罚因素后全面审查事实证据，依法需要转换程序的就转换相应程序。[④] (5)公安机关启动撤案(终止侦查)审查程序后，如果发现撤案(终

---

① 《2007年A地规定》第10条："审查逮捕案件承办人发现案件不符合快速办理条件的，应当及时报告部门负责人，由其决定是否转为普通审查程序。"第13条："在侦查中，侦查人员发现案件不符合快速办理条件的，应当及时报告办案部门负责人，由其决定是否继续适用快速办理机制，不再适用的应当书面通知提出建议的检察机关侦查监督部门。"第16条："审查起诉中，承办人发现案件不符合快速办理条件的，经办案小组讨论后，应当在受理案件后十日内报告部门负责人，由其决定是否转为普通审查程序。如转为普通程序的，公诉部门应当书面通知公安机关。"第17条："拟作不起诉决定或者退回补充侦查的案件，一律转为普通审查程序。"第23条："在审理中，人民法院发现案件不符合适用简易程序条件的，应当转为普通程序重新审理。"

② 《2014年浙江规定》第12条："已启动快速办理机制的案件，在办理过程中出现下列情形之一的，公安机关、人民检察院和人民法院可以终止适用并通知之前的办案机关：(一)犯罪嫌疑人或者被告人翻供的；(二)证据发生变化，可能影响定罪量刑的；(三)发现可能遗漏罪行或者遗漏罪犯的；(四)辩护人提出无罪辩护或者对指控的犯罪事实提出实质性异议的；(五)其他不宜适用快速办理机制的情形。"

③ 《2014年浙江规定》第17条第2项："在审理阶段，出现新的事实和证据，被告人翻供、辩护人作无罪辩护等情形的，人民法院应当立即通知人民检察院，人民检察院根据具体情况可以补充证据或者申请撤回起诉。人民检察院申请撤回起诉的，人民法院应当予以准许。不撤回起诉的，人民法院应当转为普通程序审理。"

④ 《认罪认罚指导意见》第39条第3款："被告人违背意愿认罪认罚，或者认罪认罚后又反悔，依法需要转换程序的，应当按照普通程序对案件重新审理。"第51条："不起诉后反悔的处理。因犯罪嫌疑人认罪认罚，人民检察院依照刑事诉讼法第一百七十七条第二款作出不起诉决定后，犯罪嫌疑人否认指控的犯罪事实或者不积极履行赔礼道歉、退赃退赔、赔偿损失等义务的，人民检察院应当进行审查，区分下列情形依法作出处理：(一)发现犯罪嫌疑人没有犯罪事实，或者符合刑事诉讼法第十六条规定的情形之一的，应当撤销原不起诉决定，依法重新作出不起诉决定；(二)认为犯罪嫌疑人仍属于犯罪情节轻微，依照刑法规定不需要判处刑罚或者免除刑罚的，可以维持原不起诉决定；(三)排除认罪认罚因素后，符合起诉条件的，应当根据案件具体情况撤销原不起诉决定，依法提起公诉。"第52条："起诉前反悔的处理。犯罪嫌疑人认罪认罚，签署认罪认罚具结书，在人民检察院提起公诉前反悔的，具结书失效，人民检察院应当在全面审查事实证据的基础上，依法提起公诉。"第53条："审判阶段反悔的处理。案件审理过程中，被告人反悔不再认罪认罚的，人民法院应当根据审理查明的事实，依法作出裁判。需要转换程序的，依照本意见的相关规定处理。"

止侦查)情形并不存在,直接终止该程序继续侦查即可。(6)刑事速裁程序属于审查起诉程序或者审判程序,简易程序属于审判程序,对于检察院而言,如果其在审查起诉中发现认罪认罚案件不宜适用速裁程序的,则应在1个月或者1个月零15日(重大、复杂案件)内决定是否提起公诉,[①]如果其在法院审理中发现案件不宜适用速裁程序审理的,则应建议法院变更程序重新审理,[②]如果其在法院审理中发现案件不宜适用简易程序审理的,则根据情况向法院分别提出纠正意见或者不适用简易程序的建议;[③]对于法院而言,如果其在审理中发现案件不宜适用该两种程序审理的,则应按照现行《刑法》第三编第二章规定重新审理。[④]

第三,程序简化[⑤]方面:(1)立案审查程序不涉及程序从简、从快内容。(2)刑事和解不必然涉及程序的简化与加快,除非同一案件同时适用轻微刑事案件快速办理、认罪认罚从宽、刑事速裁、简易等程序。(3)轻案快办机制、认罪认罚从宽制度、刑事速裁程序、简易程序在程序上均涉及从简、从快内容。其中,适用快速办理机制的轻微刑事案件的侦查、审查起诉、审判应当在比正常办案期限短的一定期限内完成,并且在法律文书、手续、程序方面可以相对简化,如《2013年公安部征求意见稿》

---

① 《人民检察院刑事诉讼规则》第273条第1款:"犯罪嫌疑人认罪认罚,人民检察院经审查,认为……认为不符合速裁程序适用条件的,应当在本规则第三百五十一条规定的期限以内作出是否提起公诉的决定。"第351条第1款:"人民检察院对于移送起诉的案件,应当在一个月以内作出决定;重大、复杂的案件,一个月以内不能作出决定的,可以延长十五日。"

② 《人民检察院刑事诉讼规则》第443条:"适用速裁程序审理的案件,人民检察院发现有不宜适用速裁程序审理情形的,应当建议人民法院转为普通程序或者简易程序重新审理。"

③ 《人民检察院刑事诉讼规则》第431条第2款:"人民法院决定适用简易程序审理的案件,人民检察院认为具有刑事诉讼法第二百一十五条规定情形之一的,应当向人民法院提出纠正意见;具有其他不宜适用简易程序情形的,人民检察院可以建议人民法院不适用简易程序。"

④ 简易程序变更条件(《刑事诉讼法》第221条):人民法院在审理过程中,发现不宜适用简易程序的,应当按照本章第一节或者第二节的规定重新审理;速裁程序变更条件(《刑事诉讼法》第226条):人民法院在审理过程中,发现有被告人的行为不构成犯罪或者不应当追究其刑事责任、被告人违背意愿认罪认罚、被告人否认指控的犯罪事实或者其他不宜适用速裁程序审理的情形的,应当按照本章第一节或者第三节的规定重新审理。

⑤ 需要注意的是,程序简化或者从简,不等于省略法定程序、降低证据标准,也不等于克减当事人和其他诉讼参与人的诉讼权利,其更多的是一种办案流程的优化和办案期限的缩短。如《2013年公安部征求意见稿》第2条规定,快速办理轻微刑事案件,必须严格执行法律规定,不得省略法定程序、降低证据标准……必须充分保障法律规定的诉讼参与人特别是犯罪嫌疑人、被害人的诉讼权利,不能为了追求快速办理而妨碍诉讼参与人行使法定诉讼权利。

要求办案部门优化办案流程、加快案件办理速度，法制部门优先审核轻案快办案件，指导案件依法准确、高效办理，并鼓励有条件的地方指定专人负责轻案快办工作，同时明确对于犯罪嫌疑人未被拘留、逮捕的案件，应当在立案后30日内侦查终结并移诉，对于检察机关批捕或者认为犯罪嫌疑人有犯罪事实但无逮捕必要而作出不批捕的案件，一般应当在检察机关作出决定后30日内侦查终结并移诉；再如《2014年浙江规定》明确公安司法机关在各自诉讼环节的办案期限各不超过10日，并且实行“三集中三简化”办案模式。[①] 认罪认罚从宽制度明确要求公安机关对可能适用速裁程序的案件，应快速办理，对犯罪嫌疑人未被羁押的，可以集中移送审查起诉，但不得为集中移送拖延案件办理；[②]同时对检察机关审查起诉期限作出限定，要求“犯罪嫌疑人认罪认罚，符合速裁程序适用条件的，应当在十日以内作出决定，对可能判处的有期徒刑超过一年的，可以延长至十五日”[③]，与其他案件办理期限相比大大缩短；而且该制度至审判阶段可能会与刑事速裁程序、简易程序一并适用，从而涉及审判程序的简化。至于刑事速裁程序和简易程序，《刑事诉讼法》简化了前者的审判组织，缩短了其送达、审理等期限，省略了其法庭调查、法庭辩论等程序，并将当庭宣判作为强制性要求予以明确；[④]同时对后者，在审判组织、送达期限、讯问被告人、询问证人、鉴定人、出示证据、法庭辩论程序、审理期限

---

① 《2014年浙江规定》第6条：“适用快速办理机制办理案件，可以根据实际情况指定专门的办案组织或者专人（独任）办理；实行‘三集中三简化’办案模式，相对集中移送审查起诉、相对集中提起公诉、相对集中开庭，简化文书制作、简化审批程序、简化庭审程序；加大信息化建设力度，推进信息共享，提高办案效率。”第11条：“公安机关、人民检察院和人民法院在各自诉讼环节，对符合条件的轻微刑事案件，应当及时启动快速办理机制，侦查期限、审查起诉期限、第一审审理期限各不超过十日。”

② 详见《认罪认罚指导意见》第24条第2款。

③ 详见《刑事诉讼法》第172条第1款。

④ 《刑事诉讼法》第183条第1款：“基层人民法院、中级人民法院审判第一审案件，应当由审判员三人或者由审判员和人民陪审员共三人或者七人组成合议庭进行，但是基层人民法院适用简易程序、速裁程序的案件可以由审判员一人独任审判。”第224条：“适用速裁程序审理案件，不受本章第一节规定的送达期限的限制，一般不进行法庭调查、法庭辩论，但在判决宣告前应当听取辩护人的意见和被告人的最后陈述意见。适用速裁程序审理案件，应当当庭宣判。”第225条：“适用速裁程序审理案件，人民法院应当在受理后十日以内审结；对可能判处的有期徒刑超过一年的，可以延长至十五日。”

等方面进行了简化。① (4)撤案(终止侦查)审查程序在终止侦查审查时不涉及程序从简、从快内容,在撤案审查时不必然涉及程序从简、从快内容(只有当同时适用认罪认罚从宽制度才涉及)。

第四,实体从宽方面:(1)立案审查程序、撤案审查程序本身不涉及实体从宽内容,可能涉及实体从宽内容的是其产生的程序结果。(2)轻案快办机制方面,《2007 年最高检意见》《2007 年 A 地规定》仅涉及简化工作流程、缩短办案期限方面的内容而未涉及实体从宽内容,《2014 年浙江规定》基本以简化工作流程、缩短办案期限为主,只是提出应贯彻宽严相济刑事政策,对符合条件的犯罪嫌疑人、被告人,优先采取取保候审、监视居住等非羁押性强制措施,依法适度扩大拘役以及非监禁刑等轻缓刑罚的适用,加强对轻刑犯的教育矫治工作,可见轻案快办机制基本上以程序从快、从简为主,较少涉及实体从宽内容。(3)刑事和解程序、认罪认罚从宽制度、刑事速裁程序涉及实体从宽内容,简易程序在一定条件下会涉及实体从宽内容。具体而言,对于达成和解协议的案件,公安机关可以提出从宽处理的建议,检察机关可以提出从宽处罚的建议,在特殊情况下还可以直接作出不起诉决定,法院可以依法从宽处罚;②对于认罪认罚的

---

① 《刑事诉讼法》第 183 条第 1 款,具体内容见上页脚注④。《刑事诉讼法》第 216 条第 1 款:“适用简易程序审理案件,对可能判处三年有期徒刑以下刑罚的,可以组成合议庭进行审判,也可以由审判员一人独任审判;对可能判处的有期徒刑超过三年的,应当组成合议庭进行审判。”第 219 条:“适用简易程序审理案件,不受本章第一节关于送达期限、讯问被告人、询问证人、鉴定人、出示证据、法庭辩论程序规定的限制。但在判决宣告前应当听取被告人的最后陈述意见。”第 220 条:“适用简易程序审理案件,人民法院应当在受理后二十日以内审结;对可能判处的有期徒刑超过三年的,可以延长至一个半月。”

② 《刑事诉讼法》第 290 条:“对于达成和解协议的案件,公安机关可以向人民检察院提出从宽处理的建议。人民检察院可以向人民法院提出从宽处罚的建议;对于犯罪情节轻微,不需要判处刑罚的,可以作出不起诉的决定。人民法院可以依法对被告人从宽处罚。”《人民检察院刑事诉讼规则》第 502 条:“人民检察院对于公安机关移送起诉的案件,双方当事人达成和解协议的,可以作为是否需要判处刑罚或者免除刑罚的因素予以考虑。符合法律规定的不起诉条件的,可以决定不起诉。对于依法应当提起公诉的,人民检察院可以向人民法院提出从宽处罚的量刑建议。”《2021 年刑诉法解释》第 596 条:“对达成和解协议的案件,人民法院应当对被告人从轻处罚;符合非监禁刑适用条件的,应当适用非监禁刑;判处法定最低刑仍然过重的,可以减轻处罚;综合全案认为犯罪情节轻微不需要判处刑罚的,可以免予刑事处罚。共同犯罪案件,部分被告人与被害人达成和解协议的,可以依法对该部分被告人从宽处罚,但应当注意全案的量刑平衡。”

被追诉人,“可以依法从宽处理”[①];刑事速裁程序以被告人认罪认罚为适用前提,因此根据《刑事诉讼法》第 15 条,其亦涉及实体从宽内容;简易程序是否涉及实体上的从宽,在《刑事诉讼法》中并不明确,但其在一定条件下可以适用于被告人认罪认罚案件,[②]因此也会涉及实体从宽内容。

第五,当事人权利保障方面:除一般诉讼权利外,各分流程序规定当事人还享有某些特殊诉讼权利。具体而言:(1)就立案审查程序来说,根据《公安机关办理刑事案件程序规定》第 174 条第 2 款[③],公安机关不得对被调查对象采取技术侦查措施以及限制其人身、财产权利的强制性措施。(2)就轻案快办机制来说,《2007 年最高检意见》将“充分保障诉讼参与人诉讼权利”列为应当坚持的三大原则之一;《2007 年 A 地规定》明确人民法院对人民检察院没有建议适用简易程序的公诉案件,经审查认为可以适用简易程序审理的,应当征求人民检察院与被告人、辩护人的意见;《2014 年浙江规定》要求法律援助机构接到申请或者办案机关通知后在 3 日内为符合法律援助条件的被追诉人指派辩护律师,公安司法机关在 2 日内告知双方当事人各项诉讼权利及快速办理机制的相关规定、告知辩护律师诉讼进展情况以及听取被追诉人对适用快速办理机制的意见。[④] (3)在刑事和解程序中,公安司法机关应当听取双方当事人和其他有关人员的意见,对和解的自愿性、合法性进行审查,并主持制作和解协议书。[⑤] (4)在认罪认罚从宽制度中,被追诉人享有获得值班律师有效法

---

① 《刑事诉讼法》第 15 条:“犯罪嫌疑人、被告人自愿如实供述自己的罪行,承认指控的犯罪事实,愿意接受处罚的,可以依法从宽处理。”

② 《认罪认罚指导意见》第 46 条第 1 款:“简易程序的适用。基层人民法院管辖的被告人认罪认罚案件,事实清楚、证据充分,被告人对适用简易程序没有异议的,可以适用简易程序审判。”

③ 《公安机关办理刑事案件程序规定》第 174 条第 2 款:“调查核实过程中,公安机关……不得对被调查对象采取强制措施,不得查封、扣押、冻结被调查对象的财产,不得采取技术侦查措施。”

④ 《2014 年浙江规定》第 14 条:“适用快速办理机制,一般在二日内告知犯罪嫌疑人、被告人、被害人各项诉讼权利及快速办理机制的相关规定。犯罪嫌疑人、被告人已经委托或者被指派辩护律师的,应当同时告知辩护律师诉讼进展情况,保障辩护律师依法执业活动。对符合法律援助条件的犯罪嫌疑人、被告人,法律援助机构接到申请或者办案机关通知后,一般应当在三日内指派辩护律师。犯罪嫌疑人、被告人对适用简易程序没有异议的,不再另行听取其对适用快速办理机制的意见。”

⑤ 《刑事诉讼法》第 289 条:“双方当事人和解的,公安机关、人民检察院、人民法院应当听取当事人和其他有关人员的意见,对和解的自愿性、合法性进行审查,并主持制作和解协议书。”

律帮助[①]和签署认罪认罚具结书时辩护人或者值班律师在场的权利，[②]公安司法机关负有特定告知义务，[③]公安机关应将被追诉人自愿认罪的相关情况记录在案并随案移送，[④]人民检察院应将听取控辩双方意见作为必经程序，[⑤]人民法院应对被追诉人认罪认罚的自愿性进行审查。[⑥]（5）在撤案（终止侦查）审查程序中，根据《公安机关办理刑事案件程序规定》第189条[⑦]，当事人享有对撤案（终止侦查）决定的知情权，公安机关作出该两类决定后应当履行告知义务。（6）就刑事速裁程序而言，“除了直接言词原则所保障的权利之外，被指控人在刑事速裁程序中享有绝大部分在普通程序中享有的基本权利。这说明，我国刑事速裁程序的试验策略相对稳健，基本上保障了被告人享有刑事诉讼的基本权利，也即审理案件的程序相对简化，但是被告人享有的诉讼权利并没有因程序简化而被大幅度克减”[⑧]，相反，为保障当事人权利，《刑事诉讼法》还作了更细的规定，如规定审判人员在判决宣告前应当听取辩护人的意见和被告人的最

---

① 《刑事诉讼法》第36条：“法律援助机构可以在人民法院、看守所等场所派驻值班律师。犯罪嫌疑人、被告人没有委托辩护人，法律援助机构没有指派律师为其提供辩护的，由值班律师为犯罪嫌疑人、被告人提供法律咨询、程序选择建议、申请变更强制措施、对案件处理提出意见等法律帮助。人民法院、人民检察院、看守所应当告知犯罪嫌疑人、被告人有权约见值班律师，并为犯罪嫌疑人、被告人约见值班律师提供便利。”

② 《刑事诉讼法》第174条第1款：“犯罪嫌疑人自愿认罪，同意量刑建议和程序适用的，应当在辩护人或者值班律师在场的情况下签署认罪认罚具结书。”

③ 《刑事诉讼法》第120条第2款：“侦查人员在讯问犯罪嫌疑人的时候，应当告知犯罪嫌疑人享有的诉讼权利，如实供述自己罪行可以从宽处理和认罪认罚的法律规定。”第173条第2款：“犯罪嫌疑人认罪认罚的，人民检察院应当告知其享有的诉讼权利和认罪认罚的法律规定……”第190条第2款：“被告人认罪认罚的，审判长应当告知被告人享有的诉讼权利和认罪认罚的法律规定……”

④ 《刑事诉讼法》第162条：“公安机关侦查终结的案件，应当做到犯罪事实清楚，证据确实、充分，并且写出起诉意见书，连同案卷材料、证据一并移送同级人民检察院审查决定；同时将案件移送情况告知犯罪嫌疑人及其辩护律师。犯罪嫌疑人自愿认罪的，应当记录在案，随案移送，并在起诉意见书中写明有关情况。”

⑤ 《刑事诉讼法》第173条第2款：“犯罪嫌疑人认罪认罚的，人民检察院应当……听取犯罪嫌疑人、辩护人或者值班律师、被害人及其诉讼代理人对下列事项的意见，并记录在案……”

⑥ 《刑事诉讼法》第190条第2款：“被告人认罪认罚的，审判长应当……审查认罪认罚的自愿性和认罪认罚具结书内容的真实性、合法性。”

⑦ 《公安机关办理刑事案件程序规定》第189条：“公安机关作出撤销案件决定后，应当在三日以内告知原犯罪嫌疑人、被害人或者其近亲属、法定代理人以及案件移送机关。公安机关作出终止侦查决定后，应当在三日以内告知原犯罪嫌疑人。”

⑧ 李本森：《我国刑事案件速裁程序研究——与美、德刑事案件快速审理程序之比较》，载《环球法律评论》2015年第2期。

后陈述意见。[①] (7)在简易程序中,审判人员应当审查被追诉人认罪和同意适用简易程序的自愿性与真实性,[②]控辩双方获得许可后享有互相辩论的权利,[③]被追诉人在判决宣告前享有最后陈述的权利(见表3-11所示)。[④]

表3-11　各程序内容比较

类别	程序内容
立案审查程序	1. 由公安机关依法依职权启动 2. 不涉及程序变更问题 3. 不涉及程序从简、从快内容 4. 本身不涉及实体从宽内容,可能涉及实体从宽内容的是其产生的程序结果 5. 不得对被调查对象采取技术侦查措施以及限制其人身、财产权利的强制性措施
刑事和解程序	1. 可以由当事人自行进行或者向公安司法机关表达意向,以及由公安司法机关向当事人提出建议 2. 其主导权很大程度上仍归属于公安司法机关 3. 不必然涉及程序的简化 4. 涉及实体上从宽的内容 5. 公安司法机关应当听取双方当事人和其他有关人员的意见,对和解的自愿性、合法性进行审查,并主持制作和解协议书
轻案快办机制	《2007年最高检意见》: 1. 检察机关建议公安机关快速移送审查起诉,建议法院对符合适用简易程序的轻微刑事案件适用简易程序,或者建议法院对适用普通程序审理的被告人认罪的轻微刑事案件简化审理 2. 将"充分保障诉讼参与人诉讼权利"列为应当坚持的三大原则之一
	《2007年A地规定》: 1. 公安机关决定适用,并建议检察机关也适用 2. 明确人民法院对人民检察院没有建议适用简易程序的公诉案件,经审查认为可以适用简易程序审理的,应当征求人民检察院与被告人、辩护人的意见

① 《刑事诉讼法》第224条第1款:"适用速裁程序审理案件……但在判决宣告前应当听取辩护人的意见和被告人的最后陈述意见。"

② 《刑事诉讼法》第217条:"适用简易程序审理案件,审判人员应当询问被告人对指控的犯罪事实的意见,告知被告人适用简易程序审理的法律规定,确认被告人是否同意适用简易程序审理。"

③ 《刑事诉讼法》第218条:"适用简易程序审理案件,经审判人员许可,被告人及其辩护人可以同公诉人、自诉人及其诉讼代理人互相辩论。"

④ 《刑事诉讼法》第219条:"适用简易程序审理案件,不受本章第一节关于送达期限、讯问被告人、询问证人、鉴定人、出示证据、法庭辩论程序规定的限制。但在判决宣告前应当听取被告人的最后陈述意见。"

续表

类别	程序内容
	《2014年浙江规定》: 1. 公安机关决定适用;检察院审查符合条件后适用,提量刑建议 2. 要求法律援助机构接到申请或者办案机关通知后在3日内为符合法律援助条件的被追诉人指派辩护律师,公安司法机关在2日内告知双方当事人各项诉讼权利及快速办理机制的相关规定、告知辩护律师诉讼进展情况以及听取被追诉人对适用快速办理机制的意见
认罪认罚从宽制度	1. 被追诉人认罪认罚,启动认罪认罚从宽制度的适用 2. 主导权归属于案件办理机关 3. 在程序上涉及从简、从快的内容 4. 在实体上涉及从宽的内容 5. 被追诉人享有获得值班律师有效法律帮助和签署认罪认罚具结书时辩护人或者值班律师在场的权利,公安司法机关负有特定告知义务,公安机关应将被追诉人自愿认罪的相关情况记录在案并随案移送,人民检察院应将听取控辩双方意见作为必经程序,人民法院应对被追诉人认罪认罚的自愿性进行审查
撤案(终止侦查)审查程序	1. 由公安机关依法依职权启动 2. 发现撤案(终止侦查)情形并不存在,直接终止该程序继续侦查即可 3. 在终止侦查审查时不涉及程序从简、从快内容,在撤案审查时不必然涉及程序从简、从快内容(只有当同时适用认罪认罚从宽制度才涉及) 4. 本身不涉及实体从宽内容,可能涉及实体从宽内容的是其产生的程序结果 5. 当事人享有对撤案(终止侦查)决定的知情权,公安机关作出该两类决定后应当履行告知义务
刑事速裁程序(非侦查分流程序)	1. 由检察机关建议适用或者人民法院决定适用,但要征得被告人同意 2. 主导权归属于案件办理机关(人民法院) 3. 在程序上涉及从简、从快的内容 4. 在实体上涉及从宽的内容 5. 被指控人在刑事速裁程序中享有绝大部分在普通程序中享有的基本权利

续表

类别	程序内容
简易程序(非侦查分流程序)	1. 由检察机关建议适用或者人民法院决定适用,但要确认被告人对适用没有异议 2. 由审判人员主导 3. 在程序上涉及从简、从快的内容 4. 在一定条件下涉及实体从宽的内容 5. 审判人员应当审查被追诉人认罪和同意适用简易程序的自愿性与真实性,控辩双方获得许可后享有互相辩论的权利,被追诉人在判决宣告前享有最后陈述的权利

5. 程序性质

如表3－12所示,立案审查程序具备不入罪功能,撤案(终止侦查)审查程序具备出罪功能,故二者属于实体分流程序;刑事和解程序、轻案快办机制、认罪认罚从宽制度对于侦查机关起到的作用是引导后续分流,而非出罪,故可归为程序分流程序,但部分地区如A地赋予了公安机关撤销符合特定条件的轻伤害和解案件的权力,认罪认罚从宽制度在认罪认罚案件证据不足而不能认定被追诉人有罪的情况下也能产生撤销案件的程序结果,因此刑事和解程序、认罪认罚从宽制度在一定条件下具有实体分流程序的性质;刑事速裁程序适用于检察院审查起诉和法院审判阶段,简易程序只能适用于法院审判阶段,故不属于侦查分流程序内容。

表3－12　各程序性质比较

类别	程序性质
立案审查程序	属于实体分流程序
刑事和解程序	对于侦查机关起到引导后续分流的作用,不具备出罪功能,故属于程序分流程序,但在部分地区、部分案件范围内具有实体分流程序的性质
轻案快办机制	对于侦查机关起到引导后续分流的作用,不具备出罪功能,故属于程序分流程序
认罪认罚从宽制度	对于侦查机关起到引导后续分流的作用,不具备出罪功能,故属于程序分流程序,但在认罪认罚案件证据不足而不能认定被追诉人有罪的情况下也能产生撤销案件的程序结果,此时具有实体分流程序的性质

续表

类别	程序性质
撤案（终止侦查）审查程序	属于实体分流程序
刑事速裁程序（非侦查分流程序）	不属于侦查分流程序内容
简易程序（非侦查分流程序）	

二、不同侦查分流程序结果[①]比较

我国各侦查分流程序结果的相同点与不同点主要表现为以下几点。

1. 在适用阶段方面，不予立案适用于立案审查阶段，撤销案件、终止侦查、移送审查起诉并提出分流建议适用于侦查阶段。

2. 在适用案件范围方面，不予立案适用于所有类型的刑事案件；撤销案件在刑事和解程序场景下，适用于因民间纠纷引起的故意伤害致人轻伤，且情节轻微、社会危害性不大的案件，[②]在其余场景下，适用于所有类型的刑事案件；终止侦查对于特定被追诉人而言，类似于因没有犯罪事实而撤销案件，故其适用于所有类型的刑事案件；移送审查起诉并提出分流建议，可以发生在适用刑事和解程序、轻案快办机制的场景下，此时其适用于何种类型的刑事案件，应当与该侦查分流程序的要求相一致，在其余场景下，则适用于所有类型的刑事案件。

3. 在适用后果方面，不予立案是将案件隔离在刑事诉讼程序之外，撤销案件是将案件排除出刑事诉讼程序，终止侦查是将特定被追诉人排除出刑事诉讼程序，移送审查起诉并提出分流建议是引导审查起诉、审判阶段的诉讼分流。

---

① 由于撤回移送审查起诉目前仅存在于实践中，且下文第五章第四节第二部分将提到其具有四方面的负面影响，不应当予以提倡，故此处不做研究。

② 由《刑事诉讼法》第 288 条第 1 款规定的第 1 类公诉案件与《2014 年 A 地刑诉法座谈纪要》第 50 条整合而成。

4. 在适用条件方面,具体而言:

(1)被追诉人认罪认罚条件方面,不予立案、终止侦查对被追诉人认罪认罚无要求;撤销案件在刑事和解程序、认罪认罚从宽制度场景下,应与该侦查分流程序的要求相一致,在其余场景下,则无要求;移送审查起诉并提出分流建议,在适用刑事和解程序、轻案快办机制、认罪认罚从宽制度的场景下,应与该侦查分流程序的要求相一致,在其余场景下,则无要求。

(2)在刑罚条件方面,不予立案、终止侦查不要求对被追诉人可能判处的刑罚种类及幅度作出预估,即对刑罚条件未作要求;撤销案件在刑事和解程序场景下,要求被追诉人可能判处 3 年有期徒刑以下刑罚,在其余场景下,则无要求;移送审查起诉并提出分流建议,在适用刑事和解程序、轻案快办机制、认罪认罚从宽制度的场景下,应与该侦查分流程序的要求相一致,在其余场景下,则无要求。

(3)在当事人同意适用程序条件方面,不予立案、终止侦查由公安机关依法依职权决定适用,无须取得被追诉人、被害人同意或者确认双方当事人对适用没有异议,亦即二者不要求当事人同意适用程序;撤销案件在刑事和解程序、认罪认罚从宽制度场景下,应与该侦查分流程序的要求相一致,在其余场景下,则无要求;移送审查起诉并提出分流建议,在适用刑事和解程序、轻案快办机制、认罪认罚从宽制度的场景下,应与该侦查分流程序的要求相一致,在其余场景下,则无要求。

(4)在证据条件方面,不予立案有一定的足以支撑犯罪事实有无和轻重判断的证据即可,不需要完全查实,不需要达到法定证明标准的程度;撤销案件、终止侦查、移送审查起诉并提出分流建议均要求坚持法定证明标准不降低。

(5)在当事人合意条件方面,不予立案、终止侦查属于对案件(人员)的实体处理,由公安机关依法依职权决定适用以及如何适用,无须被追诉人、被害人围绕实体、程序或者证据事项达成合意;撤销案件一般情况下也是如此,但如前所述,公安机关撤销案件同样可以发生在适用刑事和解程序、认罪认罚从宽制度的情形下,此时是否需要当事人达成合意以及达成何种合意，应当与刑事和解程序[①]、认罪认罚从宽制度的要求相一致；移送审查起诉并提出分流建议，在适用刑事和解程序、轻案快办机制、认罪认罚从宽制度的场景下，应与该侦查分流程序的要求相一致，在其余场景下，则无要求。

(6)在消极适用条件方面，不予立案、终止侦查不存在消极适用条件，凡是符合法定适用条件的案件均可适用；撤销案件在刑事和解程序、认罪认罚从宽制度场景下，应与该侦查分流程序要求一致，在其余场景下，则无要求；移送审查起诉并提出分流建议，在适用刑事和解程序、轻案快办机制、认罪认罚从宽制度的场景下，应与该侦查分流程序的要求相一致，在其余场景下，则无要求。

5. 在程序结果内容方面，具体而言：

(1)结果选择方面：不予立案、终止侦查由公安机关依法依职权决定适用以及如何适用；只要在未适用刑事和解程序的时候，撤销案件均由公安机关依法依职权决定适用以及如何适用；只要在未适用刑事和解程序和轻案快办机制的时候，移送审查起诉并提出分流建议均由公安机关依法依职权决定适用以及如何适用。下文第四章第一节第一部分将对上述内容作详细论述，此处仅作简单提及。

(2)结果变更方面：公安机关撤销案件、终止侦查或者决定不予立案后，基于三种发现之一，即新事实、新证据、原认定事实错误需要追究刑事责任，应当分别重新立案侦查、继续侦查或者立案侦查；此外，上级公安机关发现下级公安机关作出的不予立案、撤销案件、终止侦查决定或者实施的移送审查起诉行为有错误(单纯的分流建议不当亦可)的，有权予以撤销或者变更，也可以指令下级公安机关予以纠正。

(3)实体从宽方面：不予立案在部分情形下会涉及实体从宽内容，如“情节显著轻微、危害不大，不认为是犯罪”；撤销案件在部分情形下也会涉及实体从宽内容，如“情节显著轻微、危害不大，不认为是犯罪”“犯罪

---

① 此处的要求应为《2014 年 A 地刑诉法座谈纪要》第 50 条中的“犯罪嫌疑人与被害人在侦查阶段达成和解协议并在一个月内履行完毕，且被害人请求或者同意不追究犯罪嫌疑人刑事责任”。

嫌疑人自愿如实供述涉嫌犯罪的事实,有重大立功或者案件涉及国家重大利益的,经最高人民检察院核准,侦查机关可以撤销案件”,再如“撤销符合特定条件的轻伤害和解案件”;终止侦查、移送审查起诉并提出分流建议均不涉及实体从宽内容。

(4)当事人权利救济方面:控告人不服公安机关不予立案决定的,可以向公安机关申请复议复核,[①]被害人及其法定代理人、近亲属认为公安机关应当立案而不立案的,可以向检察机关申请监督立案,[②]当事人认为公安机关不应当立案而立案的,可以向检察机关申请监督撤案。[③]

6. 在程序结果性质方面,不予立案将案件隔离在刑事诉讼程序之外,撤销案件将案件、终止侦查将被追诉人排除出刑事诉讼程序,故三者属于实体分流;移送审查起诉并提出分流建议,不产生实体效果,故属于程序分流。(见表3-13所示)

---

① 《刑事诉讼法》第112条:“人民法院、人民检察院或者公安机关对于报案、控告、举报和自首的材料,应当按照管辖范围,迅速进行审查……认为没有犯罪事实,或者犯罪事实显著轻微,不需要追究刑事责任的时候,不予立案,并且将不立案的原因通知控告人。控告人如果不服,可以申请复议。”《公安机关办理刑事案件程序规定》第179条第1、2款:“控告人对不予立案决定不服的,可以在收到不予立案通知书后七日以内向作出决定的公安机关申请复议……。控告人对不予立案的复议决定不服的,可以在收到复议决定书后七日以内向上一级公安机关申请复核……”

② 《刑事诉讼法》第113条:“……或者被害人认为公安机关对应当立案侦查的案件而不立案侦查,向人民检察院提出的,人民检察院应当要求公安机关说明不立案的理由。人民检察院认为公安机关不立案理由不能成立的,应当通知公安机关立案,公安机关接到通知后应当立案。”《人民检察院刑事诉讼规则》第557条第1款:“被害人及其法定代理人、近亲属或者行政执法机关,认为公安机关对其控告或者移送的案件应当立案侦查而不立案侦查……向人民检察院提出的,人民检察院应当受理并进行审查。”

③ 《人民检察院刑事诉讼规则》第557条第1款:“……或者当事人认为公安机关不应当立案而立案,向人民检察院提出的,人民检察院应当受理并进行审查。”

表 3－13　侦查分流程序结果比较

<table>
<tr><th>侦查分流程序结果</th><th colspan="2">适用分流程序</th><th>适用阶段</th><th>适用案件范围</th><th>被追诉人认罪认罚条件</th><th>刑罚条件</th><th>双方当事人同意适用条件</th><th>证据条件</th><th>双方当事人合意条件</th><th>消极适用条件</th><th>程序内容</th><th>程序结果性质</th></tr>
<tr><td>不予立案</td><td colspan="2">立案审查程序</td><td>立案审查阶段</td><td>所有类型的刑事案件</td><td>无</td><td>无</td><td>无</td><td>有一定的足以支撑犯罪事实有无和轻重判断的证据即可</td><td>无</td><td>无</td><td rowspan="5">略</td><td>实体分流</td></tr>
<tr><td rowspan="3">撤销案件</td><td rowspan="3">撤案审查程序</td><td>同时适用刑事和解程序</td><td rowspan="4">侦查阶段</td><td>因民间纠纷引起的故意伤害致人轻伤，且情节轻微、社会危害性不大的案件</td><td>与刑事和解程序要求一致</td><td>可能判处3年有期徒刑以下刑罚</td><td>与刑事和解程序要求一致</td><td>法定证明标准</td><td>犯罪嫌疑人与被害人在侦查阶段达成和解协议并在1个月内履行完毕，且被害人请求或者同意不追究犯罪嫌疑人刑事责任</td><td>与刑事和解程序要求一致</td><td rowspan="3">实体分流</td></tr>
<tr><td>同时适用认罪认罚从宽制度</td><td rowspan="2">所有类型的刑事案件</td><td colspan="3">与认罪认罚从宽制度要求一致</td><td>法定证明标准</td><td colspan="2">与认罪认罚从宽制度要求一致</td></tr>
<tr><td>未适用上述两类分流程序</td><td colspan="3">无</td><td>法定证明标准</td><td colspan="2">无</td></tr>
<tr><td>终止侦查</td><td colspan="2">终止侦查审查程序</td><td>所有类型的刑事案件</td><td colspan="3">无</td><td>法定证明标准</td><td colspan="2">无</td><td>实体分流</td></tr>
</table>

续表

侦查分流程序结果	适用分流程序	适用阶段	适用案件范围	被追诉人认罪认罚条件	刑罚条件	双方当事人同意适用条件	证据条件	双方当事人合意条件	消极适用条件	程序内容	程序结果性质
移送审查起诉并提出分流建议	刑事和解程序	侦查阶段	《刑事诉讼法》第288条第1款所规定的两类公诉案件	与刑事和解程序要求一致			法定证明标准	与刑事和解程序要求一致		略	程序分流
	轻案快办机制		案情简单的轻微刑事案件	与轻案快办机制要求一致			法定证明标准	与轻案快办机制要求一致			
	认罪认罚从宽制度		所有类型的刑事案件	与认罪认罚从宽制度要求一致			法定证明标准	与认罪认罚从宽制度要求一致			

第四章　我国侦查分流机制的问题检视

我国侦查分流机制在实践中已然发挥了一定积极作用,但其并非完美无缺,还存在很多不足,已直接影响到我国侦查分流机制实践效能的发挥。分析这些不足,并剖析其背后成因,已经成为我国侦查分流机制研究中较为迫切的任务。

第一节　我国侦查分流机制的问题

我国侦查分流机制存在的问题,集中表现为分流主体之间互动不足、决定(建议)主体存在两类极端倾向、侦查分流程序及程序结果在实践中有所异化、侦查分流效果未达预期四个大问题,并且可以进一步被细分为数个小问题。

一、分流主体之间互动不足

(一)决定(建议)主体占据主导地位

1. 控辩关系的失衡使被追诉人容易违心认罪

如果一项制度只关注为国家权力行使方增添便

利，却不注重为相对方增添相应对抗武器，那么只能引起双方关系的失衡。[①] 在现行侦查分流机制中，控辩双方关系就在一定程度上处于失衡状态，集中表现为控辩双方地位不平等，具体表现为力量不均衡与信息不对称。详细来说：

（1）在力量不均衡方面，对于公安机关来说，其既可以通过对人或物采取强制性措施，使被追诉人人身和涉案财产陷入长时间被控状态，又可以通过在辩护人或值班律师不在场的情况下，随时提讯在押被追诉人，形成强压和封闭的侦查环境，进而可能引发部分公安机关采取刑讯逼供、威胁、引诱、欺骗等非法方法来收集被追诉人供述；对于被追诉人来说，其不享有沉默权，对侦查人员提问负有如实回答义务，且由于其往往处于羁押状态，其容易为了尽快结束长时间羁押或者讯问，或者担忧进行辩解、保持沉默会被认定为“认罪态度欠佳”而遭受更重处罚，或者为了规避在信息化时代公开审判可能产生的“贬低”后果，[②]从而在重压之下违心认罪。

（2）在信息不对称方面，对于公安机关来说，其除常规侦查措施外，还拥有技术侦查措施，调查取证能力较强，且个别公安机关可能会以侦查工作保密为借口，阻碍辩护律师的正常阅卷和会见，无视辩护律师意见，将从宽激励、信息不对称优势与讯问策略相结合，诱使被追诉人主动认罪；对于被追诉人来说，其对公安机关掌握的证据往往不甚了解，加之有时由于种种原因难以获得辩护律师帮助，仅能获得值班律师的有限帮助，以违心认罪。

2. 侦查分流程序结果的选择很大程度上取决于公安机关

在四种侦查分流程序结果中，公安机关的主导权较大，职权主义色彩较为浓厚。具体来说：（1）不予立案、终止侦查由公安机关依法依职权决定适用以及如何适用，无须取得被追诉人、被害人同意或者确认双方当事人对适用没有异议，无须被追诉人、被害人围绕实体、程序或者证据事项

---

① 参见龙宗智：《完善认罪认罚从宽制度的关键是控辩平衡》，载《环球法律评论》2020 年第 2 期。

② 参见熊秋红：《比较法视野下的认罪认罚从宽制度——兼论刑事诉讼“第四范式”》，载《比较法研究》2019 年第 5 期。

达成合意；(2)撤销案件虽然是撤案审查程序产生的程序结果，但是也存在同时适用刑事和解程序或者认罪认罚从宽制度的可能，考虑到认罪认罚从宽制度产生撤销案件结果的情形为“证据不足而不能认定被追诉人有罪”，且该制度不要求具备当事人同意适用程序条件和当事人合意条件，故只要在未适用刑事和解程序的时候，撤销案件均由公安机关依法依职权决定适用以及如何适用；(3)对于移送审查起诉并提出分流建议而言，其可能适用普通侦查程序、刑事和解程序、轻案快办机制或者认罪认罚从宽制度，考虑到刑事和解程序要求具备当事人同意适用程序条件和当事人合意条件，轻案快办机制尽管不要求具备当事人同意适用程序条件(仅在个别地区如浙江省要求具备)，但要求具备当事人合意条件(仅在个别文件如《2013年公安部征求意见稿》中不要求具备)，故只要在未适用刑事和解程序和轻案快办机制的时候，移送审查起诉并提出分流建议均由公安机关依法依职权决定适用以及如何适用。

(二)参与主体的程序参与度不高

在各侦查分流程序中，除了刑事和解程序，当事人双方的程序参与度都不太高，主要表现为当事人在程序的启动、变更、结果方面缺乏影响力和话语权，即使是刑事和解程序，也仍然具有较浓的职权主义色彩。具体来说：

其一，刑事和解当事人双方的参与度是最高的，主要体现在：(1)该程序的适用可以由当事人自行进行或者向公安司法机关表达意向，以及由公安司法机关向当事人提出建议；(2)该程序明确要求应当有当事人合意的存在，只是合意范围受到一定限制；(3)该程序以自愿为前提，隐藏着双方当事人同意适用该程序或者确认双方当事人对适用该程序没有异议的内在要求。但是也应当看到，案件“依法作为当事人和解的公诉案件办理”需“经县级以上公安机关负责人批准”，[①]且公安司法机关对于和解案件，应当主持制作和解协议书，并可以视情提出从宽处理、从宽处罚

① 《公安机关办理刑事案件程序规定》第333条：“下列公诉案件，犯罪嫌疑人真诚悔罪，通过向被害人赔偿损失、赔礼道歉等方式获得被害人谅解，被害人自愿和解的，经县级以上公安机关负责人批准，可以依法作为当事人和解的公诉案件办理……”

建议和作出不起诉决定或者予以从宽处罚,[①]因此该程序尽管有当事人双方的深度参与,但其入口、出口环节的主导权很大程度上仍归属于公安司法机关,[②]仍具有较浓的职权主义色彩。

其二,轻案快办机制的启动基本上是由公安司法机关依职权或者根据前一办案环节所属机关的建议进行,变更亦由公安司法机关依职权决定,故其主导权归属于公安司法机关。至于当事人在该机制中的作用,主要体现在启动轻案快办机制前,当事人应当在特定范围内达成合意,部分地区还要求确认被追诉方对适用快速办理机制没有异议,这表明当事人的参与度并不是太高。

其三,认罪认罚从宽制度的主导权归属于案件办理机关,当事人双方属于有限度的参与。这主要表现在:(1)该制度以被追诉人认罪认罚为前提,无须取得双方当事人同意或者确认双方当事人对适用没有异议,但被追诉人认罪认罚对适用认罪认罚从宽制度并不具有决定作用,适用该制度的决定权还是掌握在公安司法机关手中;[③](2)该制度对当事人合意未作要求,但将围绕主刑、附加刑、是否适用缓刑等方面提出量刑建议的权力赋予了检察机关。[④]

其四,刑事速裁程序、简易程序的启动,由检察机关建议适用或者法院决定适用,刑事速裁程序还应加上由公安机关建议适用,变更则由法院

---

① 《刑事诉讼法》第 290 条:"对于达成和解协议的案件,公安机关可以向人民检察院提出从宽处理的建议。人民检察院可以向人民法院提出从宽处罚的建议;对于犯罪情节轻微,不需要判处刑罚的,可以作出不起诉的决定。人民法院可以依法对被告人从宽处罚。"

② 《刑事诉讼法》第 289 条:"双方当事人和解的,公安机关、人民检察院、人民法院应当听取当事人和其他有关人员的意见,对和解的自愿性、合法性进行审查,并主持制作和解协议书。"《人民检察院刑事诉讼规则》第 498 条第 1 款:"经审查认为双方自愿和解,内容合法,且符合本规则第四百九十二条规定的范围和条件的,人民检察院应当主持制作和解协议书。"《公安机关办理刑事案件程序规定》第 336 条第 1 款:"达成和解的,公安机关应当主持制作和解协议书,并由双方当事人及其他参加人员签名。"

③ 《认罪认罚指导意见》第 5 条第 2 款:"认罪认罚从宽制度没有适用罪名和可能判处刑罚的限定,所有刑事案件都可以适用,不能因罪轻、罪重或者罪名特殊等原因而剥夺犯罪嫌疑人、被告人自愿认罪认罚获得从宽处理的机会。但'可以'适用不是一律适用,犯罪嫌疑人、被告人认罪认罚后是否从宽,由司法机关根据案件具体情况决定。"

④ 《刑事诉讼法》第 176 条第 2 款:"犯罪嫌疑人认罪认罚的,人民检察院应当就主刑、附加刑、是否适用缓刑等提出量刑建议,并随案移送认罪认罚具结书等材料。"

(检察机关)在审理(审查)过程中发现不宜适用该程序审理(审查)的情形后依职权决定转用其他程序进行审理(审查),并且检察机关还在刑事速裁程序中享有量刑建议权,[①]此外简易程序作为审判程序之一种,刑事速裁程序作为审查起诉和审判程序之一种,不可能脱离案件承办人员的引导与指挥,故两程序的主导权归属于案件办理机关。当事人的适度参与则表现在:刑事速裁程序的启动要求被追诉人同意适用速裁程序和存在当事人合意,简易程序的启动要求被追诉人对适用简易程序没有异议,但未要求当事人达成合意。

如果根据当事人在侦查分流程序中的话语权和影响力由大到小,可以将侦查分流程序分为"主导型程序""协作型程序""客体型程序"。很明显的是,我国现阶段的侦查分流程序不是完全的"客体型程序",而是介于"协作型程序"和"客体型程序"中间的一种机制,或许可以称为当事人有限参与的"客体型程序"。在该类型程序中,当事人的影响力和话语权较小,程序的启动、推进、变更、终结很大程度依赖于公安司法机关的职权,职权主义色彩浓厚。

(三)监督主体的监督制约不足

在各监督主体中,检察机关最为权威,问题也更为直观,故以该机关为例来加以说明。综合来看,该机关对侦查分流程序及其程序结果均存在监督制约不足的问题。

1. 对侦查分流程序监督制约不足的表现

其一,在刑事和解程序方面,《人民检察院刑事诉讼规则》第十二章第二节只在第 497 条明确了检察机关应当对和解的自愿性、合法性进行审查,但未明确对于双方当事人在侦查阶段达成和解协议的,检察机关是否还应当对和解的自愿性、合法性以及和解协议内容进行审查,这容易导致各地检察机关在实际适用时产生认识分歧,加之检察机关是否能够介入侦查阶段的刑事和解也不明确,这皆不利于发挥检察机关对刑事和解

① 《刑事诉讼法》第 176 条第 2 款:"犯罪嫌疑人认罪认罚的,人民检察院应当就主刑、附加刑、是否适用缓刑等提出量刑建议,并随案移送认罪认罚具结书等材料。"

程序的监督制约作用。

其二，在轻案快办机制方面，根据有关规定，[①]检察机关对于公安机关提请批准逮捕案件，应当进行初审以决定是否适用该机制，对于公安机关建议适用该机制但不符合规定的案件，应当及时通知公安机关，对于适用该机制批准逮捕或者因无逮捕必要而作出不批准逮捕决定的轻微刑事案件，应当提出侦查期限建议，建议快速移送审查起诉。上述规定较为详细，但存在的重大缺陷是，缺乏督促公安机关落实的相应措施以及法律后果，而公安机关却可以通过初审并说明理由的方式改变检察机关的侦查期限建议，[②]这对检察机关的监督制约作用有所削弱。

其三，在认罪认罚从宽制度方面，对于在侦查阶段认罪认罚的案件，《刑事诉讼法》要求审理人员对认罪认罚的自愿性和认罪认罚具结书内容的真实性、合法性进行审查，[③]但未对检察人员提出要求，一定程度上影响检察机关监督制约作用的发挥。当然，相关不足已在《人民检察院刑事诉讼规则》中获得改善，[④]但考虑到该规则仅为检察机关内部刑事办案规程，对外部机关的约束力不强，如果能在《刑事诉讼法》中明确相关内

---

① 《2007年最高检意见》第8条第1款："对于侦查机关提请批准逮捕的轻微刑事案件，经审查认为符合快速办理条件的，在作出批准逮捕或者因无逮捕必要而作出不批准逮捕决定时，可以填写《快速移送审查起诉建议书》，建议侦查机关及时移送审查起诉；认为证据有所欠缺的，可以建议侦查机关补充证据后及时移送审查起诉。"《2007年A地规定》第8条："检察机关侦查监督部门受理公安机关提请批准逮捕案件后，由部门负责人进行初审，决定是否适用快速办理机制。对于公安机关建议适用快速办理机制的案件，检察机关如果认为不符合规定的，应当及时通知公安机关。"第11条："对于适用快速办理机制批准逮捕的轻微刑事案件，检察机关应当填写《快速移送审查起诉建议书》，建议在二十日以内侦查终结，随案移送侦查机关，同时抄送本院公诉部门。"

② 《2007年A地规定》第12条："公安机关对于检察机关提出侦查期限建议的案件，由办案部门负责人进行初审，认为检察机关侦查期限建议合理的，应当要求侦查人员在检察机关建议期限内侦查终结；认为建议不合理的，应当书面向检察机关说明理由。对于检察机关没有建议侦查期限的，公安机关办案部门负责人也可以根据本规定，要求侦查人员在二十日内侦查终结。"

③ 《刑事诉讼法》第190条第2款："被告人认罪认罚的，审判长应当告知被告人享有的诉讼权利和认罪认罚的法律规定，审查认罪认罚的自愿性和认罪认罚具结书内容的真实性、合法性。"

④ 《人民检察院刑事诉讼规则》第271条第1款："审查起诉阶段，对于在侦查阶段认罪认罚的案件，人民检察院应当重点审查以下内容：（一）犯罪嫌疑人是否自愿认罪认罚，有无因受到暴力、威胁、引诱而违背意愿认罪认罚；（二）犯罪嫌疑人认罪认罚时的认知能力和精神状态是否正常；（三）犯罪嫌疑人是否理解认罪认罚的性质和可能导致的法律后果；（四）公安机关是否告知犯罪嫌疑人享有的诉讼权利，如实供述自己罪行可以从宽处理和认罪认罚的法律规定，并听取意见；（五）起诉意见书中是否写明犯罪嫌疑人认罪认罚情况；（六）犯罪嫌疑人是否真诚悔罪，是否向被害人赔礼道歉。"

容，势必可以将相关内容的权威性和执行力提升一个档次。

2. 对侦查分流程序结果监督制约不足的表现

如表4－1所示，2015年至2019年，全国检察机关监督立案已纠正数占全国公安机关刑事立案数的比例为0.3%，即在该时间段内，全国公安机关有0.3%的刑事案件因检察机关监督立案而被撤销；在同一时间段内，全国检察机关监督撤案已纠正数占全国公安机关刑事立案数的比例为0.24%，即在该时间段内，全国公安机关有0.24%的刑事案件因检察机关监督撤案而被重新立案。考虑到当前公安侦查人员的执法办案能力和水平，并结合公安机关内部对应当立案不立案、应当撤案不撤案的监督情况，上述两个比例是比较低的，只是九牛之一毛，反映出检察机关在立案监督方面仍然存在很大的潜力可以挖掘。

表4－1　全国检察机关立案监督

年份	全国公安机关刑事立案数(起)	全国检察机关监督立案已纠正(件次)	全国检察机关监督撤案已纠正(件次)	监督立案已纠正数占刑事立案数的比例(%)	监督撤案已纠正数占刑事立案数的比例(%)
2015	7,174,037	14,509	10,384	0.2	0.14
2016	6,427,533	14,650	10,661	0.23	0.17
2017	5,482,570	18,587	13,924	0.34	0.25
2018	5,069,242	22,215	18,385	0.44	0.36
2019	4,862,443	16,385	15,146	0.34	0.31
合计	29,015,825	86,346	68,500	0.3	0.24

二、决定(建议)主体存在两类极端倾向

(一)分流意愿不强

实践中，公安机关适用侦查分流机制的意愿还不是太强，具体表现在以下两个方面：

其一，适用部分侦查分流程序的比率偏低。尽管刑事和解案件可能面临的“暗箱操作”“以钱买刑”“以钱免刑”等非议确实部分削弱了公安

机关适用刑事和解程序的意愿,但考虑到,一方面,《刑事诉讼法》对刑事和解程序适用案件范围作了限定,且要求双方同意适用程序或者对适用程序没有异议,并达成合意,在一定程度上限制了其适用比例;另一方面,近年来刑事执法办案更加规范有序,监督管理更加及时有力,进一步压缩了超规范和解的存在空间,因此刑事和解程序适用比例的高低,与侦查分流机制实践状况的好坏其实关系不大。程序适用率偏低的问题主要表现在轻案快办机制、认罪认罚从宽制度上。

上述两种侦查分流程序的适用率偏低,具体表现在:(1)就轻案快办机制而言,根据在A地调研并和民警访谈情况,以及笔者在日常工作中掌握情况,基本可以认为,A地公安机关在实践中对该机制已几乎不再适用;(2)就认罪认罚从宽制度而言,尽管目前该制度在实践中已全面施行,但考虑到在全国检察机关适用认罪认罚从宽制度办理的案件中,侦查环节建议适用的在2019年1月仅占23.6%,到2020年8月也才上升至35.5%,[①]故完全可以得出这样的结论,即全国公安机关主动适用该制度的整体比例较低,部分地区在侦查阶段较少主动适用该制度。此外,还有相关数据显示,试点过程中认罪认罚案件集中适用于危险驾驶、交通肇事等轻刑案件,其中判处3年有期徒刑以下刑罚的占96.2%,适用普通程序审结的仅占6.6%。[②] 可见,公安机关主动适用认罪认罚从宽制度的案由还较为局限,且多倾向于轻刑案件。以上共同揭示了一个事实,即公安机关适用认罪认罚从宽制度的积极性不是太高,至少不像检察机关那样高。

该两种侦查分流程序的适用率之所以偏低,主要是因为以下几点(与本章第二节内容存在些许重合):(1)就轻案快办机制而言,近年来的司法改革尽管吸收了其精神和理念,但没有对其单独推广,《刑事诉讼法》对其也未予明确,仅是在有关条款对该机制内容有所体现,故实践中已几

---

① 参见张军:《最高人民检察院关于人民检察院适用认罪认罚从宽制度情况的报告》,载最高人民检察院官网2020年10月17日,https://www.spp.gov.cn/spp/zdgz/202010/t20201017_482200.shtml。

② 参见周强:《最高人民法院、最高人民检察院关于在部分地区开展刑事案件认罪认罚从宽制度试点工作情况的中期报告》,载搜狐网2017年12月25日,https://m.sohu.com/a/212563232_114731/。

乎不再适用;(2)就认罪认罚从宽制度而言,一是因为刑拘直诉、案件快速办理所带来的办案时限要求较高,在法定证明标准未实现差异化、侦查取证要求无变化、检法机关根据审判中心要求对案件质量把关更严的情况下,该制度能够节约的侦查时间和资源有限,侦查人员反而需要承受更大的办案压力;二是因为公安机关现行考核评价机制以客观指标、打击处理指标居多,且具有较浓的部门本位色彩,尚未纳入认罪认罚相关内容;三是因为分流主体之间存在理念偏差,过于看重实质真实与刚性处理,忽视诉讼效益与柔性手段,担忧"权钱交易""暗箱操作""放纵犯罪"的社会舆论;四是因为对侦查人员适用该制度的教育培训与激励措施不足。

其二,适用发挥不入罪、出罪功能的侦查分流程序结果的比率偏低。以 A 地为例,如前所述(参见表 3－2),2017 年至 2019 年,该地公安机关每年适用不予立案的刑事案件数量在该地公安机关同年刑事案件受案数中的占比均未超过 1.6%,每年适用撤销案件的刑事案件数量在该地公安机关同年刑事案件立案数中的占比均未超过 3.3%;再以 A 地 B 市为例,该市公安机关 2019 年适用不予立案、撤销案件、终止侦查的刑事案件数量分别占该市公安机关同期刑事案件立案数的 0.6%、1.1%、0.4%,远远低于该市公安机关同期立案超二年无处理结果的案件所占比例(7.1%)。

不予立案、撤销案件、终止侦查的适用率偏低,是有原因的(与本章第二节内容存在些许重合)。具体而言:(1)对于不予立案来说,一是因为案发年代久远或者现场无目击证人、监控摄像等,既无法取得除报案人、控告人言词证据外的其他证据,又无法彻底排除有关人员的犯罪嫌疑;二是个别公安机关出于权力寻租、徇私枉法等目的;三是个别公安机关为了规避内外部监督以及变相剥夺相关人员或者单位的救济权利。之所以会存在第三种情况,主要是因为办案单位一旦启动立案审查程序、出具正式的不予立案法律文书,相关案件就有较大可能成为公安机关内部执法监督部门(主要是公安法制部门)和检察机关的监督重点,而且收到不予立案的正式法律文书后，控告人可以根据《刑事诉讼法》第 112 条[①]与《公安机关办理刑事案件程序规定》第 179 条第 1、2 款[②]规定向公安机关申请刑事立案复议复核，移送案件的行政执法机关可以根据《公安机关办理刑事案件程序规定》第 181 条[③]规定向公安机关申请刑事立案复议，被害人及其法定代理人、近亲属可以根据《刑事诉讼法》第 113 条与《人民检察院刑事诉讼规则》第 557 条第 1 款[④]向检察机关申请监督立案。(2)对于撤销案件来说，一是案件经立案程序审查后，其被撤销概率本来就微乎其微；二是公安机关撤销案件的情形虽有 11 种，但仅有小部分属于法定分流机制适用情形，大部分实际上属于裁量机制适用情形，在有罪必罚和衡量已投成本等思维的推动下，公安机关在决定撤销案件上较为保守；三是被撤销案件中还有一部分是检察院不愿作出不起诉决定而退回公安机关并建议公安机关撤销的案件，减去这一部分，撤销案件适用数量又会减少一部分。(3)对于终止侦查来说，则是因为犯罪嫌疑人是经立案程序审查而被纳入刑事诉讼程序的，直接排除其犯罪嫌疑的可能性微乎其微，其更可能涉及事实是否清楚、证据是否确实充分的问题。

(二)滥用分流自由裁量权

如前所述，“为了分流而分流”“应当分流而不分流”两类现象均属无序分流。由于寻租性分流、预见性分流以及懈怠性分流等“为了分流而分流”情形较为隐蔽，难以客观评价，此处仅选取“应当分流而不分流”中较

---

① 《刑事诉讼法》第 112 条：“人民法院、人民检察院或者公安机关对于报案、控告、举报和自首的材料，应当按照管辖范围，迅速进行审查……认为没有犯罪事实，或者犯罪事实显著轻微，不需要追究刑事责任的时候，不予立案，并且将不立案的原因通知控告人。控告人如果不服，可以申请复议。”

② 《公安机关办理刑事案件程序规定》第 179 条第 1、2 款：“控告人对不予立案决定不服的，可以在收到不予立案通知书后七日以内向作出决定的公安机关申请复议……控告人对不予立案的复议决定不服的，可以在收到复议决定书后七日以内向上一级公安机关申请复核……”

③ 《公安机关办理刑事案件程序规定》第 181 条：“移送案件的行政执法机关对不予立案决定不服的，可以在收到不予立案通知书后三日以内向作出决定的公安机关申请复议……”

④ 《刑事诉讼法》第 113 条：“……或者被害人认为公安机关对应当立案侦查的案件而不立案侦查，向人民检察院提出的，人民检察院应当要求公安机关说明不立案的理由。人民检察院认为公安机关不立案理由不能成立的，应当通知公安机关立案，公安机关接到通知后应当立案。”《人民检察院刑事诉讼规则》第 557 条第 1 款：“被害人及其法定代理人、近亲属或者行政执法机关，认为公安机关对其控告或者移送的案件应当立案侦查而不立案侦查……向人民检察院提出的，人民检察院应当受理并进行审查。”

为典型的不应当立案而立案、应当撤案而不撤案两类情形①进行分析。

如表4－2所示，根据公开数据，2015年至2018年(未有2019年完整数据)，全国检察机关书面提出纠正公安机关不应当立案而立案、应当撤案而不撤案两项数量均呈逐年上升趋势。2018年，全国检察机关书面提出纠正公安机关不应当立案而立案26,866件次(公安机关已纠正22,215件次)，比2015年增长53.12%(已纠正增长53.11%)；书面提出应当撤案而不撤案19,722件次(公安机关已纠正18,385件次)，比2015年增长88.47%(已纠正增长77.05%)。根据《中国法律年鉴》，2018年全国公安机关刑事立案5,069,242起，由此可以计算出，同年全国检察机关书面提出纠正公安机关不应当立案而立案、应当撤案而不撤案两项数量之和(46,588件次)约占全国公安机关刑事立案数的0.92%，已纠正两项数量之和(40,600件次)则约占0.8%。可见，这些案件在公安机关整体刑事案件数量中仅占很小比例，同时考虑到检察机关不可能发现所有不应当立案而立案、应当撤案而不撤案的案件，以及原公安部宣传局局长武和平在参加"中国犯罪学基础理论2000年新春茶话会"时曾经发言，认为当前(指2000年前后)我国犯罪统计数与实际犯罪数存在较大出入，应当将现有统计数乘以4才接近实际犯罪数，②基本可以认为，检察机关所发现的案件仅是其中一部分，个别公安机关滥用侦查自由裁量权甚至直接任意分流的现象仍然在一定范围内存在。

表4－2　全国检察机关立案监督情况

指标	2019年	2018年	2017年	2016年	2015年
人民检察院立案监督书面提出纠正(件次)	—	46,588	37,809	30,093	28,010
其中：已纠正(件次)	31,531	40,600	32,511	25,311	24,893

① 未能找到或者抽取到应当终止侦查而不终止侦查的数据。

② 该数据是目前网上能够找到的最近时间内官方对我国犯罪黑数情况的公开表态。随着近年来公安机关对立案不实、撤案不实等问题整治力度的加大，应乘系数肯定在不断减小，而不会是原来的"4"，但无论如何，犯罪黑数现象在我国仍然在一定范围内存在。参见于国旦、皮艺军：《察前沿专家求是　辨疑难学者点津——中国犯罪学基础理论2000年新春茶话会专家纵横谈》，载《福建公安高等专科学校学报》2000年第3期。

续表

指标	2019 年	2018 年	2017 年	2016 年	2015 年
人民检察院监督立案书面提出纠正(件次)	—	26, 866	22, 941	18, 668	17, 546
其中:已纠正(件次)	16, 385	22, 215	18, 587	14, 650	14, 509
人民检察院监督撤案书面提出纠正(件次)	—	19, 722	14, 868	11, 425	10, 464
其中:已纠正(件次)	15, 146	18, 385	13, 924	10, 661	10, 384

三、侦查分流程序及程序结果在实践中有所异化

如前所述,我国侦查分流机制有其制度设计,并在此基础上,与公安刑事执法办案实际相结合,形成了相应适用流程。总体来看,公安机关在实践中基本能够严格规范地予以遵照执行,但少数情况下也出现了异化现象,集中体现在侦查分流程序及程序结果上。其中,侦查分流程序的异化以刑事和解程序、认罪认罚从宽制度表现得最为明显;侦查分流程序结果的异化以不予立案、撤销案件、终止侦查、移送审查起诉并提出分流建议表现得最为明显。

(一)侦查分流程序的异化表现

1. 刑事和解程序

刑事和解程序的异化主要表现在四个方面:(1)适用案件范围的异化。如对刑事和解适用案件范围之外的寻衅滋事案件甚至一些重罪案件适用刑事和解,再如出于停访息访目的,降低证明标准要求,对事实不清或证据不足的案件适用刑事和解。(2)公安机关干预程度的异化。如前所述,双方当事人和解期间,公安机关基本上对刑事和解不加干预,但实践中发现,极少数刑事和解案件存在个别公安机关基于种种目的对和解过程进行人为干预的情况。(3)审查和解协议的异化。实践中个别公安机关也可能出于权力寻租等目的,不认真审查和解协议,以致违反自愿性或者合法性的和解协议被审查确认,进而成为其撤销案件的重要依据。(4)案件处理的异化。实践中发现,个别公安机关对轻伤害和解案件以

外的部分和解案件，主动或者根据检察机关建议作了撤案处理，这明显是对公安机关撤案权的不当扩张。[①]

2. 认罪认罚从宽制度

实践中，某些公安机关为获取被追诉人认罪供述，在履行职责方面也存在一些异化情形，具体如下：(1)将“不认罪认罚”作为惩罚性事由对待。如威胁被追诉人，如果其不认罪认罚就不能享受从宽优惠，再如威胁被追诉人，如果其进行辩解或者保持沉默，就会被认定为“认罪态度欠佳”而遭受更重处罚。将“不认罪认罚”作为惩罚性事由对待，加大了被追诉人迫于重压而违心认罪或者将无罪误认为有罪的可能性，并导致了有的辩护律师不敢辩护，一定程度上削减了辩护的有效性。(2)向被追诉人不恰当地解释法律，或者在自首、立功、罪名、处罚等方面作出与法不符的优惠承诺。(3)盲目信任被追诉人认罪供述的可靠性，以及一味追求诉讼效率的提升，人为降低认罪认罚案件的证明标准。(4)不重视值班律师的作用，将其视为“见证者”甚至是“说客”。

(二)侦查分流程序结果的异化表现

1. 不予立案

在实践中，公安机关少数情况下可能会基于不同原因，对应当立案的案件不予立案或者对不应当立案的案件予以立案。经归纳，公安机关应当立案而不立案的具体情形主要有：(1)个别公安机关或者侦查人员与他人相谋划，对不符合分流条件的刑事案件不启动侦查程序，进而获取一定利益好处，此属于第一章第一节第二部分所述“为了分流而分流”现象中的寻租性分流；(2)个别公安机关考虑到案件于己考核无益，或者事实查证难度较大、短期内难以取得突破却会耗费大量资源、追诉不甚经济，或者存在对特殊人群加强保护的政策要求，为了尽快分流，而对案件怠于调查取证甚至隐匿证据、隐瞒事实，进而不启动侦查程序，此属于“为了分流而分流”现象中的懈怠性分流。公安机关不应

① 参见闫茜：《我国刑事和解异化问题研究》，中南财经政法大学2019年硕士学位论文，第21页。

当立案而立案的具体情形，表现为该机关基于权力寻租、完成考核任务或者其他目的，对不应当立案的案件启动侦查程序，此属于“应当分流而不分流”现象范畴。

此外，公安机关在具体决定形式方面，除纯粹因为业务能力不强而判断失误并据以作出错误决定外，也可能采取不规范甚至违法违规的做法。相关不规范以及违法违规的做法，具体表现在以下两方面：(1)除依法制作《不予立案决定书》外，公安机关对于具有不予立案适用情形之一的案件，也可能不制作《不予立案决定书》而仅作口头答复；(2)在前一段所述第(1)或(2)种情形下，除违反法律规定制作《不予立案决定书》外，也可能通过不进行立案审查甚至不给报案人《受案回执》，或者立案审查后不作出结论，从而避免制作立案或者不予立案决定书。

2. 终止侦查、撤销案件

在实践中，公安机关少数情况下基于不同原因，也可能对应当撤案的案件不予撤案或者对不应当撤案的案件予以撤案，以及对应当终止侦查的人员不予终止侦查或者对不应当终止侦查的人员予以终止侦查。

经归纳，公安机关不应当撤案而撤案、不应当终止侦查而终止侦查的具体情形有两种，与公安机关应当立案而不立案的两种情形基本相同。只不过，前两者的两种情形针对刑事案件或者被追诉人，采取的处理措施是将该两类对象排除出刑事诉讼程序；后者的两种情形仅针对刑事案件，采取的处理措施是不启动侦查程序。同时，公安机关应当撤案而不撤案、应当终止侦查而不终止侦查的具体情形只有一种，与公安机关不应当立案而立案的具体情形基本相同，区别也在于针对对象和处理措施。具体来说，前两者的具体情形针对刑事案件或者被追诉人，采取的处理措施是不撤销案件、不终止侦查并长期挂案不处；后者的具体情形仅针对刑事案件，采取的处理措施是启动侦查程序。

3. 移送审查起诉并提出分流建议

公安机关在实践中适用该侦查分流程序结果时，少数情况下也可能出现不规范甚至违法违规的现象，具体情形有两种：(1)个别公安机关根据以往经验或者与检察机关的事先沟通，预判到自己立案侦查的案件可能被检察机关退回补充侦查甚至作出不起诉决定，为避免对考核造成负面影响，于是将本应移送检察机关审查起诉的案件，不移送审查起诉而挂案以进行事实上的分流，此属于"为了分流而分流"现象中的预见性分流；(2)某些公安机关基于种种原因，仅将案件移送审查起诉而不提出相应分流建议。造成第二种情形的原因既包括公安机关判断能力不足、与检察机关在分流程序或者分流程序结果适用方面存在认识分歧，以及案件证据情况在后续发生变化，也包括公安机关故意不提出。

四、侦查分流效果未达预期

侦查分流机制在实践中发挥了积极的分流效果，但在两大方面仍然存在提升空间。

（一）减负提速效果不明显

侦查分流机制尽管在不少场景下会涉及程序从简、从快的内容，但其对所适用案件的减负提速效果还不是特别明显，具体表现在轻案快办机制的减负效果不明显、认罪认罚从宽制度的提速作用不明显、侦查分流案件的审前羁押依然过多占用诉讼资源三个方面。

1. 轻案快办机制对侦查人员的减负效果不明显

从实践情况看，由于轻案快办机制针对侦查、审查起诉、审判规定了较之正常期限短不少的办案期限，并对法律文书、手续、程序进行了简化，其诉讼提速效果较为明显，以A地另一地区C市为例，自2014年6月24日该市探索建立轻案快办机制，至2015年6月2日，快办轻刑案件共308件涉及349人，一审生效判决涉及268人，平均诉讼时限为28天，相比以往办案时限的120天减少92天，其中公安环节平均办案期限为8天，检察环节为11天，法院环节为9天，公安机关办案期限占比缩至28.6%；但提速的同时，是否起到减负作用存在疑问，因为2014年某调研显示，南昌市西湖区推行轻案快办机制后，两名民警每月办理刑事案件数量从1～2起增长至2014年的5～10起，工作量增加，工作强度加大，评估被追诉人社会危险性耗时费力，"人少案多"矛盾突出，以至于基层公安民警抵触情绪明显,不敢、不愿、不善主动适用该机制。[①] 在A地调研过程中,也有不少执法办案一线民警表现出类似的心理状态。

2. 认罪认罚从宽制度在侦查环节的提速作用不明显

现行《刑事诉讼法》对符合速裁程序适用条件的认罪认罚案件的检察院审查起诉期限、适用速裁程序审理的认罪认罚案件的法院审理期限作出限定,[②]但未对认罪认罚案件在侦查阶段的程序从简、从快作出明确要求,这导致认罪认罚从宽制度的提速作用主要发生在审查起诉和审判环节,而甚少发生在侦查环节。以A地B市认罪认罚试点为例,试点案件平均审查起诉周期为25.8天,比同期刑事案件平均审查起诉周期缩短约7天;试点案件平均审理天数为5.93天,比同期非试点案件平均审理天数缩短29天;试点案件基本为批量案件集中开庭,每起案件平均庭审时间在4分钟左右,比试点前每起案件平均庭审时间缩短26分钟以上;在审结试点案件中,当庭宣判的有4944件,当庭宣判率为89.8%。尽管B市D区探索出"一步到庭"的模式,即通过进一步简化办案程序、[③]优化法律文书、[④]类型化证据规格,[⑤]实现公安机关3天移送审查起诉、检察机

---

① 参见揭萍、吴瑞青:《"轻案快办"司法机制改革的价值与实现路径——基于江西省南昌市西湖区试点调研》,载《江西警察学院学报》2014年第5期。

② 《刑事诉讼法》第172条第1款:"人民检察院对于监察机关、公安机关移送起诉的案件,应当在一个月以内作出决定,重大、复杂的案件,可以延长十五日;犯罪嫌疑人认罪认罚,符合速裁程序适用条件的,应当在十日以内作出决定,对可能判处的有期徒刑超过一年的,可以延长至十五日。"第225条:"适用速裁程序审理案件,人民法院应当在受理后十日以内审结;对可能判处的有期徒刑超过一年的,可以延长至十五日。"

③ 主要体现在四个方面:(1)羁押案件的"刑拘直诉"。公安机关对速裁案件被追诉人适用刑事拘留措施,侦查终结后不经报捕程序直接移送检察机关审查起诉,检察机关快速审查后提起公诉,法院快速做出裁判,必要时检法机关可以变更强制措施。(2)非羁押案件的"取保到底"。检法机关受理公安机关对被追诉人取保候审的案件后,无须重新办理取保候审。(3)实行集中办理。针对速裁程序和可能判处3年以下有期徒刑的简易程序案件,实行集中移送、讯问、告知、提起公诉以及开庭。(4)建立公诉人值班制度。检察机关针对集中开庭的一批案件只指派一名公诉人集中出庭,即使其中部分案件并非该公诉人在审查起诉阶段承办。参见李勇:《认罪认罚案件"程序从简"的路径》,载《国家检察官学院学报》2019年第6期。

④ 公安机关网上流转血液酒精检测报告等法律文书,检察机关合并审查起诉期限告知书、委托辩护人及法律援助告知书、速裁程序事项告知书、同意适用速裁程序具结书,进行"一单式告知",对审查报告和起诉书进行"表格化"设计,进一步减少烦琐内容,突出审查重点。

⑤ 针对现场查获型危险驾驶案件,执行统一证据规格,将现场查获录像、嫌疑人供述、血液酒精检测报告和同车人证言列明为必需证据,大大简化一线交警的取证工作量,在侦查源头就解决非法证据和瑕疵证据等问题。

关2天提起公诉、法院2天作出判决的7天办结目标，[①]但是该模式仅适用于符合速裁程序条件的现场查获型危险驾驶案件，[②]并未涉及对其他犯罪案件在侦查阶段的提速要求。

上述硬性规定办理认罪认罚案件总体期限的做法，在提高诉讼效率方面确有积极作用，但也会导致公检法三机关办案期限分配不均，特别是对公安机关办案期限形成隐性压迫，给侦查人员带来更多办案压力。[③]实践中，公安机关办理认罪认罚案件，尽管已经有意识地"通过减少不必要的讯问次数、犯罪嫌疑人的羁押期限和不同机关的重复审查来促进审前阶段的案件流转加快"[④]，但由于缺乏明确程序简化提速要求，其仍然会被烦琐的案件报批和流转占用大量时间，并需要完成知情告知、与被追诉方沟通协商、认罪认罚具结书签署、认罪认罚法律文书制作、自愿性审查等新增过程，这与侦查分流机制致力于缩短办案时限的初衷相违背。而且，认罪认罚案件证据查证方式的简化主要体现在裁判上，对于审前的侦查和审查起诉环节，公安机关和检察机关在原有的证据收集、固定、审查和认定要求基础上，反而可能采用更为严格的证据查证程序，以确保认罪认罚案件的自愿性和真实性，防范冤假错案。该种单位时间内的办案数量、工作量增加但侦查程序不简、取证要求不降的情况，除了造成侦查人员缺乏主动适用的积极意愿外，也影响了侦查进程的快慢。

3. 侦查分流案件的审前羁押依然过多占用诉讼资源

前文提到，我国审前羁押率偏高，给执行管理机关带来了沉重负担。在适用侦查分流机制过程中，非羁押措施的适用比例依然较低。以A地B市认罪认罚试点为例，非羁押措施的适用比例仅达四成左右。并且从A地情况看，2019年1月至10月，A地检察机关认罪认罚案件的审前羁

---

① 即公安机关2~3个工作日内侦查完毕，检察机关受理审查起诉案件后，次日提起公诉，法院受理当日开庭并当庭宣判。实践中，经测算，平均每个案件的侦查期限为2.5天，审查起诉周期为2天，庭审时间为5分钟左右。

② 参见崔洁、雒呈瑞等：《你知道"一步到庭"办案模式吗？它减程序不减权利哦》，载ZAKER新闻网2017年7月20日，http://www.myzaker.com/article/5970a0bc1bc8e0442900097c/。

③ 参见周新：《公安机关办理认罪认罚案件的实证审思——以G市、S市为考察样本》，载《现代法学》2019年第5期。

④ 汪海燕：《重罪案件适用认罪认罚从宽程序问题研究》，载《中外法学》2020年第5期。

押率为 29.8%,低于刑事案件整体审前羁押率 7.6 个百分点。[①] 考虑到此处检察机关所计算的审前羁押率仅包含认罪认罚案件的刑拘直诉、刑拘转逮捕与直接逮捕人数,而不包含公安机关计算时纳入考虑的刑拘释放、刑拘转非羁押措施人数;更何况检察机关所计算的审前羁押率仅限认罪认罚案件,从侦查分流机制角度看,还有两个数据没有纳入,一是适用其他侦查分流程序的案件中的羁押人数,二是在侦查分流案件中适用指定居所监视居住这一准羁押措施的人数。如果能将上述缺失数据纳入计算范畴,加之当前轻刑案件在刑事案件总量中占有可观比重,侦查分流案件的审前羁押率不会太低。

由此带来的后果就是,公安机关不仅需要承担大量的信息流转、审核审批、法律文书制作、通知家属等工作,而且需要花费可观的监管资源,在保障诉讼顺利进行的同时,切实防范脱逃、自伤自残、刑讯逼供等执法安全风险。上述两方面均会占用较多的诉讼资源,客观上将影响诉讼效率的提升,对减负提速效果形成一定程度的制约。

(二)定纷止争效果不明显

刑事和解程序、轻案快办机制要求当事人双方在特定范围内形成合意,将双方纳入了矛盾冲突的解决过程,并对双方意见给予充分尊重,无形中增加了公安机关处理决定的被接受度,从而为良好定纷止争效果的取得打下坚实基础;认罪认罚从宽制度虽然以被追诉人认罪认罚为主,被害人在其间扮演的戏份较少,但该制度在追究被追诉人刑事责任的同时,兼顾其接受改造、复归社会的机会,最大限度弥补被害人损失、抚慰其痛苦,能够促成矛盾冲突得到更快解决,也能取得较好的定纷止争效果。与之形成鲜明对比的是,其他侦查分流程序及其产生的程序结果基本由公安机关主导,带有浓厚的职权主义色彩,无须当事人双方的深度参与。由此造成的后果是,被害人一旦对公安机关处理决定不满意,就有可能认为公安机关放纵犯罪、包庇犯罪者,而申请复议复核,甚至走上漫漫信访路。

---

① 参见管莹:《A 地:认罪认罚案件平均办案周期缩短 5.7 天》,载最高人民检察院官网 2019 年 11 月 9 日,https://www.spp.gov.cn/spp/zdgz/201911/t20191109_437682.shtml。

这种"案结事不结"的状态,实际上耗费了国家更多资源,并且形成了潜在的不稳定因素。

第二节　我国侦查分流机制问题的成因

上述问题的存在,有其背后的原因,只有找准问题的成因所在,才能有针对性地转变思路与采取措施,对现有侦查分流机制作出全方位的完善升级。

一、分流主体存在理念偏差

分流主体之间存在理念偏差,导致公安机关分流意愿不强、分流积极性不高,一定程度上阻碍着侦查分流机制的实际运行效果。具体来说,这些理念偏差有:

(一)决定(建议)主体深受刑事领域惯性思维影响

当前,公安机关分流理念仍然潜移默化地受到刑事领域不少惯性思维的影响。其中,最具代表性的三种惯性思维是:

其一,为了追求实质真实就可以将诉讼效益搁置一旁。追求实质真实是大陆法系国家的惯常做法,如德国就在其刑事诉讼法中将开展犯罪侦查以发现背后真相规定为警察的任务之一。[①] 作为深受大陆法系国家影响的国家,我国在刑事诉讼法中同样坚持实质真实原则,明确被追诉人供述仅是认定案件事实的证据种类之一,只有该类证据,无其他证据,不得对被追诉人定罪量刑,综合全案证据,达到法定证明标准,应当认定被追诉人构成犯罪。[②] 在此原则的影响下,公安机关为查明所谓的事实真

---

① 《德国刑事诉讼法》第163条第1款:"警察机关及警察官员应当侦查犯罪行为,并作出所有不容推延的命令,以避免事实真相被掩盖。为此目的,只要其他法律未特别规定其职权,他们有权向所有机关请求提供讯息,在迟延就有危险时亦可要求提供讯息,以及采取各种侦查形式。"参见宗玉琨译注:《德国刑事诉讼法典》,知识产权出版社2013年版,第163页。

② 参见陈瑞华:《认罪认罚从宽制度的若干争议问题》,载《中国法学》2017年第1期。

相往往不惜一切代价,却忽视了能否取得较好诉讼效益的问题。这样做的弊端在于,忽视刑事诉讼规律和个案具体情况,在刑事案件数量大、刑事追诉成本高的背景下,既无效率,也不经济,无法取得较好诉讼效益,甚至会使公安机关进行无序分流,进而产生犯罪黑数,而且公安机关穷尽真相之际,必然会采取一系列手段对嫌疑人权利进行限制,在这过程中,极易造成对被追诉人人权的侵犯,从而动摇司法公信力。

其二,采取非羁押措施不利于刑事执法办案的顺利进行。公安机关在审前对被追诉人往往倾向于适用逮捕、刑事拘留等羁押措施和指定居所监视居住这一准羁押措施,因为其认为采取非羁押措施会产生三个负面后果:首先,对外地被追诉人适用非羁押措施,无形中增加了其往返居住地与办案地的经济与时间成本,且不排除部分被追诉人回到居住地,为了躲避刑事责任追究,会故意失联,甚至躲至其他地方。其次,在法律对社会危险性的界定标准尚未特别明确的情况下,一味扩大非羁押措施的采取范围,容易将社会危险性较高的被追诉人放入社会,从而引发再犯风险,威胁社会安定。由此带来的后果就是,公安机关为了保险起见,对社会危险性整体较低的少数犯罪类型案件的被追诉人适用非羁押措施。如一项对某区公安机关办理认罪认罚案件适用取保候审情况的调研就显示,危险驾驶罪因其行为人多为本地人,在本地多有固定住所和工作,一般为初偶犯,社会危险性较低,成为适用取保候审措施最集中的罪名。[①] 最后,不对被追诉人适用"关起来"的羁押和准羁押措施,而对其适用"放出去"的非羁押措施,容易给公众带来放纵犯罪的错觉,从而使本机关承受较大的舆论压力。上述分析揭示了公安机关采取非羁押措施时可能存在的困难选择心态。在适用侦查分流机制过程中,这种困难选择心态则会演变成一种两难选择心态,即适用该机制的被追诉人有相当一部分不符合逮捕条件或无逮捕必要,而采取非羁押措施又会产生前述负面后果。

其三,非刚性处理就是放纵犯罪。在该思维看来,只有刚性处理才称

① 参见周新:《公安机关办理认罪认罚案件的实证审思——以G市、S市为考察样本》,载《现代法学》2019年第5期。

得上是对嫌疑人的打击处理，对嫌疑人只要适用侦查分流机制，特别是使之不进入或者终止刑事诉讼，不处以刑罚，就是放纵犯罪、包庇嫌疑人，就是“以钱买刑”“权力寻租”“权钱交易”，就是失败的处置。该思维不唯我国独有，也存在于国外，如澳大利亚新南威尔士州部分社区倾向于对犯罪采取强硬做法，并可能会对该州警察将年轻罪犯从法庭上分流的行为给予批评，这影响到了警察对该州《青年行动计划》（以对年轻罪犯实施分级干预为主要内容）的接受度。[①] 而在我国，受此思维的驱动，公安机关在刑事执法办案特别是运动式、集中式执法的过程中，常常出于分流出错以致放纵犯罪的担忧，加之考虑到已经付出的努力或者迫于绩效考核的压力，而不愿轻易放过一个人头数，将刑事案件办下去并且办成功的内在驱动力极强，大概率会缺乏适用侦查分流机制的积极性，以致在面对可适用情形时望而却步。

以撤销案件为例，尽管相关法律、司法解释以及其他规范性文件[②]均对刑事案件的依法撤销作出了相应规定，但是外界固有观点和侦查人员潜意识里均不由自主地认为撤销案件意味着放纵犯罪，意味着办错案，意味着考核扣分、法律追责和国家赔偿，这造成侦查人员面对案件无法继续办下去的情形，宁愿不移送审查起诉或撤回移送审查起诉而长期挂案不处，宁愿强行移送检察机关并寄希望于其作出不起诉决定，也不愿撤销案件。强行将案件移送给检察机关，这是公安机关试图通过检察机关的不起诉权来回避或者转移分流责任的表现，这也是正当防卫案件在实践中大多是被检察机关决定不起诉，较少由公安机关决定撤销案件的原因所在。

该思维之所以存在，归根结底，原因有三：首先，过于强调对犯罪的打击。长期以来，我国刑事司法过于强调对犯罪的打击，一定程度上对人们

---

① See Jenny Bargen et al., *Regulating Police Discretion: an Assessment of the Impact of the NSW Young Offenders Act* 1997, 1 Journal of Child Psychology & Psychiatry 69 (2004).

② 《刑事诉讼法》，《国家赔偿法》，最高人民法院、最高人民检察院《关于办理刑事赔偿案件适用法律若干问题的解释》，最高人民检察院、公安部《关于公安机关办理经济犯罪案件的若干规定》以及公安部《公安机关办理刑事案件程序规定》。

理性看待侦查分流机制所具有的宽宥、效率价值构成一定妨碍。其次，宣传报道造成的思维定式。实践中，媒体常常将对犯罪嫌疑人的抓获归案、打击处理作为公安机关的业绩进行宣传报道，加之公安机关对侦查分流机制的日常宣传工作没有跟进，面对社会的不理解甚至误解缺乏回应的积极性，这容易给社会公众带来一种错觉，即只有刚性处理才称得上是对嫌疑人的打击处理，进而导致社会公众在短时间内难以对侦查分流机制的适用产生认同。最后，公安机关办理侦查分流案件的能力和水平有限。有的在适用认罪认罚从宽制度时，仅凭被追诉人已赔偿被害人经济损失就简单认定其“认罚”；有的在未对案件具体情节作充分区分或者整体考虑的情况下，将“从宽”绝对化、简单化，仅基于少数情节，就向检察机关提出从宽处理建议；有的一味追求尽快结案，过度迁就被追诉方，致使案件未获公正处理。

（二）参与主体与监督主体重视配合甚于重视制约

适用侦查分流机制过程中，参与主体与监督主体重视配合甚于重视制约，具体表现形式如下：

其一，对于被追诉人这一参与主体而言，由于控辩双方关系处于失衡状态，被追诉人或者为了尽快摆脱诉累，或者担忧进行辩解、保持沉默会被认定为“认罪态度欠佳”而遭受更重处罚，或者为了规避在信息化时代公开审判可能产生的“贬低”后果，或者囿于获得的法律帮助质量不高，有一定可能性会迫于重压，积极配合公安机关甚至违心认罪，以至于不履行法律赋予自己的救济权利。

其二，对公安机关内部审查部门这一监督主体而言，其与侦查部门同属公安机关内设机构范畴，再考虑到行政管理体制固有的决策方式，可以说两者之间的共同利益远大于各自利益，协调配合的可能性远大于分歧对抗的可能性。鉴于此，在侦查部门查办案件已经投入大量人力、物力以及时间，不愿前期沉没成本白白耗费，与诉讼结果存在重大利益关联，具备较强推动后续追诉程序的动力的情况下，内部审查部门能否坚持扮演制约角色，是要打一个问号的。

其三，对检察机关这一监督主体而言，根据《刑事诉讼法》第 7 条，公检法三机关在刑事执法办案中是分工负责、互相配合、互相制约的关系。但实践中,三机关或多或少仍然重视配合甚于重视制约,仍然遵循流水线式的单向作业模式,呈现一定的一体化色彩。该模式意味着刑事追诉程序一旦启动,就有很大的概率惯性向前,很难停止。在该模式下,如果检察机关以打击犯罪为首要目标或者考虑到要维持与公安机关的长期良好协作关系,就容易忽视两机关之间的制约,忽视自身监督职责,而对公安机关移送的刑事案件予以积极配合。此种对公安机关的过度配合,导致的结果将会是在公安机关本就因重大利益关联而缺乏分流积极性的情况下,公安机关的分流意愿被进一步降低。其实,国外也存在警察机关与检察机关配合过度的问题,如美国某学者在研究该国检察官和警察之间的互动关系时就指出,因为检察官需要依靠警方寻找和询问证人,并以一种可用于在法庭上证明被追诉人有罪的形式获得尽可能最有力的证据,警察需要依靠检察官通过法院系统这一法律机构提起诉讼,以便将其逮捕的被追诉人绳之以法,所以无论美国警察和检察官的正式自主权如何,二者都会发现彼此是处于同一战线的相互依赖的成员,致力于共同解决犯罪问题。[①]

此外,还需要指出的是,在我国现有侦查分流机制的监督体系中,社会公众的监督处于缺失状态,这意味着普通民众基本上无法参与到侦查分流实践中来。对普通民众参与的排斥,可能造成公权机关之间、公权机关与当事人之间内部合作甚至单方决策。相关情景已经在日本发生过,该国"精密司法"成为职业司法人员合力惩治被追诉人的"单人舞",以致定罪率达到99%以上。[②] 所不同的是,普通民众参与的缺失,对于侦查分流机制而言,更多的是导致无序分流的出现。

(三)参与听证主体缺乏参与意识

在适用侦查分流机制过程中,一些具有社会自治属性的组织,如社

---

① See David A. Harris, *The Interaction and Relationship between Prosecutors and Police Officers in the U. S., and How this Affects Police Reform Efforts*, University of Pittsburgh Legal Studies Research Paper Series No. 2011 - 19 (June 2011).

② 参见张军、陈卫东主编:《域外刑事诉讼专题概览》,人民法院出版社2012年版,第261~262页。

区、特殊人群(如妇女、儿童、老人)权益保护组织,只能有限地在社会调查评估时表达自己的意见,并且在大部分情况下,这些组织连同一些具备矫正功能的组织,如心理干预、职业技能培训组织,基本都未参与进来,没有发挥自身影响力,这一定程度上影响侦查分流对象接受教育改造、被社会重新接纳、正常复归社会的进程,影响社会与刑事司法系统之间合作潜能的发掘。

这些组织就属于前文在对侦查分流机制进行要素分析时所提及的参与听证主体范畴。其之所以未参与进来,是因为:(1)改革开放的持续深入,使得我国不少领域的行政干预色彩明显削弱,社会自治和市场调控机制在其间逐步发挥更大作用,但也应当看到,在部分领域,还有相当数量的人的思维习惯性地呈现国家依赖的特征,这阻碍了相关社会自治机制的及时建立,或者导致了已建立社会自治机制的不健全,在此情形下,再谈相应领域社会自治的良好效果就有些不切实际了;[①](2)侦查工作保密要求严格,容易导致公安机关对相关组织的介入不热心甚至比较抵触;(3)参与渠道匮乏,如当前我国侦查分流机制并未设置侦查分流听证程序,再如《刑事诉讼法》基本未规定在适用侦查分流机制过程中要听取相关组织的意见。从以上种种原因可以看出参与听证主体缺乏参与意识。尽管该类主体暂时没有参与进来,但这并不是说,在法定参与渠道明确之前,其就绝对无法参与进来,相反其不仅能够在社会调查评估和社区矫正方面发挥作用,还能够在监督侦查分流活动依法有序进行、保障当事人合法权益方面发挥作用。

二、分流规定留有模糊甚至空白之处

(一)法定分流机制规定不够明确

分析法定分流机制所涉条款后发现,相关内容并不明确,缺乏统一操作标准,容易引起实践中的适用混乱,一定程度上影响了公安机关适用法

---

① 参见吴茜:《论侦查阶段的"诉讼分流"制度》,载《湖南公安高等专科学校学报》2005 年第 6 期。

定分流机制的积极性和准确性。主要表现在：

其一，虽然《刑事诉讼法》第16条隐然含有对尚未追究刑事责任的“犯罪已过追诉时效期限”“经特赦令免除刑罚”“犯罪嫌疑人、被告人死亡”情形应当适用不予立案的意思，但该条确实没有明文规定应当适用，这导致部分公安机关遇有该三种情形，会为了稳妥起见，采取先立案再撤案的做法，无形中造成了不必要的司法资源浪费。

其二，最高人民检察院、公安部《关于公安机关办理经济犯罪案件的若干规定》第25条规定对“对犯罪嫌疑人解除强制措施之日起十二个月以内，仍然不能移送审查起诉或者依法作其他处理”“对犯罪嫌疑人未采取强制措施，自立案之日起二年以内，仍然不能移送审查起诉或者依法作其他处理”“人民检察院通知撤销案件”的情形，公安机关应当及时撤销案件。这就造成了实践中，有的公安机关认为应当在对犯罪嫌疑人解除强制措施之日起12个月以内或自立案之日起2年以内撤销案件，有的公安机关则认为可以超期，只要及时撤销案件即可。

其三，《人民检察院刑事诉讼规则》第563条、第565条规定公安机关对通知撤销案件书没有异议，应当立即撤销案件，认为有错误，可以要求复议、提请复核，但没有硬性规定上级人民检察院作出确认撤销案件通知正确的复核决定后，下级公安机关必须立即撤销案件。这就造成即使人民检察院发出了立案监督或者纠正违法通知书，部分公安机关也有可能出于种种不当目的，而采取挂案不处的方式。

（二）裁量分流机制亟待相应规范或者调整

裁量分流机制存在的问题主要表现为三个方面：

首先，认定内容缺乏明确标准予以规范。如前所述，裁量分流机制的第①种适用情形涉及对“情节显著轻微、危害不大，不认为是犯罪”，或者“犯罪事实显著轻微，不需要追究刑事责任”的认定。从现有规范看，对该两项内容的认定均缺乏明确标准，这导致实践中存在两种分流倾向。

具体而言，一种分流倾向就是前面提及的无序分流，包括“为了分流而分流”“应当分流而不分流”两类现象，其中“为了分流而分流”还可以被细分为寻租性分流、预见性分流以及懈怠性分流，该分流倾向危害极大，为各种执法问题提供了滋生空间，严重影响了公安机关执法权威与公信力；另一种分流倾向则是重数额轻整体的机械分流倾向，主要表现为对立案、撤案标准的机械把握。现行《刑法》中的很多犯罪既是数额犯，又是情节犯，部分侦查人员或者对自身能力素质不自信，或者认为数额标准操作性强，或者认为采用数额标准能够避免担责，往往陷入“唯数额论”的窠臼，不对案件情况进行综合把握和整体考量，只要犯罪行为符合数额标准就立案，已经立案的坚决不予撤案而宁愿长期挂案不处。表面上，这是对公平的一体追求，实则是对数额的过分迷信，其忽视了犯罪者个体、犯罪行为和“平均人”认知等因素，[①]忽视了犯罪者再犯及复归社会的可能性、受损社会关系的修复和社会秩序的稳定，忽视了办案人员主观能动作用的发挥。该种做法，轻者是部分侦查人员求稳心态使然，重者是其缺乏担当的表现。因此，应当尽快提高侦查人员对案件情况全面把控的意识及能力，彻底扭转这种“唯数额论”的倾向，以真正推动侦查分流活动规范有序地开展。

其次，个别适用情形缺乏法律层面的支撑。如前所述，在部分省份，公安机关可以撤销符合特定条件的轻伤害和解案件，相关依据为省级政法部门之间的座谈纪要，效力位阶低，并未为法律所认可。该种做法尽管属于符合基层执法实际需求的变通规定，但在某种程度上可以说，其缺乏法律层面的支撑，这势必会影响公安机关据以作出的撤销案件决定的合法性和权威性。

最后，部分轻微刑事犯罪立案追诉的数额标准偏低。立案追诉标准是对犯罪门槛的一种界定，实质上具备实体分流的作用。对其加以灵活运用，能够有效调控进入刑事诉讼程序的案件数量。当前，部分轻微刑事犯罪立案追诉的数额标准偏低，应当予以适度提高。具体理由如下：

---

① 个体因素，包括成长经历、文化水平、生活环境、职业背景、认知能力、精神健康程度、日常行为表现等；行为因素，包括犯罪类型、行为性质、行为过程中以及行为前后语言及动作上的表现等；“平均人”认知因素，指社会中一般的、理性的人的认知水准，其判断依据包括当地普法教育开展情况、相似人群知晓法律的比例或可能性等。参见马啸、狄小华：《公民个人信息刑法保护界限问题研究》，载《江海学刊》2019 年第 2 期。

其一，部分数额标准与社会经济发展实际有所脱离。根据统计，2017年至2019年，A地公安机关每年办理的刑事案件中，总量位居前三的案由均为危险驾驶、盗窃、诈骗（居于前两位的危险驾驶、盗窃因年份不同，位置可能会互换），每年该三类案件的总数均占到该地同年刑事案件数量的八成以上，其中危险驾驶案件，大多为被追诉人被判处3年有期徒刑以下刑罚的案件。[①] 综观该三类犯罪在A地立案追诉的数额标准，盗窃罪为2000元，确立于2013年；[②]诈骗罪为6000元（电信诈骗3000元），确立于2011年；[③]危险驾驶罪为80mg/100ml，确立于2013年。[④] 前述数额标准确立于8年至10年前，但近年来，社会经济迅猛发展，居民收入不断提升，物价水平快速飞涨，这导致2000元与6000元的数额标准在A地这样的东部沿海地区显得有些低；而且，经济社会的发展也使民众饮酒机会增多、可能摄入酒精量增多，较容易就达到若干年前所确立的80mg/100ml标准，构成刑法意义上的"醉酒"的概率也随之增大，加之个人体质存在差异，达到醉酒所需要的酒精含量各不相同，"一刀切"要求有点不科学，80mg/100ml标准确实有点低。

其二，轻微犯罪泛罪化易导致刑罚的教育刑意义不断削弱。以A地危险驾驶案件为例，大多数被追诉人被判处的刑罚为3年有期徒刑以下刑罚，且该类案件也是每年新增判处3年有期徒刑以下刑罚案件的主力军，当前的数额标准很容易就能使该类案件积累到一定量级，彼时被追诉人乃至社会大众对因危险驾驶罪被判刑也就习以为常、见怪不怪，相关刑

① A地公安机关2017年至2019年每年办理的该三类刑事案件数量、刑事案件总数、危险驾驶被追诉人被判处3年有期徒刑以下刑罚的数量并非公开数据，故出于保密需要，此处就不再对其进行展示，而直接展示结论。

② A地高级人民法院、A地人民检察院、A地公安厅《关于我省执行盗窃公私财物"数额较大""数额巨大""数额特别巨大"标准的意见》第1条："盗窃公私财物价值人民币二千元以上的，为'数额较大'。"

③ A地高级人民法院、A地人民检察院、A地公安厅《关于我省执行诈骗公私财物"数额较大""数额巨大""数额特别巨大"标准的意见》第1条："诈骗公私财物价值人民币六千元以上的，为'数额较大'。"

④ 最高人民法院、最高人民检察院、公安部《关于办理醉酒驾驶机动车刑事案件适用法律若干问题的意见》第1条第1款："在道路上驾驶机动车，血液酒精含量达到80毫克/100毫升以上的，属于醉酒驾驶机动车，依照刑法第一百三十三条之一第一款的规定，以危险驾驶罪定罪处罚。"

罚也就失去了其教育刑意义。

其三,能够较明显地减少进入刑事诉讼程序的案件数量。提高部分轻微刑事犯罪尤其是该三类犯罪立案追诉的数额标准,考虑到这些犯罪本身庞大的案件体量,哪怕只是稍微提高一点,从刑事诉讼程序入口处所减少的案件数量都是相当可观的。这能够显著地减轻公安机关执法办案工作量,在一定程度上缓解“案多人少”的矛盾。

(三)建议分流机制对衔接内容供给不足

建议分流机制主要涉及与后续审查起诉阶段的衔接机制问题,具体表现为以下方面:

其一,关于分流建议内容的规定不足。如前所述,分流建议内容包括对审查起诉阶段适用何种分流程序的建议,以及对分流程序产生何种程序结果的建议。但根据现有规定,公安机关能够建议审查起诉阶段适用的分流程序只有轻案快办机制、刑事速裁程序,能够建议产生的分流程序结果只有从宽处理且仅限达成和解协议的案件。至于是否包括其他分流程序[①]和其他分流程序结果(如不起诉),相关法律法规未作明确规定。实际上,分流建议仅是需要检察机关慎重对待的提示性建议而已,并不具有强制约束力,不会影响检察机关的独立审查地位,故应当允许公安机关在更广泛范围内提出分流建议。

其二,关于公检机关对分流建议存在分歧时的解决机制匮乏。检察机关对公安机关提出的分流建议如果不认可、不采纳,应该如何处置?现有规定并未对此予以明确。实际上,虽然公安机关的分流建议没有强制约束力,但由于其是公安机关综合全案情况、经过深思熟虑、以正式文书形式提出的建议,检察机关还是应当予以认真考虑,并和公安机关一起妥善处置双方对分流建议存在的分歧。

其三,关于公检对接的法律文书规定不足。当前,相关对接法律文书只有《起诉意见书》,这与移送审查起诉的普通案件无太大区别,至多是

---

① 检察机关当然不可能适用立案审查程序、撤案(终止侦查)审查程序、普通侦查程序,再减去轻案快办机制和刑事速裁程序,此处的“其他分流程序”应指刑事和解程序、认罪认罚从宽制度。

该意见书还可能载明刑事和解、认罪认罚等情况。从实践需求角度看，还应当增加公检对接的法律文书种类，以形成侦查分流常用法律文书集群。同时，还要考虑法律文书的简化制作问题。

此外，有观点认为，应打破现有刑事诉讼程序和阶段壁垒，让检察人员提前介入侦查程序、审判人员提前介入审查起诉程序，[①]这实际上揭示了在完善建议分流机制衔接内容时，需要一并明确检法机关能否提前介入到侦查分流案件中并提出意见建议的问题；而且，当前公检对接的信息化程序不高，一定程度上制约了诉讼效率的提高，有关规定（不需要是《刑事诉讼法》）对此也应当予以明确，并且把明确重点放在系统建设、智能建设和机制建设方面。

三、分流案件证明标准缺乏差异性

当前，理论界与实务界对侦查分流案件是否仍然适用法定证明标准存在一定争议，形成了“同一证明标准说”“证明标准适当降低说”。其中，前者主张坚持法定证明标准，如陈光中教授认为证据规则可以适度从简，影响被追诉人定罪量刑的主要犯罪事实和情节和能够证明案件基本事实存在的证据达到此种程度即可，一些次要的事实、情节并不需要达到，[②]原最高检常务副检察长朱孝清则认为证明标准的层次可根据该类案件的特点来把握；[③]后者认为应当在确保实体真实和加强人权保障的基础上，适当放松证明标准，[④]该说的支持者有较多来自司法实务界，其认为对于被追诉人认罪认罚的简单、轻微刑事案件应当适度放宽证明标准，以便实质性地减轻工作负担。

当前，尽管争议依然存在，但主流观点对侦查分流案件中的认罪认罚案件已经倾向于坚持法定证明标准，《认罪认罚指导意见》第 3 条对此也予以认可。理由在于：

---

① 参见胡云腾：《完善认罪认罚从宽制度改革的几个问题》，载《中国法律评论》2020 年第 3 期。

② 参见陈光中、马康：《认罪认罚从宽制度若干重要问题探讨》，载《法学》2016 年第 8 期。

③ 参见朱孝清：《认罪认罚从宽制度的几个问题》，载《法治研究》2016 年第 5 期。

④ 参见谢登科：《论刑事简易程序中的证明标准》，载《当代法学》2015 年第 3 期。

首先,从中央要求看,全国人民代表大会常务委员会《关于授权最高人民法院、最高人民检察院在部分地区开展刑事案件认罪认罚从宽制度试点工作的决定》和最高人民法院、最高人民检察院、公安部、国家安全部、司法部《关于在部分地区开展刑事案件认罪认罚从宽制度试点工作的办法》,均提出认罪认罚案件必须坚持法定证明标准,且中共中央《关于全面推进依法治国若干重大问题的决定》提出“推进以审判为中心的诉讼制度改革”,进一步强化对侦查终结、提起公诉向审判阶段证明标准“统一看齐”的要求,基本封死了通过证明标准“层次性”安排来解决刑事证明难的道路,再加上《刑事诉讼法》并未根据被追诉人是否认罪认罚而规定不同的证明标准,因此认罪认罚案件的证明标准与其他案件并无不同。

其次,从口供稳定性看,被追诉人存在一定翻供风险,后续程序可能会出现反复甚至回流,为避免证据因时过境迁而难以或者无法取得,只要其具备收集条件,就应当尽量及时、全面、客观地收集。

再次,从预期效果看,坚持法定证明标准,不仅能够督促公安机关积极履行收集证据、查清事实的职责,而且能够规范我国刑事执法办案行为,使被追诉人免于承受因事实真相无查清可能而引发的负面风险(即便其对承受该负面风险持自愿态度),①保护其合法权益,防范冤假错案的发生。

最后,从实践反馈看,公安机关普遍认为认罪认罚从宽制度试点时以及正式实行时,证明标准没有下降,也很难下降。

然而,尽管前文论及,我国侦查分流机制(主要是认罪认罚从宽制度)的合意过程不具有协商性质,相关文件在用语上也刻意避免使用“协商”表述,但仅就控辩双方可以达成合意的事项而言,该机制在某种程度上依然带有协商性质。综观国外协商性司法,“其所追求的诉讼效率和诉讼经济价值,当然包含减少在取证方面的资源投入,甚至包括克服因证据资源不十分充分产生的定罪不确定性,这种情况在各国协商性司法中普

① 参见郑丽萍:《侦查阶段实体性处分制度之构建》,载《清华法学》2012 年第 5 期。

遍存在”[①]。换言之，协商性呼唤着证明的高效性，况且，对侦查分流案件一律机械套用法定证明标准，本就会带来一定问题。如有观点就针对认罪认罚案件指出，其简易不简、速裁不速的原因之一就是证据标准机械僵化。[②] 故在坚持法定证明标准的前提下，可以考虑对该证明标准作差异化安排。这是因为：

其一，从中央要求看，2016 年 1 月，中央政法工作会议在部署推进以审判为中心的刑事诉讼制度改革和认罪认罚从宽制度试点工作任务时提出了“研究探索对被告人认罪与否、罪行轻重、案情难易等不同类型案件，实行差异化证明标准”[③]。

其二，从刑事司法实际看，各类案件在涉嫌犯罪性质、证明对象、主要证据形态、证据展示方式等方面的不同特点，决定了对不同案件适用差异化的法定证明标准具有相当的合理性，这是对法定证明标准的灵活把握，与坚持法定证明标准并不矛盾。[④]

其三，从证明模式看，当前司法实践受到印证模式的影响较深，讲求“孤证不能定案”“相互印证”“形成证据链条”，同时《刑事诉讼法》第 55 条第 2 款将“排除合理怀疑”引入“证据确实、充分”范畴，[⑤]使我国现行客观的证明标准和证明方法融合了主观性成分，亦即在某种程度上将心证引入了证明过程。[⑥] 考虑到印证和心证对证据的数量、种类、范围和查证过程等方面的要求具有较大差异，两者共存于证明过程，势必会造成实践对差异化法定证明标准的极大需求。[⑦]

---

① 龙宗智：《完善认罪认罚从宽制度的关键是控辩平衡》，载《环球法律评论》2020 年第 2 期。

② 参见李勇：《认罪认罚案件“程序从简”的路径》，载《国家检察官学院学报》2019 年第 6 期。

③ 汤瑜：《司法改革攻坚之年聚焦中央政法工作会议》，载《民主与法制时报》2016 年 1 月 26 日，第 2 版。转引自陈苏豪：《完善认罪认罚从宽应当坚持以审判为中心》，载《刑事法评论》2017 年第 1 期。

④ 参见孙长永：《认罪认罚案件的证明标准》，载《法学研究》2018 年第 1 期。

⑤ 《刑事诉讼法》第 55 条第 2 款：“证据确实、充分，应当符合以下条件：……（三）综合全案证据，对所认定事实已排除合理怀疑。”

⑥ 参见蔡元培：《论印证与心证之融合——印证模式的漏洞及其弥补》，载《法律科学（西北政法大学学报）》2016 年第 3 期。

⑦ 参见李小东：《认罪认罚从宽制度证明标准差异化的实证研究》，载《中国刑事法杂志》2019 年第 3 期。

其四,从预期效果看,机械套用法定证明标准,客观上并未减轻公安机关的取证压力,甚至因为以审判为中心的刑事诉讼制度改革的进行,检法机关把握证明标准更严,公安机关取证工作在时间上和质量上较之以前反而要求更高,一定程度上影响诉讼效率的提高,影响公安机关适用侦查分流机制的积极性。实行法定证明标准差异化,能够减少一线办案人员的工作量,有助于避免错误地认定犯罪和放纵犯罪,使每一个案件都能精准地体现公平正义。

相关结论也得到实证研究的支持,如对广东省广州和深圳两个地区的认罪认罚试点案件总体情况考察后发现,实行法定证明标准差异化,不会造成案件质量降低或者造成司法不公。①

四、分流程序间关系尚未理顺且缺乏健全的配套保障机制

(一)各分流程序间关系较为凌乱

目前,我国各侦查分流程序存在交叉,体系较为凌乱,相互间关系亟须厘清,并且在具体操作层面上,各地模式层出不穷,如何取舍尚不明确。

1. 各侦查分流程序相互间关系亟须厘清的主要表现

(1)适用范围的重叠。实践中,对侦查分流程序的选择适用,具体可以分为以下情形:

其一,在立案审查阶段,适用立案审查程序,产生的分流程序结果仅有属于实体分流的不予立案。

其二,在侦查阶段,对于被追诉人不认罪案件,按照普通侦查程序办理,不适用任何侦查分流程序,不产生任何分流程序结果,审查起诉、审判阶段也只适用普通程序,而不适用刑事和解、轻微刑事案件快速办理、认罪认罚从宽、刑事速裁、简易等程序。

其三,在侦查阶段,对于被追诉人认罪案件,应当具体情况具体分析。

① 参见李小东:《认罪认罚从宽制度证明标准差异化的实证研究》,载《中国刑事法杂志》2019年第3期。

一是案件可能判处超过 7 年的有期徒刑及以上刑罚。被追诉人认罚，适用认罪认罚从宽制度；被追诉人不认罚，适用普通侦查程序即可。二是案件可能判处超过 3 年但在 7 年以下的有期徒刑。被追诉人认罚，适用认罪认罚从宽制度，同时属于《刑事诉讼法》第 288 条第 1 款所规定的第 2 类公诉案件的，还可一并适用刑事和解程序；被追诉人不认罚，按照普通侦查程序办理，同时属于《刑事诉讼法》第 288 条第 1 款所规定的第 2 类公诉案件的，可适用刑事和解程序。三是案件可能判处 3 年有期徒刑以下的刑罚。被追诉人认罚，适用认罪认罚从宽制度，如果案情简单的，可一并适用轻案快办机制，如果属于《刑事诉讼法》第 288 条第 1 款所规定的两类公诉案件的，可一并适用刑事和解程序，如果既案情简单又属于《刑事诉讼法》第 288 条第 1 款所规定的两类公诉案件的，在适用认罪认罚从宽制度的基础上，可一并适用轻案快办机制和刑事和解程序；被追诉人不认罚，如果案情简单的，可适用轻案快办机制，如果属于《刑事诉讼法》第 288 条第 1 款所规定的第 1 类公诉案件的，可适用刑事和解程序，如果既案情简单又属于《刑事诉讼法》第 288 条第 1 款所规定的第 1 类公诉案件的，可一并适用轻案快办机制和刑事和解程序，如果案情复杂或者不属于该第 1 类公诉案件的，只能按照普通侦查程序办理。

其四，在侦查阶段，需要判断是否存在不应追究被追诉人刑事责任、犯罪分子另有其人、构成共犯的部分人员不够刑事处罚等情形时，适用撤案（终止侦查）审查程序，并且在被追诉人认罪认罚但证据不足不能认定其有罪的情况下，[①]可以同时适用认罪认罚从宽制度，或者对于因民间纠纷引起的故意伤害致人轻伤，情节轻微、社会危害性不大，可能判处 3 年有期徒刑以下刑罚的案件，可以同时适用刑事和解程序，产生的分流程序结果只有同样属于实体分流的撤销案件、终止侦查。（如图 4－1 所示）

---

① 参见《认罪认罚指导意见》第 3 条。

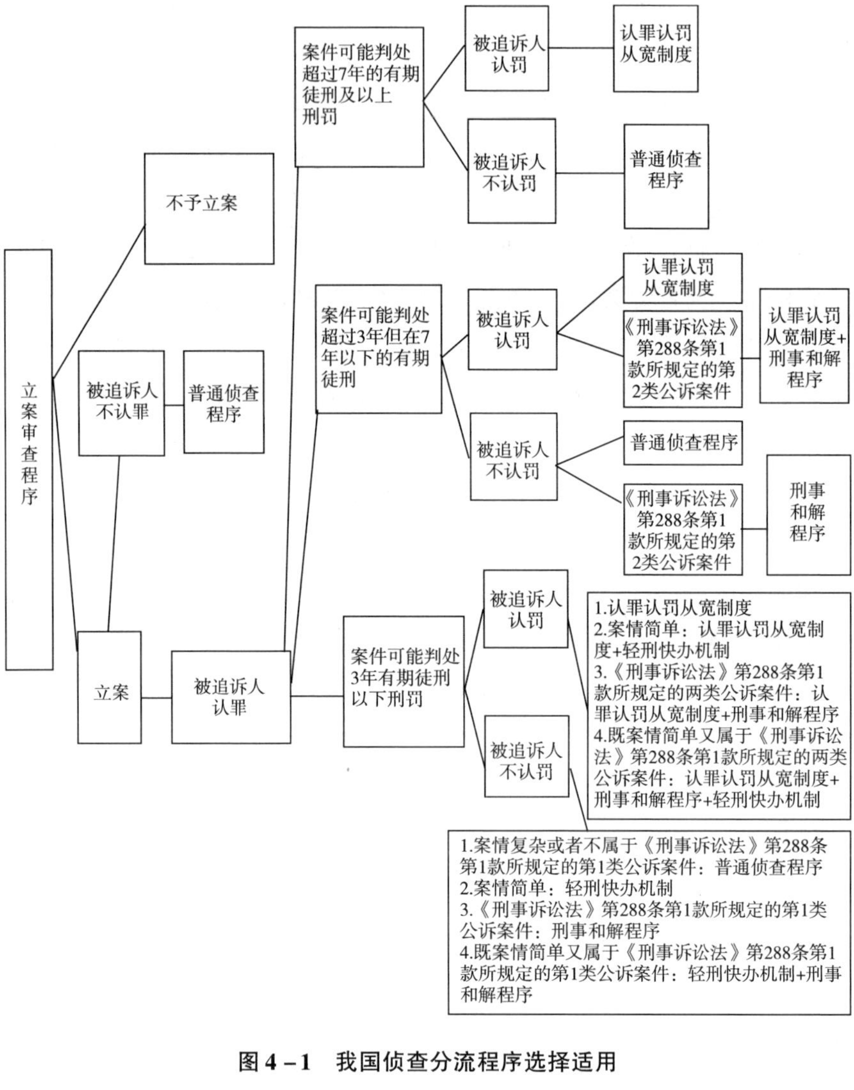

图 4－1　我国侦查分流程序选择适用

以上分析展示了五对耦合关系，也就是五对适用范围重叠的情况：①认罪认罚从宽制度与刑事和解程序。二者重合之处主要有两部分：一部分是被追诉人认罪认罚、可能判处超过 3 年但在 7 年以下的有期徒刑、属于《刑事诉讼法》第 288 条第 1 款所规定的第 2 类公诉案件；另一部分是被追诉人认罪认罚、可能判处 3 年有期徒刑以下刑罚、属于《刑事诉讼法》第 288 条第 1 款所规定的两类公诉案件。②认罪认罚从宽制度与轻案快办机制。二者重合的部分为被追诉人认罪认罚、可能判处 3 年有期徒刑以下刑罚、案情简单的案件。③刑事和解制度与轻案快办机制。二者重合的部分为被追诉人认罪、可能判处 3 年有期徒刑以下刑罚、属于《刑事诉讼法》第 288 条第 1 款所规定的第 1 类公诉案件、案情简单的案件。可见，刑事和解程序、认罪认罚从宽制度、轻案快办机制三者之间并无必然联系，但也并不相斥。④撤案(终止侦查)审查程序与认罪认罚从宽制度。二者重合在被追诉人认罪认罚但证据不足不能认定其有罪的情况下。[①] ⑤撤案(终止侦查)审查程序与刑事和解程序。二者重合部分为因民间纠纷引起的故意伤害致人轻伤，情节轻微、社会危害性不大，可能判处 3 年有期徒刑以下刑罚的案件。

需要指出的是，适用范围的重叠不一定都是问题，能够成为问题的应是同时适用的两个分流程序在关键适用条件上存在一定重叠，从而导致其中一个分流程序没有必要同时适用的情形。在上述五对耦合关系中，只有刑事和解程序与认罪认罚从宽制度、轻案快办机制与认罪认罚从宽制度、刑事和解制度与轻案快办机制发生耦合时属于该情形，因为三者在关键适用条件上的重叠主要表现为三者均适用于被追诉人认罪案件。换言之，需要思考的是，当刑事和解程序与认罪认罚从宽制度、轻案快办机制与认罪认罚从宽制度发生耦合时，是否仍然需要适用该制度，还是仅仅体现实体上的从宽即可，以及当刑事和解制度与轻案快办机制发生耦合时，是否仍然需要适用该机制，还是仅仅体现程序上的从宽(程序从快从简)即可。

(2)程序选择的模糊。以轻案快办机制为例，该机制要求当事人双方就民事赔偿、化解矛盾等达成和解，那么这是否意味着对于符合刑事和解条件的轻微刑事案件而言，刑事和解程序是其适用轻案快办机制的前置程序？目前这也不是太明确。

(3)处罚方式及幅度取舍的不明。例如，认罪认罚从宽制度对认罪认罚的被追诉人在实体上可以依法从宽处罚，刑事和解程序对被追诉人可以撤销案件、作出不起诉决定、依法从宽处罚，当二者同时被适用时，就

---

① 参见《认罪认罚指导意见》第 3 条。

会形成双重优惠的局面，此时该如何取舍，目前并无相应规定予以明确。

2. 各侦查分流程序在具体操作层面存在的问题

以认罪认罚从宽制度为例，《刑事诉讼法》是对该制度的统一规定，《认罪认罚指导意见》是对该制度的进一步细化，二者共同明确了适用认罪认罚从宽制度的具体细节。但现实是，各地[①]在制度试点期间或者全面推行后，陆续出台了不少实施细则，这些细则出台时间不一，有较大部分属于结合本地实际开展的实践探索，再加上没有及时根据《刑事诉讼法》和《认罪认罚指导意见》相关内容进行调整，一定程度上存在与中央精神不完全吻合的问题。

（二）配套保障机制还不健全

当前，与侦查分流程序相配套的保障机制尚不健全，这与英美辩诉交易、德国认罪协商制度诞生并发展于人权思想深入人心、权力制衡理念广为采纳、正当程序发展成熟的时代背景下有所不同。

1. 对当事人权利保障力度不足

我国受到报应刑法观影响，整个刑事诉讼程序至今未能摆脱“有罪必罚”思想，往往对查明犯罪事实重视有余，而相对较少考虑当事人的个体人格和利益，[②]这导致被追诉人常常被当作刑事追诉客体，其有义务忍受诉讼带来的各种权益上的损失，以至于其人身自由一定程度上容易受到不合法的限制或者剥夺。在侦查分流过程中，当事人同样会面临上述困境，且由于该过程的特殊制度或者程序要求，对当事人权利保障力度不足的情况可能会更加突出。具体而言，主要表现为以下三个方面：

其一，被追诉人知情权难获保障。公安司法机关主动、及时、全面履行告知义务是被追诉人知晓相应诉讼行为法律后果、正确行使自身诉讼权利的重要保证。当前，对被追诉人知情权的保障存在诸多不足，具体表

---

① 如A地高级人民法院出台《关于办理认罪认罚刑事案件的指导意见》，浙江省人民检察院出台《关于全面实施认罪认罚从宽制度的意见》，山东省高级人民法院出台《关于印发适用认罪认罚从宽制度审理刑事案件指导意见的通知》，贵州省各政法部门会同监察委联合下发《关于贯彻执行刑事案件认罪认罚从宽制度的实施细则》。

② 参见吴茜：《论侦查阶段的“诉讼分流”制度》，载《湖南公安高等专科学校学报》2005年第6期。

现在：一方面，有关被追诉人知情权的规定散落在《刑事诉讼法》数个条文以及相关司法解释中，加之规定的知情范围存在模糊之处，导致实践适用存在困难，如《认罪认罚指导意见》第29条就使用了“可以”“探索”“证据开示制度”等模糊表述；①另一方面，有关规定并未针对公安司法机关不告知、不及时告知、不全面告知等三种情形，设计相应的惩戒性条款，这客观上造成部分公安司法机关对被追诉人知情权的保障未给予足够重视，以至于出现告知时间不明确和告知内容流于形式、未与个案结合等问题。②

其二，被追诉人获得法律帮助的质量难获保证。《刑事诉讼法》出于保障当事人合法诉讼权益的目的，亦赋予了当事人获得法律帮助的权利并作了相应制度设计，但该种制度设计在实践中出现了异化。一方面，少数公安、司法人员没有深入认识法律帮助的必要性，有的甚至还存在抵触心理，在征询被追诉人意见时不进行充分告知和释明，在被追诉人在不明就里状态下表示放弃获得法律帮助权利时，不作进一步释明而立即记录在案；另一方面，与委托辩护所带来的可观经济收益相比，承担法律帮助任务的律师仅能获得较少的经济补贴，故在投入与产出不成正比的情况下，其难免出现“应付了事”的心态，积极性不高、责任心不强，最终甘心成为形式与摆设，成为程序合法进行的“见证人”与“背书者”，以至于在为当事人提供法律帮助方面投入的时间和精力有限，无法确保法律帮助的质量。

其三，被害人难以深度参与分流。现有的侦查分流机制缺乏保障被害人充分参与并发挥作用的程序设计，主要表现在被害人参与侦查分流的范围较为有限，仅限于与被追诉人进行和解（达成合意事项也受到限制）、调解以及向公安司法机关就有关事项发表意见等，在一定程度上使分流过程没有很好地吸纳被害人的真实想法和迫切需求，使其沦为“看客”而非“参与者”，进而导致分流结果发生利益失衡现象，造成分流效果

---

① 《认罪认罚指导意见》第29条：“证据开示。人民检察院可以针对案件具体情况，探索证据开示制度，保障犯罪嫌疑人的知情权和认罪认罚的真实性及自愿性。”

② 参见周新：《认罪认罚被追诉人权利保障问题实证研究》，载《法商研究》2020年第1期。

有所打折。与之形成鲜明对比的是,法国通过其于2000年6月15日发布的《关于加强无罪推定及被害人权利保护的法律》,赋予被害人在侦查期间提出返还财产或赔偿损失请求的权利,还在检察机关许可该请求后,进一步赋予被害人附带民事诉讼当事人的身份。[①] 可见,如何设计一些旨在保障被害人深度参与侦查分流的程序或者制度,以充分调动被害人的积极性,将是下一步要着重研究的课题。

2. 值班律师制度仍存诸多问题

值班律师制度的确立初衷,主要是为了向被追诉人全天候、全流程地提供法律帮助,监督制约公安司法机关执法办案行为,将平等诉讼对抗贯彻刑事诉讼始终。该制度在实践中确实发挥了一定的积极作用,但由于以下三个问题的存在,该制度积极作用的发挥又在一定程度上受到限制:

其一,值班律师定位不明。律师在审前程序中获得辩护人地位,始于《刑事诉讼法》在2012年修改时将律师在审前程序中明确定位为辩护律师。但对于值班律师的角色定位,学界有着“辩护人”[②]“准辩护人”[③]“法律帮助者”[④]“特殊类型的法律援助律师”[⑤]等不同观点,且2020年最高人民法院、最高人民检察院、公安部、国家安全部、司法部《法律援助值班律师工作办法》(以下简称《值班律师工作办法》)虽然没有像已废止的2017年最高人民法院、最高人民检察院、公安部、国家安全部、司法部《关于开展法律援助值班律师工作的意见》第2条明确规定法律援助值班律师不提供出庭辩护服务,但其亦未明确法律援助值班律师可以提供出庭

① 详见法国《2000年6月15日关于加强无罪推定及被害人权利保护的法律》第111条第2款;参见张军、陈卫东主编:《域外刑事诉讼专题概览》,人民法院出版社2012年版,第118页。

② 张泽涛:《值班律师制度的源流、现状及其分歧澄清》,载《法学评论》2018年第3期;顾永忠:《追根溯源:再论值班律师的应然定位》,载《法学杂志》2018年第9期。

③ 姚莉:《认罪认罚程序中值班律师的角色与功能》,载《法商研究》2017年第6期。

④ 孔冠颖:《认罪认罚自愿性判断标准及其保障》,载《国家检察官学院学报》2017年第1期;许建丽:《法律援助值班律师制度再探》,载《江西社会科学》2019年第9期。

⑤ 樊崇义:《值班律师制度的本土叙事:回顾、定位与完善》,载《法学杂志》2018年第9期;詹建红:《刑事案件律师辩护何以全覆盖——以值班律师角色定位为中心的思考》,载《法学论坛》2019年第4期。

辩护服务。这让值班律师对自身是否具有辩护人地位以及与指派、聘请律师具有何种关系心存疑惑，不仅会增加其正确履行职责的难度，同时也会使被追诉人陷入不利境地，弱化侦查分流机制设置的初衷，尤其是当其将自身定位为公安司法机关"说客"的时候。

其二，值班律师供给不足。值班律师的多寡与一个地方律师的整体数量及经费保障水平密不可分，而这又与该地方的经济社会发展水平直接相关。因此，与庞大体量的认罪认罚案件相比，值班律师在数量上势必存在地域不平衡的问题，如部分地方特别是发展滞后地区的律师数量有限，更有甚者，有些县级地域没有律师。[①] 由此带来的后果，正如龙宗智教授在重庆调研时看到的那样，就是值班律师"每天需要见证十个以上的认罪认罚等刑事案件，根本无力了解个案证据信息并提供有效辩护"[②]。

其三，值班律师履职困难。律师的会见、阅卷、在场、调查取证、申请调取证据、出庭辩护等权利是实现诉讼平等对抗的有力武器，能够有效规范执法办案、保障合法权益、防范冤假错案。现行《刑事诉讼法》及《认罪认罚指导意见》仅赋予了值班律师部分上述权利，且对于已赋予的权利，缺乏具体实施细则和公安司法机关未予保障将导致的程序性后果。实践中，有相当一部分的办案人员对值班律师的积极作用认识不足，或者较少主动听取其意见，或者人为设置障碍，例如将部分值班律师工作站设置在看守所监区外，致使其难以及时会见被追诉人并提供法律帮助，[③]或者虚化其职权，使其成为被追诉人签署认罪认罚具结书时的"见证人"。

其四，值班律师积极性弱。从 B 市认罪认罚试点情况看，与法律援助律师值班人员相比，值班律师同样实行轮班制，同样从法律援助经费中

---

① 参见朱孝清：《认罪认罚从宽制度相关制度机制的完善》，载《中国刑事法杂志》2020 年第 4 期。

② 龙宗智：《完善认罪认罚从宽制度的关键是控辩平衡》，载《环球法律评论》2020 年第 2 期。

③ 参见龙宗智：《完善认罪认罚从宽制度的关键是控辩平衡》，载《环球法律评论》2020 年第 2 期。

列支经费,同样执行 150 元/天(2018 年提高至 200 元/天;现在提高至 300 元/天,另外每签 1 份认罪认罚具结书就加 500 元)的补贴标准。换言之,驻法院、检察院及看守所的值班律师在管理制度和经济补贴方面,与其他驻公共法律服务中心、信访局及劳动仲裁委等单位的律师值班人员不存在任何区别。但是从职责上看,值班律师所需要承担的职责范围远远大于单纯值班的律师人员,其不仅要提供法律咨询,还要承担提供程序适用建议、申请变更强制措施等法律帮助,对检察机关认定罪名及量刑建议和公安司法机关案件处理提出意见,引导帮助被追诉方申请法律援助,以及到场见证被追诉人签署认罪认罚具结书等一系列职责。这种无明显差异的管理制度和过低的经济补贴标准,势必造成值班律师很难达到像委托律师那样的工作认真程度,工作积极性和工作质量均难获保证。

此外,除在当事人权利保障和值班律师制度方面存在不少问题外,配套保障机制的不健全,还表现为对侦查人员适用侦查分流机制的教育培训和激励措施不足。该两类不足同样会降低侦查人员适用侦查分流机制的可能性,一如美国学者 Scott H. Decker 在对该国某大都市区的青少年分流计划进行研究时所言,“在缺乏广泛培训和激励的情况下,警察不太可能减少移交案件的数量。也许更重要的是考虑这些分流方案对正当程序的影响”①。其中,教育培训的不足,既使少数侦查人员因不能正确认识侦查分流机制的积极意义而分流意愿不强,又造成部分分流案件办理质量不高,存在一定执法风险隐患;激励措施主要表现为精神奖励、经济待遇、政治待遇等,与后文将论及的考核评价机制息息相关,在某种程度上可被视为考核评价结果的正向运用,其存在不足,固化了现有公安机关考核评价机制的缺陷,强化了“考核指挥棒”倾向,制约了侦查人员依法适用侦查分流机制的积极性和主动性。

---

① Scott H. Decker, *A Systemic Analysis of Diversion: Net Widening and Beyond*, 13 Journal of Criminal Justice 207 (1985).

五、分流程序结果偏少且缺乏评价机制

(一)分流程序结果有限

如前所述,不予立案、撤销案件、终止侦查属于公安机关对案件、嫌疑人作出的实体处分。但对于在侦查阶段适用其他分流机制如刑事和解程序、轻案快办机制、认罪认罚从宽制度的案件,根据现行《刑事诉讼法》规定,公安机关无权予以实体处分,必须移送检察机关审查起诉。公安机关撤销符合特定条件的轻伤害和解案件,也仅限个别地区的自行探索。总的来看,当前公安机关对案件、嫌疑人可以作出实体处分尤其是撤销案件、终止侦查的情形还较为有限,分流手段较为单一,要使案件获得实质性处理还需更多依靠检法机关。

由此导致的后果,前文也多次提到,就是对部分案件、嫌疑人,无法在公安环节终结诉讼,只能启动并进行不少烦琐、无必要的程序。长此以往,势必会耗费太多的人、财、物,影响司法资源的集约使用,进而造成诉讼的拖延,使刑事追诉忙乱而无序,犯罪黑数、超规范分流、无序分流现象层出不穷;更关键的是,可能会进一步激化双方当事人之间的矛盾冲突,固化嫌疑人与公安司法机关的对立情绪,强化嫌疑人的反社会心理,最终可能引发办案效果不佳、司法权威削弱、社会修复困难的结果。因此,进一步规范完善公安机关的实体处分情形,丰富其分流手段,对于推动我国侦查分流机制发挥实质性作用,显得既必要又迫切。

(二)考核评价机制尚未纳入分流相关内容

为规范和改进刑事执法办案工作,公安机关设置了相应的考核评价机制,纳入了抓获刑事作案成员、检察审查①和检察监督②等数据内容,该机制存在三大特征,直接影响到其科学性、合理性以及可操作性:

---

① 包括证据不足不批捕、没有犯罪事实不批捕,证据不足不起诉、不构成犯罪不起诉和提起公诉等人数。

② 包括检察机关纠正遗漏逮捕、纠正遗漏罪名、纠正遗漏同案犯、监督立案、监督撤案、侦查活动书面纠正违法等数据。需注意的是,A 地公安机关对于该类数据,并不是直接使用,而是经过核实后才使用。

首先,客观评价指标居多。目前,公安机关考核评价机制采用的评价标准并非综合评价标准,而是以人头数、案件数、占比等数字为主要内容的客观评价标准,缺乏“社会效果”“公平正义”“群众满意度”等主观评价标准,导致考核评价在实践中异化成“数字化”考核,给侦查机关及人员带来不合理的沉重负担。

其次,打击处理评价指标居多。公安机关考核评价机制以人头数、案件数、占比等数字为主要内容,是对犯罪成功打击处理的评价,而对犯罪的分流与变通处理,并无相应的评价指标。

最后,部门本位色彩较浓。在刑事执法办案工作方面,公检法三机关均设置了相应的考核评价机制,但由于缺乏沟通交流、协调统一的过程,以及三机关在刑事诉讼阶段各自承担的职能不尽相同,三家考核评价机制呈现出不成体系、相互掣肘甚至彼此冲突的态势。不成体系体现在考核评价机制是在本机关思维主导下制定的,评价对象及指标彼此割裂;相互掣肘体现在考核评价机制的内在矛盾性,“你的失误就是我的成绩”;彼此冲突体现在机关之间的考核指标存在冲突与机关内部的考核指标存在冲突。

上述公安机关考核评价机制,给侦查分流机制的确立与完善带来了三大负面影响:

其一,考核评价机制设计者较难主动吸纳侦查分流机制的内容。考核评价机制设计者长期受到“有罪必罚”等惯性思维的熏染,再加上与当事人在生活环境、教育背景、社会角色方面存在差异,因而对当事人利益缺乏认同感,其设计时更多考虑对犯罪的打击处理、定罪判刑,而较少涉及对犯罪的妥善分流、轻缓处理,这种脱离当事人实际需求又违反司法运行规律的设计,客观上压缩了侦查分流机制的运行空间。

其二,部分侦查机关及人员缺乏适用侦查分流机制的积极性。考核评价机制以打击犯罪为导向,将人头数、案件数、占比等数字作为评价打击效果的主要依据,在实践中成为部门以及个人工作业绩的主要评价标准,与侦查人员及其领导的个人晋升、物质奖励、立功授奖密切相关。部分侦查机关及人员对打击处理率、办案数量的过分追求,使其与诉讼结果之间存在重大利益关联,进而导致其在行为选择时可能受到相关利益的驱动。具体而言,个别侦查机关及人员出于利益最大化的考虑,对犯罪的成功打击处理有着极大渴望,在处理具体案件时,其关注点在于完成上级机关任务并取得其认可,以及诉讼结果对自身工作业绩的影响,而非在于犯罪的妥善处理以及良好办案效果的取得,以致个别侦查人员在完成量化考核指标的驱动下,出于增加指标完成数的考虑,对于业已立案侦查的案件,不愿自身付出的努力和成本付诸东流,认为案件被分流于己不利,而不论案件追诉价值如何,始终具有较强的冲动要继续追诉。①

其三,部分侦查机关以无序分流取代对侦查分流机制的依法适用。当前考核评价机制对因不构成犯罪或者证据不足而被检察机关不批捕、不起诉的案件扣分是比较重的,这导致个别办案人员会根据办案经验或者与检察官提前沟通,对案件的最终走向作出判断,或者不启动侦查程序就将案件过滤掉,或者不送检察机关审查就直接撤案甚至挂案不处,从而擅自分流掉自身无权分流但可能被检法机关分流而影响自身工作业绩的案件。

① 参见姜涛:《刑事程序分流研究》,中国政法大学2004年博士学位论文,第61页。

第五章 我国侦查分流机制的完善

我国侦查分流机制尽管有其充分的存在逻辑,但其在实践中亦存在不少问题。结合对有关问题的成因分析,借鉴两大法系国家有益经验,可以尝试对侦查分流机制的未来发展图景作如下设计。

第一节 完善我国侦查分流机制的整体考虑

前章所述问题及成因揭示了一个事实,即我国侦查分流机制的真实运行状况与其设置初衷存在一定背离。这促使我们反思,并尝试从前述分析及两大法系国家有益经验中找寻些许教训启示。

一、完善机制的导向:公正与效率的动态平衡

侦查分流机制直接发端于解决“案少人多”矛盾的现实需求。因此,对于诉讼效率的追求,才是实务界和理论界提出该机制的最大动力。这种追求,决定了侦查分流案件的犯罪追诉活动应当有所节制。换言之,完善升级现有侦查分流机制时,应采取多种方式,尽可能减轻办案单位的重复机械劳动负担,降低

案件报批流转和侦查人员路途时间，减少不必要的事实查证和诉讼程序要求，以实现案件的快速办理。也只有如此，才能最大限度节约诉讼资源，加强诉讼资源的合理利用，从总体上提高诉讼效率。

与此同时，侦查分流机制所追求的效率，不可能脱离公正，必须建立在公正基础之上，否则就丧失其正当性基础而无存在的必要。因此，我国侦查分流机制的完善升级，应当始终将公正置于首位，而不是"和稀泥""做好人"。这种公正要求以自愿性来保障公正，如被追诉人供述、认罪、认罚与被害人是否参与合意以及达成何种合意均应出于自愿，双方在合意过程中所作意思表示均应为各自真实意思表示；这种公正也要求更好地实现实质意义上的公正，如减少被追诉人的对立情绪并帮助其接受改造、复归社会，弥补被害人损失并抚慰其痛苦，最终实现当事人双方、办案单位、社会"四赢"的结果；这种公正还要求实现程序意义上的公正，如控辩双方应当始终保持平等对抗态势，在合意过程中处于平等地位。可见，侦查分流机制追求的是多层次的公正。但是，这并不意味着某些底线可以被突破，如"事实清楚、证据确实充分"的证明标准不能被降低，当事人双方的基本诉讼权利或者说是最低限度权利（如诉讼应当及时、中立、平等）不能被删减，罪名、罪数与刑罚不可被纳入合意范围。这些底线正是保证侦查分流机制实现公正的应有之义。

要妥善处理二者之间的关系，就应对侦查分流机制可能涉及的事项或者环节进行梳理，作出价值判断和针对性倾斜，以动态掌握公正与效率的平衡。对于公正较为容易保障的事项或者环节，比如不涉及实体公正的纯程序性事项，可以将机制设计思路转向效率价值；对于公正不易保障的事项或者环节，如认罪供述的自愿性、真实性和证明标准，应当先考虑如何保障公正的问题，再考虑怎样提升效率的问题。

二、完善机制的关键：侦查分流权的规范优化

鉴于由单一机关调查核实证据具有较大局限性，我国《刑事诉讼法》设置了由承担不同诉讼职能的机关从不同角度审查核实证据，以纠正前

一机关可能出现的错误的制度。[①] 公安机关内部也设置了专门的案件审核部门(通常是法制部门),对办案部门收集、固定的证据进行审查核实。但即便如此,囿于监督的滞后性与局部性,我国侦查程序在一定程度上仍然较为封闭,可能存在权力滥用甚至刑讯逼供、暴力取证等风险。鉴于此,社会上对侦查权加强约束的呼声始终存在。而且近些年来,境外(如美国)刑事诉讼的最新发展趋势表明,加强对侦查权的外部制约,特别是加强司法权对侦查权的制约,始终是一个不变的演进方向。[②] 以上共同构成了我国《刑事诉讼法》对侦查程序进行改造历来都是围绕控制和规范侦查权展开,而非是扩张侦查权的重要原因。

侦查分流权作为侦查权的重要组成部分,侦查分流自由裁量权又作为侦查分流权的重要组成部分,自然不适宜盲目扩张。如此才符合社会公众上述呼声,避免引发其对人权保障目标实现的担忧。实际上,在不考虑扩权的前提下,用足用好现行法律规定,规范优化侦查分流权尤其是自由裁量权,完善侦查分流机制,同样可以收到良好分流效果。因此,应该对公安机关侦查分流权进行规范优化,而非扩张,而非赋予其更大实体和程序处分权力。只有将侦查分流权真正纳入法治轨道,加以规范优化,才能防止其肆意妄为,才能推动侦查分流活动规范有序进行,才能确保侦查分流程序结果获得社会广泛认同。

并且,我国侦查分流机制在主导模式方面本就存在接受规范监督的内在基因。如绪论第二节第一部分所述,境外侦查分流机制存在三种模式,即英美法系国家的警察分流模式、德国的检察分流模式以及日本的警察在检察官指导下进行分流的模式。而我国侦查分流机制的主导模式更偏向于英美法系国家,但也与日本在部分细节上存在些许相似,完全可以被称为警察分流并接受监督的模式,这是因为同英美法系国家的警方一样,我国公安机关对本机关立案审查、立案侦查的案件享有独立的调查/侦查取证权力,检察机关则负责对案件材料进行审查以决定是否提起公

---

① 参见王禄生:《美国刑事诉讼案件过滤机制及其启示——以地方重罪案件为实证样本》,载《现代法学》2015 年第 4 期。

② 参见张军、陈卫东主编:《域外刑事诉讼专题概览》,人民法院出版社 2012 年版,第 84 页。

诉；所不同的是，我国检察机关还是宪法规定的法律监督机关，对侦查活动负有监督职责，这与日本警察必须将侦查分流案件每月向检察机关集中汇报/报告/报送一次的做法不谋而合。

至于如何实现对侦查分流权的规范优化，可以从两方面考虑。一方面，公安机关办理刑事案件时，应当坚持审判中心主义，按照庭审要求来开展侦查工作、收集证据、做好出庭准备，而不是考虑案件是否能够进入刑事诉讼程序，是否能够进入法院审判环节，同时要杜绝图省事、应付考核等不良倾向，依法行使侦查分流权。另一方面，在机制设计上，应当从以下五个方面，实现公权与私权、分流权与监督权的相互制约：首先，完善法定、裁量、建议侦查分流机制有关规定，防止侦查分流权的任意发动；其次，完善侦查分流机制的适用程序，确保分流程序的启动与进行符合正当性、合法性与有序性要求；再次，完善侦查分流机制的监督权内容，通过对公安机关、检察机关、社会公众等监督渠道的整合，实现对侦查分流活动的事中事后监督；又次，完善侦查分流机制的救济路径，强化当事人异议权和事后救济权，有条件地赋予当事人反悔、程序回转等权利，尽可能减少分流过程中可能出现的影响公正的现象；最后，完善侦查分流机制的配套保障内容，强化当事人诉讼权利，优化律师法律帮助和有效辩护权，设置侦查分流听证程序，为分流结果的顺利实现提供切实保障，彻底打消当事人内心担忧。

三、完善机制的基础：当事人的深度参与

如前所述，现阶段的我国侦查分流机制仍具有一定的职权主义色彩，当事人参与程度还远远不够。实际上，在大部分侦查分流场景中，公安机关扮演的应当是组织者、引导者的角色，而非是主导者的角色。换言之，公安机关依职权对有关事项作出决定，不应是侦查分流机制的常态，而应是个别情况。更多的时候，该机制应当这样运作，即将当事人双方纳入分流中来，赋予其程序选择、启动、变更的权利，使其能够根据自主意志来决定程序走向和选择分流结果，并赋予其监督权利和申请复议复核、申诉、起诉等救济权利。

上述运作方式使当事人双方以前所未有的深度影响着甚至主导着侦查分流进程。这种当事人的深度参与,呈现“有效参与—理性交互—选择自由—合意互惠”的渐进过程,[①]可谓是侦查分流机制的基础。这是因为,当事人深度参与,对自身所涉特定事项发表意见甚至自由处分、自我决定,不仅影响侦查分流案件“往何处去”的问题,而且改变了现有机制的职权色彩,强化了当事人的诉讼主体地位,还克服了公安机关不能准确把握当事人真实需求的弊端,确保了当事人双方的利益均能被关注到并在一定范围内获得实现,[②]从而消除了当事人的对立感和不信任感,提高了分流结果的可接受度,客观上解决了分流程序结果“如何为当事人双方接受”的问题;并且,分流程序结果易于为当事人双方接受,也在一定程度上减少了当事人和国家的诉讼投入,有利于诉讼效率的提升,同时还能够保证被损社会关系获得快速修复,比方说在履行附随义务方面,只有通过当事人双方的相互配合,才能实现真正的“案结事了”。

鉴于此,完善侦查分流机制时,应考虑设计一些旨在保障当事人深度参与的程序或者制度。如当事人双方对特定事项享有知情权,公安机关应当在特定时间内以特定方式就该事项履行充分的告知与说明义务;再如,当事人双方对特定事项应当具有相应的选择、启动、变更的权利,公安机关对特定事项必须征询当事人双方的意见;又如,当事人双方的合意范围不能仅限程序方面,还应拓展至部分实体层面,比方说可以针对特定案件事实围绕是否予以认可进行合意,如果双方均自愿认可的话,无形中就减轻了公安机关的证明责任。

四、完善机制的思路:现有机制的“留”与“改”

本书绪论第二节第一部分介绍了境外关于侦查分流机制的研究动态及实践状况。对于该部分内容,我国学界进行了充分借鉴,并予以进一步

---

① 参见吴思远:《我国控辩协商模式的困境及转型——由“确认核准模式”转向“商谈审查模式”》,载《中国刑事法杂志》2020年第1期。

② 参见吴思远:《我国控辩协商模式的困境及转型——由“确认核准模式”转向“商谈审查模式”》,载《中国刑事法杂志》2020年第1期。

拓展。例如,在未成年人、精神病人等特殊犯罪主体的基础上,建议将老年人、残疾人、初犯、偶犯、过失犯、防卫过当人和胁从犯等犯罪主体类型也列入侦查分流机制的适用对象范围。这些建议对境外侦查分流机制进行了较多借鉴,有其可取之处,但也存在一个严重问题,即没有结合我国现有侦查分流机制,忽视了我国侦查分流机制的个性化特征,脱离我国侦查分流实践,而盲目照搬境外侦查分流机制,试图在国内建构一套新的侦查分流机制。

事实上,与境外侦查分流机制相比,我国侦查分流机制有其自身特点,在机制类型、适用情形、适用案件范围、适用条件等方面不完全相同,具体如下:

(1)在机制类型方面不完全相同。我国侦查分流机制分为法定分流机制、裁量分流机制、建议分流机制三种类型,境外侦查分流机制则只存在法定分流机制、裁量分流机制(只是侦查分流自由裁量权不一定属于警察)的设置,基本没有建议分流机制的设置。

(2)在适用情形方面不完全相同。我国侦查分流机制与境外侦查分流机制的相异点远大于相同点,除了均包括没有犯罪事实这一情形,在其他情形上呈现个性化特征。

(3)在适用案件范围方面不完全相同。如前所述,境外侦查分流机制其实是通过犯罪主体、犯罪情节、犯罪类型来划分其适用案件范围的,而我国侦查分流机制适用于不应追究刑事责任、不必追究刑事责任、在侦查阶段就适用在审查起诉或者审判阶段也可适用的分流程序等 3 类案件。与境外侦查分流机制相比,我国侦查分流机制的适用案件范围具有以下特点:一是包含了境外分流机制所不包含的在侦查阶段就适用在审查起诉或者审判阶段也可适用的分流程序的案件;二是因为违法犯罪两分法而不包括境外分流机制所适用的轻微扰乱社会秩序案件;三是因为未成年人、精神病人等特殊主体在我国刑法中属于违法阻却事由或者量刑情节而不属于出罪事由,故不包含境外分流机制所适用的上述特殊主体实施的犯罪案件,亦即特殊犯罪主体不属于我国侦查分流机制赖以确定适用案件范围的因素;四是由犯罪情节(或者证据查证情况)、犯罪类型、犯罪主体诉讼表现、法定特殊原因等因素确定，其中犯罪主体诉讼表现、法定特殊原因不属于境外侦查分流机制赖以确定适用案件范围的因素。

（4）在适用条件方面不完全相同。我国侦查分流机制的适用条件表现为侦查分流程序和侦查分流程序结果的适用条件，包括被追诉人认罪认罚、刑罚、当事人同意适用、证据、当事人合意、消极适用等条件，因具体程序和结果而有所差别。而对于境外侦查分流机制而言，以英国为例，该国警察的起诉替代方式，除超规范的绝对不作为外，还包括针对成年人的正式警告[①]、针对未成年人的训诫和警示，以及针对实际属于我国交通违法行为范畴的定罚通知。后三者按照我国违法犯罪两分法，只有正式警告、训诫和警示属于侦查分流机制内容。在适用条件方面，正式警告、训诫和警示要求具有充分证据支撑起诉的正当性（训诫和警示则表述为未成年犯罪嫌疑人实施某犯罪确有证据证实且确有可能被定罪）、犯罪嫌疑人认罪以及起诉替代方式的采取有利于公众利益，[②]所不同的是训诫和警示还要求具备一个条件，即未成年犯罪嫌疑人未曾有过任何的被定罪记录，警示还单独要求未成年犯罪嫌疑人是第二次犯罪（如果是第三次犯罪就要被起诉）且因首次犯罪受过训诫。[③] 由此，正式警告、训诫和警示的适用条件主要由证据条件、认罪条件、公众利益条件构成，部分情况下还要求具备人身危险性条件（无定罪记录和未受特定前置措施体现的均是犯罪嫌疑人的人身危险性，故也可以将人身危险性条件归入消极适用

---

① 部分论文将英国警察警告划分为正式警告和非正式警告。实际上，后一种警告是对英国警察在部分情景中作出的口头警告的误称，其不具正式效力，无法在后续庭审中被引用来判断犯罪者的个人品质，与正式警告有着显著差异。参见［英］约翰·斯普莱克：《英国刑事诉讼程序》，徐美君、杨立涛译，中国人民大学出版社2006年版，第89～90页。

② 当然也有论文认为，英国警察警告的适用条件为以下内容：有证据证明确有犯罪发生，且可以提前预判该犯罪有罪判决的基本内容；该犯罪不属于重罪范畴；犯罪者承认犯罪行为系自己实施，且认罪态度端正；警察向犯罪者已释明警告的法律性质与后果；犯罪者明确表示愿意接受警告。此处不采纳该内容，而采纳更为权威的英国学者约翰·斯普莱克所著书籍《英国刑事诉讼程序》内的介绍内容。前述论文参见马克：《从英国警察警告制度看我国警察轻罪处分权之构建》，载《河南司法警官职业学院学报》2017年第1期。

③ 参见［英］约翰·斯普莱克：《英国刑事诉讼程序》，徐美君、杨立涛译，中国人民大学出版社2006年版，第88～92页。

条件)。可见,英国侦查分流机制对我国侦查分流机制要求具备的被追诉人认罪(不要求认罚)、证据、消极适用条件以及未要求具备的公众利益条件,均作出了要求,但未对我国侦查分流机制要求具备的刑罚、当事人同意适用、当事人合意条件作出要求。

以上四方面内容不容忽视,否则将导致法律移植效果大打折扣,同时也与社会公众约束侦查权的呼声背道而驰。因此,保留现有侦查分流机制的主体规定,针对实践中存在的问题及其成因,作适当调整修正、完善升级即可,没有必要另辟蹊径。

在完善侦查分流机制时,首先需要认识到,该机制虽然适用于立案审查和侦查阶段,但其也是刑事诉讼分流机制的重要组成部分。其不仅要遵循刑事诉讼分流机制的整体要求,而且要体现侦查环节的特点。一方面,其虽然发轫于效率目标追求,但仍应将公正放在首位,坚持正当程序原则和法定证明标准,全力做好调查(侦查)取证工作,不能盲目追求效率目标;另一方面,鉴于侦查审查与司法审查在权威性上有所差别,并结合公安机关现有实体处分权限,适用侦查分流机制在侦查阶段终止诉讼的案件,只宜针对不应或者不必追究刑事责任的案件(或者说符合法定分流机制、裁量分流机制适用情形的案件),而不适宜包括其他案件,对于适用侦查分流机制的其他案件,只要发挥该机制引导后续审查起诉、审判阶段诉讼分流的作用,将案件与后续程序做好衔接,并导入相应程序轨道即可。

在选择适用侦查分流程序时,如前文图 4-1 所示,纳入考量的因素遵循“被追诉人是否认罪→案件可能判处刑罚→被追诉人是否认罚→案件是否属于刑事和解案件范围、案情是否简单”的先后顺序。该顺序较为科学,既能较好地区分各侦查分流程序的适用阶段、适用案件范围与适用条件,也能清晰地标注同时适用相关侦查分流程序的特定场景,故建议予以保留。

至于如何完善侦查分流机制,基本思路是要坚持问题导向,对症下药。即针对前述侦查分流机制在分流主体之间、决定(建议)主体自身、侦查分流程序及程序结果、侦查分流效果四个方面存在的问题,结合从分流主体、分流规定、分流案件、分流程序、分流程序结果五个层面深挖出来的原因,可以考虑从分流主体、分流案件、分流程序及结果三个角度,对侦查分流机制加以完善优化。如强化决定(建议)主体、参与主体、监督主体等分流主体之间的互动;从证明标准、指引、方法和案件快速获处机制等角度不断改善分流案件的减负提速效果;通过改造分流程序、消除选择适用程序的模糊、明确处理方式及幅度的取舍、完善本地实施细则来优化分流程序;通过做"加减法"来优化分流程序结果。

第二节　强化分流主体之间的互动

针对分流主体之间互动不足的问题,可以考虑从增强决定(建议)主体分流意愿、提升参与主体参与度与话语权、加强监督主体监督权三个方面着手改善。

一、增强决定(建议)主体分流意愿并确保其依法分流

(一)明确法定分流机制有关规定

针对法定分流机制存在的规定不够明确问题,可以尝试在以下方面加以明确:

其一,在保留《刑事诉讼法》第 112 条规定的"没有犯罪事实"这一不予立案情形的基础上,对《公安机关办理刑事案件程序规定》第 178 条规定的"具有其他依法不追究刑事责任情形"加以明确。具体来说,就是在《刑事诉讼法》第 16 条中明确,对于"犯罪已过追诉时效期限""经特赦令免除刑罚""犯罪嫌疑人、被告人死亡"情形,尚未立案的,应当不予立案,以避免部分公安机关在实践中,因法律本身规定不明确而采用先立案后撤案的保守却烦琐、易造成不必要司法资源浪费的做法。

其二,在最高人民检察院、公安部《关于公安机关办理经济犯罪案件的若干规定》第 25 条中明确规定,对经济犯罪嫌疑人解除强制措施之日起 12 个月或自立案之日起 2 年的期满之日,为公安机关应当撤销案件的

最后期限。

其三,考虑到《人民检察院刑事诉讼规则》与《公安机关办理刑事案件程序规定》均属内部规范性文件,缺乏外部约束力,故建议在《刑事诉讼法》中规定上级人民检察院作出确认撤销案件通知正确的复核决定后,下级公安机关必须无条件地立即撤销案件。

(二)规范或者调整裁量分流机制有关内容

针对裁量分流机制存在的亟待相应规范或者调整的问题,可以尝试在以下方面予以改善:

首先,如前所述,裁量分流机制的第①种适用情形涉及对"情节显著轻微、危害不大,不认为是犯罪"或者"犯罪事实显著轻微,不需要追究刑事责任"的认定,建议以司法解释或者公检法联合印发指导意见的形式,对《刑法》规定所有犯罪的该两类认定内容逐一加以明确,以规范约束侦查分流自由裁量权的行使,同时不能囿于数额标准,还要规定情节标准,以破除部分侦查人员的"数额迷信",督促其对案件情况进行综合把握和整体考量,进而扭转重数额轻整体的机械分流倾向。

其次,将公安机关可以撤销符合特定条件的轻伤害和解案件这一内容纳入法律范畴。即在《刑事诉讼法》中明确规定《2014 年 A 地刑诉法座谈纪要》第 50 条[①]的内容。将该内容纳入法律范畴,主要是考虑到对于已被证实具有良好效果和较大推广价值的实践经验,应当通过立法的调整将其尽快上升为立法制度,从而进一步完善司法出罪的依据和程序,进一步统一司法出罪的实践判断和适用。[②] 该内容即第一章第一节第一部分所称"不必追究刑事责任"情形中的"有罪案件符合特定条件"情形之一。

再次,针对部分轻微刑事犯罪立案追诉的数额标准偏低的情况,有必要根据本地区经济水平和社会发展情况,在充分调研基础上,适当提高部分轻微刑事犯罪的立案追诉标准,前期可以将提高范围限定在盗窃罪、危险驾驶罪、诈骗罪等案件体量较大的三类犯罪。

---

① 具体内容见本书第 54 页脚注③。

② 参见杨明:《程序法出罪功能研究》,吉林大学 2010 年博士学位论文,第 8 页。

最后,要加强侦查分流监督与救济机制建设,从制度上严防侦查分流自由裁量权的滥用,还要改革现有考核评价机制,从动机上遏制部分侦查人员无序分流的冲动,该两点将在后文予以详述,此处不再赘述。

(三)完善建议分流衔接机制

对于建议分流机制存在的对衔接内容规定不足的问题,具体可以从以下五个方面予以完善:

其一,允许公安机关在更广泛范围内提出分流建议。应当在《刑事诉讼法》中明确,公安机关可以在分流建议中建议审查起诉阶段适用所有侦查分流程序,可以建议分流程序产生从宽处理或者不起诉等程序结果。

其二,明确公检机关对分流建议存在分歧时的解决机制。应当在《刑事诉讼法》中明确,检察机关拟不采纳公安机关所提分流建议的,要向公安机关书面说明理由;公安机关不认可书面理由的,可以通过公检同级协商和上级协商以达成共识,如果始终无法达成共识的,以检察机关意见为最终意见。

其三,增加公检对接的法律文书种类并简化文书制作。从实践需求角度看,尤其是与前述分流建议的应然内容以及分流建议分歧解决机制的设计思路相配套,除《起诉意见书》外,相关对接法律文书还应包含《侦查分流建议书》《不采纳侦查分流建议理由说明书》《出席侦查分流听证邀请函》等。此外,设计侦查分流常用法律文书时,应充分考虑便捷性问题,具体可以从以下角度考虑:一是将文书表格化,减少手动填写内容,对在办案平台就有的文书填写项(如被追诉人和案件基本信息)实现平台直接抓取;二是减少文书种类,将文书区分为通用型和专用型,如对拟作不予立案、撤销案件、终止侦查决定的侦查分流案件统一适用《侦查分流决定书》;三是内部呈请报告只列举证据目录,分析证据证明的事实和效力,不摘抄卷宗内容,但要加强侦查分流理由的说明。

其四,构建检察机关提前介入和对接机制。为确保侦查分流案件办理质量,应当明确检察机关可以应邀或者经公安机关认可提前介入,或者可以尝试在公安机关执法办案中心设立派驻检察官侦查分流办案区(室)。至于法院能否提前介入,答案则是否定的,这主要是为了避免未审先判导致庭审流于形式。

其五,充分运用信息化手段。以建构侦查分流案件“网上 + 掌上”办理模式为目标,在办案平台与移动手机端警务通建设侦查分流案件办理模块,并实现与政法机关大数据应用平台、公安执法公示平台的互联互通,增加案件信息网上流转、电子签章捺印、换押手续网上办理、远程讯(询)问、笔录语音识别记录、案卷网上审核审批、远程送达、法律检索、信息共享、情况通报等功能,在节约司法资源、提高诉讼效率的同时,为公安机关开展执法办案和内部执法监督、检察机关加强分流监督提供便利。待侦查分流案件数据积累到一定程度,有关部门还可以设计大数据智能分析工具,开发类案分析、刑罚预测、处理偏离预警等功能,进一步研判分流需求,制定分流证据规格,评估分流效果,提出改进意见。

(四)改革现有考核评价机制

犯罪数量的升降,固然与公安机关工作质效的高低有关,但更主要的是,其是一定地域内政治、经济、人文、居民等多种因素综合作用的结果,故在警察改善“人”“财”“物”依然面临不小困难的背景下,关注执法质量指标和民众满意指标,似乎比控制发案率、追求破案率更为适宜。[①] 在改革现有考核评价机制方面,中央层面已经作出一定尝试,如 2015 年年初召开的中央政法工作会议提出取消刑事拘留数、批捕率、提起公诉率、有罪判决率、结案率等考核指标,同年公安部在《关于改革完善受案立案制度的意见》中提出取消发案数、破案率等影响依法如实受案立案的指标,增加案件当事人对公安机关接报案、受案立案工作满意度的评价比重。在此基础上,还应采取以下方式:

1. 完善如实受案立案考核指标

一是考核公安机关内部监督、个案核查、投诉控告、检察监督中的监督立案、其他部门或者机关移交问题的查实数;二是考核立案审查超期率、已立经济犯罪案件超期未处率;三是继续考核抓获刑事作案成员数和

① 参见王秋杰:《国内外犯罪黑数研究综述》,载《公安学刊(浙江警察学院学报)》2010 年第 2 期。

公诉人头数，尽管考核该两项指标存在引发趋利执法、人为拔高犯罪认定标准的可能，但如果不予考核的话，对犯罪打击处理工作的推动作用就会大大受限，因此两害相权取其轻，还是应当继续考核。

2. 增加如实撤案考核指标

不考核总体撤案率，以确保公安机关能够放下负担，如实撤销符合撤案条件的案件。一是考核逮捕后撤案率，以督促公安机关慎重撤案和准确评价公安机关撤案质量；二是考核公安机关内部监督、个案核查、投诉控告、检察监督中的监督撤案、其他部门或者机关移交问题的查实数。

3. 制定侦查分流效果考核指标

有观点提出，为避免办案人员出于完成适用指标的目的，对部分不具备适用条件的案件，凭借控方优势地位，人为促成认罪认罚，应设置鼓励认罪认罚程序适用的政策，而不宜设置硬性适用指标，至少不能将指标设置过高。[①] 笔者深以为然，认为应增加部分主观评价指标，以改变公安机关"对上负责"现状，将其从单纯数字达标任务中剥离开来，把民意纳入考核评价指标体系，从而促使其更好地对人民负责、对社会负责。具体可以从以下方面考虑：

（1）"群众满意度"指标。该指标主要考核当事人满意率和公众安全感调查。对于前者，可以在诉讼分流完毕后，由内部监督部门或者委托第三方机构电话或者短信回访当事人，并做好相关记录工作；对答复满意的，内部监督部门要在一定比例内抽查是否属实，对答复不满意的，内部监督部门需回访核实原因，同时结合具体情况进行判定。对于后者，可以通过官方调查和科研院所调查、第三方机构调查等社会调查相结合的方式实现。

（2）"社会效果"指标。该指标主要考核当事人信访率、向公安机关申请复议复核率、向检察院申请监督率、向法院起诉率、向纪检监察机关控告率、引发重大负面舆情数。上述指标反映的是"案结事了"的相关

① 参见龙宗智：《完善认罪认罚从宽制度的关键是控辩平衡》，载《环球法律评论》2020 年第 2 期。

情况。

(3)“公平正义”指标。一是考核类案偏移数,主要通过加快建设人工智能研判平台,实现对具有相似情节和相同案由的不同案件的处理结果与类案处理结果的偏离预警;二是考核侵犯被追诉人合法权益的查实数,包括投诉控告和检察监督、内部监督发现问题的查实数;三是考核检法机关启动在侦查阶段就可适用的分流机制比例。

4. 明确羁押措施适用质量考核指标

这些指标主要包括:证据不足不批捕、没有犯罪事实不批捕人数;纠正漏捕判处3年有期徒刑以上刑罚人数;逮捕后检察院退回补充侦查、证据不足不起诉、不构成犯罪不起诉或者法院判决无罪人数。

二、提升参与主体参与度与话语权

(一)保障当事人诉讼权利和加强人文关怀

1. 完善被追诉人知情权

(1)明确被追诉人知情权范围。有观点指出,被追诉人知情权包括知悉自己所犯罪名以及认罪或者不认罪的可能后果、对案件证据材料的知情两项内容。[①] 该观点未提及第三项内容,即被追诉人对自己享有委托辩护人、申请回避等诉讼权利的知情。而且,考虑到当事人刑事和解情形,以及借鉴《德国刑事诉讼法》第136条第1款[②]的规定,还应将第一项内容修正为“知悉自己所犯罪名及可能涉及的刑罚规定、认罪或者不认罪的可能后果,对刑事和解案件还要知悉刑事和解的法律性质及后果”。

第一项内容中“知悉自己所犯罪名、认罪或者不认罪的可能后果”体现于《刑事诉讼法》第120条第2款;“知悉自己可能涉及的刑罚规定”则是对德国刑事诉讼立法例的吸收借鉴;而对于告知双方当事人“刑事和解的法律性质及后果”,《刑事诉讼法》及其司法解释、《人民检察院刑事诉

---

① 参见李洪杰:《认罪自愿性的实证考察》,载《国家检察官学院学报》2017年第6期。

② 《德国刑事诉讼法》第136条第1款:“初次询问(同我国的“讯问”)开始时,应当向被指控人告知其被指控的犯罪行为和列入考虑的刑罚规定。”参见宗玉琨译注:《德国刑事诉讼法典》,知识产权出版社2013年版,第123页。

讼规则》、《公安机关办理刑事案件程序规定》虽未作出要求，但实践中，公安机关在提出和解建议或者审查双方当事人自行达成的和解协议时，应当一并告知。

对第二项内容作出要求，皆因在辩护人自检察院对案件审查起诉之日起才可查阅案卷材料[①]的情况下，《刑事诉讼法》第 148 条、第 162 条第 1 款仅规定了公安机关应当向被追诉人告知用作证据的鉴定意见和案件移送情况，对于确保被追诉人在及时全面了解案件信息的基础上进行权衡抉择来说，显然是远远不够的。此时，控方主动告知案件相关信息并开示相关证据，成为被追诉人尤其是未委托辩护人的被追诉人获悉相关信息及证据的唯一途径。故有必要在公安环节就建立证据开示制度，预留合理期间供控辩双方交换证据，明确辩方享有更早地获知案件信息以及部分案卷材料的权利。为确保被追诉人作出认罪供述等法律行为时的信息全面性、判断明智性和选择自主性，避免个别公安机关实施威胁、引诱、欺骗等不当行为，理应将被追诉人列入开示对象范围；关于证据开示范围，一般应当包括全部证据，但若证据开示可能引发被追诉人实施毁灭、伪造证据或者串供等妨碍侦查行为的，公安机关可酌情决定是否开示、开示多少以及如何开示。[②]

第三项内容由《刑事诉讼法》第 120 条第 2 款予以明确。诉讼权利的具体形态，则散落在《刑事诉讼法》数个条文中，比较重要的有第 14 条第 1 款归纳的辩护权（第 34 条第 2 款、第 36 条第 2 款进一步细化为获得委托辩护人或值班律师帮助的权利），以及第 281 条第 1 款针对未成年被讯问人规定的法定代理人、合适成年人在场权。

（2）完善知情内容告知程序。为确保被追诉人对前述三项内容知情，公安机关应当承担相应告知义务：其一，为防止遗漏告知内容，应当事先列明告知清单或者使用制式告知文书；其二，告知方式应当根据法律规定和办案实际，采取口头或者书面方式；其三，告知时，应当及时解答被追

① 详见《刑事诉讼法》第 40 条。

② 参见汪海燕：《重罪案件适用认罪认罚从宽程序问题研究》，载《中外法学》2020 年第 5 期。

诉人提出的疑问,并做好告知留痕工作,将告知过程反映在讯问笔录、讯问录音录像、执法记录仪资料或者告知书中。需要注意的是,值班律师或者辩护律师也应承担相应告知义务,具体内容与下文值班律师实质帮助权中的有关内容类似。

(3)增设不告知或告知不到位的程序性制裁后果。将被追诉人知情权保障情况作为评价侦查分流案件质量的重要内容。可以考虑在立法上明确,凡是被追诉人知情权未获保障或者未获充分保障的,其作出的相应诉讼行为无效,同时还要追究公安机关相关办案人员的责任。

2. 强化供述(认罪)自愿性的审查

供述(认罪)自愿性是证据能力层面的标准,针对证据合法性方面的证据能力问题,与供述(认罪)真实性是证明力层面的标准有所不同。[①]实践中,供述(认罪)的自愿性与真实性完全可以分离,毕竟自愿供述的虚假供述和被迫供述的真实供述都是可能存在的。要求供述(认罪)具备自愿性是世界各国的普遍做法。如在美国,经由该国联邦最高法院于1964年将被追诉人不被强迫自证其罪确认为公民基本宪法权利,同时借助美国宪法第14条修正案(立足约束各州的正当程序条款)将该项基本宪法权利拓展至各州,供述(认罪)自愿性要求被赋予了正当程序与不被强迫自证其罪两个层面的审查视角;[②]又如在我国,供述(认罪)自愿性要求规定于《刑事诉讼法》第15、52条中。

关于供述(认罪)自愿性的认定标准,有人认为,应当同时满足实质要件和形式要件,前者是指被追诉人知悉认罪认罚的法律后果后,在可获得帮助的状态下经过思考衡量,在内心作出主动承认犯罪事实、接受相应制裁的自由选择,且该自由选择有助于实现刑罚的预防目的,后者是指律师的实质参与并提供适时帮助;[③]有人认为,应当从主客观两方面看待,即在主观方面,被追诉人对自己的行为性质及认罪后果有充分了解,在客

① 参见纵博:《认罪认罚案件中口供判断的若干问题》,载《中国刑事法杂志》2019年第6期。

② 参见张军、陈卫东主编:《域外刑事诉讼专题概览》,人民法院出版社2012年版,第72页。

③ 参见赵恒:《认罪及其自愿性审查:内涵辨析、规范评价与制度保障》,载《华东政法大学学报》2017年第4期。

观方面,被追诉人在诉讼阶段的权益未受到明显的不法侵害;①有人认为,应将"自愿性"从对被追诉人主观意志的判定,转为对"刑讯逼供、威胁、引诱以及欺骗等非法方式"的客观行为的判定;②还有人通过对美、英、日等国审查判断非自愿供述模式的分析,得出审查被追诉人权利是否遭到侵犯的客观模式为各国主流的结论,并通过分析我国司法实践,指出我国对供述自愿性的审查判断呈现主观判断与客观审查两种模式并存的状态。③

前文已论及被追诉人知情权,故此处不再涉及该内容。同时考虑到判定被追诉人主观意志难度较大,且人趋利避害的本能决定了绝对的自愿供述属于极少数,相对的自愿供述才是常态,④以及主观判断模式需要审查言词证据与实物证据的印证关系,必然会涉及证明力问题,进而导致证据能力与证明力的混淆,故还是应当采用可操作性强的客观审查模式。具体而言,应当综合笔录类证据、被追诉人自书资料、讯问录音录像、执法办案区台账登记及监控资料、被追诉人进看守所前后的体表检查表、侦查人员证言、侦查机关情况说明等记录侦查活动的过程证据,对以下内容进行审查:

其一,被追诉人是否对自己的行为性质及认罪认罚后果有充分了解。具体来说,可以从公安机关是否进行充分的信息告知和权利告知,被追诉人是否在此方面获得律师的实质性帮助,以及审查机关就行为性质及认罪认罚后果对被追诉人进行讯问的情况来进行综合判断。需要注意的是,由于公安机关内部尚未形成统一规范的从宽操作细则,实践中,部分侦查人员为获取被追诉人认罪供述,有时会向被追诉人不恰当地解释法律,或者在自首、立功、罪名、处罚等方面作出与法不符的优惠承诺,往往导致后期被追诉人因正确理解法律、相关承诺无法兑现或者公检法认定

---

① 参见李洪杰:《认罪自愿性的实证考察》,载《国家检察官学院学报》2017 年第 6 期。

② 参见孔冠颖:《认罪认罚自愿性判断标准及其保障》,载《国家检察官学院学报》2017 年第 1 期。

③ 参见孔令勇:《供述自愿性审查判断模式实证研究——兼论非法供述排除难的成因与解决进路》,载《环球法律评论》2016 年第 1 期。

④ 参见王渤:《犯罪嫌疑人自愿供述辨析》,载《河北法学》2014 年第 1 期。

差距较大而翻供。

上述情况是否违反供述(认罪)自愿性,笔者对此持肯定意见。侦查人员不当解释法律或者违规作出承诺,容易使被追诉人基于对公权力机关的信任,丧失判断独立性,轻信误导内容而作出认罪供述,该两种行为应当属于"引诱"或者"欺骗"。尽管根据相关证据规定,"刑讯逼供等非法方法"明确对应的是被追诉人供述,"引诱""欺骗"方法明确对应的是收集证据,与排除非法证据是否对应则未获明确,但在笔者看来,违反自愿性应当包括"不能自愿"和"不知自愿"两种情形。被追诉人在侦查人员不当解释或者违规承诺的误导下,作出认罪供述,与其接受正确信息后基于真实意愿作出的选择相悖,应属于"不知自愿"情形。该情形违反了司法诚信理念,被追诉人认罪供述系由侦查人员通过引诱、欺骗等非法方法获得,而非被追诉人自愿作出。[①] 鉴于此,有观点提出应严格规范权利放弃的"激励机制"。[②]

其二,被追诉人认罪认罚是否是经过思考衡量后作出的自由选择。美国学者 Carolyn Greene 和 Natasha S. Madon 在对审前分流进行研究时曾坦言:"被追诉人参与那些不同分流选择方案时可能会感到被迫参与,因为不参与可能导致充分的判决和犯罪记录。虽然这种可能性经常被提出,但关于被追诉人感到被迫参与的程度,几乎没有经验证据。"[③]鉴于此,很有必要对被追诉人认罪认罚是否是其经过思考衡量后作出的自由选择加以确认。在笔者看来,判断该情况是否存在需要把握三个要点,即被追诉人是否受到明显的不法压力,是否获得必要的思考权衡时间或者经历一定的平等、理性、充分协商过程,是否在思考权衡或者协商过程中获得律师的实质性帮助。[④] 其中,第一个判断要点还可进一步细化为:

---

① 参见刘泊宁:《司法诚信视野下的认罪认罚从宽制度》,载《政法论坛》2018 年第 3 期。

② 参见郭松:《被追诉人的权利处分:基础规范与制度构建》,载《法学研究》2019 年第 1 期。

③ Carolyn Greene & Natasha S. Madon, *Pretrial Diversion*, in Jay S. Albanese ed., The Encyclopedia of Criminology and Criminal Justice (1st Edition), John Wiley & Sons, Inc., 2014, p. 3.

④ 参见朱孝清:《刑事正当程序视野下的认罪认罚从宽制度》,载《法学》2020 年第 8 期。

(1)公安机关是否采用刑讯逼供等非法方法收集犯罪嫌疑人供述。[①]在德国,根据《德国刑事诉讼法》第136条a第1、2款,禁止讯问的方法主要有五类,具体为:达到妨碍被追诉人意思自由程度的虐待、折磨、疲劳审讯、肉体损害、药物使用、催眠、诓骗等方法;违反刑事诉讼法规定运用强制措施;采取刑事诉讼法禁止方法进行威胁;答允不存在法律根据的利益;采取足以削弱被追诉人在记忆或理解层面的能力的方法。[②] 而在我国,司法实践中则应当着重把握以下司法解释所提供的标准:①《2021年刑诉法解释》第123条、《人民检察院刑事诉讼规则》第67条明确了"刑讯逼供等非法方法"的具体内容,同时《2021年刑诉法解释》第124条、《人民检察院刑事诉讼规则》第68条还规定了对采用刑讯逼供方法使犯罪嫌疑人作出供述,之后犯罪嫌疑人受该刑讯逼供行为影响而作出的与该供述相同的重复性供述,一般情况下应当一并排除;②最高人民法院《关于建立健全防范刑事冤假错案工作机制的意见》第8条第1款将"冻、饿、晒、烤、疲劳审讯等非法方法"与"刑讯逼供"并列;③最高人民法院、最高人民检察院、公安部、国家安全部、司法部《关于办理刑事案件严格排除非法证据若干问题的规定》第一部分同样对"刑讯逼供""非法方法"进行了明确。

(2)被追诉人的诉讼权利是否受到明显侵犯。主要考察被追诉人是否获得律师帮助(要注意判断该帮助能否有效保障被追诉人作出认罪及程序选择的明智性),以及公安机关是否传唤、拘传超时,是否保证被传唤、拘传嫌疑人的饮食和必要的休息时间,对依法应当录音录像的讯问过程是否同步录音录像,采取的强制措施是否合法适当,是否存在超期羁押或者羁押地点不合法情况,是否在拘留后24小时内将被拘留人送看守所羁押,是否在逮捕后立即将被逮捕人送看守所羁押,是否在拘留(逮捕)

---

① 需要注意的是,《刑事诉讼法》第52条所称"刑讯逼供和以威胁、引诱、欺骗以及其他非法方法收集证据"不单单针对犯罪嫌疑人供述,故此处采用明确仅针对犯罪嫌疑人供述的《刑事诉讼法》第56条的表述。

② 参见宗玉琨译注:《德国刑事诉讼法典》,知识产权出版社2013年版,第125～128页。

后24小时内讯问被拘留(逮捕)人等内容。[①]

其三,被追诉人作出的认罪供述是否包含较为丰富的细节描述。通常情况下,被追诉人所作认罪供述在细节层面越丰富,其编造起来的难度越大,被追诉人系犯罪真正实施者的可能性也就越大。因此,认罪供述不能仅仅是对犯罪事实的单纯确认,还应当包含较为丰富的细节描述。[②]只有这样的认罪供述,才可能对事实认定、定罪量刑起到重要作用,才能够为审查供述(认罪)的自愿性甚至是真实性提供重要参考。

3. 加强供述(认罪)真实性的审查

主要考察作为被追诉人供述载体的讯问笔录内容,能否与讯问录音录像、被追诉人自书供词、证人证言以及实物证据相互印证。尤其是要重视对讯问录音录像的审查,[③]因为在不存在篡改、拼接、选择性录制的情况下,该类证据是对讯问过程客观、同步、不间断的记录,能够清晰地反映出公安机关是否存在指供、诱供、逼供等非法收集被追诉人供述情形,以及侦查人员是否如实全面记录被追诉人的供述内容。总的来说,讯问录音录像的功能有三:一是保障供述自愿性、防止刑讯逼供;二是补充笔录记载不足、证明笔录内容的准确性;[④]三是证明讯问过程的合法性。[⑤] 其中,第二项功能是对被追诉人供述(认罪)真实性的必然性验证,其余两项功能是对被追诉人供述(认罪)真实性的或然性验证。

4. 加强对当事人的人文关怀

无论是被追诉人还是被害人,均可能不同程度地遭受刑事诉讼的负面影响,并且在刑事诉讼进行过程中也难免会遇到这样或那样的困难。对此,公安机关以及其他有权机关、相关组织应给予二者相应的人文关

---

① 详见《刑事诉讼法》第14条第1款、第85条第2款、第86条、第93条第2款、第94条、第119条第2、3款、第123条。

② 参见刘泊宁:《司法诚信视野下的认罪认罚从宽制度》,载《政法论坛》2018年第3期。

③ 从入所体检到录音录像技术的全面运用,既为认罪认罚案件中被追诉人的权利保障提供了依据,也为司法机关依法开展讯问活动提供了证据。参见周新:《认罪认罚被追诉人权利保障问题实证研究》,载《法商研究》2020年第1期。

④ 参见马静华、纵博:《讯问录音录像:功能定位与司法适用——以刑事诉讼制度改革为背景》,载《西南民族大学学报(人文社会科学版)》2014年第10期。

⑤ 详见《人民检察院刑事诉讼规则》第75条第1款。

怀,具体可以从以下三方面考虑:

其一,确保被追诉人复归社会。由于信息传递效率的提高会进一步强化社会大众对所谓“被公安局找过”“进过号子”人员的偏见,对于被追诉人来说,无论是不启动刑事侦查程序、在侦查阶段终结诉讼还是移送审查起诉并提出分流建议,其社会评价均不可避免将遭受一定贬损,进而影响其复归社会。因此,要确保被追诉人复归社会,不仅应注意调适其心理,防止心理失控,避免激发对立情绪、留下牢狱创伤,还应从以下方面着手:一是严格保守案件信息,依法管理卷宗材料;二是在举行听证、督促被追诉人履行附随义务、向社会公开裁判文书时,采取不具有身份识别性的方式,如化名、代号、蒙面、变音等;三是将被追诉人纳入社会待就业人员职业技能培训,督促其自力更生,避免其再入歧途;四是对于社会负面评价始终无法消除、正常生产生活受到严重影响的被追诉人,经其申请和公安机关严格审批,可以采取移居方式,将其移至外地以新的身份重新开始生活。

其二,关注被害人权益保护。西方辩诉交易常常从被追诉人角度出发,主要是让被追诉人承认罪行,并许诺对其进行有利的定罪量刑,较少考虑交易内容是否对被害人利益构成伤害。为避免出现上述情形,公安机关应当“尊重被害人的表达权,理性看待其诉求”[①],采取通报案情、听取意见、主持和解、释法沟通等方式,将其纳入侦查分流过程,充分考虑其对分流处理的意见。此时,值班律师除为被追诉人提供相应法律帮助外,就特定事项向有关单位提出意见时,还应发挥其中立者优势,从控辩双方的共同利益角度提出更容易被各方接受的中立性意见,其中就包括对被害人合法权益的高度关注。此外,还需注意被害人心理状态变化,建立被害人心理调适机制,适时提供心理帮助,抚慰“一次创伤”、避免“二次创伤”。

其三,加强当事人贫困救助。实践中,还可能存在下述两种情形:一

① 吴思远:《我国重罪协商的障碍、困境及重构——以“权力—权利交互说”为理论线索》,载《法学》2019 年第 11 期。

是被害人可能因为被追诉人无力赔偿或者无法充分赔偿而陷入贫困；二是被追诉人家庭可能因为系家中主要经济来源的被追诉人被采取羁押措施，而陷入经济困境。前者不利于被追诉人获得被害人谅解，后者不利于被追诉人悔罪改过，均会阻碍双方当事人争取共赢局面。对此，可以考虑从"国家税收、财政拨款、社会捐助、罚没收入、罪犯收缴的罚金、监狱服刑者的劳动收入等"[①]筹措资金，在国家层面建立刑事救助基金，专门针对上述两种情况实施救助。对确因被追诉人经济困难而无法获得赔偿或者充分赔偿的被害人，可由刑事救助基金先期代付，后期再向被追诉人代位追偿；对因被追诉人被采取羁押措施而陷入经济困境的被追诉人家庭，可由刑事救助基金按照保障基本生活的标准予以救助，如果该家庭中还有处于义务教育阶段的孩童或者少年，学费外的基本教育费用也一并予以保障。

（二）强化当事人异议权和事后救济权

适用侦查分流机制不仅会减损被追诉人的诉讼权利，如果不当适用还可能对被害人合法权益造成不利影响，故立法应赋予当事人双方相应救济权利。[②] 对此，一方面，应当广泛开辟电话、网站、微信、微博、短信、电邮等举报控告渠道，加大执法公示平台对警情案件办理进度的公示力度，鼓励当事人对公安机关应当受案而不受案、应当立案而不立案情况进行举报控告；另一方面，应当强化当事人的程序选择、程序变更以及提出异议的权利，这也是本部分将要论述的重点。

如本书第三章第三节第一部分所述，在适用不同的侦查分流程序时，当事人享有不同的程序选择、程序变更以及提出异议的权利。需要指出的是，先前论述的当事人异议权并不完整，因为其只包括对适用侦查分流程序提出异议，并不包括对不适用侦查分流程序或者适用侦查分流程序种类提出异议，而且其只涉及被害人的异议权，没有注意到同案犯也享有异议权。实际上，报应刑观念、公诉人头考核压力、业已付出侦查成本，都

① 雷小政：《刑事和解配套制度的实证分析与立法完善》，载《法学杂志》2009 年第 7 期。

② 参见张小玲：《论侦查阶段的程序分流》，载《中国人民公安大学学报（社会科学版）》2007 年第 3 期。

有可能成为公安机关应当适用侦查分流程序但不适用的理由，而且同案犯作为重要成员，同样承受着侦查分流程序适用与否、适用种类以及如何适用所带来的巨大影响，其对程序选择、程序变更的意见亦不容忽视，故应当将异议权补充完整。并且，程序选择权属于事前权利，程序变更权属于事中权利，异议权既可以是事前权利，也可以是事中权利，可见，其中缺失了构成完整自我救济权利体系的最后一环——事后救济权。由于前文已对程序选择权、程序变更权作了详细论述，此处不再赘述，仅就异议权与事后救济权进行一番分析。

1. 同案犯、被害人异议权

对同案犯、被害人享有的异议权及其行使程序可以考虑作如下设计，具体内容有：

(1)同案犯、被害人不同意适用侦查分流程序的，公安机关不得启动侦查分流程序。

(2)同案犯、被害人认为公安机关无正当理由不适用侦查分流程序，可以向公安机关提出异议。公安机关对异议不予处理或者同案犯、被害人对处理决定不服的，同案犯、被害人可以向公安机关的同级人民检察院提出异议。检察机关发现同案犯、被害人反映属实的，应当建议公安机关适用侦查分流程序。

(3)在侦查分流程序启动后进行中，同案犯、被害人认为不应当适用侦查分流程序而适用，或者适用侦查分流程序种类错误的，可以向公安机关提出异议。同案犯、被害人可以向公安机关的同级人民检察院提出异议的情形与第(2)点相同。所不同的是检察机关的建议内容，即检察机关发现同案犯、被害人反映属实的，应当建议公安机关撤销分流决定或者适用其他侦查分流程序。

2. 被害人事后救济权

被追诉人在不同情形下，或在事前享有程序选择权，或在事中享有程序变更权，其完全没必要再被赋予事后救济权，这既有利于督促其及时履行自己的程序选择权或者程序变更权，也有利于避免程序反复，提高诉讼效率。因此，事后救济权以被害人向公安机关、检察机关、人民法院寻求救济为主要内容。具体操作中，可以遵循以下思路：

（1）事后救济适用情形。准许事后救济的情形应当仅限法定分流机制第①⑤⑥⑦种适用情形或者裁量分流机制第①种适用情形。包括法定分流机制第①种适用情形，是因为此时公安机关虽然不具有侦查分流自由裁量权，但该种适用情形不一定会经历侦查分流听证程序，且本身就容易引发争议；包括法定分流机制第⑤⑥⑦种适用情形，是因为该三种情形存在权力寻租、徇私枉法的可能；包括裁量分流机制第①种适用情形，是为了制衡公安机关具有的较大侦查分流自由裁量权；不包括法定分流机制第②③④种适用情形，是因为该三种情形属于纯粹的法律规定情形，更多的是一种客观事实，公安机关对其不享有自由裁量权，故其尽管没有经历侦查分流听证程序，未有双方当事人的深度参与，但在一般情况下不会引发争议；不包括裁量分流机制第②③种适用情形，是因为在第②种适用情形下，最高人民检察院的核准具有较高权威性，在第③种适用情形下，符合特定条件的轻伤害和解案件经历过侦查分流听证程序，以当事人双方自愿平等协商并达成和解协议为基础，这在某种程度上意味着当事人双方自愿放弃通过正常诉讼途径解决问题的权利。

（2）事后救济程序。具体情况包括：①向公安机关申请复议复核。被害人对不予立案、撤销案件、侦查终结等侦查分流决定不服的，可以向作出决定的公安机关申请复议，复议公安机关维持原侦查分流决定的，可以向上一级公安机关申请复核。被害人是否能够就移送审查起诉并提出分流建议向公安机关申请复议复核，笔者认为，分流建议包括建议适用何种分流程序和产生何种分流程序结果，其尚未对被害人产生任何实质性影响，且该类侦查分流案件占到侦查分流案件总量的大部分，故从实际效果和可行性考虑，被害人不能就此向公安机关申请复议复核。②向人民检察院申请侦查分流监督。被害人对复核公安机关维持决定不服的，可以向复议公安机关的同级人民检察院申请侦查分流监督；也可以不经公安机关复议复核，直接向同级人民检察院申请监督。③向人民法院起诉。公安机关复核维持或者人民检察院不予监督的，被害人可以依据《刑事诉讼法》第 210 条的规定，向作出侦查分流决定的公安机关的同级人民法院提起自诉,也可以不经公安机关复议复核和人民检察院侦查分流监督,直接向人民法院提起自诉。

(三)优化律师法律帮助和有效辩护权

1. 明确值班律师的角色定位

综合来看,将值班律师定位为处于中立地位的法律帮助者较为适宜。理由在于:

其一,与上级文件精神相符合。《刑事诉讼法》区分使用了辩护人、值班律师、指派律师等用语,并与《认罪认罚指导意见》《值班律师工作办法》将值班律师工作职责共同界定为"法律帮助"。[①]

其二,值班律师享有的诉讼权利与辩护人存在很大差异。有观点将值班律师与法律援助辩护律师(辩护人之一)分别比作急诊科医生与日常科医生,认为二者显著不同。[②] 笔者赞同该观点,并认为从现行文件赋予值班律师的诉讼权利内容来看,值班律师享有的诉讼权利与辩护人确实存在很大差异。具体而言,一是尽管《认罪认罚指导意见》第 12 条、《值班律师工作办法》第 6 条规定了值班律师的会见权[③]、阅卷权[④],但《刑事诉讼法》对其主动会见权以及摘抄、复制案卷材料的权利未予以明确;二是相关文件始终未赋予值班律师调查取证和申请收集证据的权利;三是《值班律师工作办法》并未明确法律援助值班律师(该办法对值班律师的称谓)可以提供出庭辩护服务。

其三,避免值班律师功能的异化。根据《刑事诉讼法》第 37、48 条[⑤],

---

① 详见《刑事诉讼法》第 36 条、《认罪认罚指导意见》第 10 条和《值班律师工作办法》第 2、4、6 条。

② 参见熊秋红:《比较法视野下的认罪认罚从宽制度——兼论刑事诉讼"第四范式"》,载《比较法研究》2019 年第 5 期。

③ 包括应约见会见和主动会见,与《刑事诉讼法》第 36 条第 2 款只规定被追诉人有权约见值班律师,但未明确值班律师可以主动会见被追诉人有所不同。

④ 只规定值班律师与辩护律师一样,自人民检察院对案件审查起诉之日起,可以查阅案卷材料,但不包含《刑事诉讼法》第 40 条赋予辩护律师的"摘抄、复制"权利。

⑤ 《刑事诉讼法》第 37 条:"辩护人的责任是根据事实和法律,提出犯罪嫌疑人、被告人无罪、罪轻或者减轻、免除其刑事责任的材料和意见,维护犯罪嫌疑人、被告人的诉讼权利和其他合法权益。"第 48 条:"辩护律师对在执业活动中知悉的委托人的有关情况和信息,有权予以保密。但是,辩护律师在执业活动中知悉委托人或者其他人,准备或者正在实施危害国家安全、公共安全以及严重危害他人人身安全的犯罪的,应当及时告知司法机关。"

辩护人的职责本质上在于维护被追诉人合法利益,实现被追诉人利益最大化。如果将值班律师定位为辩护人,则很容易发生值班律师帮助当事人避重就轻逃避惩罚,衍生出权权交易、权钱交易等一系列问题。因此,唯有其处于中立地位,定位于法律帮助者,才能从容拒绝被追诉人所有不当要求,保持客观公正立场,提出符合多方利益的适当观点。

其四,值班律师不同于一般意义上的法律援助律师。虽然《值班律师工作办法》将值班律师称为"法律援助值班律师",但其与《刑事诉讼法》第 35 条[①]规定的指派法律援助律师,在安排机构、适用情形、承担职责方面存在差异。首先,前者是由法律援助机构在法院、检察院及看守所等设立的法律援助工作站派驻或安排,后者是法律援助机构直接安排;其次,前者适用于被追诉人没有辩护人的情形,[②]这使法律援助值班律师制度实现全覆盖,甚至带有一点强制性的意味,尽管该强制性的主动权还在于被追诉人,[③]后者适用于《刑事诉讼法》第 35 条规定的被追诉人没有委托辩护人的三种情形;[④]最后,指派法律援助律师是辩护律师的来源渠道之一,其行使与委托律师相同的发表意见、会见、阅卷、调查取证、申请收集证据、出庭辩护等权利,而值班律师不是辩护律师,仅具有上述部分权利。因此,不能将值班律师定位为特殊类型的法律援助律师。

2. 细化值班律师的实质帮助权

实践中,值班律师功能异化还存在另一种趋势,即从应然的法律帮助者蜕变为实然的诉讼权力行为配合者和合法性背书者。对此,应赋予值

---

① 《刑事诉讼法》第 35 条:"犯罪嫌疑人、被告人因经济困难或者其他原因没有委托辩护人的,本人及其近亲属可以向法律援助机构提出申请。对符合法律援助条件的,法律援助机构应当指派律师为其提供辩护。犯罪嫌疑人、被告人是盲、聋、哑人,或者是尚未完全丧失辨认或者控制自己行为能力的精神病人,没有委托辩护人的,人民法院、人民检察院和公安机关应当通知法律援助机构指派律师为其提供辩护。犯罪嫌疑人、被告人可能被判处无期徒刑、死刑,没有委托辩护人的,人民法院、人民检察院和公安机关应当通知法律援助机构指派律师为其提供辩护。"

② 根据《值班律师工作办法》第 2、4 条的规定,法律援助值班律师制度适用于被追诉人没有辩护人的情形。且根据该办法第 14 条,此情形包括被追诉人没有委托辩护人并且不符合法律援助机构指派律师为其提供辩护的条件的情形。

③ 详见《值班律师工作办法》第 12 条、第 15 条。

④ 除该三种情形外,《2021 年刑诉法解释》第 47 条第 3 款还规定了一种情形,即对于死刑缓期执行期间故意犯罪的案件,也应当指派法律援助律师为其提供辩护。

班律师实质帮助权,以强化其中立地位,避免其陷入虚置状态,确保被追诉人获得有效法律帮助。《刑事诉讼法》《认罪认罚指导意见》《值班律师工作办法》[①]将值班律师为被追诉人提供的法律帮助大致分为五类:(1)提供法律咨询,包括告知涉嫌或指控的罪名、相关法律规定,释明认罪认罚的性质和法律规定、后果等;(2)提供程序选择建议、申请变更强制措施、申请法律援助等程序性法律帮助;(3)对刑讯逼供、非法取证情形代理申诉、控告;(4)在场见证被追诉人签署认罪认罚具结书;(5)对人民检察院指控罪名、量刑建议、诉讼程序适用等事项提出意见,就案件处理向公检法机关提出意见。同时,上述文件还规定看守所应当为值班律师会见提供便利,检法机关应当为值班律师查阅案卷材料提供便利,人民检察院应当提前为其准备听取意见的值班律师了解案件有关情况提供便利。

上述内容尚有遗漏,未能涵盖保障值班律师充分参与案件办理过程和深入了解案件查证情况的全部职权范畴。对此,应当赋予值班律师下述职权:(1)为被追诉人提供案件实体处理意见方面的帮助;(2)在侦查期间向公安机关了解案件有关情况并发表意见,自案件移送审查起诉之日起,查阅、摘抄、复制案卷材料;(3)在出具侦查工作保密承诺书后查阅讯问录音录像;(4)调查取证或者申请调查取证。规定第(1)项职权是因为法律咨询的照本宣科色彩更浓厚,并不过多涉及被追诉人更为关心的实体处理问题,或者说并不即时涉及该问题,而且值班律师通过提供实体处理意见,既能从背书者、配合者转变为主动介入控辩双方认罪认罚交锋过程的参与者,又能为向办案单位就案件处理提供意见做好相应准备,当然前提是其“坦诚地告知被追诉人其对案件事实的理解以及对于认罪认罚结果的预测,既不能夸大也不应回避被追诉人认罪认罚的可能风险,对被追诉人施加不适当的影响”[②];规定第(2)项职权是因为只有值班律师充分了解案件有关情况,才能为被追诉人提供更具针对性的法律帮助;规定第

---

① 详见《刑事诉讼法》第36、173、174条,《认罪认罚指导意见》第12、22、27、31、33、39条,以及《值班律师工作办法》第6条。

② 汪海燕:《重罪案件适用认罪认罚从宽程序问题研究》,载《中外法学》2020年第5期。

(3)项职权,是对《2021 年刑诉法解释》第 54 条[①]的借鉴,是为了最大限度杜绝刑讯逼供的可能,要求出具侦查工作保密承诺书则是为了避免值班律师出现泄密情形;规定第(4)项职权是出于避免相关证据因收集固定不及时而毁损灭失、帮助被追诉人依法收集固定于己有利的证据等两个目的。

至于值班律师是否能够提供出庭辩护服务,笔者认为不应赋予其此项职权。因为出庭辩护属于行使辩护权范畴,既然未赋予值班律师辩护人地位,那么其就不能提供出庭辩护服务,除非其转为法律援助辩护律师或者委托辩护律师(下文将予以详细论述)。

3. 加强值班律师配套制度设计

明确角色定位和细化实质帮助权后,还应从以下方面,对相应配套制度进行考虑设计:

(1)拓宽值班律师来源。应尝试采取政府购买服务、跨区域统筹调配等形式,并视情“采取现场值班和电话、网络值班相结合,在人民法院、人民检察院毗邻处设置联合工作站”[②],尽可能缓解值班律师不足问题。

(2)建立值班律师经费保障机制。不断增拨经费投入,并会同财政部门制定相应的政府购买服务的价值标准,确保值班律师能够获得有效执业经费保障和相应经济补偿,切实调动其主动性与积极性。

(3)实现值班律师法律帮助的标准化管理。明确值班律师法律帮助的最低标准与相应的评价标准,以确保履职到位,并应对可能带来的权责不对等问题。

(4)用好用足值班律师意见。应当认真听取值班律师意见并做好相关记录,尤其在提请批准逮捕与移送审查起诉前必须听取;对合理意见予以吸收,对不合理意见进行充分说理;[③]对于拒绝或者请求调整相关事项的意见,还应当查看是否需要转为其他侦查分流机制或者普通程序,需要

---

① 《2021 年刑诉法解释》第 54 条:“对作为证据材料向人民法院移送的讯问录音录像,辩护律师申请查阅的,人民法院应当准许。”

② 朱孝清:《认罪认罚从宽制度相关制度机制的完善》,载《中国刑事法杂志》2020 年第 4 期。

③ 参见朱孝清:《认罪认罚从宽制度相关制度机制的完善》,载《中国刑事法杂志》2020 年第 4 期。

转换的,及时予以转换。

(5)构建值班律师工作衔接机制。不同诉讼阶段值班律师之间,值班律师与法律援助辩护律师、委托辩护律师之间,应当及时就案件情况、既有意见、已做工作做好交接,以确保法律援助或者刑事辩护工作的连续性。对于值班律师能否转任辩护律师的问题,学界和实务界基本认可值班律师可以转任法律援助辩护律师,但对值班律师转任委托辩护律师还存在一定争议。如有观点认为,应当允许值班律师转化为辩护人,此转化在本质上仍属于委托辩护,[①]但也有观点认为,为防止法律援助的公益性与委托律师的个人利益之间产生冲突,值班律师不宜转任委托律师。[②]笔者认为,应当准许值班律师接受指派或者委托转任辩护律师,因为值班律师也是执业律师,完全具备提供辩护服务的能力与水平,且其经由先前的介入,对案件情况比较了解,与被追诉人已经建立起了一定信任基础,至于法律援助公益性与委托律师个人利益之间可能产生冲突,则完全是无稽之谈,因为值班律师与辩护律师的身份不可能同时存在,相关冲突也就丧失了存在的前提条件。

4. 强化律师辩护的有效性

有效辩护对于制衡国家追诉权、维护被追诉人合法权益有着重要意义。美国联邦最高法院就在某案中提出无效辩护等同于没有辩护人,并进一步将有效辩护列明为:被追诉人当然享有由律师协助其行使辩护权的权利;辩护律师的主要辩护行为不受公权部门影响;辩护律师的辩护应当有效;辩护律师的辩护行为不涉及相抵的利益。[③] 在笔者看来,可以从以下几个方面对强化律师辩护的有效性进行考虑:

(1)扩大强制性辩护适用范围。被追诉人仅仅依靠值班律师所提供的法律帮助,想获得有效辩护,往往不太现实,除非被追诉人自身具有较高法律素养,或者该值班律师转任法律援助辩护律师或者委托辩

---

① 参见汪海燕:《重罪案件适用认罪认罚从宽程序问题研究》,载《中外法学》2020 年第 5 期。

② 参见熊秋红:《比较法视野下的认罪认罚从宽制度——兼论刑事诉讼"第四范式"》,载《比较法研究》2019 年第 5 期。

③ 参见王兆鹏:《美国刑事诉讼法》(第 2 版),北京大学出版社 2014 年版,第 379 页。

护律师。[①] 美国和德国的刑事速裁程序为解决这一问题,明确对没有辩护律师的被追诉人要给予强制性法律援助。[②] 我国《刑事诉讼法》所规定的强制性法律援助,仅涉及两类未委托辩护人的被追诉人[③],并不涉及无期徒刑、死刑以外的重罪案件以及轻微刑事案件。当前,学界基本认可应当扩大强制性法律援助范围,只是在扩大至除微罪案件(如判处拘役以下刑罚的案件)以外的案件,[④]扩大至被追诉人可能判处 3 年有期徒刑以上刑罚的案件,[⑤]还是扩大至严重犯罪案件或者被追诉人明显缺乏防御能力的案件方面还存在争议。[⑥]

笔者赞同扩大强制性法律援助范围,但同时认为扩大范围应当适当。因为扩大范围就意味着消耗更多的司法资源,需要考虑其必要性的问题,主要依据就是在相关案件中,值班律师提供的法律帮助是否能够满足被追诉人基本需要,被追诉人合法权益是否能够得到基本保障。据此,考虑到被追诉人可能判处 3 年有期徒刑以下刑罚的案件在刑事案件总量中占比较大,以及此类案件大部分性质轻微、案情简单、事实查证难度较低,建议不将此类案件纳入强制性法律援助范围。也就是说,应将强制性法律援助范围确定为被追诉人可能判处 3 年有期徒刑以上刑罚的案件。

(2)明确讯问时律师到场制度。应当尝试在讯问认罪被追诉人时,通知值班律师或者辩护律师到场,且为避免到场律师干扰正常讯问,或者成为审讯人员的讯问帮手,其不发问,仅重点监督讯问取证的合法性,遇有审讯人员实施不当讯问或者错误引导行为的,应当及时提出异议。[⑦]

---

① 参见龙宗智:《完善认罪认罚从宽制度的关键是控辩平衡》,载《环球法律评论》2020 年第 2 期。

② 参见李本森:《我国刑事案件速裁程序研究——与美、德刑事案件快速审理程序之比较》,载《环球法律评论》2015 年第 2 期。

③ 根据《刑事诉讼法》第 35 条第 1、2 款规定,一类为可能被判处无期徒刑、死刑的被追诉人,另一类为系盲、聋、哑人,或者系尚未完全丧失辨认或者控制自己行为能力的精神病人的被追诉人。

④ 参见龙宗智:《完善认罪认罚从宽制度的关键是控辩平衡》,载《环球法律评论》2020 年第 2 期。

⑤ 参见汪海燕:《重罪案件适用认罪认罚从宽程序问题研究》,载《中外法学》2020 年第 5 期。

⑥ 参见熊秋红:《比较法视野下的认罪认罚从宽制度——兼论刑事诉讼"第四范式"》,载《比较法研究》2019 年第 5 期。

⑦ 参见周新:《公安机关办理认罪认罚案件的实证审思——以 G 市、S 市为考察样本》,载《现代法学》2019 年第 5 期。

(3)完善辩护律师独立辩护机制。实践中存在这样的情况,即被追诉人认罪甚至认罚,但辩护律师拟作无罪、彼罪、罪轻辩护,或者辩护律师拟作有罪辩护,但被追诉人认为自己不构成犯罪。该种辩护属于独立辩护,法律并未予以禁止。[①] 至于是否需要转为普通程序,公安司法机关应当依据被追诉人认罪认罚、证据查证等情况,并充分听取、考虑辩护律师意见后确定;如果确定适用侦查分流机制,但辩护人仍然坚持作独立辩护且其未被更换的,公安司法机关应当确保其提出意见以及参加法庭举证、质证、辩论的权利。

(4)建立"公检法律"电子信息平台。尝试在公检法三机关与律师之间建立互通互联的案件信息查询、文书传递、证据交换平台,以打通不同主体间的隔阂,实现程序快速运行,确保律师能够及时便捷获取与案件有关的法律文书和证据材料,实现对案件情况的整体掌握,进而为被追诉人提供一对一的优质法律帮助或者辩护服务。[②]

(四)设置侦查分流听证程序

为避免侦查分流机制重走劳动教养由公安机关"自说自话"的老路,确保侦查分流活动规范有序进行,有必要"以认罪认罚审前分流的听证程序取代行政化审批"。[③] 具体来说,侦查分流听证程序包括如下内容:

其一,听证情形及启动。具体可以分为四个方面:(1)不启动情形。由于法定分流机制的第②③④种适用情形属于纯粹的法律规定情形,更多的是一种客观事实,与嫌疑对象认罪与否没有太大关系,公安机关也不享有自由裁量权,一般情况下不会引发争议,以及裁量分流机制的第②种适用情形是经过最高人民检察院核准的,因此前三种情形由公安机关决定不予立案、撤销案件,后一种情形由公安机关决定撤销案件即可,不必经历听证程序。(2)相对启动情形。对法定分流机制的第①⑤⑥种适用

---

① 参见汪海燕:《重罪案件适用认罪认罚从宽程序问题研究》,载《中外法学》2020 年第 5 期。

② 参见熊秋红:《比较法视野下的认罪认罚从宽制度——兼论刑事诉讼"第四范式"》,载《比较法研究》2019 年第 5 期;参见周新:《认罪认罚被追诉人权利保障问题实证研究》,载《法商研究》2020 年第 1 期。

③ 参见陈伟、霍俊阁:《认罪认罚审前分流的制度优化》,载《新疆社会科学(汉文版)》2018 年第 4 期。

情形,一般情况下不用启动侦查分流听证程序,除非被追诉人认罪,或者在确认“没有犯罪事实”、没有证据证明有犯罪事实需要进一步侦查方面公安机关内部始终无法达成一致意见、被害方提出异议。(3)绝对启动情形。考虑到法定分流机制的第⑦种适用情形涉及被追诉人认罪认罚,公安机关在裁量分流机制的第①③种适用情形中具有较大自由裁量权,故遇有该三种情形,必须启动侦查分流听证程序,以形成对公安机关的有效约束。(4)如果侦查分流机制发挥的是引导后续检法环节诉讼分流的功能,考虑到有检法机关的把关,故无必要启动侦查分流听证程序。

对于上述应当启动侦查分流听证程序的情形,公安机关应当依职权启动,未启动的,当事人及其辩护人、代理人可以申请听证;公安机关经审查,或者同意听证,或者不同意听证并说明理由。此外,对于被追诉人认罪认罚后反悔,以及当事人双方在羁押必要性、事实认定、法律适用方面存在较大分歧等情形,公安机关可以依职权启动听证,当事人及其辩护人、代理人也可以申请听证。

其二,听证参加人员。参加听证的人员一般有被追诉人的近亲属、辩护人,以及被追诉人居住社区(村居)、工作单位或者相关公益组织、特殊人群权益保护组织的代表。必要时还可以邀请被害方、检察机关、检法人民监督员、专家学者、人大代表、政协委员参加。对当事人双方存在的较大分歧或者刑事和解案件中的和解自愿性进行听证,必须邀请被害方派员参加。

被追诉人及其近亲属、辩护人,被害人及其近亲属、代理人,检察人员之外的受邀参与听证的人员应当符合一定条件,具体内容可以参考2020年《人民检察院审查案件听证工作规定》第7条[①]规定的听证员条件。

其三,听证内容。听证内容视听证事项而定,以对不应追究刑事责任

---

① 《人民检察院审查案件听证工作规定》第7条第1、2款:“人民检察院可以邀请与案件没有利害关系并同时具备下列条件的社会人士作为听证员:(一)年满二十三周岁的中国公民;(二)拥护中华人民共和国宪法和法律;(三)遵纪守法、品行良好、公道正派;(四)具有正常履行职责的身体条件。有下列情形之一的,不得担任听证员:(一)受过刑事处罚的;(二)被开除公职的;(三)被吊销律师、公证员执业证书的;(四)其他有严重违法违纪行为,可能影响司法公正的。”

情形外的撤销案件、终止侦查为例，应当对被追诉人知情、供述（认罪）[1]自愿性与真实性进行听证。

（1）对被追诉人知情的听证。如前所述，被追诉人知情权包括三项内容，即“知悉自己所犯罪名、认罪或者不认罪的可能后果，对刑事和解案件，还要知悉刑事和解的法律性质及后果”“对案件证据材料的知情”与“对自己享有委托辩护人、申请回避等诉讼权利的知情”。对被追诉人知情的听证，除了查明被追诉人是否对上述三项内容知情外，还应查明公安机关是否主动履行了告知义务。

（2）对被追诉人供述（认罪）自愿性的听证。在刑事和解案件中，由于公安机关在主持制作和解协议书时已经对和解的自愿性、合法性进行了审查，因此对和解自愿性、合法性的听证可以不作为听证程序的常规内容。但如果当事人对其提出异议的，还是应当将其纳入听证内容。具体而言，就是通过复盘和解协议达成过程，重点审查是否违反自愿、合法和解要求，具体可以参照《人民检察院刑事诉讼规则》第497条第1款，查明“双方当事人是否自愿和解”“犯罪嫌疑人是否真诚悔罪，是否向被害人赔礼道歉，赔偿数额与其所造成的损害和赔偿能力是否相适应”“被害人及其法定代理人或者近亲属是否明确表示对犯罪嫌疑人予以谅解”“是否符合法律规定”“是否损害国家、集体和社会公共利益或者他人的合法权益”“是否符合社会公德”。

（3）对被追诉人供述（认罪）真实性的听证。为帮助听证参与人员迅速准确理解事实查证情况，进一步节约听证时间，提高听证效率，公安机关应当事先总结犯罪事实并进行分解，详细列明针对同一事实的各个正面证据和反面证据。

其四，听证后的处理。经听证，当事人对听证内容无异议以及其他参与人员形成多数赞同意见的，被追诉人应当当众签署承诺书，同意公安机关可能作出的处理，并承诺履行公安机关要求义务。未成年被追诉人家

---

[1] 供述与认罪并不是一回事，二者之间的关系表现为：被追诉人自愿如实供述并不必然导致其认罪，但被追诉人认罪必定以其自愿如实供述为前提。可见，被追诉人自愿如实供述的范围要广于被追诉人自愿如实认罪。鉴于被追诉人自愿如实供述足以涵盖被追诉人自愿如实认罪，故本书将二者放在一起讨论。

长还要与公安机关签署承诺书，承诺履行管教职责。后办案人员书面报县级以上公安机关负责人批准，并制作正式法律文书送达双方当事人，并将作出的处理和理由告知其他参与人员。对于听证过程，公安机关应当制作笔录，并全程录音录像。

三、加强监督主体监督权

侦查分流机制的有效运行，离不开相关监督机制的纠偏制衡。如在日本，警察对于微罪处分案件，应当制作微罪处分报告书，载明事件具体时间、被害人姓名、犯罪事实等内容，并按月向检察机关集中汇报/报告/报送一次，以使微罪处分案件处于检察机关监督之下。[①] 借鉴上述经验，在我国，可以从加强公安机关自我约束和外部监督入手，以扎紧分流权力的藩篱，避免其陷入失控状态，重蹈"劳动教养"这条老路。就外部监督而言，不同于"美国检察官的职责开始并结束于进行指控、处理和审判被指控犯罪的被告的工作，他们不承担确保警察以最佳方式履行其调查和维持秩序职能的责任"[②]，我国检察机关是宪法规定的法律监督机关，故建议将其作为主要的监督审查主体；同时，不建议将法院纳入监督主体范畴，因为"如果提交法院的案件看起来不适合起诉，考虑到有关提出指控和起诉的明确政策和标准，法院将始终能够施以绝对或有条件的释放。因此，从间接层面理解，法院的后备机构地位，可以说是鼓励在提出指控和起诉案件时平等地应用检察官和警察的自由裁量权的"[③]。

（一）完善公安机关侦查分流内部审查机制

1. 坚持立案程序的独立地位

前文在绪论第二节第二部分中提及，有观点认为应当采取立案登记

---

① 参见辛素、秦文超：《日本微罪处分制度及其借鉴意义》，载《预防青少年犯罪研究》2012 年第 2 期；郑丽萍：《侦查阶段实体性处分制度之构建》，载《清华法学》2012 年第 5 期。

② David A. Harris, *The Interaction and Relationship between Prosecutors and Police Officers in the U. S. , and How this Affects Police Reform Efforts* , University of Pittsburgh Legal Studies Research Paper Series No. 2011 - 19 (June 2011).

③ Law Reform Commission of Canada, *Diversion*, 17 Canadian Journal of Criminology and Corrections i (1975).

制度,以取代独立设置的立案程序。该观点并不准确,主要理由有4个:(1)立案程序的设置初衷是防范侦查权任意发动,保障公民合法权益,不能因为其可能产生的弊端而否定其积极作用;(2)犯罪黑数的成因较多,目前尚未有明确证据表明其产生与立案程序的独立设置存在必然联系;(3)实行立案登记制度,在侦查人员法律素养未达到理想状态的情况下,不可避免将导致大量轻微犯罪涌入侦查环节,与诉讼资源紧张的现实相冲突;(4)立案程序存在的弊端并非不可改善,如提高立案审查能力,再如对公安机关刻意制造的犯罪黑数和无序分流进行严格的事中与事后监督,并强化责任追究,再如相应降低对立案条件中“有犯罪事实”的认定标准,即只需具有证明犯罪事实存在的初步证据,就可立案并视情依法适用刑事强制措施和强制性侦查措施。因此,不改变立案程序独立设置的现状,是完全可行的,只不过需要对现有的立案审查程序作进一步完善。

2. 全面落实上级文件关于强化监督管理的要求

2015年公安部《关于改革完善受案立案制度的意见》就强化监督管理问题,明确各级公安法制部门为主管部门并承担相应职责,各有关警种、部门负有共同监督管理职责,同时提出应改进考评机制,增加案件当事人对公安机关接报案、受案立案工作满意度的评价比重,完善受案立案工作责任制,明确接报案登记、受案立案审查工作责任,严肃追究违法违纪人员责任。2015年中共中央办公厅、国务院办公厅、中央政法委、最高人民法院、最高人民检察院、公安部、国家安全部、司法部分别发布的《领导干部干预司法活动、插手具体案件处理的记录、通报和责任追究规定》《司法机关内部人员过问案件的记录和责任追究规定》《关于进一步规范司法人员与当事人、律师、特殊关系人、中介组织接触交往行为的若干规定》等规定,又进一步压缩了金钱案、人情案、关系案的滋生空间,为社会各界约束司法人员提供了一道“紧箍咒”。因此,应当严格落实上述4个文件,将相关要求不打折扣地执行到位。

3. 对侦查分流案件执行严格的审核审批程序

侦查分流决定的作出,同样应当具备普通案件审查报批所具有的书面呈请、办案部门同意、本级公安机关法制部门审核、县级公安机关以上负责人批准、书面决定送达等环节。其中,拟依法移送检察机关审查起诉、引导后续检法环节诉讼分流的案件,只需经历前四个环节,其余侦查分流案件均需完整经历上述五个环节;承办人制作的书面呈请报告应当有充分的说理,不能过于简单;制作书面呈请报告的过程中,不用再征求双方当事人的意见,因为对于不应追究刑事责任情形外的撤销案件、终止侦查情形,已经启动过听证程序,而对于不予立案和不应追究刑事责任情形,因其属于法律规定情形,由公安机关直接决定即可;在办案部门同意、本级公安机关法制部门审核、县级公安机关以上负责人批准三环节中有一环节未获得认可的,应当继续诉讼程序。

4. 完善上级公安机关对下级公安机关的内部审查机制

由于所有侦查分流案件均需经过本级公安机关法制部门审核,因此该类案件的内部审查工作应由上级公安机关为主进行。对此,下级公安机关应当根据办案进度将侦查分流案件信息、法律文书、证据材料以及其他卷宗材料及时、完整地录入执法办案平台,供上级公安机关随时检查。上级公安机关则可以通过以下方式开展内部审查工作:(1)在本机关法制部门安排专人或者专门小组负责对侦查分流案件开展审查,侦查分流案件量大、具备条件的地区,还可以设置专门机构;(2)着力提升监督的针对性和实效性,运用智能化手段,将转作纠纷、其他或者行政处理的刑事类警情、已受案但未进入立案程序的刑事案件、已立案但长期未有处理结果的刑事案件和其他行政机关移送的刑事案件作为监督重点,将涉伤、涉酒驾醉驾、涉黄赌毒、涉恶涉黑、经济犯罪等容易滋生权力寻租、徇私枉法的案件作为监督重点,尽可能挤压犯罪黑数;(3)建立提级审批制度,具体案件范围可以根据案由、可能判处刑罚、案件本身重大疑难复杂程度、容易引起舆情炒作可能来确定。其中,案由可以根据前述第(2)点所列重点审查案由确定,可能判处刑罚可以分为3年有期徒刑以上刑罚(故意犯罪)、7年有期徒刑以上刑罚(过失犯罪),案件本身重大疑难复杂程度、容易引起舆情炒作可能则具体问题具体分析。

上级公安机关在提级审批时发现下级公安机关拟作出的侦查分流决定,或者在内部审查时发现下级公安机关已作出的侦查分流决定不适当的,应当视情分别作出“不予批准”意见或者责令下级公安机关撤销原侦查分流决定并继续侦查。下级公安机关不撤销的,上级公安机关可以直接撤销原侦查分流决定。

(二)完善检察机关为主的侦查分流监督审查机制

在我国,除了提前介入外,检察机关还可以通过加强法律监督来规制和约束侦查分流权力。《刑事诉讼法》第113条规定了人民检察院可以对公安机关应当立案而不立案进行监督,《人民检察院刑事诉讼规则》第557条规定了人民检察院可以对公安机关不应当撤案而撤案进行监督,故对于通过不予立案、撤销案件、终止侦查来进行侦查分流的案件,都应移送给同级人民检察院备案以供监督;至于依法移送检察机关审查起诉、引导后续检法环节诉讼分流的案件,则无须备案,只需公安机关移送审查起诉时提出分流建议,由人民检察院进行核查即可;检察机关在审查提请批准逮捕或者移送审查起诉等两类案件时,还应当注意追诉被公安机关遗漏的被追诉人或者罪行,并对工作中发现的公安机关应当立案而不立案情况,及时启动监督立案程序。此外,法院认为检察机关在起诉书中遗漏被告人或者罪行的,应当要求检察机关追加或者补充起诉;在审理民事、行政案件中,发现涉嫌犯罪线索的,应当及时移送公安机关或者其他侦查机关处理。

基于效率考虑,公安机关向同级人民检察院移送备案可分为定期集中备案和随时备案。其中,随时备案情形主要包括:(1)因法定分流机制的第①种适用情形而决定不予立案、撤销案件、终止侦查;(2)因法定分流机制的第⑤⑥⑦种适用情形而决定撤销案件;(3)因裁量分流机制的第①种适用情形而决定不予立案、撤销案件;(4)因裁量分流机制的第③种适用情形而决定撤销案件。定期集中备案情形则包括因法定分流机制的第②③④种适用情形而决定不予立案、撤销案件的情形。对于因裁量分流机制的第②种适用情形而决定撤销案件,考虑到其已经过最高人民检察院核准,故不要求备案。

对于公安机关移送备案的案件,人民检察院应当及时进行复查,若认为分流决定不适当的,应当要求公安机关说明分流的理由和依据。公安机关应当在规定期限内予以书面说明。人民检察院认为侦查机关书面理由和依据不能成立的,应当通知公安机关撤销分流决定,并继续开展侦查工作或者尽快将案件移送审查起诉。对人民检察院的通知要求,公安机关应当执行。

(三)完善社会公众对侦查分流活动的监督

为了提升侦查分流工作透明度,公安机关应当主动将侦查分流工作置于社会公众监督之下。实践中,可行的做法是研究开发互联网侦查分流信息公开平台,向社会公众公布侦查分流情况。如果本省公安机关已经开发应用了执法公示平台,则只需在该平台内增设侦查分流板块即可。具体操作中,在借鉴公安机关执法公示经验的基础上,可以遵循以下思路:

1. 在公布周期方面,个案随时公布,整体情况定期公布。其中,公安部、省级公安机关公布整体情况的周期为半年,设区的市公安机关、县级公安机关、公安派出所的公布周期分别为季度、月、半月。

2. 在公布范围方面,公布范围仅包括简要案情、分流原因以及结果,不包括侦查过程,如采取的侦查策略、技术侦查手段和办案过程中获取的个人隐私、商业秘密、国家秘密等。在公布简要案情时,应当注意保护被追诉人尤其是未成年被追诉人隐私,对当事人身份进行脱敏处理;如果引用的法律依据涉密,也应予以脱敏处理。

3. 在公布受众方面,应向全体社会公众公布侦查分流情况,不必设置限制范围。因为限制公布范围和采取相应脱敏措施,已经足以保证当事人隐私和侦查工作秘密,并且让更多人知晓并参与监督,在提高侦查分流工作透明度的同时,也能够倒逼公安机关更加慎重地作出侦查分流决定。

4. 在监督方式方面,应当准许社会公众在互联网侦查分流信息公开平台中实名对具体个案提出不同意见,同时应当对可以提出不同意见的侦查分流案件情形有所限制。准许提出不同意见的侦查分流案件情形应当以前文所述准许被害人事后救济的情形(法定分流机制第①⑤⑥⑦种适用情形或者裁量分流机制第①种适用情形)为限。其包括法定分流机制第①种适用情形,是因为该情形本身就容易引发争议;包括法定分流机制第⑤⑥⑦种适用情形，是因为这几种情形可能会涉及司法认定与公众认知出现偏离的问题，并且还有出现权力寻租、徇私枉法的可能；包括裁量分流机制第①种适用情形，是因为公安机关在此情形下具有较大侦查分流自由裁量权；对于其他情形，被害人都无事后救济权，与案件无关的第三人就更无提出不同意见的必要。

第三节　改善分流案件的减负提速效果

现有侦查分流机制在实践中的减负提速效果还不是特别明显，故在机制完善过程中，应当注意解决这一问题。但侦查阶段承担着调查取证、抓捕嫌犯的任务，加之部分侦查人员在业务水平上与员额检察官、法官存在一定差距，故无须对侦查分流机制在程序上作过多简化，特别是不宜减少内部的审核审批环节。[①] 换言之，要实现减负提速，只能寻找新的增长点。在笔者看来，可以考虑从实行法定证明标准的差异化安排、完善证明指引和方法、建构案件快速获处机制，以及限制被追诉人无正当理由反悔或者控方违反承诺等方面切入。

一、实行法定证明标准的差异化安排

法定证明标准尽管不能降低，但可以对其进行差异化安排，即实现法定证明标准的差异化。关于如何实现差异化安排的问题，有观点认为，对待定罪事实应特别慎重，而对待量刑事实，应根据其是否有利于被追诉人来确定证明标准，即对不利于被追诉人的量刑事实适用法定证明标准，无法达到此标准的，作有利于被追诉人的认定，对有利于被追诉人的量刑事实适用优势证据标准；[②]也有观点认为，对被追诉人认罪认罚的自愿性应当适用优势证据标准，对定罪事实适用法定证明标准，对量刑事实适用多

---

① 参见郭立新、郭冰：《案件快速处理程序的改革与立法发展》，载《国家检察官学院学报》2012年第5期。

② 参见孙长永：《认罪认罚案件的证明标准》，载《法学研究》2018年第1期。

元证明标准，即对犯罪构成或者修正犯罪构成的量刑情节适用法定证明标准，对可能判处死刑的案件适用排除一切合理怀疑标准，对被追诉人中等重要程度利益的保障（公民财产权利或政治权利的剥夺，对外国人驱逐出境的量刑，以及法定量刑情节）适用清楚确信标准，对因定量原因不能用于定罪的量刑情节和酌定量刑情节适用优势证据标准；[①]有观点认为，对7类情况[②]适用"高度盖然性"标准，对犯罪后被告人有破坏犯罪现场、毁灭罪证等行为且公诉方量刑建议符合正常量刑幅度的重大刑事犯罪案件适用"排除合理怀疑"标准，同时要坚持对刑事案件证明标准差异化的合理限制，即证明标准保持各诉讼环节要求一致、证明标准差异化有明确的立法或者司法解释依据、坚持定案证据的合法性原则和证明犯罪主要事实的证据具有一定数量；[③]还有观点认为，对量刑及程序性事实适用优势证据标准，对不利于被追诉人的量刑事实适用法定证明标准，对定罪事实在坚持法定证明标准的前提下，按照死刑及无期徒刑案件、不认罪普通程序案件、可能判处3年以上有期徒刑的简易程序案件、可能判处3年有期徒刑以下刑罚简易程序案件、可能判处1年有期徒刑以下刑罚的速裁程序案件，由高到低划分出证明标准的5个位阶。[④]

上述各观点中，尽管大部分宣称在坚持法定证明标准的前提下实行差异化证明标准，但实际上还是降低了刑事案件证明标准，甚至有的观点已经脱离了坚持法定证明标准的前提。不过这些观点所使用的差异化依据能够为法定证明标准的差异化安排提供一些借鉴。总体上看，上述各

① 参见简乐伟：《认罪认罚从宽案件差异化证明标准探析》，"认罪认罚从宽制度的理论与实践"第十三届国家高级检察官论坛会议论文，2017年6月于成都。

② 包括被追诉人认罪的多发性轻微刑事案件，案情复杂、取证难度大的特定案件，《刑事诉讼法》规定的可采用技术侦查措施的危害国家安全犯罪、恐怖活动犯罪、黑社会性质的组织犯罪、重大毒品犯罪或者其他严重危害社会的犯罪案件、重大的贪污贿赂犯罪案件以及利用职权实施的严重侵犯公民人身权利的重大犯罪案件，证据存在缺陷但被告人选择或同意适用认罪认罚从宽程序的重大刑事案件，以未成年人、精神病人为犯罪对象的性犯罪案件，犯罪后被告人有破坏犯罪现场、毁灭罪证等行为但公诉方量刑建议比正常量刑幅度低的重大刑事犯罪案件，以及在坚持共同犯罪整体事实"排除合理怀疑"的证明标准基础上对犯罪人各自行为的证明等。

③ 参见桂万先、陈晨：《论刑事证明标准差异化》，载《法治现代化研究》2018年第6期。

④ 参见李勇：《证明标准的差异化问题研究——从认罪认罚从宽制度说起》，载《法治现代化研究》2017年第3期。

观点使用的差异化依据主要有证明对象、证据收集可能性、案件类型以及案件是否复杂重大、案件事实是否有利于被追诉人、被追诉人是否认罪认罚等。选取这些内容作为依据，具有一定道理，表明了相关研究者在对案件实际情况进行详细梳理的基础上，试图以精细划分来求得实践可行性，但问题是，这些分类过于烦琐，部分分类标准如“轻微”“重大”“案情复杂”“取证难度大”“证据存在缺陷”等难以把握，一定程度上增加了操作难度。而以被追诉人是否认罪认罚、可能判处的刑罚，证明对象属于何种案件事实、是否有利于被追诉人，以及案件采用何种案由、适用何种侦查分流机制及分流程序、在审查起诉或审判阶段可能适用何种诉讼分流程序，来对法定证明标准作差异化安排，能够较好地解决上述弊端，顺利满足实践需求。具体而言，在坚持法定证明标准的前提下，可以对该标准由高到低作如下差异化安排：

首先，法定证明标准的最高层次。该层次适用的对象包括所有侦查分流案件的定罪事实、不利于被追诉人的量刑事实，以及可能判处死刑、无期徒刑的刑事案件中的所有事实。这是因为，定罪事实是确认被追诉人有罪的基本依据，不利于被追诉人的量刑事实会对被追诉人在量刑上产生一定负面影响，死刑、无期徒刑则是被追诉人在量刑层面可能遭受到的最严重负面影响。

其次，法定证明标准的第二层次。该层次适用的对象包括可能判处有期徒刑以下刑罚的不认罪普通刑事案件中的程序性事实、有利于被追诉人的量刑事实，以及所有认罪案件中的自白任意性。如前所述，对定罪事实、不利于被追诉人的量刑事实均应适用最高层次的法定证明标准，故此低层次法定证明标准的适用对象主要是程序性事实、有利于被追诉人的量刑事实。在不认罪普通刑事案件中，为保障被追诉人合法权益，避免出现错案，对定罪事实理应适用最高层次的法定证明标准，但对程序性事实、有利于被追诉人的量刑事实，鉴于前者出错概率较低，后者不会对被追诉人产生负面影响，可以适用低一层次的法定证明标准。此外，纳入所有认罪案件中的自白任意性，是因为供述（认罪）自愿性、真实性在当前公安执法规范化条件下一般能获得充分保障，且借助于人身安全检查和同步录音录像,比较容易对出现的疑义进行查验。

再次,法定证明标准的第三层次。该层次适用的对象包括可能判处3年以上有期徒刑且后续法院审判阶段可能适用简易程序的刑事案件中的程序性事实以及有利于被追诉人的量刑事实。简易程序适用于基层法院管辖的案件,而可能判处无期徒刑、死刑的案件由中级以上人民法院管辖,故简易程序案件中的被追诉人只可能被判处有期徒刑以下刑罚。[①]以3年有期徒刑为轻重刑事案件的分界线,可以将简易程序案件分为可能判处3年以上有期徒刑的简易程序案件和可能判处3年有期徒刑以下刑罚的简易程序案件。该两类案件应当适用不同层次的法定证明标准,即可能判处3年以上有期徒刑的简易程序案件适用的法定证明标准应当比可能判处3年有期徒刑以下刑罚的简易程序案件高一层次。考虑到该两类案件中的被追诉人认罪但不认罚,故可能判处3年以上有期徒刑的简易程序案件适用的法定证明标准应当比不认罪普通刑事案件低一层次。对于侦查分流案件而言,就是指可能判处3年以上有期徒刑且后续法院审判阶段可能适用简易程序的刑事案件适用的法定证明标准应当比不认罪普通刑事案件低一层次。

从次,法定证明标准的第四层次。该层次适用的对象包括可能判处3年以上有期徒刑的认罪认罚案件(所谓认罪认罚案件是指适用认罪认罚从宽制度的案件)中的程序性事实以及有利于被追诉人的量刑事实。认罪认罚案件同样实行非法证据排除规则和律师辩护制度,并要求对被追诉人认罪认罚自愿性进行严格审查。在被追诉人认罪认罚的真实性、自愿性具有充分保障的前提下,发生错案概率较低。考虑到认罪认罚从宽制度适用于所有类型的刑事案件,且可能判处死刑、无期徒刑的刑事案件已经适用最高层次的法定证明标准,可以将其余认罪认罚案件分为可能判处3年以上有期徒刑的认罪认罚案件和可能判处3年有期徒刑以下刑罚的认罪认罚案件。其中,因简易程序案件中的被追诉人认罪但不一定认罚,可能判处3年以上有期徒刑的认罪认罚案件适用的法定证明标

---

① 参见《刑事诉讼法》第21条、第214条第1款。

准应当比可能判处3年以上有期徒刑且后续法院审判阶段可能适用简易程序的案件低一层次,同时比可能判处3年有期徒刑以下刑罚的认罪认罚案件高一层次。

复次,法定证明标准的第五层次。该层次适用的对象包括刑事和解案件和可能判处3年有期徒刑以下刑罚且后续法院审判阶段可能适用简易程序的案件中的程序性事实以及有利于被追诉人的量刑事实。刑事和解案件中的过失犯罪被追诉人可能被判处7年有期徒刑以下刑罚,故意犯罪被追诉人可能被判处3年有期徒刑以下刑罚,部分符合简易程序适用条件的案件的被追诉人也可能被判处3年有期徒刑以下刑罚,且该两类案件中的被追诉人均不一定认罚。[①] 因此,可以将这些可能判处刑罚或者社会危害性相当的认罪案件归为一类,适用比可能判处3年以上有期徒刑的认罪认罚案件低一层次,但比可能判处3年有期徒刑以下刑罚的认罪认罚案件高一层次的法定证明标准。

最后,法定证明标准的最低层次。该层次适用的对象包括刑事速裁程序案件(用以取代适用快速办理机制的轻微刑事案件)中的程序性事实和有利于被追诉人的量刑事实,被追诉人认罪认罚的可能判处3年有期徒刑以下刑罚的危害国家安全、恐怖活动案件中的程序性事实和有利于被追诉人的量刑事实,以及适用法定分流机制、裁量分流机制的案件中的无罪事实、[②]违法阻却事由、责任阻却事由、程序性事实。刑事速裁程序适用于基层人民法院管辖的可能判处3年有期徒刑以下刑罚的认罪认罚案件,危害国家安全、恐怖活动案件由中级人民法院管辖(另一类为可能判处无期徒刑、死刑的案件,如前所述,应适用最高层次的法定证明标准),被追诉人也可能被判处3年有期徒刑以下刑罚;而且,高级人民法院、最高人民法院管辖的第一审刑事案件分别为省域性、国家性重大刑事案件,基本不可能发生被追诉人被判处3年有期徒刑以下刑罚的情形。因此,刑事速裁程序案件以及被追诉人认罪认罚的可能判处3年有期徒

① 简易程序适用于有期徒刑以下刑罚,因此可以将其分为可能判处3年有期徒刑以下刑罚的简易程序和可能判处3年以上有期徒刑的简易程序。

② 包括犯罪分子另有其人或构成共犯的部分人员不够刑事处罚的事实。

刑以下刑罚的危害国家安全、恐怖活动案件,构成了可能判处3年有期徒刑以下刑罚的认罪认罚案件。该三类案件的案情相对简单,被追诉人罪行较轻且认罪认罚,反悔翻供概率极低,因此完全可以将该三类案件中的程序性事实、有利于被追诉人的量刑事实置于法定证明标准的最低层次。而对于适用法定分流机制、裁量分流机制的案件来说,其产生程序结果属于对被追诉人不入罪或者出罪的实体处理,因此只要其能够达到最低层次的法定证明标准,就应当按照有利于被追诉人原则,作出不予立案、撤销案件或者终止侦查决定。

二、完善证明指引和方法

《刑事诉讼法》第55条第2款[①]将法定证明标准分为证明对象范围、证据查证方式和定罪辅助性标准三个要素,这为通过减轻证明负担来提高诉讼效率指明了三条可行思路,即限缩证明对象范围、简化证据查证方式以及降低"排除合理怀疑"证明标准。[②] 第三条思路已基本被官方否定,且在认罪认罚从宽制度(包括刑事速裁程序)试点及全面推行过程中,各地采取的主要是前两条思路。因此,可以从前两条思路来考虑为侦查分流案件减负提速的问题。

(一)限缩证明对象范围:类型化的证据收集审查指引

如前所述,B市D区探索出的"一步到庭"模式,对现场查获型危险驾驶案件的证据规格进行了类型化处理。详言之,就是针对某一类刑事案件,列出其据以定罪量刑必须证明的事实对象,不再纠缠于细枝末节,即限缩证明对象范围,并统一证据规格,列明必需证据,对其他次要证据不作强制性要求。这提供了一条很好的思路——制定类案证据收集审查指引。

---

① 《刑事诉讼法》第55条第2款:"证据确实、充分,应当符合以下条件:(一)定罪量刑的事实都有证据证明;(二)据以定案的证据均经法定程序查证属实;(三)综合全案证据,对所认定事实已排除合理怀疑。"

② 参见李小东:《认罪认罚从宽制度证明标准差异化的实证研究》,载《中国刑事法杂志》2019年第3期。

一般来说，对案件进行类型划分，主要依据被追诉人是否认罪认罚、罪重罪轻、案情难易、案件社会关注度、被追诉人可能被判处刑罚等因素。结合 B 市 D 区实践经验，现阶段具有进一步提速增效空间的案件应当具备数量占比较高、事实清楚、证据简单、被追诉人容易认罪认罚、被追诉人可能被判处较轻刑罚等特征。如有观点就将类案列明为盗窃、危险驾驶、容留他人吸毒、非法持有毒品等约占基层刑事案件数量六成的案件。[①] 笔者认为，可以先考虑从能够适用刑事速裁程序（本章第四节第一部分拟建议将刑事速裁程序适用阶段由现在的审查起诉、审判阶段提前至侦查阶段，并取代轻案快办机制）的案件入手，逐步建立起速裁类认罪认罚的类案证据收集审查指引，列明必需的主要证据，对一些与定罪量刑关系不大的证据，不再作强制性要求。例如，可以从危险驾驶案件入手，逐步扩展到一些无前科劣迹人员的初犯、偶犯，以及一些诸如民间纠纷引发的故意伤害、酒后毁坏财物的寻衅滋事、非法捕捞水产品和非法狩猎等案件，然后扩展至其他认罪认罚的轻刑案件。

（二）简化证据查证方式：差异化的证明方法

侦查分流机制天生具有诉讼效率基因，将化解司法资源需求与司法资源有限之间的紧张关系视为重要目标。既然不能降低法定证明标准，那么完全可以尝试构建差异化的证明方法，以降低取证、举证、认证的难度。关于证明方法的种类，最高院刑一庭课题组总结为两种，一种是“通过对直接证据所包含的证据事实进行印证和补强，从而达到证明待证事实的效果”；另一种是“通过将若干间接证据所包含的证据事实进行逻辑推理，使其形成较为完整的证据锁链，从而排他性地认定待证事实的存在”。[②] 大陆法系国家根据证明的依据、程序及心证程度的不同，将证明方法划分为严格证明与自由证明。严格证明是指依据的证据应为法律明确规定的证据且具备证据能力，证明的过程或程序应在法庭上严格依照

---

① 参见李勇：《认罪认罚案件“程序从简”的路径》，载《国家检察官学院学报》2019 年第 6 期。

② 参见最高人民法院刑一庭课题组：《刑事诉讼中认罪认罚从宽制度的适用》，载《人民司法（应用）》2018 年第 34 期。

法定证据调查程序[①]开展，且应达到“排除合理怀疑”证明标准的证明；自由证明则是指依据的证据不受法定证据以及证据能力限制，证明的过程或程序不受法定证据调查程序约束，且不必达到“排除合理怀疑”证明标准的证明。[②] 此外由于严格证明与自由证明的分类较为粗疏，更有日本学者[③]进一步提出“适当的证明”的概念，即处于严格证明与自由证明之间的、利用当事人的争论权（发表意见或者提出异议的权利）对自由证明中能够采用的证据范围与证据调查程序进行限制的证明。[④]

最高院刑一庭课题组总结的两种证明方法，区别在于证明思路不同，即根据收集到的证据对案件事实的证明作用以及已取证据的数量，视情分别采取“太阳系式”（直接证据 + 其他补强证据）或者“小行星带式”（互相印证的若干间接证据）的证明思路；共同点则在于均要求已取得的证据应当形成完整证据链条，这带有深深的印证模式痕迹。后一种证明方法表明了公安司法机关收集到直接证据不再是硬性要求，但其与前一种证明方法都未涉及证明方法的简化问题，对减轻证明负担、提高诉讼效率无太大助益。之所以如是说，是因为目前公安司法机关没有出台统一的证据规格，相关案件的调查取证工作需要进行到何种程度尚不明朗；并且，认罪的被追诉人具备一定的反悔风险，不及时收集、固定那些容易灭失、毁损的证据，可能会对被追诉人的后续处理产生负面影响；最后，我国刑事办案人员长期受印证模式的影响，潜意识里将证据种类、数量与证据证明力、证据链条完整性关联起来，造成其在调查取证时更倾向于“能取尽取”而非“所取尽能”。而反观大陆法系国家证据法中的严格证明与自由证明以及学者提出的适当证明，要求根据事项内容适用相应证明方法，这显然更为精细、更具灵活性，更为关键的是，该种证明方法的分类已经

---

① 如受到举证、质证、认证等程序和审判公开、证据裁判、直接言词、疑罪从无等原则的限制。

② 参见闵春雷：《严格证明与自由证明新探》，载《中外法学》2010 年第 5 期。

③ 如日本学者松尾浩也和田口守一均提出，有一种证明方法是介于严格证明与自由证明之间的，只不过前者称为“严格证明的缓和”，后者称为“适当的证明”。参见［日］松尾浩也：《日本刑事诉讼法（下卷）》，张凌译，中国人民大学出版社 2005 年版，第 13 页；［日］田口守一：《刑事诉讼法》，张凌、丁秀峰译，中国政法大学出版社 2010 年版，第 269 页。

④ 参见康怀宇：《比较法视野中的定罪事实与量刑事实之证明——严格证明与自由证明的具体运用》，载《四川大学学报（哲学社会科学版）》2009 年第 2 期。

涉及对证明该繁则繁、该简则简的技术性操作。因此,从提高诉讼效率的角度出发,还是采取严格证明、自由证明以及适当证明的分类较为适宜。

当前,学界对于适用严格证明、自由证明以及适当证明的事项范围存在不小争议。有人认为普通程序案件适用严格证明,简易程序案件适用适当证明,速裁程序案件适用自由证明,[①]但也有人提出刑事速裁程序适用适当证明;[②]有人认为,自由证明主要适用于对简易程序、程序法事实、酌定量刑情节以及被告人无异议的自白任意性的证明,严格证明主要适用于对间接事实、定罪事实、法定量刑事实、违法阻却事由、责任阻却事由以及被告人提出其自白并非出于任意性且自白内容直接关系到审判结果的证明;[③]还有人认为,严格证明主要适用于对由控方负责证明的重大事实争议案件(包括普通程序中被告人不认罪的案件、普通程序中的死刑案件以及重大程序性争议的案件)的证明,自由证明主要适用于对控辩双方无重大争议的案件事实(主要指简易程序中案件事实)、量刑程序中量刑事实及请求以及由被告方主张的有利于己的事实及请求的证明,适当证明主要适用于对控方采取强制性措施请求、"被告人认罪审理程序"中的案件事实以及其他采取普通程序审理的被告人认罪案件的证明。[④]

鉴于侦查分流机制涉及定罪事实或者无罪事实、量刑事实与程序法事实三类证明对象,且不同侦查分流机制在证明对象内容以及证明难易程度方面存在一定差异,可以考虑在具体分流机制中研究不同证明对象适用的证明方法:

其一,在适用法定分流机制、裁量分流机制的案件中,对无罪事实、违法阻却事由、责任阻却事由一律适用严格证明。两种分流机制可能产生的程序结果为不予立案、撤销案件,法定分流机制还可能产生终止侦查的

---

① 参见樊崇义、徐歌旋:《证明方法的体系化构建——兼论如何实现认罪认罚从宽的制度初衷》,载《北京工业大学学报(社会科学版)》2019 年第 5 期。

② 参见欧卫安:《论刑事速裁程序不适用严格证明——以哈贝马斯的交往共识论为分析的视角》,载《政法论坛》2018 年第 2 期。

③ 参见竺常赟:《刑事诉讼严格证明与自由证明规则的构建》,载《华东政法大学学报》2009 年第 4 期。

④ 参见闵春雷:《严格证明与自由证明新探》,载《中外法学》2010 年第 5 期。

程序结果，三种结果均属于对被追诉人的实体处理，理应具备让人信服且难以轻易推翻的决定根据，且被追诉人仅在适用法定分流机制第⑦种情形时认罪认罚，在适用裁量分流机制第②③种情形时认罪（但不一定认罚），在适用两种分流机制其他情形时基本不可能认罪认罚，故应当对在侦查分流程序结果产生过程中具有决定性作用的无罪事实、违法阻却事由、责任阻却事由适用严格证明。

其二，在适用法定分流机制第②③④种情形、裁量分流机制、建议分流机制的案件中，对定罪事实一律适用严格证明。法定分流机制第②③④种适用情形和裁量分流机制的 3 种适用情形均在实际上构成犯罪，甚至已被认定为构成犯罪，但因法定原因或者公安机关依法行使侦查分流自由裁量权而不被追究刑事责任；建议分流机制针对的则是依法应当追究刑事责任的有罪案件。在这些案件中，即使被追诉人已然认罪且反悔概率极低，但出于选择正确适用情形、让被追诉人心悦诚服地认罪、避免被追诉人违心认罪造成冤假错案或者避免将无罪误认为有罪的目的，也应当对定罪事实一律适用严格证明，而无论该事实是直接事实还是间接事实，也无论被追诉人对自己涉及该事实的自白的任意性是否提出异议。

其三，在适用建议分流机制的案件中，对法定量刑事实一律适用严格证明。法定分流机制、裁量分流机制所产生的不予立案、撤销案件、终止侦查等程序结果，均不涉及量刑问题，故在适用该两种分流机制时不用考虑量刑事实的问题。换言之，对于侦查分流案件而言，量刑事实仅需要在适用建议分流机制时考虑。量刑事实有法定量刑事实和酌定量刑事实之分。对于法定量刑事实，基于其法定性和严肃性，为有效约束法院在后续审判阶段的量刑裁量权，最大限度压缩司法寻租空间，避免量刑畸轻畸重，均应对其一律适用严格证明，而不考虑被追诉人的认罪认罚情况；对于酌定量刑事实，下文第 4、5、6 点将详述其证明方式。

其四，适用建议分流机制时，对认罪认罚案件的酌定量刑事实分情况适用证明方法。具体情况如下：(1) 在轻微认罪认罚案件中，对酌定量刑事实适用自由证明，对被追诉人提出异议的涉及酌定量刑事实的自白任意性适用适当证明。认罪认罚从宽制度适用于所有类型的刑事案件，决定了不可能对所有认罪认罚案件中的酌定量刑事实均适用自由证明。鉴于刑事速裁程序适用于基层人民法院管辖的可能判处3年有期徒刑以下刑罚的案件，其又是认罪认罚从宽制度在审判阶段的体现之一，且本章第四节第一部分拟建议将刑事速裁程序适用阶段由现在的审查起诉、审判阶段提前至侦查阶段，并取代轻案快办机制，可以考虑将属于刑事速裁程序适用范围内的案件界定为"轻微认罪认罚案件"。这些案件的案情相对简单，被追诉人罪行较轻且认罪认罚，反悔翻供概率极低，因此对其酌定量刑事实，从发挥法官主观能动性和提高证明效率的角度出发，以适用自由证明为宜。之所以不适用适当证明，是因为我国《刑事诉讼法》并未赋予被追诉人与公安司法机关就量刑问题进行协商的权利。当然，如果被追诉人对自己涉及酌定量刑事实的自白的任意性提出异议，还是应当尊重其意见，对该自白任意性异议适用适当证明。(2)在可能判处无期徒刑、死刑的认罪认罚案件中，对酌定量刑事实一律适用严格证明。根据前述对轻微认罪认罚案件的界定，非轻微认罪认罚案件包括基层法院管辖的可能判处3年以上有期徒刑的案件和非基层法院管辖的案件两部分。根据《刑事诉讼法》第21～23条，非基层法院管辖的案件包括危害国家安全、恐怖活动案件，可能判处无期徒刑、死刑的案件，全省(自治区、直辖市)性的重大刑事案件以及全国性的重大刑事案件等第一审刑事案件。对于被追诉人即使认罪认罚仍可能被判处无期徒刑或者死刑的情形，考虑到该两种刑罚对被追诉人影响重大，为慎重起见，应在证明方式上严格要求，对酌定量刑事实一律适用严格证明。(3)在其他认罪认罚案件[①]中，对酌定量刑事实中的间接事实适用严格证明，对其中的直接事实适用自由证明，对被追诉人提出异议的涉及酌定量刑事实的直接事实之自白任意性适用适当证明。其他认罪认罚案件是指除轻微认罪认罚案件和可能判处死刑、无期徒刑的认罪认罚案件外的认罪认罚案件，故其他认罪认罚案件中的被追诉人只可能被判处3年以上有期徒刑。具体来说，可以

① 包括适用认罪认罚从宽制度的危害国家安全、恐怖活动案件，全省(自治区、直辖市)性的重大刑事案件以及全国性的重大刑事案件等第一审刑事案件。

将酌定量刑事实区分为直接事实和间接事实。证明直接事实相对容易，可以更多地偏向效率取向，适用自由证明，但如果被追诉人对自己涉及直接事实的自白之任意性提出异议的，则适用适当证明；证明间接事实相对困难，为慎重起见，还是将其纳入严格证明范畴，以确保准确性。

其五，适用建议分流机制时，在刑事和解案件、刑事速裁程序案件（取代适用快速办理机制的轻微刑事案件）以及可能判处 3 年有期徒刑以下刑罚且后续法院审判阶段可能适用简易程序的案件中，如果被追诉人认罚，对酌定量刑事实的证明方式同轻微认罪认罚案件，如果被追诉人不认罚，对酌定量刑事实的证明方式同其他认罪认罚案件。刑事和解案件中的过失犯罪被追诉人可能被判处 7 年有期徒刑以下刑罚，故意犯罪被追诉人可能被判处 3 年有期徒刑以下刑罚，刑事速裁程序案件中的被追诉人可能被判处 3 年有期徒刑以下刑罚，部分简易程序中的被追诉人也可能被判处 3 年有期徒刑以下刑罚。这些案件中的被追诉人罪行较轻、主观恶性较小，除了刑事速裁程序案件，被追诉人不一定认罚，因此如果被追诉人认罚，对酌定量刑事实的证明方式同轻微认罪认罚案件，因为轻微认罪认罚案件中的被追诉人也只可能判处 3 年有期徒刑以下刑罚；如果被追诉人不认罚，证明方式要求应严格一些，可以考虑采取其他认罪认罚案件的证明方式。

其六，适用建议分流机制时，在可能判处 3 年以上有期徒刑且后续法院审判阶段可能适用简易程序的案件中，如果被追诉人认罚，对酌定量刑事实的证明方式同其他认罪认罚案件；如果被追诉人不认罚，对酌定量刑事实的证明方式同可能判处无期徒刑、死刑的认罪认罚案件。如前所述，其他认罪认罚案件中的被追诉人只可能被判处 3 年以上有期徒刑，因此可能判处 3 年以上有期徒刑且后续法院审判阶段可能适用简易程序的案件中的被追诉人只要认罚，二者其实就完全等同。按此思路，对于此类案件，如果被追诉人认罚，就可采取其他认罪认罚案件对酌定量刑事实的证明方式；但如果被追诉人不认罚，为慎重起见，证明方式要求应严格一些，可以考虑采取可能判处无期徒刑、死刑的认罪认罚案件对酌定量刑事实的证明方式，即一律适用严格证明。

最后,在所有侦查分流案件中,对程序法事实视情选用适当证明或者自由证明。对于部分程序法事实,如申请回避的事实以及人身强制措施、强制性侦查措施、取证程序是否合法的事实,由于其与司法公正、人权保障、证据客观真实息息相关,应当适用适当证明,准许当事人提出异议;而对于其他程序法事实,如管辖事项、诉讼期间延长或被延误等,考虑到其出现问题和被提出异议的概率都较低,对其可以适用自由证明。

三、建构案件快速获处机制

(一)明确可以单警办案的情形

根据《刑事诉讼法》第118条第1款,讯问犯罪嫌疑人的侦查人员不得少于2人。据此,所有刑事案件的讯问活动均应由双警进行。该规定甚至在相当程度上被延伸为所有侦查活动都必须由双警进行,这与当前警力资源紧张、案件数量居高不下的现状不相适应,与实践需求有所脱节。

实践中也确实出现了以解决上述脱节情况为目的的变通之举,即由双警办案向“单警+辅警”办案的变化。客观上讲,实行双警办案,无非是让办案人员能够互相监督、杜绝刑讯逼供等非法取证行为,互相合作、弥补个人侦查取证能力的不足,互相配合、应对可能突发情况,同时对被追诉人形成压力,敦促其如实供述和积极配合。

但是,当前刑事侦查活动基本在镜头下进行,加之图侦、网侦、技侦等新型侦查手段迅猛发展,多警种合成侦查模式广泛应用,已经能够很好地满足上述目的,这为在部分情形下推行“单警+辅警”办案模式,留下了一定空间。以A地为例,尽管《刑事诉讼法》未要求讯问录音录像实现全覆盖,但实践中,为防止后面被追诉方可能提出的非法证据排除问题,该地公安机关基本做到向检察机关移送审查起诉案件时同步移送该案件的讯问录音录像;10年来,对执法办案场所不断进行规范改造、智能升级,实现了监控录像执法办案区全覆盖、讯问过程即时巡查和事后反查、异常情况自动报警,并且对在执法办案场所进行的证人询问均进行录音录像;在指定居所监视地点实现了监控全覆盖,在普通监视居住对象住所门外均架设有监控设备,并能够根据检察机关的要求随时提供监控录像;除了接处警工作,还将执法记录仪广泛地应用于外出抓捕、搜查、辨认等侦查活动;此外,《刑事诉讼法》关于见证人和制作笔录的要求,[①]足以保障部分侦查活动依法进行。因此,在有些情形下,完全只需要1名民警带着辅警办案即可。

至于这些情形的内容,笔者认为,应当从以下方面来界定单警办案的情形。首先,双警讯问不能扩大为双警办案,只要《刑事诉讼法》没有明确要求双警办案的,就应当允许单警办案,只是要落实见证人、制作笔录等要求,并做好现场执法记录。其次,在部分案件中可以进行单警讯问。该类案件必须犯罪情节较轻、社会危害较小,仅限于危险驾驶、交通肇事、盗窃、诈骗、抢夺、毒品等犯罪,并且只能是轻罪案件;此外,对于被追诉人是盲、聋、哑人或者尚未完全丧失辨认或控制自己行为能力的精神病人的案件、共同犯罪案件以及可能引发舆论炒作的案件,不得适用单警讯问。[②] 最后,在办案过程中,如果发现不属于单警办案情形,应当立即将相关情况载明于笔录,并报办案部门负责人,获得批准后转为双警办案。

(二)在被追诉人认罪的轻罪案件中尽量不适用准羁押或者羁押措施

指定居所监视居住这一准羁押措施和刑事拘留、逮捕等羁押措施的普遍适用,不仅会使被追诉人深陷羁押痛苦,也会拖慢诉讼进程,更会给司法资源带来较大负担。因此,在侦查分流过程中,有必要确立"可用可不用的不用"的原则,尽可能减少准羁押或者羁押措施的适用。可以考虑对轻罪案件中认罪的被追诉人,一般情况下适用取保候审措施,假如其罪行较轻,认罪态度较好,在本地有居所,不予羁押不会发生毁灭/伪造证据、干扰证人作证或者串供、对被害人/举报人/控告人实施打击报复以及自杀或者逃跑等情形,考虑到被追诉人不逃脱隐匿、随传随到的可能性较大,还可以不适用强制措施。

实践中,还有些轻罪被追诉人已经认罪,完全符合取保候审适用条

---

① 如《刑事诉讼法》第133、139、142条,要求开展勘验、检查、搜查、查封、扣押应当有见证人在场;第133、135、140条,要求勘验、检查、侦查试验、搜查的情况应当写成笔录。

② 参见李玉华:《同步录音录像下单警讯问的突破》,载《法学》2019年第4期。

件，但在本地无居所，交不起保证金（或者说数额太少对其无约束作用），也无法找到合适的保证人，为确保其随传随到，公安机关对其适用准羁押或者羁押措施。对此种被追诉人，可以考虑将其保证人范围扩大至其所在或者所属村民委员会、社区、学校、企业事业单位等相关组织，因为这些组织相对了解被追诉人的基本情况，且其组织成员思想政治素质可靠，比自然人保证人更具监管能力和保证优势。①

如果对轻罪案件中的认罪被追诉人必须适用羁押措施，可以在对该被追诉人采取刑事拘留强制措施期间完成侦查、审查起诉和审判的全部诉讼流程，即建立所谓的"刑拘直诉"机制。实践中，在7日的法定拘留期限内就将案情查清存在一定难度，加之能够延长至30日的案件相对较少，使适用刑拘直诉机制的案件相对较少，故应通过立法确认刑拘直诉机制，扩大适用案件范围，以打破该机制适用的制度障碍。

（三）试行集中听证和移送审查起诉

听证和移送审查起诉的次数越多，需要耗费的诉讼资源就越多，而集中听证和移送审查起诉，可以节约相当一部分诉讼资源。因此，可以尝试对同时间段内的同类型案件集中举行听证和集中移送检察机关审查起诉。但实践中需要注意两个问题：（1）要注意保护不同案件当事人的隐私。对不同案件的听证应当依次个别进行，而不应共同进行。（2）要做必要性方面的考虑。集中听证或者移送审查起诉，主要还是适用于案件多发地区，如果案件少发地区机械照搬的话，反而可能会降低诉讼效率。

四、限制被追诉人无正当理由反悔或者控方违反承诺

（一）限制被追诉人无正当理由反悔

被追诉人作出认罪供述后，可能会出现翻供情况。一方面，鉴于案件最终处理结果与被追诉人身权和财产权处分密切相关，为彻底解除被追诉人认罪认罚的后顾之忧，确保其能够从容应对可能出现的各种非诚信

① 参见周新：《公安机关办理认罪认罚案件的实证审思——以G市、S市为考察样本》，载《现代法学》2019年第5期。

诉讼行为，并拥有相应的对抗武器，理应赋予被追诉人自由选择是否撤回认罪供述的权利；[①]另一方面，如果被追诉人先前供述系其自愿作出的真实供述，在辨明其后期出于种种目的作出的虚假供述上花费太多精力，无疑会影响诉讼效率，浪费司法资源，甚至使其自身与公安机关陷入双向风险之中，[②]故为提高诉讼效率，确保案件尽早定论，防止案件久拖不决引发多重风险，应当通过立法对被追诉人反悔进行限制。换言之，被追诉人不是不能反悔，而是不能轻易反悔，有正当理由的反悔应当被支持，没有正当理由的反悔应当被约束。[③] 具体来说，应当从以下三个方面考虑：

首先，被追诉人认罪供述应当具备一定前提条件，即被追诉人应自愿合法认罪，充分知晓认罪行为性质及法律后果，认罪供述具有合法规范的讯问录音录像，足以排除刑讯逼供等非法取证情形，且供述内容与录音录像内容基本一致。此外，本章第二节第二部分针对供述（认罪）自愿性、真实性审查，列举了需要把握的内容。该内容亦属于被追诉人认罪供述应当具备的前提条件范畴，只是其与本段开头所述前提条件不可避免会存在一定程度的重合。

其次，一般情形下，不得推翻被追诉人认罪供述。如果被追诉人认罪供述系其在前期尤其是侦查初期作出的持续稳定供述，或者经其根据《刑事诉讼法》第174条规定在辩护人或者值班律师在场的情况下签署认罪认罚具结书，就应当将该认罪供述作为不得轻易推翻的据以定案根据。

最后，例外情形下，才可推翻被追诉人认罪供述。有确切证据证明被追诉人认罪供述"属非自愿、非明知，控方先违背具结书约定，法官认定罪名或量刑超出具结书范围，或者认罪认罚确有可能导致错案"[④]以及因事后出现新事实或者新证据、被追诉人隐瞒事实真相[⑤]被推翻的，不得将该

---

① 参见刘泊宁：《司法诚信视野下的认罪认罚从宽制度》，载《政法论坛》2018年第3期。

② 参见马明亮、张宏宇：《认罪认罚从宽制度中被追诉人反悔问题研究》，载《中国人民公安大学学报（社会科学版）》2018年第4期。

③ 参见朱孝清：《刑事正当程序视野下的认罪认罚从宽制度》，载《法学》2020年第8期。

④ 秦宗文：《认罪认罚案件被追诉人反悔问题研究》，载《内蒙古社会科学（汉文版）》2019年第3期。

⑤ 参见马明亮：《认罪认罚从宽制度中的协议破裂与程序反转研究》，载《法学家》2020年第2期。

认罪供述作为据以定案的根据。

(二)限制控方违反承诺

被追诉人作出认罪供述,公安司法机关也会作出相应承诺。这种承诺通常具有“对价性”,即犯罪嫌疑人积极与司法机关协作,自愿认罪认罚后换取实体或程序性利益的保证、许诺。[①] 具体表现为公安司法机关认可双方当事人达成的和解协议,或者与被追诉人就提出从宽处理建议或量刑建议、拟作出的分流处理达成合意,此即所谓的控辩合意。该合意对控辩双方均具有一定约束力,因为其“是权力与权利关系调整后的具体表现,其成就的是一种相互意义上的结果,即由集体通过的就应当互相给予正当性的确认”[②]。但在约束强度上,该合意对公安司法机关具有更强的约束力,这主要是考虑到控方如果可以任意违反承诺的话,就会严重动摇我国的司法公信力和法律权威性。

在笔者看来,除非因被追诉人原因导致控辩合意失效,否则公安司法机关就应当将承诺不打折扣地践行到底。被追诉人方面的原因包括:撤回认罪供述;拒不履行或者拒不完全履行合意约定内容;被追诉人隐瞒事实真相。如果不存在上述原因,公安司法机关依然违反承诺,其就应当承担相应的不利后果,即被追诉人可以向法院申请强制执行合意约定内容或者撤回认罪供述。此外,为确保控辩合意不会因控方原因而失效,可以对合意全程试行同步录音录像制度,以提高合意的透明度与公信度,监督和证明合意的合法性。[③]

第四节　优化分流程序和程序结果

当前,我国侦查分流程序与程序结果还存在不少问题,亟须有针对性

---

① 参见刘泊宁:《司法诚信视野下的认罪认罚从宽制度》,载《政法论坛》2018 年第 3 期。

② 吴思远:《我国控辩协商模式的困境及转型——由“确认核准模式”转向“商谈审查模式”》,载《中国刑事法杂志》2020 年第 1 期。

③ 参见朱孝清:《认罪认罚从宽制度相关制度机制的完善》,载《中国刑事法杂志》2020 年第 4 期。

的解决。对此,可以尝试从对分流适用程序的完善、对撤回移送审查起诉的放弃、对分流程序结果的丰富三个方面,对分流程序和程序结果加以完善优化。

一、对分流程序作出进一步完善

要进一步完善分流程序,应当着重把握以下四点:

1. 建议将刑事速裁程序适用阶段提前至侦查阶段,并取代轻案快办机制。这主要是考虑到:一方面,由于近年来的司法改革并未对轻案快办机制进行单独推广,《刑事诉讼法》也未予以明确,导致该机制在实践中几乎已不再适用;另一方面,轻案快办机制与刑事速裁程序具有极大的相似度,具体表现在二者均适用于可能判处3年有期徒刑以下刑罚的被追诉人认罪案件,均坚持法定证明标准,均要求具备当事人合意条件(轻案快办机制仅在个别文件如《2013年公安部征求意见稿》中不要求具备),均规定了重合度极高的消极适用条件,并且轻案快办机制适用的案情简单的轻微刑事案件能够被刑事速裁程序适用的基层人民法院管辖的案件所包含。正如前文所述,刑事速裁程序实际上就是轻案快办机制在检察院审查起诉和法院审判阶段的适用。

2. 对认罪认罚从宽制度作适当改造。一是在单独适用该制度时不作改变;二是在适用刑事速裁程序时,因为该程序要求被追诉人既要认罪又要认罚,已经涵盖认罪认罚从宽制度适用条件,故可以不再同时适用认罪认罚从宽制度,只需体现实体上的从宽即可;三是在适用刑事和解程序时,鉴于该程序要求被追诉人认罪但不要求被追诉人认罚,故在被追诉人认罚的情况下,仍然需要同时适用认罪认罚从宽制度(可能涉及对双重优惠应当如何处理的问题)。

3. 进一步消除选择适用程序的模糊,明确处理方式及幅度的取舍。一方面,建议明确对各侦查分流程序均可独立适用,而不需要以另一分流程序为前置程序,亦即何时能够适用某种分流程序只取决于案件何时齐备该种分流程序的适用阶段、案件范围、条件。换言之,即使同时齐备数个分流程序的适用阶段、案件范围、条件,也可以同时适用该数个分流程序。该规定的优点是简单明了、可操作性强，而且更加有利于被追诉人，能够为其筛选出更为优惠的处理，客观上对其形成了一种认罪悔罪、配合调查（侦查）的鼓励，只是美中不足的是有点耗费资源。另一方面，在适用两个或多个侦查分流程序可能形成双重甚至多重优惠时，建议明确只能选择其中最优惠的处理方式及幅度，这主要是为了避免出现处理畸轻现象，防止削弱侦查分流机制对被追诉人的教育挽救作用。

4. 及时做好本地实施细则的梳理、调整、优化工作。对于具体操作层面的不清晰之处，建议各地及时梳理本地业已推出的认罪认罚从宽制度等侦查分流机制的实施细则，查找其中是否存在与中央精神不完全吻合的内容，如果存在，即根据《刑事诉讼法》和《认罪认罚指导意见》相关内容予以调整优化。

二、将撤回移送审查起诉彻底剔除出分流程序结果

（一）撤回移送审查起诉的产生原因

实践中出现撤回移送审查起诉的做法，有以下两方面的深层次原因：

1. 公检机关原有考核评价机制使然。① 公安机关刑事执法办案原有考核评价机制将退回补充侦查比例，以及不起诉尤其是不构成犯罪或者证据不足不起诉数量，作为评价侦查质量高低的重要指标；检察机关原有考核评价机制则将提起公诉率，批捕后作不构成犯罪、证据不足或者绝对不起诉数量，提起公诉后被法院判无罪、免除刑罚数量，以及被检察机关批捕的被告人被法院判处缓刑、3 年有期徒刑以下刑罚数量作为扣分重点。由此，公安机关、检察机关预感已移送审查起诉的案件有可能发生上述扣分情形时，就可能会主动寻求稳妥的方式来避免上述情况的发生。

---

① 当前，公检机关考核评价机制已经发生重大变化，许多不科学、无必要的考核项目被取消。如 2014 年初最高人民检察院在《关于进一步改进检察业务考评工作的意见》（高检发〔2014〕7 号）中将批准或者决定逮捕后撤销案件、不起诉、法院判决无罪案件作为侦查监督业务中案件质量评查的重点，将撤回起诉、法院判决无罪案件作为公诉业务中案件质量评查的重点，并将立案监督案件数、纠正漏捕判处 3 年有期徒刑以上刑罚人数、书面监督纠正侦查活动违法情形数列为侦查监督业务的业务核心数据，将案件审结率、纠正遗漏同案犯数、抗诉及法院采纳抗诉意见数列为公诉业务的业务核心数据。又如 2015 年初召开的中央政法工作会议提出取消刑事拘留数、批捕率、提起公诉率、有罪判决率、结案率等不合理的考核项目。

而撤回移送审查起诉就是这样一种有利于公安考核的同时无损于检察考核、有利于检察考核的同时无损于公安考核的为公检机关所乐意接受的处理方式。实践中，一般是公检机关协调一致后，由公安机关主动或者根据检察机关建议撤回移送审查起诉。

2. 满足实际工作需要。撤回移送审查起诉的情形与《刑事诉讼法》规定的 4 种不起诉情形重合程度较大，亦即撤回的很多案件有相当一部分属于检察机关可能作出不起诉决定的案件。假如不采取撤回移送审查起诉方式，检察机关只能决定不起诉，由承办检察官制作案件审查报告，经负责捕诉的部门负责人审核，经检察长批准，然后制作不起诉决定书并送达给被不起诉人和他的所在单位、公安机关以及被害人；此外公安机关还可能认为不起诉决定有错误要求复议或者提请复核，被害人可能不服不起诉决定，向检察机关申诉或者向人民法院起诉，被不起诉人可能不服酌定不起诉决定，向检察机关申诉。① 而且，适用附条件不起诉，除上述程序外，还会经历附条件不起诉决定作出前听取公安机关、被害人、未成年嫌疑人及其法定代理人、辩护人意见，对未成年嫌疑人及其法定代理人附条件不起诉异议的处置，对附条件不起诉人为期 6 个月至 1 年不等的监督考察，对附条件不起诉人考验期内发生违规情形的处置，以及考验期满后对未违规附条件不起诉人的处置等更为烦琐的程序。② 而撤回移送审查起诉没有严格的程序规定，亦无专门法律文书，实践中只需公检两就跟那承办人员以电话或面谈方式沟通协调一致，经主诉检察官、分管检察长签字同意后送达文书、退回卷宗，即告案件撤回，省却了作出不起诉决定的大量现实工作量以及可能工作量，具有快捷、方便、省事的优势，一定程度上起到减轻工作负担、提高诉讼效率、节约司法资源的作用。

（二）彻底放弃撤回移送审查起诉的理由

撤回移送审查起诉尽管在一定程度上起到减轻工作负担、提高诉讼

---

① 详见《刑事诉讼法》第 178～181 条和《人民检察院刑事诉讼规则》第 376～388 条。

② 详见《刑事诉讼法》第 282～284 条和《人民检察院刑事诉讼规则》第 469～480 条。

效率、节约司法资源的作用,但也会给刑事诉讼带来以下四方面的负面影响,故应当予以放弃:

1. 于法无据损害法律严肃性。2012 年修订的《人民检察院刑事诉讼规则》取消允许撤回移送审查起诉的相关规定后,撤回移送审查起诉已无任何依据。继续将其作为终结检察机关审查起诉工作的方式之一,将严重违反正当程序原则,影响法律严肃性,损害执法权威和司法公信力。当前,因法无明文规定,实践中适用撤回移送审查起诉的随意性较大:(1)对于现行《刑事诉讼法》已明确规定应由检察机关作出不起诉决定的案件,实践中仍存在适用撤回移送审查起诉的现象;(2)因撤回移送审查起诉没有严格的程序规定,有的侦查人员反复撤回,造成诉讼期间被无限延长;(3)为了满足考核评价指标数量上的要求,有的侦查人员将尚未符合侦查终结条件的案件移送审查起诉,过一段时间再撤回;(4)出于某种非法目的,有的侦查人员滥用侦查权,将明显不构成犯罪的案件移送审查起诉,达到目的后就撤回;(5)个别检察机关为了规避责任,对于本机关建议撤回情形,以同意撤回移送审查起诉文书代替建议撤回移送审查起诉文书。

2. 存在剥夺嫌疑人、被害人诉讼权利的可能。如前所述,公安机关撤回移送审查起诉的案件,有相当一部分属于检察机关应作不起诉处理的案件。如果坚持撤回本应由检察机关作出不起诉决定的案件,会对嫌疑人、被害人诉讼权利造成极大损害:(1)可能剥夺被害人的知情权。有的公安机关撤回移送审查起诉后,既不撤销案件或转作行政处理,也不告知被害人,使被害人产生检察机关拖延办案、放纵犯罪的误解,四处信访控告,影响社会大局稳定。(2)可能剥夺嫌疑人、被害人的救济权。一方面,撤回移送审查起诉不仅剥夺了《刑事诉讼法》第 181 条赋予嫌疑人不服酌定不起诉决定时享有的申诉权,而且剥夺了被逮捕嫌疑人[①]、被违法

① 《国家赔偿法》第 17 条:“行使侦查、检察、审判职权的机关以及看守所、监狱管理机关及其工作人员在行使职权时有下列侵犯人身权情形之一的,受害人有取得赔偿的权利:……(二)对公民采取逮捕措施后,决定撤销案件、不起诉或者判决宣告无罪终止追究刑事责任的……”

刑事拘留嫌疑人[①]在检察机关作出不起诉决定时依据不起诉决定书申请国家赔偿的权利；另一方面，撤回本应由检察机关作出不起诉决定的案件，剥夺了《刑事诉讼法》第180条赋予被害人不服不起诉决定时向检察机关申诉或者向人民法院起诉的权利。

3. 导致放纵犯罪、错误追诉以及非法羁押。撤回移送审查起诉的案件，通常由公安机关侦查后重新移送审查起诉、撤销案件或者长期挂案不处等几种可能走向。其中，前一种走向较为罕见，后两种走向更为常见。而且前文提到，实践中撤回移送审查起诉的情形较为宽泛，1998年修订的《人民检察院刑事诉讼规则》也只涵盖了其中一部分，尚有相当一部分属于实践操作中自行掌握的情形，可见当时撤回的案件有相当一部分不符合规范要求。而目前的撤回移送审查起诉，因《人民检察院刑事诉讼规则》2012年修订时取消了之前涵盖的三种情形，均属非规范做法。再加上对于撤回移送审查起诉的案件，公安机关、检察机关并无好的监督渠道和措施，可能会导致部分公检办案人员利用撤回移送审查起诉无条文规范、无监督制约的漏洞而从事一些违法违纪活动。如有的办案人员在撤回移送审查起诉后，消极侦查、怠于取证，既不完善证据，也不反馈案件处理进度及结果，使原本通过补充证据能够符合提起公诉条件的案件因证据不足无法提起公诉而被降格处理、撤销甚至一"挂"了之；再如有的办案人员出于报复他人、收受贿赂、插手经济纠纷等目的，以撤回移送审查起诉为兜底，对不构成犯罪人员启动刑事侦查程序，或者在案件撤回后，对嫌疑人不及时作出处理，而以侦查需要为由继续羁押。

4. 造成不起诉制度虚置。如前所述，公安机关撤回移送审查起诉的

---

① 《国家赔偿法》第17条："行使侦查、检察、审判职权的机关以及看守所、监狱管理机关及其工作人员在行使职权时有下列侵犯人身权情形之一的，受害人有取得赔偿的权利：(一)违反刑事诉讼法的规定对公民采取拘留措施的，或者依照刑事诉讼法规定的条件和程序对公民采取拘留措施，但是拘留时间超过刑事诉讼法规定的时限，其后决定撤销案件、不起诉或者判决宣告无罪终止追究刑事责任的……"最高人民法院、最高人民检察院《关于办理刑事赔偿案件适用法律若干问题的解释》第5条第1款："对公民采取刑事拘留措施后终止追究刑事责任，具有下列情形之一的，属于国家赔偿法第十七条第一项规定的违法刑事拘留：(一)违反刑事诉讼法规定的条件采取拘留措施的；(二)违反刑事诉讼法规定的程序采取拘留措施的；(三)依照刑事诉讼法规定的条件和程序对公民采取拘留措施，但是拘留时间超过刑事诉讼法规定的时限。"

许多案件本应由检察机关作出不起诉决定,但为了满足考核评价机制要求和实际工作需要,部分公检机关拥有对不起诉数量进行人为控制的强烈愿望。一方面,有的公安机关主动要求或者经建议愿意撤回移送审查起诉;另一方面,部分检察机关怠于行使不起诉权,导致不少案件被撤回而非由检察机关依法作出不起诉决定。久而久之,不起诉制度就会陷入虚置状态,在实践中名存实亡。这也是2012年修订的《人民检察院刑事诉讼规则》将原来允许撤回移送审查起诉的3种情形("犯罪嫌疑人没有犯罪事实""符合刑事诉讼法第十六条规定的情形之一""犯罪事实并非犯罪嫌疑人所为")明确为不起诉情形的重要原因。

三、对分流程序结果的内容进行丰富

(一)规范公安机关训诫措施的适用

两大法系主要国家在作出侦查分流决定时,均不约而同地将警告或者训诫作为程序结果之一。在美国,侦查机关在逮捕被追诉人前,将给予其可能逮捕的警告作为将案件排除出刑事诉讼程序的三种方式之一。[①]在英国,警察普遍采用警察警告来实现侦查分流,该措施适用案件范围经历了从青少年犯罪、道路交通案件到成年人犯罪案件的拓展,只能适用于轻微犯罪,重于训诫但又轻于起诉,可以分为正式警告和口头警告,其中正式警告适用于需要对已构罪被追诉人作出"可以依法对其起诉,因各种原因暂时对其不起诉,但会书面记录该警告,后期如果起诉将作为证据供法官定罪量刑使用"警示的场景,口头警告适用于案件虽然符合正式警告适用条件但不具备适用必要性的场景。[②] 在德国,警察借助检察机关的撤销案件或者不起诉权力,将未成年人犯罪案件排除出刑事诉讼程序的同时,往往基于警戒或教育目的,会对被追诉人施以警告。[③] 在日本,警

① 参见陈晓辉:《刑事侦查中的程序分流制度研究》,载《政法学刊》2005年第1期。

② 参见贾治辉、倪春乐:《侦查程序分流机制研究》,载《贵州警官职业学院学报》2007年第5期;郑丽萍:《侦查阶段实体性处分制度之构建》,载《清华法学》2012年第5期;马克:《从英国警察警告制度看我国警察轻罪处分权之构建》,载《河南司法警官职业学院学报》2017年第1期。

③ 参见郑丽萍:《侦查阶段实体性处分制度之构建》,载《清华法学》2012年第5期。

察作出微罪处分时，还应训诫被追诉人，消除其再次实施犯罪的念头，并传唤监护人、雇主或者其他负有监督职责的人员，通过签署保证书，督促相关监督人员切实履行必要注意义务，防止其再次实施犯罪。[①]

在我国，警告已成为行政处罚措施之一，于侦查分流机制而言，至多是公安机关决定不予立案、撤销案件后转作行政处罚的一种选择，与侦查分流程序结果虽然具有逻辑上、时间上的顺承关系，但不属于侦查分流程序结果内容，而我国多部法律、法规均规定了训诫这种措施，可以考虑将该种措施纳入侦查分流程序结果内容。根据现有规定，从训诫适用情形看，其主要适用于因犯罪情节轻微不需要判处刑罚而免予刑事处罚的被告人，[②]被不起诉或者免予刑事处罚的有组织犯罪组织的参加者，[③]没有正当理由拒绝出庭或者出庭后拒绝作证的证人，[④]违反法庭规则的民事诉讼参与人或者其他人，[⑤]违反法律法规或者监督管理规定的社区矫正对象，[⑥]有严重不良行为的未成年人，[⑦]实施严重不良行为的未成年人的不依法履行监护职责的父母或者其他监护人，[⑧]存在严重不良行为或者实施犯罪行为之未成年人的父母或者其他监护人以及不正确实施家庭教育侵害未成年人合法权益的未成年人父母或者其他监护人，[⑨]实施特定行为的保安员，[⑩]实施相关违法行为的被拘留人，[⑪]具有特定情形的强制隔离戒毒人员[⑫]以及违反监规的看守所关押人犯[⑬]等 12 种情形。其中，除前 5 种情形外，其余 7 种情形的适用机关均为公安机关（其中第 7、8 种情形的适用机关还包括人民检察院和人民法院）。

---

① 参见辛素、秦文超：《日本微罪处分制度及其借鉴意义》，载《预防青少年犯罪研究》2012 年第 2 期。
② 详见《刑法》第 37 条。
③ 详见《反有组织犯罪法》第 33 条第 2 款。
④ 详见《刑事诉讼法》第 193 条第 2 款。
⑤ 详见《民事诉讼法》第 113 条第 2 款。
⑥ 详见《社区矫正法》第 28 条第 1 款。
⑦ 详见《预防未成年人犯罪法》第 41 条。
⑧ 详见《预防未成年人犯罪法》第 61 条。
⑨ 详见《家庭教育促进法》第 49 条。
⑩ 详见《保安服务管理条例》第 45 条第 1 款。
⑪ 详见《拘留所条例》第 23 条第 1 款。
⑫ 详见《公安机关强制隔离戒毒所管理办法》第 36 条第 1 款。
⑬ 详见《看守所条例》第 36 条。

关于训诫的法律性质，有观点指出，训诫在《刑法》《刑事诉讼法》《社区矫正法》《预防未成年人犯罪法》等中表现出的法律性质不尽相同，分别属于司法强制措施、刑罚执行措施、非刑罚措施范畴。[①] 可见，训诫在不同法律法规中有着不同的功能与定位，且可以肯定的是，其不属于行政处罚措施和刑事处罚措施范畴。具体到公安机关适用的训诫措施，根据公安部有关通知，可以将其分为法律法规明确规定的训诫(即前述的后7种情形)与作为批评教育、教导劝阻、法律宣传表现形式的训诫。其中，第二类训诫适用于一些违法情节显著轻微、没有必要作出处罚决定的行为人。

在侦查分流机制的完善中，可以将第二类训诫措施吸纳为公安机关作出不予立案、撤销案件、终止侦查等实体分流决定后对不需要适用行政处罚措施的行为人采取的一种教育警示性措施。主要理由有：其一，该措施对嫌疑人进行批评教育和教导劝阻，告知其行为性质及再犯后果，唤起其道德感和羞耻心，能够起到较好的特殊预防效果；其二，该措施不会留下犯罪记录，能够避免嫌疑人因前科人员身份被贴上罪犯标签；其三，该措施既能对社会公众起到良好的法制宣传作用，又能对潜在犯罪分子发挥有效的一般预防作用。

(二)视情同步决定附随义务

综观各国侦查分流实践，大部分国家在作出侦查分流决定的同时，通常会要求被追诉人承担一定的附随义务，[②]仅在少数国家如英国，对是否应当附加一定义务还存在争议。[③] 在美国，侦查机关在逮捕被追诉人前，将带其至治疗机构处理作为将案件排除出刑事诉讼程序的三种方式之一(除前文提及的给予被追诉人可能逮捕的警告，还有一种是省略正式诉讼程序直接处理被追诉人所涉家庭纠纷)，以及在逮捕被追诉人后，将是否达成协议参加社区监视活动、是否成功实现监视活动任务作为是否决定对其不再追诉的依据。[④] 在德国，警察对未成年被追诉人施以警告时，往往还会劝导其向被害人致歉或者赔偿被害人损失，且经检察官认可，还能

① 参见高一飞：《公安机关治安管理中训诫的规范性思考》，载《中州学刊》2020年第2期。
② 参见郑丽萍：《侦查阶段实体性处分制度之构建》，载《清华法学》2012年第5期。
③ 参见郑丽萍：《侦查阶段实体性处分制度之构建》，载《清华法学》2012年第5期。
④ 参见陈晓辉：《刑事侦查中的程序分流制度研究》，载《政法学刊》2005年第1期。

建议其与被害人进行调解、提供社区服务、支付小额罚金等。[①] 在日本，警察作出微罪处分并对被追诉人加以训诫时，应当建议其向被害人致歉或者赔偿被害人损失。[②] 视情要求被侦查分流对象承担一定附随义务确实很有必要，例如，一项研究对吸毒者的审前分流进行了审查，发现与非参与者相比，那些参与治疗和完成药物滥用项目的人在3个月和12个月的随访期间再次犯罪的可能性要小得多。[③]

在完善我国侦查分流机制的过程中，同样可以规定上述相似内容。即在因法有明文规定而对实际上构成犯罪的被追诉人不入罪或者出罪、虽因证据不足无法认定被追诉人构罪但也无法排除其犯罪嫌疑的情形下（亦即法定分流机制第②③⑤⑥⑦种适用情形和裁定分流机制的3种适用情形，且法定分流机制第⑤⑥⑦种适用情形也同时需要符合“无法排除被追诉人犯罪嫌疑”的要求），公安机关决定不予立案、撤销案件的同时，可以视情责令被追诉人履行一定的附随义务，以作为侦查分流决定的同步可能选择。相关理由在于：我国犯罪圈规定的均是具有严重社会危害性的行为，加之受到报应、实质正义等观念的影响，我国社会公众对犯罪的容忍度较低，对犯罪分子犯罪却不被施以任何惩罚，在情感上难以接受；而赋予被追诉人一定附随义务，有助于其更好地认识自己行为性质和后果，督促其真正悔过改过，有助于满足被害人、社区居民、社会公众心理平衡的需求，进而提升侦查分流机制的公众接受程度。

实践中，公安机关可以依据被害人遭受的损害类型、被害人的实际需求以及案件性质，视情责令被追诉人履行精神、经济、行为等层面的义务。具体情形如下：

首先，可以责令履行精神层面义务的情形。这主要针对被追诉人给被害人造成精神损害的案件以及家庭成员之间发生的伤害、遗弃案件。

---

① 参见郑丽萍：《侦查阶段实体性处分制度之构建》，载《清华法学》2012年第5期。

② 参见辛素、秦文超：《日本微罪处分制度及其借鉴意义》，载《预防青少年犯罪研究》2012年第2期。

③ See Carolyn Greene & Natasha S. Madon, *Pretrial Diversion*, in Jay S. Albanese ed., The Encyclopedia of Criminology and Criminal Justice (1st Edition), John Wiley & Sons, Inc., 2014, p. 3.

这些案件的被害人普遍有情感方面的需求需要满足。具体方式包括具结悔过、公开致歉、当面道歉、经常看望和给予一定时间的陪护等。

其次,可以责令履行经济层面义务的情形。被追诉人给被害人造成物质损害的,公安机关可以责令被追诉人返还财产、恢复原状或者给予损害赔偿、补偿,若被追诉人尚未成年而无经济来源,公安机关则可以要求其父母或者其他监护人承担代偿责任。[①]

最后,可以责令履行行为层面义务的情形。对于涉及身份关系的案件,公安机关可以责令被追诉人为被害人及其家庭提供一定的无偿劳务;对于侵害公共利益、不存在具体被害人的案件,可以责令被追诉人结合专业特长,在业余时间为有关群体、社区、组织、单位提供一定期限的无偿公益劳动,如打扫卫生、植树种草、赴养老院义务劳动、维持交通秩序、普法宣传、参与失业人员再就业培训、支教等;对于环境污染刑事案件,可以责令被追诉人承担相应的生态修复义务;对于被追诉人为职业犯或者精神病人的案件,可以责令其承担一些带有保安处分性质的义务,如责令前类被追诉人终生或者在一定期限内不得从事特定职业,责令后类被追诉人到医疗机构接受专业治疗;此外,对于被追诉人为无业闲散人员的案件,可以责令其接受职业技能培训、就业安置及监督[②]、创业辅导。需注意的是,前述无偿公益劳动与域外的社区服务不尽相同,前者是一种侦查分流附随义务,后者则是法院定罪后判处的一种非监禁刑罚,只涉及行刑方式的改变,并不涉及定罪事实的改变。

作出附随义务决定后,为确保其得到切实履行,公安机关应当对被追诉人履行情况进行跟踪考察,其间应听取有关群体、社区、组织、单位代表的意见,以作为是否采取进一步处理措施的参考依据。对于拒不履行或者未完全履行到位的,应当发出责令履行书,拒不改正的,应当视情作出行政处罚、撤销不予立案决定并立案侦查,或者撤销撤销案件决定并将案件移送审查起诉。

---

① 参见张小玲:《论侦查阶段的程序分流》,载《中国人民公安大学学报(社会科学版)》2007 年第 3 期。

② See Neil Cameron, *Diversion: Recent Proposals in Criminal Justice*, 8 Victoria University of Wellington Law Review 220 (1975).

结　论

当前,在我国推行侦查分流机制,具备相当的理论基础和实践价值,且该机制已在实践中运行,积极作用明显。该机制顺应了我国刑事犯罪结构变化趋势和刑事诉讼制度发展规律,立足于对刑事案件进行冷静与理性的处理,立足于对刑事诉讼资源的合理调配,能够较好地解决当前执法司法实践中存在的三对矛盾,能够使被追诉人、被害人、公安和司法机关、社会(社区)的利益在分流过程中均能获得一定保障。可以说,对侦查分流机制的系统整合与全面完善,已经成为大势所趋,成为我国刑事诉讼迈向现代化、民主化、科学化、集约化的必由之路。并且,该机制在两大法系国家已较为普遍,形成了丰富的实践经验,足以为我国提供镜鉴。

但是也应当看到,现有侦查分流机制还存在不少问题,具体表现为分流主体之间互动不足、决定(建议)主体存在两类极端倾向、侦查分流程序及程序结果在实践中有所异化、侦查分流效果未达预期。这些问题的出现,与分流主体存在理念偏差、分流规定留有模糊甚至空白之处、分流案件证明标准缺乏差异性、分流程序间关系尚未理顺且缺乏健全的配套保障机制,以及分流程序结果偏少且缺乏评价机制息息相关。

为有效解决上述难题,应当对现有侦查分流机制加以整合,查弱查漏、补强补缺,不断完善优化。可以考虑将完善优化的重点放在强化分流主体之间的互动、改善分流案件的减负提速效果,以及优化分流程序和程序结果三个方面。其间,要注意保持公正与效率的动态平衡,强化对侦查分流权的规范优化,确保当事人的深度参与,并妥善处理与现有法律原则和法律制度的关系,以及考虑如何增强该机制社会认可度的问题。

总之,侦查分流机制是对司法理念和刑罚观念的深刻变革,是对有限诉讼资源的优化配置,涉及公、检、法、司等多个部门,是一项系统庞杂的工程。兹事体大,需要各个部门更新思想、各司其职、精诚协作;同时,要注意把握好一个关键,即要充分考虑我国侦查权力封闭集中、侦查人员能力素质参差不齐,以及社会公众加强对侦查权的约束的呼声较高这一现状,绝不能将重点放在扩大侦查分流权上,而应采取稳妥审慎策略,紧紧围绕实践中存在的问题,对侦查分流权加以规范优化,如此既能产生良好侦查分流效果,又能在现有法律原则、法律制度和侦查分流机制创新之间求得良性平衡。

致谢　献给自己和家人的礼物

2012年从中国人民大学法学院诉讼法学硕士研究生毕业之时，曾有机会跟随本法学院何家弘教授开始博士求学生涯，后因种种原因，一念之差，选择归乡从事体制内工作，以致铸就遗憾，久久不能遣怀。彼时，就对发小薛其蓁君称，愿未来体制内不是徒增一官员，而是出现一实务研究人员。2012年8月6日到单位报到后，无论工作如何繁忙，无论生活如何平淡似"温水煮青蛙"，深埋心中的法治追求始终未曾动摇，植入骨髓的求真之火始终未曾熄灭。2015年秋，感谢恩师狄小华教授，不嫌本人愚钝，将我收入门下，使我有幸开始更高层次的法学研习。狄师为人厚道、品行端正、治学严谨、关爱学生，其举止风范与生活态度，对我助益颇多，值得我好好地咀嚼和学习。在此，衷心感谢狄师六年来的教诲！

初到现居城市的两年，时光黑暗，其后爬出困厄的两年，与博士生涯有些许重合。四年间，生活可谓百无聊赖、黯淡无光，本人亦身无长物、孑然一身，每天焦虑异常，以致睡足4小时几成奢望。彼时的我，恰似风中飘摇的浮萍，又如泥沼里爬行的老龟。有赖各位领导同事、挚友亲朋抬爱和帮衬，助我熬过这艰难岁月，再次向他们致谢。这些领导同事、挚友亲朋包括但不限于吴祖平、王巧全、谭永生、梁志刚、周宇、秦为民、李建兵、周国强（按时间先后顺序）等我曾经或者现在的处室领导，董斌、严浩、王雪等我的大学或者研究生同学，卢燊绅等我的人大校友，吴苏舒、缪春峰、刘燕等我公务员初任培训班的同学，以及葛春、陈泳、周浩、赵礼根等我单位的同事。

2016 年年底，有幸遇到聪慧可爱的眭女士，并于 2017 年 10 月 10 日领证、2018 年元旦结成佳偶，从此携手相伴今后人生。2017 年开始写博士毕业要求的小论文，曾遭不顺，退稿几成家常便饭，更逢 C 刊目录调整，徒增写作篇数，后终于 2020 年 10 月达成目标。2018 年 3 月，博士学位论文开题，8 月正式动手，辗转 2 年有余、未逾 3 年，终于写出一篇正文近 23 万字、注释约 5 万字的文稿交付外审与答辩，希冀能够达到毕业要求。顺利毕业后，又按照出版要求对学位论文内容进行了调整，并极其荣幸能够将其在法律出版社出版成书。在此特别感谢薛晗主任和肖越编辑的精心审阅和指导。回想论文写作期间，承受着毕业、工作与学业协调、陪伴家庭、生儿育女的精神压力，加之完美主义性格，不愿在工作成效上居于人后，于是只得牺牲午休和晚上休息时间，午仅小寐甚至不寐，夜则书至凌晨一两点，以致身体已现小恙，只待今后慢慢调理。

在体制内工作已达 10 年，经历颇多、感慨颇深。幸初心未改，始终以孩时偶像周恩来总理为榜样，以行为高洁、志向高远来要求己身，倒不至于灰心丧志、一蹶不振。常思人生一世，竟为几何？是“修身、齐家、治国、平天下”，是“致君尧舜上，再使风俗淳”，还是“穷则独善其身，达则兼济天下”？以上种种，皆在言明一个道理，就是将小我融入大我，使水滴和江河皆不干涸，既得大道、又从本心，物来则照、无物不照，最终实现自我价值和社会价值的统一。本人今三十有四，虽非青春年少，但远无老骥伏枥之状，亦未到烈士暮年，常怀千里之志，持不已壮心；兼有“夜静海涛三万里，月明飞锡下天风”之胸怀，行事只在云淡风轻、举重若轻之间；深知“居高声自远，非是藉秋风”之事理，自当“临渊羡鱼，不如退而结网”，笃信终将拨云见日、金玉归位。纵使最后只是自己感动自己，成就寥寥，但感念已付之努力，无妨亦无憾。

本致谢以“献给自己和家人的礼物”为标题，源于所在处室时任政委王建舜同志与我的几次交谈（也感谢王政委提供的宝贵电子资料）。感谢有着清澈可人笑容、朴实高贵品质的妻子，不仅与我组成小家庭，还以温柔贴心的态度，无怨无悔地欣赏我、鼓励我、支持我，没有因甚少的陪伴而埋怨我，后面一定会好好补偿；感谢我的父母，是你们赐予我生命，并在艰辛的生活中将我抚育成人，你们虽出生农门，文化程度不高，但亦竭尽所能，不仅使我温饱无忧，还使我享受到家乡最好的教育，传承到踏实上进、明德知理、正直磊落的优良品质；感谢我的岳父母，谢谢你们信任我，愿意将宝贝女儿嫁与我，并对我视如己出，你们就是我的亲生父母；感谢各位挚友对我的理解和支持，虽然没有血缘关系的纽带，但其实我们早已成为了家人；最后感谢自己的持续努力，从上学到现在，未曾放松对自己的要求，尽管一路上走得很辛苦，容颜沧桑，心态老疲，但依然怀有热情热忱，秉持专业专注，紧追那道理想之光。

我的博士毕业论文最终呈现为这本书。它是对一段旅程的纪念和总结，更是对未来的展望和期许，必将奠定我今后工作和研究的主基调和主方向，激励我更加奋进，努力为法治事业的进步贡献微薄之力，燃烧荧荧之光。时代大潮，浩浩汤汤；历史巨轮，滚滚向前。身处此时，当担负起时代赋予的使命。我相信，只要我们全体法律人共同努力，法治之光必将普照中华大地，我国法治水平必将到达与我国世界大国地位、经济社会发展文明程度相匹配的位置，中华民族伟大复兴必将因为法治的发展进步而熠熠生辉、光彩夺目。